Matrimonios Fortalecidos

Construyendo los cimientos, definiendo un matrimonio cristiano y proporcionando las herramientas y recursos para fortalecer tu matrimonio

Un hombre prudente que construyó su casa sobre la roca.
Mateo 7:24

Ministerios matrimonios fortalecidos

www.fortifiedmarriages.com

Chris y Carmen Garner

Este libro de trabajo le pertenece a : ______________________

Matrimonios Fortalecidos

Portada diseñada por Adolfo Blanco.
Castillo: Casa Loma, Toronto, Ontario, Canada
Pareja: Bobby y Claudia Magallanes

Caricaturas originales e ilustraciones de Ricardo "Rocky" Balboa.
Con permiso de After Eden se usaron sus ilustraciones. Respuestas en Genesis; Hebron, KY
www.AnswersinGenesis.org

Traducido por: Verónica Amador con la ayuda de Lupita Ortiz
Editado por: Bobby y Claudia Magallanes
Luis y Agueda Del Rincón
Yvonne Frender

Library of Congress Cataloging-in-Publication Data
Garner, Chris, 1954–
Matrimonios fortalecidos: Manual y libro de trabajo para el matrimonio/Chris Garner
Incluye referencia bibliográfica.

ISBN: 0-9772160-1-2
1. Matrimonio - Aspectos religiosos - Cristiandad. 2. Esposos - Vida religiosa.
3. Vida Espiritual - Cristiandad

Library of Congress Control Number: 2006905912

Impreso en Los Estados Unidos De América.

Darling Publishing
"Striking the heart with the Word of God."
A division of Darling, Rose, Joseph, Michaels, & Lee Printing, Publishing, & Communications, LLC
Riverside, CA

Ministerios Matrimonios Fortalecidos

Construyendo Matrimonios Fuertes

www.fortifiedmarriages.com

Nuestro propósito: Ser usados por Dios para fortalecer matrimonios. Hacer una diferencia en las vidas de las personas, de los matrimonios y de las familias.

Nuestra visión: Ver matrimonios volverse saludables, productivos, capaces de resistir las tormentas de la vida y ser usados por Dios para fortalecer otros matrimonios.

Nuestra misión: Proveer recursos, entrenamiento y dirección a individuos, parejas e iglesias, para ayudarles a construir cimientos firmes, definir un matrimonio cristiano y usar herramientas eficaces para fortalecer matrimonios. Trabajar con iglesias locales para proveer educación matrimonial.

Cualquier matrimonio puede volverse fuerte para resistir las tormentas que vendrán en contra de él. Puede convertirse en un matrimonio creciente y fructífero que será gratificante para ambos, marido y mujer.

Reconocimientos: Grandioso es el Dios de Abraham, Isaac y Jacob y alabado sea Su Hijo Jesucristo. En veinticuatro años de matrimonio hemos experimentado muchos problemas y hemos aprendido muchos principios bíblicos en una forma difícil. El Señor nos ha mantenido juntos, ha hecho crecer nuestro matrimonio y lo ha hecho un matrimonio productivo y lleno de gozo. Mi esposa Carmen ha estado ahí conmigo y ha trabajado para mantener nuestro matrimonio unido. Soy increíblemente bendecido con una esposa maravillosa. Juntos somos un gran equipo.

Dios usó a mi amigo y mentor, Scott Darling para retarme e impulsarme a que este libro se hiciera una realidad. La visión de Victor Machiche y el Pastor Jonathan González de comenzar clases para fortalecer matrimonios, me impulsaron para poner en orden este material en un libro. Agradezco el apoyo y el ánimo que me dio el Pastor Juan Ramos al ver las primeras clases para matrimonios formarse y al empezar a ser usado por Dios en éstas.

A mis hijos Michelle, Steven, Michael y a mis nietos que son maravillosos! El Señor los ha usado para moldearme y enseñarme a ser un esposo, padre y abuelo. No hay el espacio suficiente para agradecer a toda la gente que ha hecho posible este libro. Mis padres, las parejas en nuestras clases bíblicas, mentores, maestros, consejeros; Dios ha usado a mucha gente para hacer este proyecto. Gracias a todos ¡Qué El Señor los bendiga abundantemente!

La edición española nunca se hubiera hecho sin la ayuda de muchos amigos maravillosos. Gracias a Ángel y Veronica, Jacinto y Lupita, Bobby y Claudia, Luis y Agueda, Yvonne, Roberto y Alejandrina, Jonathan, Adolfo y Eddie y Lucy. Los queremos y les agradecemos con todo nuestro corazón. Que el Señor nuestro Dios los bendiga ricamente.

El autor: Chris Garner es un escritor, investigador y maestro. El ha estudiado matrimonios por muchos años y ha aplicado estos estudios a su propio matrimonio y para ayudar a otros. El ha sido un líder en su iglesia por muchos años, como director del ministerio de hombres, director de oración, y coordinador de retiros para hombres y parejas. Por cinco años él escribió y publicó mensualmente una hoja informativa para hombres, con distribución en toda la nación, y por los últimos cinco años ha publicado semanalmente "E-votion", devocionales electrónicos para hombres, enviados por correo electrónico a todo Estados Unidos y fuera del país.

Chris, junto a su esposa Carmen, dirigió estudios bíblicos para parejas por cinco años. Han aconsejado y han sido mentores de muchas parejas y actualmente ellos dan clases para matrimonios en iglesias locales. La pasión de Chris y Carmen en ayudar a parejas y familias viene de muchos años de lucha que experimentaron en su propio matrimonio y del deseo que nace de ser usados por Dios para ayudar a que las parejas experimenten el gozo que produce un matrimonio que crece y da frutos. Ellos creen firmemente que los matrimonios exitosos no se hacen por sí solos, sino que son el producto de la cooperación mutua y el permitir a Dios que obre en sus vidas y en su relación matrimonial. La Biblia es el plano original para los matrimonios; este manual es una guía para ayudar a las parejas a entender qué es lo que Dios quiere para ellos en sus vidas y matrimonios.

Dedicado a mi esposa, Carmen.
Mi compañera, ayudante, consejera
amiga y amante...

Tú siempre has creído en mi
y sólo has querido lo mejor para mi.

Tú me has animado a servir al Señor
y a ser la persona que Él quiere que yo sea.

A través de ti, el Señor me ha animado,
retado, me ha pulido y me ha dado una
bendición mucho más grande que
todas las riquezas del mundo.

Mi Dama, mi Amor...
¡Eres la mejor!

Matrimonios Fortalecidos

Tabla de contenido

Matrimonios Fortalecidos

Usando este manual y libro de trabajo

Hay más libros y ayuda disponible hoy en día para los matrimonios que en cualquier otra época de la historia, sin embargo los matrimonios siguen rompiéndose a un paso horrorizante. Una pareja puede saber todo lo que hay que conocer con respecto al matrimonio y sin embargo estar viviendo un matrimonio disfuncional y no saludable. El material de *Matrimonios Fortalecidos* es un recurso excelente para asistirte conforme trabajas en proteger y fortalecer tu matrimonio. Continúa tu estudio leyendo los libros referidos a través del manual para ayudarte a fortalecer áreas en tu matrimonio que quizá necesiten trabajo adicional. La sección de recursos en caso de crisis al final del manual presenta información para ayudarte en áreas específicas de necesidad inmediata. A través de tu perseverancia, compromiso, estudio constante, oración y el estar abierto a la dirección y el trabajo de Dios en tu vida, puedes alcanzar un matrimonio fuerte y saludable.

Trabajando a través del manual como pareja

Tu matrimonio crecerá mucho más al ir trabajando a través de los 52 estudios en pareja. Trabaja a través del manual de principio a fin. Hay una evolución natural al ir construyendo los cimientos para el matrimonio y luego trabajar sobre los principios de éste. Lee todos los estudios, aunque directamente no aplique a ti por el momento. Quizá haya información que puedas usar en un futuro para ministrar a alguien más. Lee un estudio, contesta las preguntas y después comparte tus respuestas con tu pareja. El compartir las respuestas te ayudará a aplicar lo aprendido en tu matrimonio y conocerás más a tu pareja. Puedes comprar un manual para cada uno o comprar un manual como pareja y copiar las preguntas al final de cada estudio para que puedan contestarlas separadamente antes de discutirlas. Usar el manual en un grupo pequeño de estudio es una forma excelente de trabajar junto con otras parejas para crecer en tu relación matrimonial. El grupo pequeño de estudio te permite aprender de las experiencias de otras parejas.

Oren juntos como pareja antes de comenzar sus estudios y a través de todo el manual, sé sincero y honesto con El Señor, contigo mismo y con tu pareja. Las discusiones no siempre serán fáciles; a veces será muy incómodo y se tomará muy emocional. Cuando te enfrentes a situaciones difíciles puedes dejar el estudio por un rato y continuarlo después. No critiques las respuestas de tu cónyuge. Esta es una oportunidad para ti de aprender más acerca de tu pareja y crecer para convertirse en uno, conforme discuten los estudios juntos.

Cuando solo uno lo intenta

Tú no puedes cambiar a tu pareja y cualquier intento en hacerlo causará frustración y estrés entre ambos. Con el poder de Dios, tú puedes cambiar, y esa acción hará mucho para cambiar tu matrimonio. Trabaja a través del manual y aplica los principios a tu vida y a la interacción con tu pareja. Es muy probable que tu pareja se interese una vez que vea cambios en ti. Usa las preguntas como puntos de discusión entre tu pareja y tú. Puedes preguntarle su "opinión" en ciertos aspectos del manual. Cualquier discusión basada en el material del manual mejorará tu relación en tu matrimonio. Si tu cónyuge se pone a la defensiva, no lo presiones. Continuamente ora por tu cónyuge y pacientemente espera en El Señor a que obre en su vida y la cambie. Tú mismo puedes lograr mucho si estás dispuesto a intentarlo y le permites al Señor obrar en tu vida.

El fundamento de la Palabra de Dios

Recuerda, la Palabra de Dios es el fundamento para todo conocimiento. Cualquier cosa que leas tiene que ser considerada en el contexto de la verdad bíblica. Estudiar la Biblia y hacerla parte de tu vida es muy importante. Sin el trabajo del Espíritu Santo en tu vida, es casi imposible cambiar; Dios es el alfarero, tú eres el barro. Él te moldeará y te formará en la persona que Él quiere que seas, si tú le rindes tu vida a Él y le permites que obre en ti.

Sigue aprendiendo – Sigue buscando – Sigue creciendo

¡Qué Dios te bendiga ricamente al ir fortaleciendo tu matrimonio!

Introducción

El Matrimonio Fortalecido

Manténganse alerta; permanezcan firmes en la fe; sean valientes y fuertes.
1 Corintios 16:13

Un matrimonio a la deriva

José y Marta están al borde del divorcio. No quieren divorciarse, pero no saben qué más hacer. Las crudas emociones y malas actitudes crean tensión durante cada día. Su vida juntos parece estar llena de ira y dolor y los hijos están inseguros por las constantes riñas. El divorcio parece ser la única opción disponible para rectificar el desastre en que se ha convertido su vida.

Hace seis años, esta pareja estaba muy enamorada. Claro, era el segundo matrimonio para los dos, pero estaban enamorados y el amor seguramente conquistaría cualquier tormenta que apareciera en su camino. Su sueño romántico lentamente se convirtió en una pesadilla conforme las diferencias, la tensión de ser padres, el trabajo y el vivir la vida juntos se volvía en contra de ellos. Los sentimientos disminuyeron hasta que había más desprecio que amor.

José y Marta se comunican bien con otra gente, pero la comunicación entre ellos es tensa y difícil. Las conversaciones por lo común se convierten en disputas y la petición más sencilla puede resultar en una pelea durante varios días. Ellos pensaban estar mejor preparados para el matrimonio ya que habían pasado por uno antes, pero ahora ya no están tan seguros. Separadamente, no entienden qué es lo que falló y juntos no pueden ver mas allá del dolor para mantener una discusión que tenga sentido. No hay intimidad, y su relación sexual sólo se suma al dolor de vivir juntos. La educación o consejería marital o pre-matrimonial no fue algo que esta pareja había considerado. Aprendieron sobre la comunicación y conceptos matrimoniales mirando a sus padres y conforme ellos mismos experimentaban la vida. Esta pareja no es diferente a las miles que consideran el divorcio cada día. La relación de esta pareja puede ser muy similar a tu situación, o a la de alguien que conoces.

Los matrimonios deshaciéndose

Los matrimonios hoy en día se disuelven a un índice alarmante. Demasiados matrimonios acaban en divorcio y es una pena que este también ocurra dentro de la iglesia cristiana. De acuerdo a George Barna del Grupo Barna (The Barna Group), las personas que se dicen ser cristianos se divorcian prácticamente en la misma proporción que los no cristianos.[1] Mucha gente justifica el divorcio diciendo que dejarán de lastimarse el uno al otro, o que no es lo correcto mantenerse juntos sólo por los hijos. Razonan equivocadamente ignorando el hecho de que el divorcio termina el matrimonio, pero no la relación. Piensan que el dolor quedará atrás ¡Pero no es así!

Un gran número de parejas casadas viven matrimonios disfuncionales e improductivos. Sus matrimonios no son felices ni satisfactorios y no son un testimonio para Dios y ciertamente tampoco le glorifican. Sus hijos son inseguros de sí mismos y no alcanzan su potencial; sus familias se sostienen de un hilo. ¿Por qué? Porque no tienen la relación matrimonial que Dios tenía planeado para ellos. Están demasiados envueltos en otras cosas y en sí mismos en vez de ser el cónyuge que Dios quiere que sean.

Muchos matrimonios están estancados en un círculo vicioso de dolor y desilusión, el mismo que José y Marta experimentaron. Las investigaciones del Dr. John Gottman han identificado las siguientes seis señales que conducen a un matrimonio hacia la destrucción:

- ***Inicio áspero:*** La manera en que una conversación inicia. Una pareja en problemas tendrá conversaciones que llegan a ser ásperas y discordantes rápidamente.
- ***Los cuatro jinetes del Apocalipsis:*** Incluye interacción negativa como: crítica, desprecio, estar a la defensiva, y levantar barreras.
- ***Inundación:*** El negativismo de un cónyuge – sea crítica o desprecio es tan abrumador y tan repentino que lleva al otro cónyuge a encerrarse en sí mismo.
- ***Lenguaje corporal:*** Señales físicas negativas durante la interacción de la pareja.
- ***Intentos fallidos de reparación:*** Uno de los conyuges trata de arreglar la situación y el intento ni siquiera es notado. El negativismo continúa.
- ***Malos recuerdos:*** La pareja se enfoca en el dolor de su matrimonio y tiende solamente a recordar las cosas malas – ellos no recuerdan todas las buenas experiencias que han ocurrido en su matrimonio.[2]

Estas señales son indicadores de un matrimonio que está seco y posiblemente hasta muerto. El Dr. Gottman dice que el 91% del tiempo él puede predecir el divorcio en una pareja basado en estos seis factores.[3] Satanás y los propios deseos egoístas de una persona pueden llevar a una pareja por este camino. Aún ahora mismo, puede que tú te encuentres atrapado en una relación muy negativa. Las buenas noticias son que Dios ha salvado muchos matrimonios al borde del divorcio y Él puede salvar cualquier matrimonio cuando la pareja se vuelve a Él.

Un matrimonio requiere trabajo

Ningún matrimonio puede sobrevivir sin esfuerzo. Los matrimonios deben ser fortalecidos para soportar las situaciones que vendrán contra ellos. Fortalecer significa: dar fuerza y seguridad; reforzar, vigorizar; *dar fortaleza emocional moral o mental; o enriquecer*.[4] Los esposos y esposas deben ser pro-activos para fortalecer sus matrimonios y evitar que fallen como muchos otros matrimonios hoy en día. La cultura de hoy no se preocupa por el matrimonio y Satanás tiene un gran deseo de que los matrimonios fracasen. Cuando un matrimonio falla, sus generaciones sufren. No importa cuan amigable el divorcio pueda ser – los hijos serán afectados permanentemente.

El matrimonio es la segunda relación más importante en la vida de una persona; solamente la relación con Dios es más importante. Es tan importante, que en Efesios 5:31-32, Pablo compara la relación matrimonial a la relación de Cristo con la iglesia.

El matrimonio puede ser (y frecuentemente es) la relación más difícil en la que una persona puede entrar. Las parejas entran a esta relación sin fijarse en el costo que hay que pagar, el costo al que se refiere Jesús en Lucas capítulo 14. Ellos entran al matrimonio pensando que están enamorados, solo para descubrir que realmente no tienen idea de qué es amar o en qué se han metido. El divorcio es la respuesta de nuestra cultura para arreglar este "error". Es muy triste ver que en la iglesia también es disculpado el divorcio cuando la vida juntos se pone muy difícil o cuando se acaba el amor.

Un matrimonio exitoso y floreciente es posible, pero requiere trabajo. Una pareja casada debe dejar a sus padres, ser fiel a su pareja y esforzarse por lograr una relación creciente con el Señor y su cónyuge. Lograr unidad e intimidad con su pareja toma tiempo y esfuerzo continuo.

Un matrimonio puede ser comparado a un jardín. Para crear y mantener un jardín hermoso y floreciente, uno debe continuar haciendo el trabajo necesario para cuidar de él. Esto requiere herramientas adecuadas, agua, fertilizante y herbicida para mantener un jardín en forma. La relación matrimonial también requiere de cuidado adecuado para mantenerlo creciendo y hermoso.

La Biblia, libros, clases, conferencias, casetes, y videos son las herramientas que ayudan a educar e informar. Amor, ternura y aceptación son los fertilizantes que mantienen el matrimonio vivo. La comunicación es el herbicida que evita que los problemas terminen con la relación. Conforme avances en este manual, aprenderás sobre las muchas herramientas disponibles para fortalecer tu matrimonio, y también cómo aplicar el "fertilizante y herbicida" para el jardín de tu matrimonio. Trabajando en este manual con tu cónyuge obtendrás conocimiento, entendimiento y experiencia con las herramientas de la relación.

¿Quieres un matrimonio seco, improductivo, muerto? No hagas nada. Él morirá por sí mismo sin ningún trabajo. Sin ternura, cuidado y esfuerzo, cualquier matrimonio se marchitará y morirá. Tal vez piensas que no te casaste con la persona correcta o te casaste por las razones equivocadas, pero por favor entiende que Dios quiere y es capaz de bendecirte a ti y a tu matrimonio. Divorciarte y volverte a casar no es la respuesta; herirá en lugar de ayudar a construir el matrimonio que deseas. Los pensamientos y las actitudes negativas destruyen matrimonios. Tu vida y matrimonio pueden convertirse en todo lo que pueden y deben ser con la guianza de Dios.

Construyendo un matrimonio fortalecido

> ***Al oír esto, exclamaron: ¡Manos a la obra! Y unieron la acción a la palabra. ~ Nehemías 2:18b***

Las murallas alrededor de una ciudad guardan y protegen a las personas en su interior. Similarmente, un matrimonio fortalecido guarda y protege a la familia dentro de la relación matrimonial. Construir matrimonios fuertes hoy en día puede ser comparado a la construcción que hizo Nehemías de la muralla alrededor de Jerusalén hace miles de años atrás.

Muros caídos y puentes quemados dejaron sin protección alguna a la gente de Jerusalén y ellos no tenían refugio contra los ataques. Nehemías enfrentó oposición y problemas mientras él organizaba a los israelitas para las tareas de reconstrucción de las murallas. Ellos tenían que construir y al mismo tiempo permanecer preparados para pelear, en caso de un ataque de los enemigos que los rodeaban. Cada familia era responsable de una sección de la muralla y trabajaban juntos para construir y defenderse de los ataques. Hombro a hombro, ellos enfrentaron el problema y fueron capaces de terminar la construcción para dar protección a la gente de Jerusalén.

Las parejas también deben construir murallas para protegerse, a la vez que se defienden de los ataques dentro de su relación matrimonial. Esto requiere trabajo en equipo, diligencia y un gran esfuerzo para construir un matrimonio fuerte y para proteger a tu familia.

Cualquier matrimonio puede superar la oposición y los problemas para convertirse en un matrimonio fuerte y seguro con la dirección, guianza y fortaleza de Dios. Las murallas de tu matrimonio pueden ser:

- *Derribadas*. Similarmente al matrimonio de José y Marta, tú puedes estar al borde del divorcio.
- *Agrietadas y despedazadas.* Las murallas de tu matrimonio pueden necesitar ser reparadas y fortalecidas.
- *Fuertes y seguras*. Construido sobre cimientos sólidos, tu matrimonio puede ser usado por Dios para ayudar a otros.

Cualquiera que sea el estado en que tu matrimonio se encuentra hoy, éste puede ser levantado para ser fuerte y fortificado contra las tormentas y ataques que puedan enfrentar.

Aprendiendo el plan de Dios para tu matrimonio

La gente gastará dinero, tiempo y energía en muchas cosas de la vida, tales como educación, carrera, pasatiempos, deportes y hasta en aprender a manejar un vehículo. Sin embargo, la mayoría no buscan entrenamiento para uno de los aspectos más importantes de su vida en la tierra - convertirse en esposo, esposa, padre o madre. Así como inviertes tiempo y dinero para tu retiro, casas, carros o propiedades, necesitas invertir tiempo y dinero en aprender a ser el cónyuge que Dios quiere que seas. Es necesario que fortalezcas tu matrimonio en contra de las crisis, ataques y sequedad que pueden entrar silenciosamente en un matrimonio o sorprenderlo sin previo aviso.

El propósito de este manual es ayudarte a construir los cimientos para un matrimonio fuerte, definir lo que es un matrimonio cristiano y proveer herramientas y recursos para fortalecer tu matrimonio. Hay una progresión necesaria en este manual. Aún cuando la información al final del manual es muy importante, uno no puede comprender totalmente estos principios sin entender los principios fundamentales de los estudios anteriores. Los principios bíblicos de este manual - aplicándolos - van a fortalecer tu matrimonio, ayudar a tu familia a crecer y mejorar tu caminar con el Señor. Esto es realmente muy simple - haz el trabajo y tu matrimonio mejorará; no hagas el trabajo y tu matrimonio no cambiará.

Entender las responsabilidades bíblicas en el matrimonio y trabajar hacia el cumplimiento de esas responsabilidades es crítico para el crecimiento de un matrimonio. La meta del matrimonio es unidad. La unidad entre un hombre y una mujer es semejante a tomar una pieza de metal y una pieza de madera y tratar de hacerlas una. Desde un punto de vista temporal esto no puede ser. Aún cuando se unan de forma suave y llana, sigue habiendo una juntura donde la madera y el metal se unen. Además, Dios creó la relación matrimonial para ser una relación de unidad donde un hombre y una mujer se complementan y llenan uno al otro. Cuando la relación matrimonial opera sobre los principios de Dios y la pareja funciona como el esposo y la esposa que Dios los diseño a ser, la unidad ocurrirá. La unidad en el matrimonio es un gran misterio (Efesios 5:32) y difícil de entender. Está basado en compromiso y crecimiento juntos, no sobre "sentimientos" eufóricos de amor.

El matrimonio vivido de acuerdo al diseño de Dios es muy raramente visto en la cultura de hoy. Es solamente por la gracia de Dios y su obra, que un matrimonio puede ser lo que Él diseñó que fuese, pero hay principios que todos deben seguir. Este manual te guiará en los pasos que puedes tomar para mantener tu matrimonio creciendo en la dirección correcta.

¿Trabajo duro? ¡Sí! ¿Algo de dolor? Seguro, pero dolor del bueno que trae crecimiento. ¿Enriquecimiento y bendición? ¡Ciertamente! Conforme trabajas en este manual con tu cónyuge, entenderás lo que Dios quiere para ti y tu matrimonio. Tú crecerás junto al hombre o la mujer con quien prometiste vivir hasta que la muerte los separe. Construirás un matrimonio fortalecido - un matrimonio fortalecido contra los ataques del mundo y Satanás. No hay fórmulas para asegurar un buen matrimonio; esto toma compromiso, trabajo duro, gran deseo y obediencia a la palabra de Dios. Es la relación que tú edifiques con el Señor y sus promesas, protección y guianza que fortalecerán tu matrimonio. Todos pasamos por pruebas – es cómo uno pasa por estas pruebas lo que moldea su carácter y la dirección de tu matrimonio.

El *Matrimonio Fortalecido* resiste las tormentas de pruebas y emerge más fuerte con cada una. Un matrimonio fortalecido crece y se convierte en un faro en esta cultura oscura y egoísta, atrayendo gente para Cristo. Dios te usará para tocar a otros conforme creces en tu matrimonio.

Por eso, anímense y edifíquense unos a otros, tal como lo vienen haciendo.
~ 1 Tesalonicenses 5:11

Para conversar como pareja

1. ¿Qué significa para ti el término Matrimonio Fortalecido?

____

____

____

____

2. ¿Qué puedes hacer para fortalecer tu matrimonio? ¿Es ésta tu obra o la obra de Dios?

____

____

____

____

3. ¿Es tu matrimonio un jardín próspero o un montón de hierba? ¿Por qué?

____

____

____

____

4. ¿Tiene tu matrimonio alguna de las seis señales de un matrimonio con problemas de John Gottman? ¿Cuál(es)?

____

____

____

____

5. ¿Cuáles son tus expectativas al trabajar con este manual? ¿Qué crees que puedes obtener de éste?

____

____

____

____

Matrimonios Fortalecidos
Introducción referencias

Introducción: *El Matrimonio Fortalecido*

1. George Barna, The Barna Group, www.barna.org, September 8, 2004
2. Dr. John Gottman & Nan Silver, The Seven Principles for Making Marriage Work (NY, NY; Crown Publishers, 1999) pp 26-43
3. Ibid, p 2
4. The American Heritage Dictionary of the English Language, Fourth Edition; Copyright 2000 by Houghton Mifflin Company.

Para mayor información:

- Siete reglas de oro para vivir en pareja por John M. Gottman and Nan Silver
- El matrimonio cristocentrico por Dr. Neil T. Anderson & Charles Mylander
- Cómo tener exito en el matrimonio por Lee Rankin

Inventario de la salud marital

Pensando en tu relación matrimonial, encierra en un círculo el número que refleja mejor tu punto de vista para cada declaración enlistada.

	Nunca	Raramente	Algunas veces	A menudo	Casi siempre
1. Sé que soy un hijo de Dios perdonado:	1	2	3	4	5
2. Veo a Dios obrando en nuestro matrimonio:	1	2	3	4	5
3. Entiendo a mi cónyuge:	1	2	3	4	5
4. Nos complementamos uno al otro y trabajamos juntos:	1	2	3	4	5
5. Nuestras diferencias mejoran nuestro matrimonio:	1	2	3	4	5
6. Parece que vamos en la misma dirección:	1	2	3	4	5
7. La voluntad de Dios es prioridad en nuestro matrimonio:	1	2	3	4	5
8. Compartimos las mismas metas y objetivos:	1	2	3	4	5
9. Mi cónyuge escucha atentamente cuando yo hablo:	1	2	3	4	5
10. Podemos hablar de nuestras diferencias sin discutir:	1	2	3	4	5
11. Tenemos tiempos para compartir profundamente nuestros sentimientos:	1	2	3	4	5
12. Soy capaz de libremente compartir mis heridas y sentimientos:	1	2	3	4	5
13. Puedo decir que no, si no quiero hacer algo:	1	2	3	4	5
14. Me siento respetado por mi cónyuge:	1	2	3	4	5
15. Confío en mi cónyuge:	1	2	3	4	5
16. Me siento apreciado:	1	2	3	4	5
17. Mi cónyuge entiende mis necesidades:	1	2	3	4	5
18. Me siento amado:	1	2	3	4	5
19. Conocemos las necesidades de cada uno:	1	2	3	4	5
20. Las heridas son resueltas rápidamente:	1	2	3	4	5

	Nunca	Raramente	Algunas veces	A menudo	Casi siempre
21. Me siento necesitado por mi cónyuge:	1	2	3	4	5
22. Usamos un presupuesto para nuestras finanzas:	1	2	3	4	5
23. Planeamos juntos compras mayores:	1	2	3	4	5
24. Hacemos buenas decisiones financieras:	1	2	3	4	5
25. Tenemos intimidad en nuestra relación:	1	2	3	4	5
26. Tenemos pasión en nuestra relación:	1	2	3	4	5
27. Mis necesidades sexuales son saciadas:	1	2	3	4	5
28. Compartimos ideas espirituales entre nosotros:	1	2	3	4	5
29. Tenemos tiempos juntos solo para nosotros dos:	1	2	3	4	5
30. Nuestros papeles en el matrimonio están defini0 dos y entendidos:	1	2	3	4	5
31. Tenemos una relación saludable con nuestra "familia política":	1	2	3	4	5
32. Disfrutamos hacer cosas juntos:	1	2	3	4	5
33. Nosotros oramos juntos:	1	2	3	4	5
34. Trabajamos juntos para superar problemas:	1	2	3	4	5
35. Reflexionamos sobre momentos especiales en que hemos estado juntos:	1	2	3	4	5
36. Nuestra relación me ha acercado más a Dios:	1	2	3	4	5
37. Siento satisfacción con mi matrimonio en general:	1	2	3	4	5
38. Puedo visualizar nuestro matrimonio continuando de por vida:	1	2	3	4	5

Escribe tu puntuación total aquí: ___________

Este cuestionario te dará una mejor idea de dónde está tu relación matrimonial ahora. Una puntuación sobre 150 indica una fuerte y creciente relación. ¡Continúen trabajando! Una puntuación entre 120 y 149 muestra una creciente relación que puede necesitar algo de atención. Una puntuación entre 100 y 119 significa que tienes algo de trabajo que hacer para mejorar tu matrimonio y con una puntuación debajo de 100 podrías necesitar algo de consejería y se requerirá mucho trabajo para fortalecer tu matrimonio. Recuerda, ningún matrimonio está privado de convertirse en un matrimonio fuerte y saludable – ¡Dios quiere obrar un milagro en tu relación!

Matrimonios Fortalecidos

Capítulo 1
Creados por Dios

Estudio 1

¿Quién es Jesucristo?

SEÑOR DE SEÑORES
PRINCIPE
DIOS
VIDA
HIJO
REY DE REYES
PAN
DAVID
PAZ
CORDERO

> *La creencia cristiana empieza con la respuesta a la pregunta; ¿Quién es Jesucristo?*

Un matrimonio cristiano

La base de un matrimonio cristiano es la persona de Jesucristo. La gente debe de entender quién es Jesús antes de que pueda entender su lugar en el mundo, en la familia o en la relación de su matrimonio. El cristiano es simplemente un seguidor de Cristo. Mucha gente se dice ser cristiano, pero el fruto de lo que dice no se ve en su vida. En Juan 14:15, Jesús dice; "Sí ustedes me aman, obedecerán mis mandamientos." Esto no significa que serás perfecto, lo que significa es que tu vida se dirige en una dirección diferente; que tú deseas vivir tu vida solo para Jesús, no para ti.

¿Quién es Jesucristo?

En Mateo 16:15, Jesús les preguntó a sus discípulos quien pensaban que él era. Cuando Pedro contestó: "Tú eres el Cristo, el hijo del Dios viviente." Jesús respondió: "Bienaventurado eres, Simón, hijo de Jonás, porque no te lo reveló carne ni sangre, sino mi Padre que está en los cielos."

Hablando de Jesús, Juan 1:1 establece que Jesús es Dios. Jesús sanó al enfermo, dio vida al muerto y vista al ciego. Él perdonó los pecados como podemos ver en Marcos 2:5-10 y Lucas 7:48-49. En Colosenses 1:15-18, Romanos 9:5 y Hebreos 1:3,8 encontramos aún más confirmación de la divinidad de Jesús.

> *En el principio ya existía el Verbo, y el Verbo estaba con Dios, y el Verbo era Dios. Él estaba con Dios en el principio. ~ Juan 1:1-2*

Jesús también fue hombre, que nació de una virgen como fue profetizado en Isaías y en los Salmos, y su realización la vemos cumplida en los Evangelios. Jesús vivió y caminó entre hombres y mujeres, hace más de 2,000 años. Mateo 13:55 establece que Jesús tenía hermanos, una madre y era conocido como el hijo del carpintero.

Todos los Evangelios registran la muerte física de Jesús en la cruz. Los soldados romanos verificaron su muerte física y Jesús fue enterrado en la tumba de un hombre rico. Tal como fue profetizado en el Antiguo Testamento y por el propio Jesús, él resucitó al tercer día. Juan 20:28-29 también relata el encuentro de Jesús con Tomás, uno de los discípulos. Jesús resucitó físicamente de entre los muertos y exhibía las heridas de la cruz para demostrar que él era el mismo que había muerto. Jesús se apareció a centenares antes de ascender al cielo, como lo relata Hechos, capítulo 1.

Jesús es el camino, la verdad, y la vida

Jesús declaró: "Yo soy el camino, la verdad, y la vida. Nadie viene al Padre, sino por mí" – (Juan 14:6). Las personas sólo tienen vida, vida eterna, a través de la persona de Jesucristo. Él fue el sacrificio perfecto: Dios se hizo hombre, dando su vida para que todo aquel que en Él cree sea salvo. Hechos 4:12 nos dice: "Y en ningún otro hay salvación; porque no hay otro nombre bajo el cielo, dado a los hombres, en que podamos ser salvos."

No hay nada que podamos hacer para ganar la salvación (Efesios 2:8-9); es un regalo de Dios. La salvación se encuentra sólo en Jesucristo; confiar en ti mismo o en algo no tiene valor.

Los cristianos veneran a Jesús como Dios y lo adoran, pero también Él es un amigo como se dice en Juan 15:15. Él desea una relación cercana e íntima con su pueblo y él se acerca con amor y humildad.

Jesús regresará un día. Él mismo lo dijo en Juan 14:28 y en Mateo 24:30. Y un ángel testifica al respecto en Hechos 1:11, y el libro de Apocalipsis nos dice cómo es que Él regresará.

¿Quién es Jesús?

1. Él es Dios, Él siempre lo fue, y siempre lo será.
2. Él nació de una virgen.
3. Él fue un hombre, Él físicamente caminó por la tierra.
4. Él murió por los pecados de la humanidad.
5. Él resucitó físicamente de entre los muertos.
6. Él ascendió al cielo.
7. Él es Señor.
8. Él es el Maestro.
9. Él es un amigo.
10. Él es el único camino a la salvación.
11. Él regresará un día

¿Conoces a Jesucristo?

Si tu respuesta a esta pregunta es "sí" y Jesús es tu Señor y Salvador, ¡Alaba a Dios por lo que él ha hecho por ti! Si tu respuesta es "no" o no estás seguro, por favor considera las afirmaciones y solicitud de Jesús al leer esta sección.

Dios creó a la humanidad a su imagen y la creó para tener una relación con ella. También creó a las personas con la habilidad de escoger entre lo bueno y lo malo y también pueden escoger si quieren tener una relación con Él o no. El problema es que, empezando con Adán y Eva, la humanidad ha escogido rechazar las leyes de Dios. El pecado separa al hombre de la relación con Dios.

> ***...pues todos han pecado y están privados de la gloria de Dios,***
> ***~ Romanos 3:23***

La santidad de Dios demanda justicia, y se debe pagar por el pecado. No hay modo de esquivar la consecuencia del pecado. Las personas no pueden pagar el precio por sus pecados y el rechazo a Dios con equidad, por tal razón Dios proveyó un sacrificio para él mismo. Jesucristo tomó forma humana y murió para que la humanidad pudiera ser reconciliada con Dios. Él fue el sacrificio perfecto que pagó el precio del pecado de toda la humanidad.

> ***Porque tanto amó Dios al mundo, que dio a su Hijo unigénito, para que todo el que cree en él no se pierda, sino que tenga vida eterna.***
> ***~ Juan 3:16***
>
> ***Pero Dios demuestra su amor por nosotros en esto: en que cuando todavía éramos pecadores, Cristo murió por nosotros.***
> ***~Romanos 5:8***

Jesús pagó el precio por el pecado, y las personas solo tienen que recibir a Jesús, pedirle perdón por sus pecados y aceptarlo como su Señor y Salvador para ser salvos. La fe de la persona en Jesucristo lo salva de la separación eterna de Dios y abre la promesa de vida eterna que Dios hizo; pasar

> ***Porque por gracia ustedes han sido salvados mediante la fe; esto no procede de ustedes, sino que es el regalo de Dios, no por obras, para que nadie se jacte.***
> ***~ Efesios 2:8-9***

el resto de la eternidad con Él en el cielo.

¿Tienes la seguridad de salvación de tus pecados y la promesa de vida eterna? Dios desea una relación contigo ahora y para siempre. Jesús se dio a sí mismo como sacrificio por tu pecado, por todos tus pecados. Puedes empezar esta relación con una simple oración que salga del corazón. Hablándole a Dios, di algo como esto; "Jesús te necesito. He pecado y he quedado privado de tu gloria. Perdona mis pecados y renueva mi corazón. Gracias por morir en la cruz por mí. Toma el control de mi vida y hazme la persona que Tú quieres que yo sea."

> ***que si confiesas con tu boca que Jesús es el Señor, y crees en tu corazón que Dios lo levantó de entre los muertos, serás salvo. Porque con el corazón se cree para ser justificado, pero con la boca se confiesa para ser salvo.***
> ***~ Romanos 10:9-10***

No sólo tienes la promesa de vida eterna, tu relación con el Señor cambiará tu vida dramáticamente aquí en la Tierra. Al ir tú creciendo en tu relación con Dios, Él te cambiará y te moldeará a su imagen. ¡Ahora ya estas listo para seguir adelante!

Para conversar como pareja

1. Brevemente da tu testimonio; ¿cómo y cuándo te hiciste cristiano?

2. En tus propias palabras, ¿quién es Jesucristo?

3. ¿Por qué es necesario creer en Jesucristo para obtener la salvación?

4. ¿Tienen tú y tu cónyuge la misma opinión sobre quién es Jesucristo? ¿Cuáles son las diferencias?

5. ¿Por qué es importante en el matrimonio saber quién es Jesucristo?

Creados por Dios

Estudio 2

¿Quién eres tú?

Y Dios el Señor formó al hombre del polvo de la tierra, y sopló en su nariz hálito de vida, y el hombre se convirtió en un ser viviente. ~Génesis 2:7

De la costilla que le había quitado al hombre, Dios el Señor hizo una mujer y se la presentó al hombre, ~ Génesis 2:22

DESPUÉS del EDÉN Por Dan Lietha

Sí, el hombre fue creado a la imagen de Dios, a pesar de lo que vemos aquí.

Eres algo físico, creado por Dios

Dios creó la humanidad, y físicamente él moldea y forma a todos en la persona que son. Adán fue creado del polvo de la tierra, Eva fue creada de Adán, y la unión sexual del primer hombre y la mujer creó el resto de la humanidad.

Las personas tienen un yo exterior, un cuerpo físico que se relaciona con el mundo a través de cinco sentidos. Mientras uno vive en el mundo físico tiene que hacerlo en un cuerpo físico. Pero, ¿es eso todo lo que hay? ¿Son los humanos definidos como una entidad física? ¿Son identificados por un nombre, un número y una descripción física, tal como se ve en las licencias de manejar?

Las personas tienden a identificarse a ellas mismas y a otras por la forma como se ven, por lo que hacen, y hasta por su posición teológica, su preferencia religiosa, o su papel en la iglesia. ¿El quién eres, está determinado por lo que haces, por como te ves y en qué crees? o ¿es lo que haces, cómo te ves, y en qué crees lo que determina quién eres?

¿Quién eres? Suena como una pregunta muy simple, pero el intentar contestarla nos revela rápidamente lo complicado que es el asunto. Las personas son seres físicos creados por Dios, pero también son mucho más que eso.

Tú eres tu yo interior: mente, emociones y voluntad

Tu interior contiene la mente (le permite a una persona pensar), emociones (permiten los sentimientos), y la voluntad (permite escoger). Dios les da a las personas mentes para pensar, y Él desea que usen sus mentes sabiamente. El libro de Proverbios subraya la necesidad de tener sabiduría, cómo las personas necesitan buscar y usar la sabiduría para vivir una vida piadosa. Así como Dios le dio a Adán y a Eva la elección de obedecer o desobedecer el mandamiento de que no comieran del árbol de la ciencia del bien y el mal, Él le permite a todo el mundo que escoja como vivir sus vidas. Ellos hacen sus elecciones basándose en como piensan, como se sienten y como reaccionan al ambiente donde ellos viven. El interior, el corazón, determina como las personas reaccionan al mundo físico alrededor de ellas y éste forma sus personalidades. Sin pensamientos y emociones, el cuerpo físico es solo un trozo de carne.

Tú eres espiritual

Tú eres espiritual, y es el espíritu el que vive para siempre. Una vez que el cuerpo físico muere, los cristianos tienen un cuerpo eterno en el cielo. El estar fuera del cuerpo, es estar en casa con el Señor (*2 Corintios 5:8*). Los cristianos tienen la esperanza y la promesa de que su espíritu vivirá por siempre con Dios. Sin embargo no es algo que sólo pasa en el más allá. Las personas son espirituales ahora mismo en la Tierra. Cuando una persona acepta a Jesucristo como su salvador, ésta escoge el vivir por el espíritu en vez de por la carne. Así que les digo, vivan por el Espíritu y no seguirán los deseos de la naturaleza pecaminosa. (*Gálatas 5:16*)

Adán y Eva experimentaron una cercanía con Dios, que desde entonces nunca más se ha experimentado. Ellos fueron creados física y espiritualmente en perfecta unión con Dios, pero ellos pecaron; ellos desobedecieron a Dios y como resultado, ellos murieron espiritualmente. Entonces ellos fueron separados de Dios. Hoy las personas están espiritualmente muertas antes de conocer a Jesucristo como su salvador. A través de Cristo y al confiar en Él, las personas están ahora vivas espiritualmente.

Una vida nueva en Cristo

Muchos cristianos se identifican solamente con el primer Adán, el que falló y fue separado de Dios. Como cristiano, ahora eres identificado con el último Adán - Jesucristo. Originalmente tú naciste en pecado, no en Cristo. En el momento que le dijiste que sí a Cristo, tu viejo yo fue crucificado con Cristo y naciste de nuevo. Ahora estás espiritualmente vivo.

No es lo que haces como cristiano lo que determina quien eres; es quién eres como cristiano lo que determina quién eres, y es quién eres lo que determina lo que haces.

El doctor Neil Anderson cuenta la historia de una pareja que fue a verlo para consejería matrimonial. Su matrimonio estaba tan mal y la opinión de ellos mismos y de cada uno era tan equivocada, que él les aconsejó que se olvidaran de su matrimonio hasta que ellos pudieran entender quienes eran en Cristo. Cada uno se fue

(continua en la próximo página)

Quién eres:

Tú eres un hijo de Dios; un santo. Nadie, ni siquiera Satanás, puede dañar tu posición y tu identidad en Cristo. Satanás intentará engañarte de que tú no eres aceptable delante de Dios, pero a través de Cristo tú eres aceptable.

En Cristo tú eres:

Un hijo de Dios. ~ Juan 1:12
Amigo de Cristo. ~ Juan 15:15
Una nueva creación. ~ 2 Corintios 5:17
Un miembro del cuerpo de Cristo. ~ 1 Corintios 12:27
Un hijo de Dios, un heredero. ~ Gálatas 4:6-7
Un santo. ~ Efesios 1:1, Filipenses 1:1
Obra de Dios. ~ Efesios 2:10
Santo y justo. ~ Efesios 4:24
Nacido de Dios. ~ 1 Juan 5:18
Parte de Cristo. ~ Hebreos 3:14
Escogidos, santos y profundamente amados. ~ Col 3:12

De modo que si alguno está en Cristo, nueva criatura es: las cosas viejas pasaron; todas son hechas nuevas! ~ 2 Cor 5:17

Cómo eres en Cristo, por la gracia de Dios:

Eres justificado - completamente perdonado y hecho justo. (Romanos 5:1)
Por siempre eres libre de la condenación. (Romanos 8:1)
Tienes la mente de Cristo. (1 Corintios 2:16)
Fuiste hecho justo. (2 Corintios 5:21)
Fuiste redimido, y fuiste perdonado; eres recipiente de su abundante gracia. (Efesios 2:5)
Nos dio vida juntamente con Cristo. (Efesios 2:5)
Te redimió y perdonó todos tus pecados. La deuda contra ti ha sido cancelada. (Colosenses 1:14)
Tú estas firmemente arraigado en Cristo y estas siendo edificado ahora en Él. (Colosenses 2:7)
Somos completos en Él. (Colosenses 2:10)
Te ha sido dado un Espíritu de poder, amor y dominio propio. (2 Timoteo 1:7)
Te salvó y te llamó de acuerdo a su propósito. (2 Timoteo 1:9)
Tienes el derecho de acercarte confiadamente al trono de Dios para encontrar misericordia y gracia en tiempo de necesidad. (Hebreos 4:16)
Nos ha dado preciosas y grandísimas promesas, para que por el las llegáramos a ser participantes de la naturaleza divina de Dios. (2 Pedro 1:4)

Es importante que te veas a ti mismo como en realidad eres - una nueva creación en Jesucristo.

separadamente a estudiar las Escrituras y a buscar al Señor. Seis meses después, su matrimonio era mejor de lo que ellos alguna vez hubieran soñado, porque ellos entendieron su posición desde el punto de vista de Dios. Solamente hasta ese momento, ellos pudieron ser el esposo y la esposa que Dios los había llamado a que fuesen.[1]

Quién eres realmente

> ***Pero ustedes son linaje escogido, real sacerdocio, nación santa, pueblo que pertenece a Dios, para que proclamen las obras maravillosas de aquel que los llamó de las tinieblas a su luz admirable. Ustedes antes ni siquiera eran pueblo, pero ahora son pueblo de Dios; antes no habían recibido misericordia, pero ahora ya la han recibido. ~ 1 Pedro 2:9,10***

Dios no te llama pecador, Él te llama santo - un santo sagrado. Si tú piensas de ti mismo como pecador, tendrás la tendencia a vivir como pecador. ¿Por qué no identificarte a ti mismo por quien en realidad eres, un santo que ocasionalmente peca? La meta como cristiano, es el vivir una vida que corresponde a quien tú eres posicionalmente por lo que Jesucristo ha hecho por ti.

> ***Tu esperanza para alcanzar crecimiento, significado y logros como cristiano está basada en entender quien eres - específicamente tu identidad en Cristo como un hijo de Dios.***

Para conversar como pareja

1. ¿Qué significa para ti la frase "en Cristo" en tu vida cotidiana?

____

____

____

____

2. ¿Cómo puede cambiar tu matrimonio las verdades acerca de quien eres "en Cristo"?

____

____

____

____

3. ¿Cómo puede ayudar a tu matrimonio el aceptar, de todo corazón la gran verdad que Dios te ama?

____

____

____

____

4. Piensa acerca de la relación con tu pareja. ¿Qué hay en tu relación que te da la libertad de dar y recibir?

____

____

____

____

5. ¿Qué cambios han ocurrido en ti desde que aceptaste a Jesús como tu Señor y Salvador?

____

____

____

____

La verdad bíblica es importante para un matrimonio fortalecido. La palabra de Dios, la Biblia, es el fundamento de toda sabiduría y conocimiento. Es importante entender que hay un orden en la Escritura. Los sentimientos no son para gobernar la vida de uno, lo que nos gobierna es la verdad Bíblica. Usa la información de abajo al ir creciendo en tu relación con Dios. Consúltala a través de tu progreso en este manual; hará una diferencia en tu vida y en tu matrimonio.

El orden de la Escritura:

1. **Conoce la verdad:** *Jesús se dirigió entonces a los judíos que habían creído en él, y les dijo: --Si se mantienen fieles a mis enseñanzas, serán realmente mis discípulos; y conocerán la verdad, y la verdad los hará libres.* ~ *Juan 8:31-32*

2. **Cree la Verdad:** *Porque con el corazón se cree para ser justificado, pero con la boca se confiesa para ser salvo.* ~ *Romanos 10:10*

3. **Obedece la Verdad (camina según la verdad):** *¿Entienden esto? Dichosos serán si lo ponen en práctica.* ~ *Juan 13:17*

4. **Siente la Verdad (deja que tus emociones sean un producto de tu obediencia):** *...pero no miró así a Caín ni a su ofrenda. Por eso Caín se enfureció y andaba cabizbajo. Entonces el Señor le dijo: «¿Por qué estás tan enojado? ¿Por qué andas cabizbajo? Si hicieras lo bueno, podrías andar con la frente en alto. Pero si haces lo malo, el pecado te acecha, como una fiera lista para atraparte. No obstante, tú puedes dominarlo.» ~ Génesis 4:5-7*

Cristo ha ganado la batalla. Nuestra parte es:[2]

1. **Ser transformados por medio de la renovación de nuestra mente:** *No se amolden al mundo actual, sino sean transformados mediante la renovación de su mente. Así podrán comprobar cuál es la voluntad de Dios, buena, agradable y perfecta. ~ Romanos 12:2*

2. **Preparar nuestras mentes para la acción (desecha las fantasías infructuosas):** *Por eso, dispónganse para actuar con inteligencia; tengan dominio propio; pongan su esperanza completamente en la gracia que se les dará cuando se revele Jesucristo. ~ 1 Pedro 1:13*

3. **Lleva cada pensamiento cautivo en obediencia a Cristo:** *Destruimos argumentos y toda altivez que se levanta contra el conocimiento de Dios, y llevamos cautivo todo pensamiento para que se someta a Cristo.* ~ *2 Corintios 10:5*

4. **Acuda a Dios:** *No se inquieten por nada; más bien, en toda ocasión, con oración y ruego, presenten sus peticiones a Dios y denle gracias. ~ Filipenses 4:6*

5. **Asume tu responsabilidad y escoge la verdad**: *Por último, hermanos, consideren bien todo lo verdadero, todo lo respetable, todo lo justo, todo lo puro, todo lo amable, todo lo digno de admiración, en fin, todo lo que sea excelente o merezca elogio. Pongan en práctica lo que de mí han aprendido, recibido y oído, y lo que han visto en mí, y el Dios de paz estará con ustedes. ~ Filipenses 4:8-9*

¡La victoria en la batalla por tu mente es la herencia indiscutible de todo aquel que está en Cristo!

Creados por Dios
Estudio 3
Conociendo tus diferencias

Y Dios creó al ser humano a su imagen; lo creó a imagen de Dios. Hombre y mujer los creó.
~ Génesis 1:27

Es importante conocer las diferencias entre una mujer y un hombre para que una relación crezca.

¡La gente es diferente!

Cuando están de novios y enamorándose, las parejas tienden a enfocarse en sus similitudes. Usualmente esas similitudes son pocas, pero como se dice comúnmente, el amor es ciego. Una vez casados las parejas empiezan a ver sus diferencias y éstas se vuelven el punto de disputa en la relación de su matrimonio. Todas las parejas enfrentan algunas diferencias básicas.

- Géneros: Masculino y femenino; no es una diferencia pequeña, la diferencia es grande. Biológicamente hay diferencias muy grandes.
- Genes: Los padres les dan a sus hijos un grupo de genes únicos en historia. Esos genes traerán diferencias físicas, emocionales y sociales.
- Trasfondos: El ambiente social, económico, cultural y geográfico causará diferencias.
- Tipos de personalidades: Usualmente las parejas tendrán personalidades muy diferentes.

Estas cuatro diferencias primarias traen otras diferencias que muy seguido causan conflicto en el matrimonio. Estas diferencias son:

- Estilo de comunicación
- Maneras de pensar
- Fuerzas
- Debilidades
- Luchas
- Emociones
- Valores
- Estilos
- Convicciones
- Deseos
- Expectativas
- Experiencias
- Intereses
- Opiniones sobre sexualidad

Las diferencias causan división entre los cónyuges y estas diferencias pueden llevar a un conflicto y a veces, a la muerte del matrimonio. ¿Qué puedes hacer respecto a las diferencias?

1. ***Reconoce las diferencias:*** Aprende sobre tu cónyuge.
2. ***Trabaja en aprender las diferencias entre ustedes:*** Es tu misión de toda la vida el mejorar tu entendimiento al conocer a tu cónyuge.
3. ***Aprende a apreciar las diferencias:*** Como dice Ruth Graham, "Si ustedes fueran exactamente iguales, uno de ustedes no sería necesario."
4. ***Utiliza las diferencias:*** Dios te creó tal y como eres, y ustedes dos son mejores que uno solo. Cuando trabajan juntos, sus diferencias cubren las debilidades de cada uno en vez de ser puntos de disputa.[1]

Es importante reconocer y entender las diferencias de tu cónyuge. El inventario de la historia de tu vida en las páginas 23 and 24 te ayudará a descubrir algunas diferencias que ambos trajeron a tu matrimonio.

Los hombres y las mujeres son diferentes

Recientemente el estudio de las diferencias ha sido un negocio muy grande y muchos libros e información ahora están disponibles. Al suscribirse a los libros *Los hombres son de Marte, las mujeres son de Venus, Los hombres son como panqueque, las mujeres son como espagueti, Los hombres son de Israel, y las mujeres son de Moab,* o alguna otra analogía, la gente está aprendiendo sobre las diferencias entre los hombres y las mujeres.

El hombre y la mujer original se entendían perfectamente... El pecado trajo la maldición. La maldición trajo muchos libros.

Bíblicamente, Dios creó a los humanos, hombre y mujer, y basados solo en este factor de la vida, es obvio que los hombres y las mujeres son fundamentalmente diferentes. Son diferentes anatómicamente, sexualmente, emocionalmente, psicológicamente, y bio-químicamente. Es importante estar consciente, percatado de estás diferencias y reconocer que tú estás creado con ellas. Muchos tienden a pensar que el ser diferente no es una cosa buena, pero el libro de Génesis dice que Dios creó a los humanos, hombre y mujer y a su imagen. El entender las diferencias ayudará en la interacción de la pareja para trabajar hacia adelante en sus metas comunes en vez de estar peleando entre ellos dos.

Las diferencias biológicas afectan cada aspecto de la vida de la pareja; desde las habilidades intelectuales, como fueron tratados de niños, o como uno responde al peligro. Físicamente la humanidad está más consciente de las diferencias masculinas-femeninas que ninguna otra distinción vista en el mundo. Los cromosomas, células, hormonas, cerebros y cuerpos son diferentes entre los sexos. Por ejemplo, el cerebro masculino es 10% más grande que el femenino, pero el cerebro femenino es más eficiente y anula cualquier ventaja que quizás sea obtenida en tamaño.

El cerebro masculino está predominantemente programado para sistematizar-analizar, entender y construir sistemas, mientras que el cerebro femenino está predominantemente programado para la empatía. La empatía es lo que conduce a identificar las emociones de otra persona y a responder a éstas con la emoción apropiada.[2]

La testosterona hace al hombre más agresivo, construye músculo, aumenta la formación de glóbulos rojos, apresura la recuperación después de una lastimadura o enfermedad y estimula el metabolismo para quemar la grasa del cuerpo. En pocas palabras, el hombre es mas delgado y está más preparado para ser un cazador, guerrero y proveedor.

El estrógeno femenino juega un papel en el desarrollo sexual, ensancha la pelvis, aumenta el tejido grasoso y promueve la coagulación de la sangre. También tiene un efecto en las emociones femeninas, en la suavidad de su piel, y en la dedicación y crianza de los hijos.

Diferencias emocionales

Los hombres tienden a sentirse impulsados a generar, construir y procrear. Pregúntale a la mayoría de los hombres, quienes son y ellos responderán en los términos de su ocupación. Generalmente las mujeres buscan criar, dar cuidado y refugio. Ellas seguido se ven como estabilizadoras, pacificadoras, y diseñadoras. Ellas se sienten impulsadas a relacionarse, asociarse y cultivarse. Pregúntale a la mayoría de mujeres quienes son y ellas te responderán en los términos de sus relaciones.[3]

Aunque algunos se burlan de uno de los libros mas vendidos, *Los hombres son de Marte y las mujeres son de Venus* del doctor John Gray, por tonto o por simplistaque parezca, él ha hecho mucho por aumentar el entendimiento de las diferencias de los géneros.

Los marcianos valoran el poder, la competencia, la eficiencia y los logros. Ellos siempre están haciendo cosas para probarse a sí mismos y desarrollar sus poderes y sus habilidades. La seguridad en sí mismos está definida a través de su habilidad de obtener resultados. Ellos experimentan realización principalmente a través del éxito y sus logros.[4]

Las venusinas valoran el amor, la comunicación, la belleza y las relaciones. Ellas se pasan mucho tiempo apoyando, ayudando, criando y educándose unas a otras. Su identidad se define por medio de sentimientos y de la calidad de sus relaciones. Ellas experimentan realización a través de compartir y relacionarse con otros.[5]

Las mujeres parecen ser más complicadas...

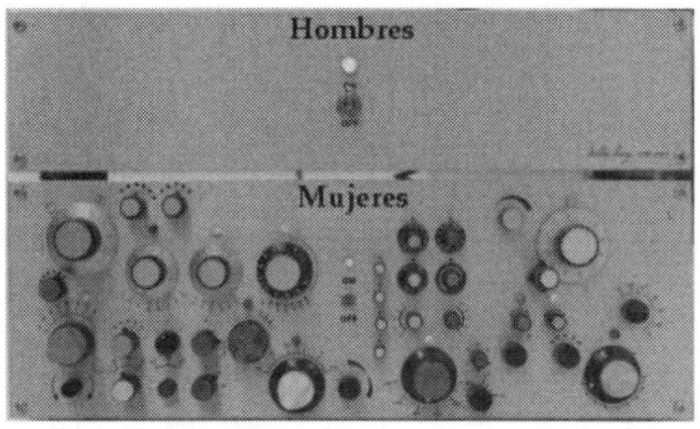

Muchos tienden a bromear acerca de lo complicadas que son las mujeres, pero en realidad Dios ha hecho a ambos, hombre y mujer, muy complicados. Hay muchos factores involucrados en como nosotros reaccionamos a situaciones como el peligro, ataques, situaciones emocionales, o el gozo y la felicidad. Las personas tienen que entender que ellas reaccionarán a la mayoría de las situaciones diferente a sus cónyuges.

Los hombres y las mujeres reaccionan al estrés muy diferente. Cuando una mujer está bajo el estrés, ella ve todos los problemas y quizás tienda a usar frases absolutas como, siempre o nunca; quizás parezca como que sobrereacciona o como que tiene gran cantidad de resentimiento. Ella quiere hablar al respecto, pero no quiere que la corrijan.[6]

Los hombres necesitan responder escuchando, sin intentar corregirla, sin ofrecer soluciones y sin quitarle valor a su argumento, sin tomarlo personal o ponerse a la defensiva y tornar la discusión hacia el mismo. Al contrario, el esposo necesita apoyarla emocionalmente, manteniendo contacto visual con ella, dándole valor a su punto de vista, y ofreciendo gestos y respuestas que muestren interés y atención.

Cuando el hombre está estresado, él está enfocado en un problema - él se distanciará y ya sea que él trate de resolver el problema o se olvide de él. Muchos hombres necesitan tiempo para la transición del trabajo a la casa – para olvidarse de los problemas del día o para tratar de resolverlos. Muy seguido el esposo cuando tiene una conversación difícil con su esposa se distanciará.[7]

Las mujeres necesitan darse cuenta que el distanciamiento es la forma en que los hombres tratan con los problemas y el estrés. Ella necesita darle tiempo para que se relaje, no desaprobarlo, ni ofrecer soluciones, no tratar de confortarlo, ni empujarlo a comunicarse o preocuparse por él.

Un hombre siempre tiene que recordar el asegurarle a su esposa que él regresará de este tiempo de distanciamiento, y que conversará con ella sobre la situación cuando él esté listo.

Ambos, hombre y mujer, necesitan dejar de ofrecer el método de cómo a ellos les gusta el ser confortados y empezar a aprender las diferentes formas en que sus cónyuges piensan, sienten y reaccionan.

Las mujeres usualmente desearán más de la relación con su esposo. Los hombres necesitan trabajar en proveer más de esa relación y las mujeres necesitan ser pacientes y ayudar a sus esposos, no demandar más de lo que ellos pueden dar en el momento.

Comunicación

Una mujer típicamente usa de 6,000 a 8,000 palabras al día, mientras que el hombre usa solo de 2,000 a 4,000 palabras.[8] No solo hay diferencia en cuanto a las palabras que los hombres y las mujeres usan, pero también en como ellos las usan. Tan solo observa jugar a las niñas y a los niños. Los niños usarán muchos sonidos como "brrrmmm", mientras que las niñas son más elocuentes, tiene más facilidad de articulación y son más interactivas en su jugar.

Los hombres quieren hechos y normalmente

se comunican para compartir información y para resolver problemas. Las mujeres son más dramáticas y comparten sus sentimientos. Las mujeres se comunican para construir relaciones. Las mujeres tienden a saber escuchar activamente más que los hombres.

Espiritualmente

Las mujeres generalmente son más espirituales que los hombres. Mientras que ellas no fueron creadas más espirituales que el hombre, estadísticamente y en realidad, las mujeres están más sintonizadas en cosas espirituales. Las mujeres se involucran mas fácilmente en discipulados, en participar en grupos pequeños, en hacerse voluntarias en la iglesia, leer la Biblia, orar y en identificarse como "cristianas".[9]

La importancia de entender las diferencias no puede ser exagerada. Sin el conocimiento que supone que ellos deben de ser diferentes, hombres y mujeres están usualmente en desacuerdo. Las personas quieren que sus cónyuges quieran lo que ellas quieren, y sientan lo que ellas sienten. A todos nos gusta el hecho de que las mujeres y los hombres son diferentes hasta que el punto de disputa surge; entonces se preguntan ¡por qué su cónyuge no puede ser simplemente como ellos! Claramente el reconocer y respetar las diferencias entre hombres y mujeres puede reducir dramáticamente la confusión cuando se trata de lidiar con el sexo opuesto. Los hombres y las mujeres son increíblemente diferentes; pero no tan diferentes que las parejas no puedan entenderse.

La relación marital crecerá cuando las parejas entiendan, respeten y acepten sus diferencias.

Para conversar como pareja

1. ¿Cuáles son las diferencias que ves entre tú y tu cónyuge?

____

____

____

____

2. ¿Por qué es importante hacer algo sobre tus diferencias? ¿Qué harás?

____

____

____

____

3. ¿Por qué es importante entender las diferencias entre hombres y mujeres?

____

____

____

____

4. ¿Cuáles son tus pensamientos relacionados en cómo tratar con el estrés de tu compañero?

____

____

____

____

5. ¿Cómo crees que tus diferencias y las de tu cónyuge pueden ayudar a crecer tu relación matrimonial?

____

____

____

____

Inventario de la historia de tu vida

Completa honestamente el siguiente inventario y después comparte esta información con tu cónyuge. El propósito es ayudar a tu cónyuge entender quien eres tú y de donde vienes. Al ir él (o ella) aprendiendo, quizá tu también aprendas cosas sobre ti mismo(a). Usa papel adicional si es necesario.

---

1. Describe donde creciste: tu vecindario y el área donde viviste. ¿Te cambiaste de casa mucho? ¿Qué efecto tuvo eso en ti? ¿En qué tipo de casa viviste? ¿Cómo eran los preparativos para dormir? ______________________________

2. En general, describe a tu familia como era durante tu crecimiento. ______________________________

3. Describe los días festivos como familia durante tu crecimiento. ¿Cuál era tu día festivo favorito? ______________________________

4. Describe tu relación con tu mamá durante tu crecimiento. ______________________________

5. Describe tu relación con tu papá durante tu crecimiento. ______________________________

6. Describe tu relación con tus hermanos. ______________________________

7. ¿Tuviste mascotas? ¿Tenías alguna mascota favorita? Describe las mascotas en tu niñez.

8. Describe la situación económica de tu familia durante tu crecimiento.

9. Describe a tus amigos y tus relaciones que tuviste al ir creciendo.

10. ¿A qué tipo de escuelas fuiste? Describe tus experiencias en las escuelas.

11. Describe tu vida espiritual durante tu crecimiento. La vida de iglesia. La espiritualidad en la casa.

12. ¿Cómo crees que este trasfondo te halla afectado en ser tu la persona que eres hoy?

Creados por Dios

Estudio 4

Entendiendo las personalidades

Dios crea diferente a la gente. Ellos se comunican e interactuan mejor cuando entienden sus diferencias.

Tú creaste mis entrañas; me formaste en el vientre de mi madre.
~ Salmos 139:13

La prueba de la personalidad en la página 33 te ayudará a determinar tu tipo de personalidad. Toma la prueba antes de seguir en este estudio.

La personalidad está formada por varios factores: la forma en la que Dios ha creado a cada persona, factores biológicos heredados de los padres, el medio ambiente en que crecieron, y las decisiones tomadas en sus vidas. El medio ambiente incluye la familia y los diferentes papeles e interacciones dentro de ésta y el medio ambiente social: la escuela, la iglesia y el vecindario.

Las diferencias

Es importante conocer y entender las diferencias de las personalidades. Esas diferencias causan que las parejas se atraigan inicialmente, pero después que la pareja contrae matrimonio estas diferencias causan fricción. El ser uno bíblicamente requiere que una pareja se conozca bien para que logren efectivamente lo que el Señor desea para ellos.

Esencialmente, hay cuatro tipos o estilos de personalidad. Existen muchas pruebas y muchas variaciones de nombres para estos estilos de personalidad, pero no importa que nombre le den, las personalidades básicas son las mismas:

1. La persona dominante, que se hace cargo de la situación.
2. La persona carismática, que ama la diversión.
3. La persona segura, pacificadora.
4. La persona perfeccionista, analítica.

Una de las cuatro personalidades usualmente domina, pero todos somos una mezcla que usualmente incluye cualidades de las cuatro. Las diferencias en la mezcla es lo que hace a la gente única. La información en las páginas 26 - 28 te ayudarán a entender los tipos de personalidades.

Una vez que se determina el tipo de personalidad la gente puede lograr un mejor entendimiento de ellos mismos y de su cónyuge. Con un poco de estudio, pueden ver como las personalidades pueden trabajar juntas y como también tienden a causar fricción. Con este conocimiento viene la responsabilidad. Una pareja debe de utilizar esta información para fortalecer su matrimonio y trabajar junto con su cónyuge para lograr el propósito de Dios en sus vidas, matrimonio, y familia.

Es importante darse cuenta de que mientras hay ciertas tendencias con cada personalidad, un cónyuge no debe ser encasillado por su tipo de personalidad. Dios crea a la gente mucho más complicada que cuatro tipos de personalidad. Aprender a identificar la personalidad de tu cónyuge es solo el comienzo del largo proceso que lleva a conocerio realmente.

Analiza la información que habla sobre el tipo de personalidad de tu cónyuge, y después platícalo para averiguar que factores en particular hay en su personalidad. El aprender sobre nuestra pareja es como buscar oro en una mina. A veces habrá un derrumbamiento en la mina que atrasará el proceso y requerirá más excavación para llegar a donde estábamos antes. Esforzándose y con un poco de paciencia la gente puede descubrir información que vale oro sobre su cónyuge que le ayudará a entenderlo y a conocerlo mejor.

COMPARACIÓN DE ESTILOS DE PERSONALIDAD[1]

Consistencia
Hagámoslo de la manera más fácil
Amable
Firme y Cooperativo
Inclinado a afiliarse
Da seguimiento
El amigo fiel
Pacífico Flemático

El labrador

Más emocional

Carismático
Hagámoslo de la manera divertida
Extrovertido
Interesado y Animado
Inclinado al reconocimiento
Implementa
Ama la diversión
Popular Sanguíneo

La nutria

Deseas seguridad

¿Qué personalidad eres tú?

Más asertivo

El castor

Obediente
Hagámoslo de la manera correcta
Analítico
Interesado y Correcto
Inclinado al orden
Pensador
Investigador de los hechos
Hay que ser correctos
Perfecto Melancólico

Menos emocional

El león

Dominante
Hagámoslo a mi manera
Pragmático
Directo y Activo
Inclinado a logros
Intuición
Empieza rápido
Toma el control
Poderoso Colérico

El labrador y el castor tienden a querer seguridad, mientras la nutria y el león tienden a ser más asertivos y agresivos. El labrador y la nutria tienden a ser más emocionales, mientras el castor y el león tienden a ser menos emocionales.

Información sobre el estilo de personalidad

Intrépido: El león – "¡Hagámoslo ahora!"

1. ¡Las personas intrépidas llevan el liderazgo, quiera la gente o no! Son notorios por hacer planes por otras personas.
2. Les gusta la confrontación, la competencia, y la presión. Esas cosas les dejan probarse a si mismos que son capaces. Entre más cosas estén en contra de ellos mejor.
3. No tienen ningún problema en tomar decisiones. Ellos tomarán todas las decisiones concernientes a ellos – y a ti, si lo permites. No pueden comprender que tú pienses que su plan no es el mejor.
4. Son directos. Si piensas hablar con ellos, ahórrate las oraciones floridas para alguien más.
5. Les gustan los resultados rápidos. ¡Su horario favorito es ahora!
6. Ellos no se rinden fácilmente. Ellos son emprendedores, determinados, y atrevidos. Una vez que saben lo que quieren, es difícil distraerlos.

Espontáneo: La nutria – "¡Confía en mí, lo haremos!"

1. Son unos fiesteros buscando donde divertirse. Más que cualquier cosa ellos se quieren divertir.
2. No pueden esperar y ver que hay más allá del horizonte. Ellos le dan a la palabra visionario su significado.
3. Ellos aman el sonido de sus voces.
4. Ellos se levantan sonriendo. Son los "nacidos para ser optimista" de la civilización.
5. Ellos nunca leen las instrucciones. Las letras chiquitas los aburren.
6. Ellos pueden movilizar y motivar a otros con facilidad. Aman edificar a las personas y ayudarles a realizar sus sueños.

Fiel: El labrador – "No cambiemos nada, ¿de acuerdo?"

1. Son buenos para escuchar. Esto les permite acomodar su necesidad para relaciones cercanas.
2. Ellos son el equipo de primeros auxilios emocionales. Ellos son naturalmente compasivos.
3. Ellos aman agradar a sus compañeros. El conflicto los intimida. Ellos son notorios por decir sí a cada idea o favor que les piden sus amigos.
4. Ellos son intensamente sensibles. Ellos son amigos tenaces – abrumadoramente considerados.
5. Ellos pueden soportar mucho. Están singularmente dotados con la habilidad de amar la persona con la que estén. Aunque ellos desprecian el cambio, por quedar bien todo lo soportan.
6. Ellos no comprometen las cosas que realmente les importan. Se aferran obstinadamente a lo que sienten que es correcto.

Deliberado: El castor – "Espera mientras leo las instrucciones."

1. Ellos guardan sus corazones. Son a menudo difíciles de leer porque ocultan sus emociones.
2. Hacen todo de acuerdo a las instrucciones. Leen el manual del usuario y odian desviarse del plan. Uno de sus dichos favorito es "hay que hacerlo correctamente."
3. Ellos odian el cambio. Si no es parte del plan original, olvídenlo.
4. Guardan su enojo. Mostrarlo sería exponer demasiado sus corazones. Prefieren sufrir en silencio que pelear.
5. Ellos aman resolver los problemas. Les permite usar sus inmensas habilidades analíticas.
6. Ellos hacen muchas preguntas. Nunca están satisfechos con cuanto saben.

El labrador: pacífico flemático

Ante todo los labradores son leales. Tienen sus corazones llenos de compasión y generalmente se llevan bien con todos. Se gozan en ayudar a la gente. Los labradores evitan el conflicto cuando es posible y son la definición de la palabra adaptable. Sin embargo, se aferran a lo que ellos creen que es lo correcto. El estrés no es amigo del labrador; ellos no funcionan bien cuando están bajo estrés.

A los labradores les gusta la rutina predecible y no reaccionan muy bien a los cambios repentinos. Son pacientes, saben escuchar y les gusta escuchar todos los detalles de una historia. No responden bien a la gente que es insistente, ruidosa y expectante.

Los labradores necesitan sentirse bien con ellos mismos, necesitan respeto, tolerancia, atención y elogios. Necesitan motivos grandes para que exista cambio en sus vidas y necesitan tiempo para ajustarse a esos cambios. Ellos necesitan ánimo para motivarlos, no retos. Necesitan un lugar de paz para retirarse.

La nutria: popular sanguíneo

Las nutrias quieren divertirse. Con tal de que sea diversión hacen lo que sea. Aman a la gente pero se deprimen si la gente está muy seria. Les encanta contar historias y entretener a la gente, tienen suficiente entusiasmo para motivar a cualquiera. Las nutrias no son muy organizadas y no responden bien a la demanda de entrar en cierto molde. Son muy susceptibles a la presión de los compañeros.

Las nutrias pueden hablar de cualquier cosa a cualquier momento. Si no hay nadie alrededor pueden llevar una gran conversación con ellos mismos. Son muy abiertas acerca de sus sentimientos. Quizás necesitan ayuda en mantenerse en el tema de discusión.

Las nutrias necesitan actividad. Necesitan atención, aprobación, afecto y elogios. Necesitan cambio en su vida. Las nutrias funcionan bien a un cierto nivel de caos. No pueden con muchos detalles y no funcionan sin hablar bien las cosas. No reciben la crítica muy bien.

El Castor: perfecta melancolía

Los castores de verdad ¡leen las instrucciones! Ellos quieren hacer lo que es correcto y hacen lo que sea para asegurarse de que el trabajo este bien hecho. Usualmente no comparten sus emociones y seguido el enojo se lo guardan. El castor tiende a ser muy serio y meticuloso. Se enfocan en detalles y piensan analíticamente, analizan todos los pros y contras antes de tomar una decisión. Se fijan altos estándares personales.

Cuando los castores hablan, usualmente primero piensan en lo que van a decir. No hablan solo por hablar. Hablan cuando hay algo que decir. Los castores pueden ser muy críticos y hablan con mucha lógica.

Los castores necesitan ser entendidos y apreciados. Ellos quieren calidad, y quieren ver todo hecho correctamente. Ellos necesitan estabilidad en sus vidas y se resisten al cambio solo por cambiar. Necesitan las reglas y asignaciones claras y tiempo para analizar la situación antes de tomar una decisión.

El león: poderoso colérico

Los leones quieren el control; creen que la mejor manera de hacer las cosas es a su manera. Quieren productividad y se frustran si no se está haciendo nada. Si quieres ver cosas casi milagrosas suceder dile a un león, "no lo puedes hacer." Ellos moverán cielo y tierra para probarte que estás equivocado. Les gusta ser retados y no temen a la presión o confrontación.

A los leones no les gusta ser cuestionados y seguido perciben las preguntas como amenaza. No son pacientes cuando se trata de historias largas y adornadas que se tardan para llegar al punto. Prefieren la comunicación corta y al punto.

Los leones necesitan apreciación por sus logros, aprobación de un grupo selecto, respeto, y un reto que lograr, y el tener la razón (al menos de vez en cuando). Necesitan autoridad y la oportunidad de crecer y avanzar. Necesitan actividades nuevas y variadas.

Conociendo a tu cónyuge

El aprender que las personas son diferentes a su cónyuge es una responsabilidad muy grande. Ahora ¡tú tienes que hacer algo al respecto! ¿De que te sirve tener el conocimiento si vas a continuar peleando y discutiendo sobre tus diferencias? Haz descubierto que tú y tu cónyuge son muy diferentes. Esas diferencias afectan prácticamente cada aspecto de sus vidas juntos, desde cómo disciplinar a los hijos hasta el ir de vacaciones y cómo gastan su dinero.

> *El que escucha la palabra pero no la pone en práctica es como el que se mira el rostro en un espejo y, después de mirarse, se va y se olvida en seguida de cómo es.*
> *~ Santiago 1:23-24*

Si tu cónyuge es un león, ahora sabes por qué el control es tan importante para él. Los leones naturalmente quieren el control de todo lo que les rodea. También sabes que quieren la versión condensada de todas las historias. A un león se le dificulta sentarse y escuchar una historia de cinco minutos para enterarse del por qué un niño se raspó la rodilla jugando en el patio. Quieren saber el resultado; ¿Qué pasó? ¿Está todo bien ahora? ¿Hay algo que hacer?

Es muy bueno tener un león en momento de crisis. Ellos toman el control de la situación, llegan al punto del problema y lo arreglan de la manera más rápida posible. Los leones hacen mucho rápidamente, pero usualmente no tienen mucha paciencia para aquellos que no trabajan con la rapidez que tienen ellos. Los leones quieren saber las respuestas a las preguntas que impliquen el "Qué"; ¿Qué está pasando? ¿Qué vamos a hacer al respecto?

Si tu cónyuge es un labrador ahora puedes entender porque le toma un poco de tiempo motivarse y terminar proyectos. Ellos no toman decisiones rápidamente y no les gusta el cambio - especialmente el cambio repentino. Tu cónyuge labrador querrá todos los detalles de la historia e información de cada participante.

Es muy bueno tener a un labrador durante una crisis. Ellos cuidarán de la gente y ayudarán donde hay dolor; físico o emocional. El labrador que es fácil de tratar, normalmente ayudará con cualquier trabajo que se tenga que hacer. Los labradores quieren respuestas a las preguntas que impliquen "Cómo;" ¿Cómo sucedió esto?

¿Es tu cónyuge como un remolino de energía y emociones que no para? Ahora sabes que es como la nutria y la vida de fiesta es natural para él. El tener a la nutria caminando en una sola dirección puede ser un reto, pero aquellos que están casados con una nutria saben que la vida no es aburrida. Dale a una nutria todos los detalles de una historia y perderás su atención rápido. Las cosas deben estar en movimiento para que retengan su interés.

¿Hay una crisis? Probablemente la nutria la causó (¡estoy bromeando!). Las nutrias motivan a la gente; ya sea que estén enfrentando una crisis, yendo a una excursión, una fiesta, o algo serio como un evento de servicio social de asistencia pública. Ellos también se aseguran que cualquier cosa que hagas sea divertida. Si todo están bien, entonces quieren seguir a la próxima aventura. Las nutrias quieren respuestas a preguntas que impliquen "Quién"; ¿Quién está involucrado?

Si tu cónyuge es un castor, ahora sabes que ellos nacieron con un conjunto de reglas y regulaciones. Si quieres que un trabajo sea terminado de la manera correcta, dáselo a un castor. Ellos harán cualquier cosa que sea posible para terminar su tarea correctamente. El castor quiere todos los detalles de una situación, para poder analizarla y clasificar todo bien. Ellos quieren la respuesta de la pregunta "Por qué;" ¿Por qué es que sucedió esto?

Es muy bueno tener a un castor después de una crisis, ellos investigarán por qué pasó y pondrán los procedimientos en orden para prevenir que vuelva a suceder.

Características de la personalidad antes y después del matrimonio[2]

Antes del matrimonio, nuestro cónyuge es:		*Después del matrimonio, nuestro cónyuge es:*
☺ Decisivo ☺ Independiente ☺ Eficaz ☺ Competitivo ☺ Determinado	**León** 	☹ Impaciente ☹ Autosuficiente ☹ Impetuoso ☹ Ataca primero ☹ Terco
☺ Entusiasta ☺ Hablador ☺ Optimista ☺ Extrovertido ☺ Atractivo	***Nutria*** 	☹ Emocional ☹ Habla demasiado ☹ Poco realista ☹ Desorganizado ☹ Indisciplinado
☺ Firme ☺ Estable ☺ Sistemático ☺ Tranquilo ☺ Agradable	**Labrador** 	☹ Resistente al cambio ☹ Indeciso ☹ Lento ☹ Sin iniciativa ☹ Demasiado complaciente
☺ Analítico ☺ Serio ☺ Concienzudo ☺ Intuitivo ☺ Trabajador	**Castor** 	☹ Crítico ☹ Antisocial ☹ Se preocupa demasiado ☹ Demasiado sensible ☹ Perfeccionista

- ***Nuestras diferencias no son buenas o malas - solo son diferentes.***
- ***Necesitamos recibir a nuestro cónyuge como un regalo de Dios, tal y como él o ella es.***
- ***Respeta lo individual de tu cónyuge y también sus diferencias como algo que te muestra que Dios lo diseñó para complementarte y completarte. Juntos, son mucho más eficaces que si estuvieran solos.***

Se requiere un poco de adaptación

Ahora que ya conoces el estilo de personalidad de tu cónyuge, puedes darte cuenta mejor por qué es como es. Su personalidad te atrajo a él (o ella), pero la gente tiene la tendencia a ver esas mismas características negativamente después del matrimonio como lo puedes ver en la lista de la derecha. Dios los creó como son – no es tu trabajo cambiarlos, es el trabajo de Dios – Él es el alfarero, no tú. Este estudio te da una excelente oportunidad para conversar con tu cónyuge sobre los aspectos negativos de su estilo de personalidad y cómo algunos de los aspectos negativos pueden ser cambiados, pero debes recordar que El Señor es quien hará los cambios. Una pareja debe utilizar lo nuevo que aprendió de su cónyuge para que Dios lo use en sus vidas de una manera mejor – para poderles animar, sostener y amar - tal y como son.

Algunos cambios requeridos

A la misma vez, ahora que tú conoces tu estilo de personalidad, no puedes decir, "Pues Dios así me creó" y no tener una mente abierta al cambio. Necesitas ofrecerle tus fortalezas al Señor y decir "úsalas" y también ofrecerle tus debilidades y decirle "cámbialas." Conforme investigues y aprendas más sobre tu cónyuge y como puedes ser una mejor pareja para él, tú también necesitas entender tu propia personalidad y como cambiarla para ser una persona completa y balanceada. Esto tomará tiempo, de hecho ¡una vida entera! El proceso de conocer a tu cónyuge y el aumentar tu amor por él no terminará.

Las personas no pueden dejar de aprender cosas de sus cónyuges. Todos pasan por temporadas en la vida y los estilos de personalidad se adaptan. También habrá moderación en los aspectos negativos de la personalidad y aún en los aspectos positivos. Conforme el Señor trabaje en tu vida, y tu madurez en Él, el león será menos competitivo, la nutria habrá moderado un poco su entusiasmo, la lealtad del labrador será moderada con sabiduría y el castor tendrá la habilidad de por lo menos sonreírle a los errores, o hasta reírse de ellos. Es importante que una pareja siga trabajando en su matrimonio y que no deje de cambiarse.

Esposas... Que la belleza de ustedes no sea la externa, que consiste en adornos tales como peinados ostentosos, joyas de oro y vestidos lujosos. Que su belleza sea más bien la incorruptible, la que procede de lo íntimo del corazón y consiste en un espíritu suave y apacible. Ésta sí que tiene mucho valor delante de Dios... De igual manera, ustedes esposos, sean comprensivos en su vida conyugal, tratando cada uno a su esposa con respeto, ya que como mujer es más delicada, y ambos son herederos del grato don de la vida. Así nada estorbará las oraciones de ustedes. En fin, vivan en armonía los unos con los otros; compartan penas y alegrías, practiquen el amor fraternal, sean compasivos y humildes. No devuelvan mal por mal ni insulto por insulto; más bien, bendigan, porque para esto fueron llamados, para heredar una bendición.*
~ 1 Pedro 3:3-4,7-9

Para conversar como pareja

1. ¿De dónde obtuviste tu personalidad, y cómo fue formada?

____

____

____

____

2. ¿Por qué es importante entender tu personalidad y la de tu cónyuge?

____

____

____

____

3. ¿Cuál es tu tipo de personalidad? ¿Cuáles son sus fortalezas y sus debilidades?

____

____

____

____

4. ¿Cuál es el tipo de personalidad de tu cónyuge? ¿Cuáles son sus fortalezas y debilidades?

____

____

____

____

5. ¿Cómo puedes usar las diferencias de la personalidad para fortalecer tu matrimonio?

____

____

____

____

Nota Por Favor:

 Puedes ordenar Perfiles de personalidad a:

CLASServices Inc.
3311 Candelaria NE Suite 1
Albuquerque, NM 87107
800-433-6633
www.classervices.com

Test del perfil de personal[3]

(Creado por Fred Littauer)

Instrucciones - En cada una de las siguientes líneas horizontales de cuatro palabras, marca una X en la palabra que con más frecuencia aplique a usted. Si no estas seguro de qué palabras te aplican más, busca en las definiciones de palabras en las siguientes páginas o pregúntale a tu cónyuge. Cuando hayan terminado, transfiere las X que marcaste a las palabras correspondientes en la página 38 y suma el número de X que tengas en cada columna.

Fortalezas

1	Arriesgado	____	Adaptable	____	Animado	____	Analítico	____
2	Persistente	____	Humorístico	____	Persuasivo	____	Pacífico	____
3	Sumiso	____	Abnegado	____	Sociable	____	Determinado	____
4	Considerado	____	Controlado	____	Competidor	____	Convincente	____
5	Alentador	____	Respetuoso	____	Reservado	____	Ingenioso	____
6	Satisfecho	____	Sensible	____	Autosuficiente	____	Fogoso	____
7	Planificador	____	Paciente	____	Positivo	____	Promotor	____
8	Seguro	____	Espontáneo	____	Programado	____	Rectado	____
9	Ordenado	____	Servicial	____	Sincero	____	Optimista	____
10	Amistoso	____	Fiel	____	Chistoso	____	Dominante	____
11	Osado	____	Encantador	____	Diplomático	____	Detallista	____
12	Alegre	____	Firme	____	Culto	____	Confiado	____
13	Idealista	____	Independiente	____	Inofensivo	____	Inspirador	____
14	Demostrativo	____	Decidido	____	Humor Sin Sentido	____	Profundo	____
15	Conciliador	____	Musical	____	Proponedor	____	Divertido	____
16	Atento	____	Tenaz	____	Conversador	____	Tolerante	____
17	Escuchador	____	Leal	____	Líder	____	Vivaz	____
18	Satisfecho	____	Jefe	____	Organizado	____	Atractivo	____
19	Perfeccionista	____	Agradable	____	Productivo	____	Popular	____
20	Saludable	____	Atrevido	____	Juicioso	____	Equilibrado	____

Debilidades

21	Inexpresivo	____	Tímido	____	Descarado	____	Mandón	____
22	Indisciplinado	____	Sin Compasión	____	Apático	____	Rencoroso	____
23	Callado	____	Resentido	____	Resistente	____	Repetidor	____
24	Minucioso	____	Temeroso	____	Olvidadizo	____	Franco	____
25	Impaciente	____	Inseguro	____	Indeciso	____	Interrumpidor	____
26	Impopular	____	No comprometido	____	Impredecible	____	Desapegado	____
27	Testarudo	____	Descuidado	____	Inconforme	____	Vacilante	____
28	Simple	____	Pesimista	____	Orgulloso	____	Permisivo	____
29	Iracundo	____	Sin Propósito	____	Argumentador	____	Alienado	____
30	Ingenuo	____	Negativo	____	Engreído	____	Indolente	____
31	Ansioso	____	Retraído	____	Adicto al Trabajo	____	Deseoso de halagos	____
32	Muy Sensible	____	Indiscreto	____	Apocado	____	Charlatán	____
33	Dubitativo	____	Desorganizado	____	Dominador	____	Deprimido	____
34	Inconsistente	____	Introvertido	____	Intolerante	____	Indiferente	____
35	Desordenado	____	Taciturno	____	Murmurador	____	Manipulador	____
36	Lento	____	Terco	____	Ostentoso	____	Escéptico	____
37	Solitario	____	Déspota	____	Perezoso	____	Ruidoso	____
38	Tardo	____	Suspicaz	____	Mal Genio	____	Divagador	____
39	Vengativo	____	Inquieto	____	Renuente	____	Precipitado	____
40	Transigente	____	Crítico	____	Astuto	____	Variable	____

Definiciones de las palabras del test de personalidad[4]

Fortalezas

–1–

Arriesgado. Es aquel que decide tomar un nuevo y desafiante reto, pero con la determinación de llegar al final.

Adaptable. Persona que fácilmente se adapta y se siente cómoda en cualquier situación.

Animado. Es uno que está lleno de vida; usa vivamente las manos, los brazos y la cara en su gesticulación.

Analítico. Es alguien que le gusta examinar las partes, por sus relaciones lógicas y apropiadas.

–2–

Persistente. Es aquel que realiza completamente un proyecto antes de empezar otro.

Humorístico. Persona divertida y de muy buen humor.

Persuasivo. Es uno que convence mediante la lógica y los hechos, en vez de la fascinación o el poder.

Pacífico. Es alguien que parece sereno y tranquilo, y evita cualquier tipo de conflicto.

–3–

Sumiso. Es aquel que acepta, fácilmente, el punto de vista o deseo de otra persona con muy poca necesidad de hacer valer su opinión.

Abnegado. Persona que, voluntariamente, entrega su propio ser para la seguridad de otros, o para satisfacer las necesidades de ellos.

Sociable. Es uno que ve, en el estar con los demás, una oportunidad para ser simpático y entretenerse, mas bien que una ocasión de desafío o de negocios.

Determinado. Es alguien que está determinado a hacer siempre lo que quiere.

--4–

Considerado. Es aquel que tiene consideración para las necesidades y sentimientos de otros.

Controlado. Persona que tiene sentimientos emocionales, pero casi nunca los demuestra.

Competidor. Es uno que hace una competencia, de cualquier situación, evento o juego, y ¡siempre juega a ganar!

Convincente. Persona que puede convencer de cualquier cosa, a través de su personalidad encantadora.

--5–

Alentador. Es uno que renueva y estimula, o hace que otros se sientan bien.

Respetuoso. Es alguien que trata a otros con complacencia, honor y aprecio.

Reservado. Es aquel que se limita, en su expresión de emoción o entusiasmo.

Ingenioso. Persona capaz de actuar rápida y efectivamente, en casi todas las situaciones.

--6–

Satisfecho. Es uno que acepta, fácilmente, cualquier circunstancia o situación.

Sensible. Es alguien que cuida intensamente de todos y de todo lo que les ocurre.

Autosuficiente. Es una persona independiente, que puede depender completamente de sus propias capacid ades, juicios y recursos.

Fogoso. Persona llena de vida.

--7–

Planificador. Es aquel que prefiere calcular un plan detallado de antemano, para el logro del proyecto o meta. Prefiere involucrarse con las etapas de la planificación y con el producto terminado, antes que llevar a cabo las tareas.

Paciente. Persona que inalterada por la demora, se man tiene calmo y tolerante.

Positivo. Es uno que sabe que "algo" saldrá bien si él es el responsable.

Promotor. Persona que exhorta o impulsa a otros a continuar, unirse o invertir; haciéndolo a través del encanto de su personalidad.

--8–

Seguro. Es uno que confía en sí mismo y casi nunca vacila o titubea.

Espontáneo. Es alguien que prefiere que toda la vida sea impulsiva, con actividades no premeditadas y sin estar restringidas por planes.

Programado. Es aquel que vive y hace las cosas de acuerdo a un plan diario, y no le gusta que dicho plan le sea interrumpido.

Rectado. Es una persona quieta y no promueve, fácilmente, una conversación.

--9–

Ordenado. Es alguien que tiene un método y un arreglo sistemático para sus cosas.

Servicial. Es aquel que complace, y es rápido para hacerlo a la manera de los demás.

Sincero. Persona que habla francamente y sin reservas.

Optimista. Es una persona de disposición alegre, que se convence a si mismo y a otros de que todas las cosas saldrán muy bien.

--10–

Amistoso. Es uno que prefiere responder a una conversación, antes que iniciarla, pues casi nunca toma la iniciativa.

Fiel. Es alguien en quien se puede confiar firmemente, pues es leal, constante, y a veces consagrado más allá de la razón.

Chistoso. Es aquel que con su sentido de humor chispeante, puede convertir virtualmente cualquier historia común, en un evento divertidísimo.

Dominante. Es uno que tiene una personalidad imponente y que otros vacilarían de ponerse en su contra.

--11--

Osado. Persona que está dispuesta a arriesgarse; intrépida y valiente.

Encantador. Es una persona con la cual da gusto estar.

Diplomático. Es alguien que trata a la gente con tacto, sensitiva y paciente.

Detallista. Es uno que hace todas las cosas, según un orden apropiado y con una clara memoria de todo lo que va sucediendo.

--12--

Alegre. Es aquel que tiene firmeza en su humor y animación, y constantemente promueve la felicidad de los otros.

Firme. Una persona que permanece emocionalmente equilibrada, respondiendo como uno se esperaría.

Culto. Se llama así aquel que en su búsqueda, involucra tanto intereses intelectuales como artísticos, tales como; el teatro, la sinfonía, el ballet, etc.

Confiado. Es uno que tiene auto-confianza en sus propias habilidades y en el éxito que puede alcanzar.

--13--

Idealista. Aquel que visualiza las cosas en su forma perfecta, y tiene la necesidad de elevarse a ese nivel.

Independiente. Una persona que es auto-suficiente, tiene auto sustento, es confiado y pareciera tener muy poca necesidad de ayuda.

Inofensivo. Alguien que nunca dice o causa algo desa gradable u objetable.

Inspirador. Es uno que anima a otros a trabajar, a unirse o a involucrarse y hace que todo sea divertido.

--14--

Demostrativo. Persona que expresa abiertamente sus emociones, especialmente sus afectos y no duda en tocar a otros, mientras habla con ellos.

Decidido. Aquel que tiene la habilidad rápida y decisiva de hacer determinaciones.

Humor Sin Sentido. Persona que muestra "falta de agudeza". Comúnmente su poco humor es unilateral y puede ser sarcástico por naturaleza.

Profundo. Es alguien que tiene emociones intensas y a menudo introspectivas. Prefiere hablar sobre temas serios y no superficiales.

--15--

Conciliador. Es aquel que, firmemente, se encuentra en el papel de mediador en las diferencias, a fin de evitar conflictos.

Musical. Es uno que participa en la música o tiene una fapreciación profunda por ella. Se siente comprometido a ese arte y no tan solo a su diversión.

Proponedor. Una persona enfocada en la necesidad de ser productivo. Es un líder a quienes otros siguen y encuentra difícil quedarse quieto.

Divertido. Es alguien a quien le encantan las fiestas y desea ser el centro de atracción de las mismas.

--16--

Atento. Es una persona considerada y que recuerda ocasiones especiales. Es rápida para tener un gesto amable.

Tenaz. Es aquel que se mantiene firme, obstinado y no deja de ir hacia su meta hasta que la haya cumplido.

Conversador. Uno que constantemente habla, generalmente, contando historias graciosas y entreteniendo a aquellos que están a su alrededor. Él siente la necesidad de llenar el silencio, a fin de hacer que otros se sientan cómodos.

Tolerante. Alguien que acepta, fácilmente, los pensamientos y la forma de ser de otros, sin necesidad de disentir de ellos, o tratar de cambiarios.

--17--

Escuchador. Es aquel que siempre parece estar dispuesto a escuchar lo que alguien tiene que decir.

Leal. Uno que es fiel a una persona, ideal o trabajo, a veces más allá de lo razonable.

Líder. Es aquella persona que naturalmente nace para dirigir y que es guiada para estar a cargo de las cosas. A menudo le es difícil creer, que alguien puede hacer su tarea mejor que ella.

Vivaz. Que está lleno de vida, vigoroso y enérgico.

--18--

Satisfecho. Persona que se siente contenta con lo que tiene y raramente es envidiosa.

Jefe. Alguien que ordena, por su capacidad de mando y espera que las personas lo sigan.

Organizado. Uno que organiza su vida, sus tareas y sus problemas resolviéndolos por medio de listas, formas o gráficos.

Atractivo. Persona que es preciosa, adorable, centro de atención.

--19--

Perfeccionista. Aquel que se impone patrones muy altos, para si mismo y a menudo también para otros. Desea que todas las cosas estén en un orden apropiado, en todo momento.

Agradable. Alguien que es llevadero, de fácil trato. Es confortable estar con él.

Productivo. Uno que se impone el estar trabajando o logrando algo, constantemente, encontrando a menudo que le es muy difícil descansar.

Popular. Persona que es la vida de cualquier reunión y como resultado siempre es deseada como invitada.

--20--

Saludable. Alguien que tiene una personalidad efervescen te y vivaz. Está lleno de energía.

Atrevido. Aquel que no le teme a nada; es sincero, valien te, y no huya a los riesgos.

Juicioso. Desea consistentemente conducirse de acuerdo a lo que él siente que es apropiado.

Equilibrado. Persona estable, de personalidad centrada y que no está sujeta a cambios drásticos.

Debilidades

--21–

Inexpresivo. Una persona que casi no muestra emociones ni expresiones faciales.

Tímido. Es uno que hace todo lo posible por no llamar la atención, debido a su cohibición y timidez.

Descarado. Alguien que es ostentoso y llamativo, y se muestra fuerte y demasiado ruidoso.

Mandón. Es aquel que se muestra autoritario, dominante y a veces despótico en su relación con los adultos.

--22–

Indisciplinado. Persona a la cual la falta de orden y organización afecta la mayoría de las áreas de su vida.

Sin Compasión. Es uno que encuentra difícil relacionarse con los problemas y dolores de otros.

Apático. Alguien que tiende a no excitarse, sintiendo a menudo que no trabajará de ninguna manera.

Rencoroso. Es aquel que tiene dificultad de perdonar u olvidar un daño, o injusticia que le han hecho; siendo capaz de ser implacable con el otro.

--23–

Callado. Persona que no desea involucrarse en un problema, y no se esfuerza por hacerlo, especialmente cuando el mismo es complejo.

Resentido. Es uno que a menudo mantiene malos sentimientos, como resultado de ofensas reales o imaginarias.

Resistente. Alguien que no desea, hace todo lo posible y hasta duda en aceptar cualquier otra manera diferente a la suya.

Repetidor. Es aquel que cuenta una y otra vez historias e incidentes para entretener a otra persona, sin darse cuenta que ya la ha contado varias veces antes. Necesita decir algo constantemente.

--24–

Minucioso. Persona que insiste en los asuntos o detalles insignificantes, demandando gran atención por los detalles triviales.

Temeroso. Es uno que frecuentemente experimenta sentimientos de gran preocupación, aprehensión o ansiedad.

Olvidadizo. Es alguien que tiene falta de memoria, y ésta va comúnmente unida a la falta de disciplina; este tipo de persona no se preocupa de grabar mentalmente los hechos que no le son divertidos.

Franco. Es aquel que es sincero, que habla sin reparos y sin importarle decir lo que está pensando.

--25–

Impaciente. Persona que encuentra difícil soportar la irritación de otros, o esperar a los demás.

Inseguro. Es uno que es aprehensivo o no tiene confianza en si mismo.

Indeciso. Es alguien que encuentra del todo difícil tomar una decisión. (Obsérvese que esta persona, es diferente a aquella que se toma todo el tiempo necesario a fin de llegar a una decisión perfecta).

Interrumpidor. Es aquel que es más un conversador que un oidor, y muchas veces empieza a hablar antes de darse cuenta que otra persona ya está hablando.

--26–

Impopular. Es una persona cuya intensidad y demanda de perfeccionismo puede alejarlo de otros.

No comprometido. Es uno que no tiene ningún deseo de escuchar ni de llegar a estar interesado por algún club, grupo, actividad o la vida de otros.

Impredecible. Es alguien que puede estar en un éxtasis en este momento y abatido inmediatamente, o que desea ayudar, pero enseguida desaparece, o promete venir, pero se olvida llegar.

Desapegado. Es aquel que le es difícil, decir o demostrar físicamente su afecto, de una manera abierta.

--27–

Testarudo. Es una persona que insiste en tener su propia manera de ser.

Descuidado. Es uno que no tiene ninguna manera definida de hacer sus cosas.

Inconforme. Es alguien cuyos patrones y criterios son tan altos, que es muy difícil de llegar a satisfacerlos.

Vacilante. Es aquel que es lento para moverse y difícil de que se involucre en algo.

--28–

Simple. Es una persona que evita los extremos y no tiene altibajos emocionales y deja ver muy poca emoción si alguna vez la muestra.

Pesimista. Es uno que mientras está esperando lo mejor, generalmente, ve primero el lado negativo de las cosas.

Orgulloso. Es alguien que se ve con mucha autosuficiencia y que cree que siempre está en lo correcto, y que nadie puede hacer algo mejor que él.

Permisivo. Es aquel que permite que otros (incluyendo los niños) hagan lo que quieran, con el objeto de caerle bien a todo el mundo.

--29–

Iracundo. Es una persona que actúa como si fuera un niño con berrinche, y cuando se le pasa, lo olvida casi instantáneamente.

Sin Propósito. Es uno que no establece metas para su vida y realmente, no le interesa tenerlas.

Argumentador. Es alguien que incita a una discusión, generalmente, porque él está seguro de que está en lo correcto y no le importa cuál sea la situación.

Alienado. Es aquel que, frecuentemente, se siente extraño, alejado de otros, y casi siempre porque se considera inseguro, cuando los otros no disfrutan de su compañía.

--30–

Ingenuo. Es la persona que tiene una perspectiva simple e infantil. Le falta comprensión de lo que son los niveles profundos de la vida.

Negativo. Alguien cuya situación o actitud raramente es positiva y a menudo es capaz de ver solamente el lado oscuro de cada situación.

Engreído. Lleno de confianza y fortaleza. Puede hacer lo que se le da la gana, a menudo en un sentido negativo.

Indolente. Es aquel que es indiferente, que no se preocupa por nada, que es comodón, pues nada le molesta.

--31 –

Ansioso. Es una persona que, persistentemente, se siente inseguro, turbado o angustiado.

Retraído. Es uno que se abstrae y necesita bastante tiempo para pasarlo solo, o aislado.

Adicto al Trabajo. Es alguien que es, un agresivo fijador de metas y que debe estar produciendo constantemente. No es impulsado por la necesidad de la perfección o de la terminación, pero sí busca el cumplimiento y la obtención de recompensas.

Deseoso de Halagos. Es aquel que prospera con el reconocimiento y aprobación de los otros. Por ejemplo, si esta persona entretiene a un público, se satisface cos los aplausos, risas y aceptación de su audiencia.

--32 –

Muy Sensible. Es una persona excesivamente introspectiva y que se ofende fácilmente cuando es mal interpretada.

Indiscreto. Es uno que a veces se expresa en una forma ofensiva e inconsiderada.

Apocado. Es alguien que se retrae de las situaciones difíciles.

Charlatán. Es aquel que entretiene; es un conversador compulsivo y le resulta difícil el escuchar a los demás.

--33 –

Dubitativo. Es una persona que se caracteriza por su falta de seguridad y de confianza en que todo saldrá bien.

Desorganizado. Es uno que le falta habilidad para poner su vida en orden.

Dominador. Es alguien que compulsivamente toma el control de las situaciones o de las personas, y comúnmente, le dice a los demás "qué es lo que deben hacer".

Deprimido. Es aquel que se siente emocionalmente caído, en casi todo el tiempo de su vida.

--34 –

Inconsistente. Persona que es errática y contradictoria con sus acciones y emociones, las cuales no están basadas in ninguna lógica.

Introvertido. Es uno cuyos pensamientos e intereses los dirige hacia si mismo y vive para su ser.

Intolerante. Es alguien que se muestra incapaz de aceptar, o entender las actitudes, puntos de vista, o manera de ser de otros.

Indiferente. Es aquel a quien no le importa la mayoría de las cosas, ya sean de una forma o sean de otra.

--35 –

Desordenado. Es una persona que vive en un estado de desbarajuste y le resulta difícil encontrar sus cosas.

Taciturno. Es alguien que emocionalmente no llega muy alto, sino que, fácilmente se deprime muchísimo, generalmente cuando se cree no apreciado.

Murmurador. Es aquel que cuando es presionado hablará tranquilamente entre dientes sin importarle el hablar claro

Manipulador. Es la persona que influye o maneja sagaz e indirectamente a otras personas, haciéndolo para su propia ventaja y logrando, a su manera, lo que se propone.

--36 –

Lento. Es uno que no piensa ni actúa rápidamente. Cree que esto es molestarse demasiado.

Terco. Es alguien determinado a hacer su propia voluntad. No es fácil persuadirlo, debido a su gran obstinación.

Ostentoso. Es aquel que necesita ser el centro de atención en cualquier lugar, pues quiere que todos lo miren.

Escéptico. Es una persona incrédula y que siempre cuestiona el o los motivos que hay detrás de las palabras.

--37 –

Solitario. Es uno que necesita pasar mucho tiempo a solas, consigo mismo, y tiende a evitar de encontrarse con los demás.

Déspota. Es alguien que no vacila en hacer saber que él tiene la razón, o que todo está bajo su control.

Perezoso. Es aquel que evalúa el trabajo o la actividad, en términos de cuánta energía gastará para hacerlo.

Ruidoso. Es una persona, cuya risa o voz, puede ser escuchada sobre la de los otros, en una habitación.

--38 –

Tardo. Es uno que es lento para iniciar algo, y necesita ser empujado para que se motive.

Suspicaz. Es alguien que tiende a sospechar de otros, o a desconfiar de los demás y de sus ideas.

Mal Genio. Es aquel que posee un enojo exigente basado en la impaciencia. Expresa su mal genio, cuando los otros no se mueven, tan rápido como él quisiera, o cuando no han realizado lo que ellos tenían que hacer. Monta en cólera rápidamente.

Divagador. Es una persona que tiene falta de poder de concentración y atención; anda siempre en la luna.

--39 –

Vengativo. Es uno que, a sabiendas inconscientemente o mantiene rencor contra el transgresor, aunque sutilmente, a menudo, retiene su amistad o su afecto.

Inquieto. Es alguien que le gusta estar constantemente en nuevas actividades porque no le parece divertido hacer siempre la misma cosa.

Renuente. Es aquel que no está dispuesto a comprometerse o luchar para involucrarse en algo.

Precipitado. Es la persona que actúa con prisa, sin tomar tiempo para evaluar la situación. Generalmente lo hace así porque es impaciente.

--40 –

Transigente. Es uno que no toma su posición o sus decisiones en serio, aún cuando éstas estén en lo correcto, a fin de evitar conflictos.

Crítico. Es alguien que constantemente se la pasa evaluando y haciendo juicios, y frecuentemente piensa y/o se expresa en forma negativa.

Astuto. Es aquel que es sagaz, que siempre puede encontrar una manera de llegar adonde se lo ha propuesto.

Variable. Es una persona parecida a un niño, pues no mantiene su atención en algo por mucho tiempo, y necesita de muchos cambios y variedades para no aburrirse.

Hoja de resultados

Fortalezas

1	Animado	____	Arriesgado	____	Analítico	____	Adaptable	____
2	Humorístico	____	Persuasivo	____	Persistente	____	Pacífico	____
3	Sociable	____	Determinado	____	Abnegado	____	Sumiso	____
4	Convincente	____	Competidor	____	Considerado	____	Controlado	____
5	Alentador	____	Ingenioso	____	Respetuoso	____	Reservado	____
6	Fogoso	____	Autosuficiente	____	Sensible	____	Satisfecho	____
7	Promotor	____	Positivo	____	Planificador	____	Paciente	____
8	Espontáneo	____	Seguro	____	Programado	____	Rectado	____
9	Optimista	____	Sincero	____	Ordenado	____	Servicial	____
10	Chistoso	____	Dominante	____	Fiel	____	Amistoso	____
11	Encantador	____	Osado	____	Detallista	____	Diplomático	____
12	Alegre	____	Confiado	____	Culto	____	Firme	____
13	Inspirador	____	Independiente	____	Idealista	____	Inofensivo	____
14	Demostrativo	____	Decidido	____	Profundo	____	Humor Sin Sentido	____
15	Divertido	____	Proponedor	____	Musical	____	Conciliador	____
16	Conversador	____	Tenaz	____	Atento	____	Tolerante	____
17	Vivaz	____	Líder	____	Leal	____	Escuchador	____
18	Atractivo	____	Jefe	____	Organizado	____	Satisfecho	____
19	Popular	____	Productivo	____	Perfeccionista	____	Agradable	____
20	Saludable	____	Atrevido	____	Juicioso	____	Equilibrado	____
Totales fortalezas:		____		____		____		____

Debilidades

21	Descarado	____	Mandón	____	Tímido	____	Inexpresivo	____
22	Indisciplinado	____	Sin Compasión	____	Rencoroso	____	Apático	____
23	Repetidor	____	Resistente	____	Resentido	____	Callado	____
24	Olvidadizo	____	Franco	____	Minucioso	____	Temeroso	____
25	Interrupts	____	Impaciente	____	Inseguro	____	Indeciso	____
26	Impredecible	____	Desapegado	____	Impopular	____	No comprometido	____
27	Descuidado	____	Testarudo	____	Inconforme	____	Vacilante	____
28	Permisivo	____	Orgulloso	____	Pesimista	____	Simple	____
29	Iracundo	____	Argumentador	____	Alienado	____	Sin Propósito	____
30	Ingenuo	____	Engreído	____	Negativo	____	Indolente	____
31	Deseoso de halagos	____	Adicto al Trabajo	____	Retraído	____	Ansioso	____
32	Charlatán	____	Indiscreto	____	Muy Sensible	____	Apocado	____
33	Desorganizado	____	Dominador	____	Deprimido	____	Dubitativo	____
34	Inconsistente	____	Intolerante	____	Introvertido	____	Indiferente	____
35	Desordenado	____	Manipulador	____	Taciturno	____	Murmurador	____
36	Ostentoso	____	Terco	____	Escéptico	____	Lento	____
37	Ruidoso	____	Déspota	____	Solitario	____	Perezoso	____
38	Divagador	____	Mal Genio	____	Suspicaz	____	Tardo	____
39	Inquieto	____	Precipitado	____	Vengativo	____	Renuente	____
40	Variable	____	Astuto	____	Crítico	____	Transigente	____
Totales debilidades:		____		____		____		____
Totales:		____		____		____		____
		popular /sanguíneo ***La nutria***		***poderoso/colérico*** ***El león***		***perfecta /melancolía*** ***El castor***		***pacífico /flemático*** ***El labrador***

Creados por Dios

Estudio 5

Dones espirituales

> *En cuanto a los dones espirituales, hermanos, quiero que entiendan bien este asunto.... Ahora bien, hay diversos dones, pero un mismo Espíritu. Hay diversas maneras de servir, pero un mismo Señor. Hay diversas funciones, pero es un mismo Dios el que hace todas las cosas en todos. A cada uno se le da una manifestación especial del Espíritu para el bien de los demás.*
> *~ 1 Corintios 12:1-7*

Los dones espirituales son dones especiales otorgados por el Espíritu Santo a los cristianos con el propósito de edificar la iglesia.[1] Otra definición es autoridad espiritual dada por Dios para el ministerio cristiano.[2] Son habilidades dadas por Dios usadas para el crecimiento del cuerpo de Jesucristo.

El conocer nuestros dones espirituales y los de su cónyuge ayudan a que se entiendan mejor y ayudará a entender como cada uno desea servir al Señor. Como marido y mujer, las parejas pueden diferir dramáticamente en los dones espirituales que Dios les ha dado y el no conocer los dones de tu pareja puede causar fricción en tu matrimonio. Los dones espirituales son dados por la gracia de Dios – no es algo que la gente escoge tener o no tener. Dios ha creado a todos de cierta manera, y la tendencia natural de la personalidad de cada uno puede tener algún efecto en nuestros dones. Sin embargo, no debemos confundir nuestros talentos naturales y habilidades con los dones espirituales. Frecuentemente (pero no siempre) Dios da dones al marido y la mujer que se complementan uno al otro. Aunque sus dones se complementen o no, estos pueden enriquecer su relación y su ministerio juntos.

Los dones espirituales: Es diferente el número de dones en la gente dependiendo de cómo los definen y como los clasifican en la versión de Biblia que usen. La lista en la próxima página es sacada de las Escrituras que siguen (NVI).

Romanos 12:6-8	*1 Corintios 12:7-10*	*1 Corintios 12:28-30*	*Efesios 4:11*	*1 Pedro 4:9-11*
Profecía	Profecía	Profecía	Profecía	
Servir				Servir
Enseñar			Enseñar	
Animar				
Dar				
Liderazgo				
Misericordia				
	Sabiduría			
	Conocimiento			
	Fe			
	Sanidad	Sanidad		
	Milagros	Milagros		
	Discernimiento			
	Hablar en lenguas	Hablar en lenguas		
	Interpretación de lenguas	Interpretación de lenguas		
		Apostolado	Apostolado	
		Ayudar		
		Administración		
			Evangelismo	
			Pastorear	
				Hospitalidad

Determinando tus dones espirituales

El deseo de conocer tus dones espirituales es el primer paso para descubrir cómo Dios te ha premiado con dones. Los cuestionarios o inventarios son muy provechosos, pero no debe ser tu único recurso. Conforme busques al Señor y le pidas revelación de tus dones, comenzarás a adquirir el conocimiento que necesitas.

> ***Si a alguno de ustedes le falta sabiduría, pídasela a Dios, y él se la dará, pues Dios da a todos generosamente sin menospreciar a nadie. ~ Santiago 1:5***

El determinar tus dones espirituales llevará un poco de esfuerzo de tu parte. Existen 10 pasos a tomar en el proceso de identificar los dones que Dios te ha dado.[3]

1. Ora por dirección y ayuda
2. Estudia la palabra de Dios
3. Reflexiona en tus deseos y sentimientos
4. Involúcrate en varios ministerios
5. Fíjate en que áreas te sientes más relajado
6. Fíjate en los éxitos que tienes
7. Pide sugerencias; ten mente abierta a lo que otros ven en ti
8. Busca las necesidades y oportunidades
9. Encuentra las áreas que te traen gozo
10. Ponte alerta a las áreas donde la perseverancia se da con facilidad

Definiciones de los dones espirituales

1. ***Administración***; organizando y supervisando.
2. ***Apostolado***; mensajero, misionero, servidor con un mensaje.
3. ***Discernimiento***; la habilidad de distinguir lo que es del Espíritu Santo y lo que es de un espíritu maligno.
4. ***Evangelismo***; la habilidad de guiar a una persona sin ser salva a un conocimiento personal de Cristo.
5. ***Animo***; caminando junto con la gente para ofrecer consolación, consejo, exhortación y ayuda (También llamado el don de exhortación.)
6. ***Fe***; absoluta dependencia del Señor.
7. ***Dar***; discernir las necesidades materiales y económicas de la gente y poder cubrir sus necesidades.
8. ***Sanidad***; funcionar como el instrumento de Dios para sanar las vidas de otros.
9. ***Ayudar***; dar asistencia o alivio de la aflicción cuando es necesario.
10. ***Hospitalidad***; proveer un hogar y una calurosa bienvenida a los necesitados de comida y estancia.
11. ***Conocimiento***; conociendo un hecho o verdad de una persona o situación que es revelado por el Espíritu Santo.
12. ***Liderazgo***; capaz de fijar metas y comunicarlas de tal manera que otros voluntariamente y con armonía trabajen juntos para lograr las metas.
13. ***Misericordia***; demostrar compasión o sentir simpatía de corazón. Habilita a la persona a identificarse con otros.
14. ***Milagros***; sobrepasar la ley natural, poder sobrenatural.
15. ***Pastorear***; dirigiendo y equipando a los creyentes.
16. ***Profecía***; presentar la palabra de Dios con claridad y poder.
17. ***Servir***; un ministerio que provee de materiales y servicios temporales para otros.
18. ***Enseñanza***; explicar la verdad de Dios con claridad a otros.
19. ***Hablar en lengua**s*; hablar en lenguas que no conoces o con pronunciamientos extáticos.
20. ***Interpretación de lenguas***; traducir el lenguaje desconocido de alguien más.
21. ***Sabiduría***; iluminación especial que te capacita en alguna situación específica para captar revelación divina de algún hecho, situación o contexto.

El inventario de dones espirituales a continuación y en las páginas siguientes te ayudarán en tu búsqueda de comprender tus dones espirituales. Mientras que este inventario no incluye todos los dones descritos en la página anterior, te dará una muy buena idea en que áreas Dios te ha dado dones. Ora por la guianza de Dios y completa el inventario para que continúes el proceso de buscar al Señor en cómo él te ha dotado.

Inventario de dones espirituales[4]

Contesta cada una de las siguientes preguntas poniendo el número que corresponde en el lugar apropiado.El encabezado de puntuación será:	Mucho (3)	Algo (2)	Poco (1)	Nada (0)
1. ¿Te ha dicho la gente que eres efectivo hablando ante un público?	____	____	____	____
2. ¿Encuentras relativamente fácil y agradable pasar tiempo en un estudio bíblico intenso y de escudriñar la palabra?	____	____	____	____
3. ¿Disfrutas que la gente comparta contigo sus problemas personales y emocionales?	____	____	____	____
4. ¿Te encuentras dándole más importancia al cómo aplicar la Palabra de Dios que simplemente entender el mensaje?	____	____	____	____
5. ¿Has sentido que Dios te ha dado una habilidad especial de aprender y de adquirir conocimiento de su palabra?	____	____	____	____
6. ¿Disfrutas trabajar para lograr que otra gente se involucre en diferentes tareas y ministerios?	____	____	____	____
7. ¿Otra gente te describe como una persona que toma decisiones fácilmente?	____	____	____	____
8. ¿Parece que te concentras más en cosas prácticas que se necesitan hacer en vez de preguntar por qué se deberían hacer?	____	____	____	____
9. Cuando te das cuenta que alguien necesita ayuda, si te es posible ¿ofreces de inmediato tus servicios?	____	____	____	____
10. ¿Prefieres dar dinero que ayudar a hacer alguna tarea manual?	____	____	____	____
11. ¿Disfrutas visitar a la gente enferma, deshabilitada, o que sufre físicamente?	____	____	____	____
12. ¿Es tu hogar el tipo de hogar que la mayoría de la gente siente gusto en llegar a visitar sin avisar?	____	____	____	____
13. ¿Encuentras que tienes la habilidad de creer cosas que otros creyentes no pueden aceptar o asimilar?	____	____	____	____
14. ¿Otros creyentes frecuentemente te dicen que parece ser que tú siempre sabes cuando algo está bien o mal?	____	____	____	____
15. Cuando una situación no está bien, ¿sientes ganas de decir algo sobre el asunto para poder corregirlo?	____	____	____	____
16. ¿Te encanta contestar preguntas y probar cuestiones difíciles?	____	____	____	____

	Mucho (3)	Algo (2)	Poco (1)	Nada (0)
17. ¿Has encontrado que la gente frecuentemente te busca para pedirte consejo sobre sus problemas personales?	____	____	____	____
18. ¿Encuentras que con frecuencia sabes inmediatamente qué hacer en una situación donde otros creyentes no tiene tan claro qué es lo que se debe hacer?	____	____	____	____
19. ¿Encuentras que la gente viene a ti con problemas difíciles y preguntas de la Biblia, buscando tu conocimiento?	____	____	____	____
20. Como creyente, ¿te encuentras fijando metas personales y objetivos para ti mismo y para tu ministerio?	____	____	____	____
21. ¿Sientes una gran carga de responsabilidad en tomar decisiones por otros?	____	____	____	____
22. ¿Usualmente sientes un gozo tremendo simplemente haciendo cosas que sabes que se tienen que hacer no importa que tan chica o insignificante sea la tarea?	____	____	____	____
23. ¿Sientes un ministerio especial en ayudar a otros cristianos a llegar a ser más efectivos en sus ministerios?	____	____	____	____
24. Cuando escuchas de alguien con necesidad, ¿ piensas de inmediato en mandarles dinero?	____	____	____	____
25. Cuando escuchas de alguien en el hospital, ¿deseas darles ánimo y aliento?	____	____	____	____
26. ¿Sientes que algo realmente te falta cuando no tienes invitados en tu casa?	____	____	____	____
27. Cuando la gente dice que algo no puede ser o es imposible, ¿se te hace difícil poder creerlo y confías en Dios por la solución?	____	____	____	____
28. ¿Sientes poder entender a la gente y sus motivaciones correctamente, aunque no los conozcas muy bien?	____	____	____	____
29. ¿Tienes tendencia a hablar cuando problemas son tratados en grupo en vez de quedarte en silencio y escuchar?	____	____	____	____
30. Cuando escuchas una pregunta o problema, ¿te pones ansioso por encontrar y dar una respuesta?	____	____	____	____
31. ¿Prefieres hablar personalmente con alguien de sus problemas en vez de mandarlos con alguien más que los pueda ayudar?	____	____	____	____
32. ¿La gente frecuentemente busca tu consejo en situaciones difíciles, en como tú lo harías o como lo manejarías?	____	____	____	____
33. ¿En tu estudio de la Palabra de Dios has observado que nuevas revelaciones, el entendimiento de pasajes y temas difíciles parecen ser fáciles de entender?	____	____	____	____

	Mucho (3)	Algo (2)	Poco (1)	Nada (0)
34. Cuando alguien no está haciendo su ministerio bien, ¿sientes interés de ayudarles a ser más eficientes en lo que están haciendo?	____	____	____	____
35. ¿Sientes una responsabilidad moral cuando das dirección y guianza a la gente, todo el tiempo pensando en cómo esto afectará a otros?	____	____	____	____
36. ¿Sientes satisfacción haciendo tareas, sin importar lo que otros piensen acerca de lo que haces?	____	____	____	____
37. ¿Disfrutas ser apoyo de un ministerio para otros, en vez de estar en una posición de liderazgo?	____	____	____	____
38. ¿Te encuentras buscando oportunidades de dar dinero sin escuchar ninguna apelación?	____	____	____	____
39. ¿Lo encuentras sencillo expresar gozo en la presencia de aquellos que sufren físicamente?	____	____	____	____
40. ¿Disfrutas convivir en tu casa con gente que no conoces?	____	____	____	____
41. ¿Encuentras que usualmente tienes problema con la gente que siente que alguna cosa no se puede hacer o lograr?	____	____	____	____
42. ¿Sientes frecuentemente que lo que se habla es producido por el diablo en vez de por Dios, y tu juicio prueba ser correcto?	____	____	____	____
43. ¿Has sentido que la gente siente convicción acerca de malas costumbres o errores doctrinales cuando tú compartes con ellos lo que la Biblia dice?	____	____	____	____
44. ¿La gente frecuentemente te dice que tienes la habilidad de explicar problemas difíciles, usualmente dando razones del por qué crees lo que crees?	____	____	____	____
45. ¿Realmente sientes gozo cuando animas a la gente que está pasando por pruebas y problemas personales?	____	____	____	____
46. ¿Encuentras que la gente usualmente te pregunta lo que piensas de la situación confiando en que tú sabrás que hacer?	____	____	____	____
47. ¿Has notado que tienes la habilidad de entender enseñanzas difíciles de la palabra de Dios sin un gran esfuerzo de escudriñar y estudiar?	____	____	____	____
48. ¿Prefieres enseñarle a alguien más cómo hacer algún trabajo que hacerlo tú mismo?	____	____	____	____
49. ¿Disfrutas dar dirección a otros y tomar decisiones por ellos?	____	____	____	____
50. Es cierto que cuando te piden hacer un trabajo en particular ¿ no sientes usualmente presión u obligación en hacerlo?	____	____	____	____

	Mucho (3)	Algo (2)	Poco (1)	Nada (0)
51. ¿Sientes unas ganas especiales de ayudar a la gente en trabajos pequeños para que puedan ellos hacer trabajos más importantes?	____	____	____	____
52. ¿Te encuentras respondiendo inmediatamente a necesidades económicas dando tu dinero sin tener que planearlo mucho?	____	____	____	____
53. ¿Es fácil para ti hablar con la gente que sufre físicamente y recibir una respuesta de ellos?	____	____	____	____
54. ¿Consideras que tu hogar es verdaderamente un lugar donde puedes ministrar a otros?	____	____	____	____
55. ¿Has descubierto que no sientes que debes esperar por evidencia y dirección clara antes de tomar una decisión?	____	____	____	____
56. ¿Has notado que frecuentemente evalúas a la gente y lo que dice de una forma positiva o negativa?	____	____	____	____
57. Cuando declaras la palabra de Dios ¿piensas usualmente en cómo esto puede ser un reto y motivación para quienes te están escuchando?	____	____	____	____
58. ¿Te ha expresado la gente cómo aprecia el modo en que explicas cosas de la Biblia?	____	____	____	____
59. ¿Encuentras fácil tratar con gente que está deprimida o desilusionada y que solo experimenta un poco de gozo en lo que se puede lograr?	____	____	____	____
60. ¿Han dado a otros creyentes referencias de las decisiones y los consejos que has dado, como lo correcto o lo mejor para todos?	____	____	____	____
61. ¿Parece que puedes comprender cosas de la palabra de Dios que otros creyentes con el mismo trasfondo y experiencias no parecen comprender?	____	____	____	____
62. ¿Tienes un interés especial para entrenar y discipular a otros creyentes para ser líderes?	____	____	____	____
63. ¿Te encuentras constantemente pensando en decisiones que deben ser tomadas para dar dirección general a un grupo u organización?	____	____	____	____
64. ¿Prefieres hacer un trabajo tú solo en vez de trabajar en equipo?	____	____	____	____
65. ¿Si fuera posible para ti, crees que ayudarías a todo el que tuviera necesidad?	____	____	____	____
66. ¿Sientes un gran gozo en dar, sin importar la respuesta de la persona a la que le has dado?	____	____	____	____
67. ¿Frecuentemente piensas en maneras en las que puedes ministrar y ayudar a los que sufren físicamente?	____	____	____	____

	Mucho (3)	Algo (2)	Poco (1)	Nada (0)
68. ¿Te gustaría tener en tu casa un ministerio donde pudieras convivir con gente sin importar quienes son?	___	___	___	___
69. ¿Sientes que puedes confiar en Dios en circunstancias difíciles sin incertidumbre o indecisión?	___	___	___	___
70. ¿Sientes una gran responsabilidad hacia Dios cuando tú sientes que algo no está bien y parece que otros creyentes no lo comprenden?	___	___	___	___
71. ¿Han compartido contigo otros creyentes que tienes habilidad para comunicar la palabra de Dios con gran efectividad?	___	___	___	___
72. ¿Viene gente a ti seguido, buscando tus respuestas a preguntas o problemas específicamente de la Biblia?	___	___	___	___
73. ¿Sientes un gran amor o compasión por gente que tiene problemas personales y emocionales?	___	___	___	___
74. Cuando das tu consejo a alguien ¿te enfocas más en el área de "cómo" debe hacerse, en vez de "por qué" se debe hacer?	___	___	___	___
75. ¿Otros creyentes frecuentemente te han señalado por tener la habilidad de saber y entender las cosas de la palabra de Dios?	___	___	___	___
76. ¿Tienes un interés especial en ayudar a la gente a lograr sus metas y objetivos en sus vidas?	___	___	___	___
77. ¿En un grupo u organización la gente parece depender de ti para tomar una decisión mayor?	___	___	___	___
78. Cuando escuchas de un trabajo específico que se tiene que hacer ¿estás ansioso por hacerlo tú mismo?	___	___	___	___
79. ¿Estás más satisfecho en cómo has ayudado a una persona con lo que hiciste y no simplemente en haberlo hecho?	___	___	___	___
80. Cuando das dinero a alguien o a un evento ¿sientes usualmente el deseo de evitar que otros se den cuenta de lo que haces?	___	___	___	___
81. ¿Disfrutarías de un ministerio para aquellos que sufren físicamente?	___	___	___	___
82. ¿Ves el hecho de invitar gente a tu casa como un ministerio emocionante más que una responsabilidad de hacerlo?	___	___	___	___
83. ¿Te han dicho otros creyentes que parece que tienes la habilidad de confiar en Dios en situaciones difíciles?	___	___	___	___
84. ¿Otra gente frecuentemente pide tu opinión acerca de algo o alguien en respecto a si esta bien o mal?	___	___	___	___

	Mucho (3)	Algo (2)	Poco (1)	Nada (0)
85. ¿Crees que tienes el talento de poder comunicarte eficientement con otros?	____	____	____	____
86. ¿Prefieres explicar el significado de una palabra que simplemente compartir un pasaje bíblico?	____	____	____	____
87. ¿Usualmente deseas escuchar a otros compartir sus problemas personales en vez de poder compartir los tuyos con alguien más?	____	____	____	____
88. ¿Parece que otros creyentes siguen tu consejo en situaciones difíciles?	____	____	____	____
89. ¿Has notado que al estudiar la palabra de Dios puedes entender lo que un pasaje dice antes de que otros creyentes lo descubran, aun cuando lo están estudiando juntos?	____	____	____	____
90. ¿Usualmente tomas el liderazgo en grupo cuando no hay un líder?	____	____	____	____
91. ¿Te sientes moralmente responsable por los efectos a largo plazo en las decisiones que tomas?	____	____	____	____
92. ¿Prefieres pasar tiempo haciendo un trabajo en particular que hablando con la gente de sus problemas y necesidades?	____	____	____	____
93. Cuando alguien te pide ayuda ¿te causa gran dificultad decirle "no" a esa persona?	____	____	____	____
94. Cuando le das dinero a alguien ¿notas que no esperas ningún tipo de apreciación de su parte?	____	____	____	____
95. ¿Sientes una gran compasión hacia los que sufren físicamente y te provoca querer ayudarlos de alguna manera?	____	____	____	____
96. ¿Notas que puedes recibir gente en tu casa sin que te preocupe mucho como se ve?	____	____	____	____
97. ¿Sientes interés de animar a la gente cuando la ves derrotada y desanimada?	____	____	____	____
98. ¿Has sentido una responsabilidad de proteger la verdad de la palabra de Dios exponiendo lo que es malo y pecaminoso?	____	____	____	____
99. ¿Prefieres hablarles a otros de la palabra de Dios sin mucha explicación en vez de tomarte el tiempo de explicarla con detalle?	____	____	____	____
100. ¿Usualmente organizas tus pensamientos de una manera sistemática?	____	____	____	____
101. Cuando escuchas de algún creyente que ha "pecado" o ha "caído" ¿te pones ansioso de ir al instante para tratar de ayudarles?	____	____	____	____
102. ¿Las decisiones y los consejos que has dado en situaciones difíciles han resultado ser lo correcto en la mayoría de los casos?	____	____	____	____

	Mucho (3)	Algo (2)	Poco (1)	Nada (0)
103. ¿Sientes el gran deseo de compartir con otros creyentes el significado de versos o pasajes difíciles?	___	___	___	___
104. ¿Sientes un gran gozo en estar en la posición de liderazgo en vez de frustración y dificultad?	___	___	___	___
105. ¿Has experimentado la responsabilidad de tomar decisiones para un grupo u organización que les afectaría a todos?	___	___	___	___
106. ¿Encuentras que te disfrutas haciendo cosas que se necesitan hacer sin que te lo tengan que pedir?	___	___	___	___
107. ¿Te encuentras buscando oportunidades de cómo ayudar a la gente?	___	___	___	___
108. ¿Ves el hecho de dar dinero como un ministerio espiritual tremendo y lo ves como algo que Dios te ha dado?	___	___	___	___
109. ¿Encuentras que cuando visitas a los que sufren físicamente te causa gozo y no depresión?	___	___	___	___
110. ¿Otros creyentes frecuentemente hacen referencia a la manera como Dios te ha usado en tu hogar?	___	___	___	___
111. ¿Has visto como Dios ha hecho maravillas en tu vida cuando otros creyentes dijeron que no podría ser pero tú creíste que él lo haría?	___	___	___	___
112. ¿Sientes que ayudas a otros creyentes cuando puedes discernir que algo está mal y con facilidad aceptan lo que dices?	___	___	___	___
113. Cuando tienes la oportunidad de hablar con otros creyentes ¿encuentras que prefieres compartir pasajes que compartir tu experiencia personal?	___	___	___	___
114. ¿Te han dicho otros creyentes que deberías tener un ministerio de enseñanza y tú te has sentido de la misma manera?	___	___	___	___
115. ¿Disfrutas ministrar de persona a persona en vez de ministrar a un grupo?	___	___	___	___
116. ¿Has sentido una habilidad especial en tu vida de saber qué hacer cuando enfrentas situaciones o problemas difíciles?	___	___	___	___
117. Cuando ves a otros creyentes que están confundidos y les falta entendimiento de alguna enseñanza difícil de la Biblia ¿sientes una responsabilidad de hablar con ellos de lo que significa?	___	___	___	___
118. ¿Pareces saber cómo cubrir las necesidades, metas, y deseos de la gente sin tener que estudiarlo y planificarlo mucho?	___	___	___	___
119. ¿Disfrutas siendo la "última palabra" o el que tiene la responsabilidad general sobre la dirección y éxito de un grupo u organización?	___	___	___	___

	Mucho (3)	Algo (2)	Poco (1)	Nada (0)
120. ¿Encuentras que no es necesario que tengas una descripción de trabajo cuando se te pide hacer algún trabajo en particular?	___	___	___	___
121. ¿La gente frecuentemente te expresa cómo les has ayudado a hacer algún trabajo en particular que a su vez les ha ayudado a ellos con la responsabilidad de realizar alguna otra cosa?	___	___	___	___
122. ¿Te emociona mucho cuando alguien te pide ayuda económica para algún proyecto valioso, viéndolo como un honor y privilegio?	___	___	___	___
123. ¿Estás dispuesto y deseoso de invertir tiempo, dinero y recursos en poder ayudar a aquellos que sufren físicamente?	___	___	___	___
124. ¿Encuentras un gran gozo en tener gente en tu casa en vez de sentir un agobio o responsabilidad que implica mucho trabajo?	___	___	___	___
125. ¿Has descubierto un ministerio de oración efectivo en tu vida con muchas respuestas maravillosas a tus oraciones que para el punto de vista humano es imposible o improbable?	___	___	___	___
126. ¿Frecuentemente evalúas a alguien o lo que alguien dice y que otros no lo captan y tu evaluación resulta ser correcta?	___	___	___	___

Puntuación del inventario de los dones espirituales

Transfiere el valor que le diste a cada pregunta a la caja que corresponde abajo. Suma las filas horizontales.

Valores									Suma	Dones
1	15	29	43	57	71	85	99	113		Profecía
2	16	30	44	58	72	86	100	114		Enseñanza
3	17	31	45	59	73	87	101	115		Exhortación
4	18	32	46	60	74	88	102	116		Sabiduría
5	19	33	47	61	75	89	103	117		Conocimiento
6	20	34	48	62	76	90	104	118		Liderazgo
7	21	35	49	63	77	91	105	119		Administración
8	22	36	50	64	78	92	106	120		Servir
9	23	37	51	65	79	93	107	121		Ayudar
10	24	38	52	66	80	94	108	122		Dar
11	25	39	53	67	81	95	109	123		Misericordia
12	26	40	54	68	82	96	110	124		Hospitalidad
13	27	41	55	69	83	97	111	125		Fe
14	28	42	56	70	84	98	112	126		Discernimiento

Usando los resultados de la tabla escribe los tres dones con la puntuación más alta. Esto te puede dar una evaluación provisional de dónde están tus dones.

1. ______________________ 2. ______________________ 3. ______________________

Usando tus dones espirituales

El inventario y la lista de dones espirituales tienen la intención de ayudarte a comenzar el proceso para determinar los dones espirituales que Dios te ha dado. No necesariamente son definitivos; debes continuar el proceso trazado en la página 40.

> ***Cada uno ponga al servicio de los demás el don que haya recibido, administrando fielmente la gracia de Dios en sus diversas formas. ~ 1 Pedro 4:10***

Una vez descubiertos los dones deben ser usados para servir a otros. Comienza con tu cónyuge e hijos; uno debe usar sus dones para edificar y animar a su familia en el caminar con el Señor. Es cuestión de examinar nuestros dones, comprenderlos y buscar maneras de usarlos para el beneficio de la familia y para el beneficio de otros. Dios no da dones espirituales sin un motivo y propósito, ¡deben ser usados! Conforme administras la gracia de Dios en varias formas (extendiendo la gracia de Dios a otros por medio de los dones que él te ha dado), estás logrando su propósito; sirviendo al Señor y extendiendo su reino.

Para conversar como pareja

1. ¿Cuáles crees que son tus dones espirituales? ¿Los estás usando? ¿Cómo?

____

____

____

____

2. ¿Cuáles crees que son los dones espirituales de tu cónyuge? ¿Cómo está él o ella usándolos?

____

____

____

____

3. ¿Cómo puede causar problemas en tu matrimonio el ejercitar los Dones Espírituales?

____

____

____

____

4. ¿Qué pueden hacer como pareja para usar sus dones espirituales y comenzar a edificar su ministerio juntos?

____

____

____

____

5. ¿Cómo puedes usar tus dones espirituales para servir a tu cónyuge y tus hijos?

____

____

____

____

Matrimonios fortalecidos
Capítulo 1 referencias

Estudio 1: *¿Quién es Jesucristo?*

Lecturas sugeridas:
- Evidencia que exige un veredicto por Josh McDowell
- Más que un carpintero por Josh McDowell
- El caso de Cristo por Lee Strobel

Para mayor información:
- Campus Crusade for Christ: Cruzada Sudamérica; www.cruzada.org

Estudio 2: *¿Quién eres tú?*

1. Neil T. Anderson; Victory Over the Darkness (Ventura, CA; Regal, 2000) pp 61-62
2. Ibid., pp 162-164

Lecturas sugeridas:
- Victoria sobre la oscuridad por Neil T. Anderson
- Como tener exito en aceptarte a ti mismo por Joyce Meyer
- Como vivir una vida extraordinaria por Charles F. Stanley
- Mirese como Dios lo mira por Josh McDowell

Para mayor información:
- Cruzada Sudamérica www.cruzada.org

Estudio 3: *Conociendo tus diferencias*

1. Adapted from, Marriage Clues for the Clueless; The Livingstone Corporation (Uhrichsville, OH; Promise Press, 1999) pp 22- 25
2. Simon Baron-Cohen; The Essential Difference; The Truth about the Male and Female Brain (NY, NY; Basic Books, 2003) pp 1-3
3. Neil T. Anderson & Charles Mylander; The Christ Centered Marriage (Ventura, CA, Regal books, 1996) pp 114—115
4. John Gray; Men are from Mars, Women are from Venus (NY, NY; HarperCollins, 1992) p16
5. Ibid., p18
6. Neil T. Anderson & Charles Mylander; The Christ Centered Marriage (Ventura, CA, Regal books, 1996) pp 122- 123
7. Ibid., pp 120- 121
8. Barbara & Allan Pease; Why Men Don't Listen and Women Can't Read Maps (NY, NY; Welcome Rain Publishers, 2000) p 80
9. Women Are the Backbone of the Christian Congregations in America; The Barna Group, Ventura, CA, March 6, 2000

Lecturas sugeridas:
- El matrimonio cristocentrico por Neil T. Anderson & Charles Mylander
- Los hombres son de Marte las mujeres de Venus por John Gray, Ph.D.
- Amor y Respeto por Dr. Emerson Eggerichs
- Conectese con su esposo por Gary Smalley
- Hombres son ostras y las mujeres palancas por David Clarke
- Lo que las esposas desean que los maridos sepan por Dr. James Dobson

Para mayor información:
- VidaFamiliar Latina/Familia Impacto - www.familylife.com/hispanic
- Enfoque a la Familia - www.enfoquealafamilia.org
- El Ministerio a la Familia - www.ministerioalafamilia.org

Estudio 4: *Entendiendo las personalidades*

1. La informationción de personalidad en esta página y la siguiente es adaptada de; DISC, Enriquezca su personalidad, Las dos caras del amo y "A Woman's Guide to Personality".
2. FamilyLife Marriage Conference—Alumni Sessions, p 3
3. El perfíl de personal y las definiciones de palabras por Fred Littauer se usan por permiso de CLASServices Inc. Información de ordenar se encuentra en las página 32 de este manual.
4. Adaptado de los Patrones de Personalidad por Lana Bateman

Lecturas sugeridas:
- Enriquezca su personalidad por Florence Littauer
- Te amo por que somos differentes! por Tim LaHaye
- Las dos caras del amor por Gary Smalley and John Trent
- Temperamentos controlados por el Espíritu por Tim LaHaye

Para mayor información:
- Los examines personalidad disponible en español
  Classervices Inc.: www.classervices.com
  DISC: www.discprofile.com/international.htm

Estudio 5: *Dones espirituales*

1. Nelson's Illustrated Bible Dictionary; Copyright 1986, Thomas Nelsons Publishers
2. Identifying & Deploying Your Spiritual Gifts; Dr. Lindsey Garmon. www.theseeker.ort/gifts.
3. Ibid.
4. Inventario de dones espirituales por LifeQuest Church, Phoenix, AZ. Se usa por permiso.

Lecturas sugeridas:
- Cómo hallar sus dones espirituales por C. Peter Wagner.
- Descubra sus dones y talentos por Kenneth Cain Kinghorn.
- Dones del Espíritu por Yiye Avila.

Para mayor información:
- Artículos de La Viña - www.vineyardusa.org/resources/lavina.aspx

Matrimonios Fortalecidos

Capítulo 2
Dirección en la vida

Estudio 6
Propósito en la vida

Áma al Señor tu Dios con todo tu corazón, con toda tu alma y con toda tu mente' --le respondió Jesús--. Éste es el primero y el más importante de los mandamientos. El segundo se parece a éste: Áma a tu prójimo como a ti mismo. ~ Mateo 22:37-39

Has escuchado por mucho tiempo la voz del diplomático, del científico, del psicólogo y del comandante militar. Es tiempo de que escuches la voz del Dios todopoderoso. ~ Billy Graham

Conocer tu propósito en la vida es importante para tu relación matrimonial. Necesitas entender tu propósito individualmente antes de saber hacia donde van juntos como pareja.

¿Por qué estás aquí?

La sociedad hoy vive a un ritmo que generaciones anteriores nunca se imaginaron. La tecnología no ha liberado a la gente del trabajo pesado, sino que la ha esclavizado a vivir una vida al borde de las ocupaciones. Para muchas personas su día va tan rápido que raramente tienen el tiempo para reflexionar sobre su vida y hacia donde va. Compran y consumen su camino por la vida sin pensar acerca del sentido de ésta o el propósito de ellos en ella.

¿Evolucionaron los humanos para solo juntar grandes posesiones y luego pasárselas a sus hijos o al gobierno cuando mueran? o ¿hay un plan y diseño más grande para su vida? La vida no ofrece mucha esperanza sin una relación con Dios. Se vuelve una suma de lo que uno logra, ya sea en posesiones o posición. Cuando una persona muere sin Dios, todo se acaba, contrario de lo que una conocida calcamonía de carro dice, aquel que muere con más posesiones no gana.

A menos que asumas la existencia de un Dios, la pregunta del propósito de la vida no tiene sentido. ~ Bertrand Russell, ateo

La fe en Dios cambia todo para el creyente. Desafortunadamente, mucha gente no vive su fe, y no se dan cuenta quienes son como hijos de Dios. El capítulo uno exploró tu identidad, quién eres tú en Cristo, como hombre o mujer y cómo fuiste creado. A este punto, quién eres tú no debe de ser la pregunta. Ahora es tiempo de ver qué es lo que vas a hacer con la vida que se te ha dado. Dios creó a la gente tal como es y con un propósito, pero ¿cuál es ese propósito? y ¿cómo uno determina cuál es su propósito en la vida?

Tu propósito comienza con una nueva vida en Cristo

Los cristianos nacen de nuevo, tienen una vida nueva en Jesucristo. La vieja persona que pensaba mundanamente está muerta, y la persona nueva espiritual está viva. Los cristianos son seguidores de Jesucristo. Ellos son representantes de Cristo en este mundo. - Embajadores de Dios según la segunda de Corintios. La gente es creada para hacer la voluntad de Dios (Marcos 3:35), para conocerlo, (Efesios 1:17), para adorarlo y servirle (Lucas 4:8), para amar a Dios y a la gente (Mateo 22:37-39) y para usar sus dones espirituales (Romanos 12:7). Mientras estos mandamientos son generales y amplios, sirven como un comienzo para conocer el propósito específico de Dios para tu vida.

Dios quiere que su gente conozca su propósito en la vida; no es un secreto místico que toma toda una vida para entenderlo. Los cristianos comenzarán a ver el propósito de sus vidas cuando vivan su vida tal como ellos son en vez de como ellos o alguien más piensen que ellos deberían de ser. Dios te revelará tu propósito específico en la vida cuando lo busques en las escrituras y busques su voluntad.

> *Nada importa más que el conocer el propósito de Dios para tu vida, y nada puede compensar el no conocerlo.*
> *~ Rick Warren*

El hacer contra el ser

Muy seguido las personas se encuentran haciendo cosas en vez de ser lo que ellos son. La vida cristiana se vuelve nada más que una versión limpia y desinfectada de la carrera del mundo. Muchos usan terminología cristiana y viven por medio de una lista de "cosas que sí y cosas que no" y piensan que sus vidas son diferentes a las vidas de los que no son cristianos. Quizás sea diferente en alguna forma, pero en muchas otras es la misma. Seguido los cristianos se acaban más rápido que los que no son cristianos, porque intentan hacer todas las cosas que ellos deberían estar haciendo, tratando de alcanzar la medida del cristiano que ellos piensan que deberían ser. Ellos no están viviendo lo que ellos son como persona y como hijos de Dios. La cristiandad no consiste en cosas que la gente hace, sino en ser lo que ellos son, por lo que Jesucristo ya ha hecho por ellos.

> *Si a alguno de ustedes le falta sabiduría, pídasela a Dios, y él se la dará, pues Dios da a todos generosamente sin menospreciar a nadie.*
> *~ Santiago 1:5*

En términos prácticos, si quieres tener un gran matrimonio, tienes que ser un(a) gran esposo(a). Si quieres tener un hijo adolescente más amable y cooperativo, tienes que ser un padre más comprensivo, conciente y amoroso. Si quieres ser confiable tienes que ser digno de confianza.[1]

La gente tiende a preocuparse por otras personas o por sus circunstancias, cuando debería estar preocupada por sí misma. La gente apunta el dedo a su cónyuge y lo culpa por su mal comportamiento. Se enfocan en su esposo(a), padres, jefes de trabajo y hasta en Dios mismo como su problema, en vez de verse a ellos mismos. Si ellos se convirtieran en la persona que Dios creó que fueran, muchos de sus problemas dejarían de existir. La vida cristiana y el estar casados no debe de ser la carga que mucha gente las hace que sean. Ambas pueden ser gozosas y remuneradoras. En Mateo 11:30, Jesús dijo que su carga es ligera. Aún así, muchos conducen su vida hasta el agotamiento, en el intento de tener una "buena vida."

"Automotivado" contra "llamado"

La gente siente una automotivación a lograr, sobresalir y realizar, y no a examinar su propósito. Frecuentemente llegan a un punto donde ven lo infructuosa que es su tarea. Los libros de Rick Warren, *Una Vida con Propósito* y *Una Iglesia con Propósito* han vendido millones de copias. Sin embargo, Gordon MacDonald escribe que la persona automotivada tiene la tendencia de tener problemas de salud y una vida insatisfecha, mientras que la persona que atiende a un llamado tendrá menos estrés y será más productiva.[2] Ambos autores hablan del mismo proceso pero desde diferentes puntos de vista. De acuerdo con Rick Warren, una vida con propósito es una vida vivida para Dios y de acuerdo con el liderazgo de Dios. Gordon MacDonald define la automotivación como el impulso que te lleva a lograr un propósito distinto al de Dios. Los dos autores comparten el mismo ideal, que Dios debe de ser el líder y que la humanidad debe de seguirle.

"Muuuuua, muuuuua, ya me voy."

Dirección como pareja

Muchos matrimonios hoy no alcanzan una completa realización, porque el propósito del esposo y la esposa en la vida son completamente diferentes. El está enfocado en alcanzar un logro a cierto nivel en el mundo de los negocios, mientras que para ella todo su mundo gira alrededor de criar a sus hijos. Puede que los dos persigan el sueño de éxito en el mundo corporativo, pero sus sueños no se encajan, o intentan encontrar su realización y su propósito por separado, por medio de diferente gente o familia. Una pareja debe caminar en la misma dirección, de lo contrario experimentarán una relación matrimonial seca y sin fruto.

> ***Hay caminos que al hombre le parecen rectos, pero que acaban por ser caminos de muerte. ~ Proverbios 16:25***

Un matrimonio no puede ser mejor que su propio propósito.[4] Los propósitos de Dios deben de estar en el corazón de una persona, como individuo y como pareja. Las escrituras dicen que sobre todas las cosas debemos amar al Señor nuestro Dios con todo nuestro corazón, alma y mente. Cuando un cristiano se empeña en este propósito, empieza a buscar el propósito específico para su vida. Cuando Dios es primero en tu vida todas las cosas son puestas a prueba de acuerdo a la voluntad de Dios, tus caminos serán sus caminos.

Conociendo la voluntad de Dios

> ***Así que tengan cuidado de su manera de vivir. No vivan como necios sino como sabios, ~ Efesios 5:17***

Cuando vives tu vida y conduces tu matrimonio a tu propia manera o a la manera del mundo, ésta será difícil, miserable y destinada a fracasar. El fruto (resultado final) de amar a Jesucristo es la obediencia a su voluntad (Juan 14:15). Conocer la voluntad de Dios a veces parece uno de los grandes misterios del universo, pero no no es tan difícil. Efesisos 5:17 dice que la gente no debe ser insensata, sino entender cuál es la voluntad del Señor. La voluntad de Dios es un gran misterio cuando los cristianos viven sus vidas para ellos mismos y no buscan a Dios.

> ***No se amolden al mundo actual, sino sean transformados mediante la renovación de su mente. Así podrán comprobar cuál es la voluntad de Dios, buena, agradable y perfecta. ~ Romanos 12:2***

La mente es renovada por medio de la palabra de Dios, oración, adoración y comunión con otros creyentes. Estudiando la palabra y poniéndola en práctica de manera cotidiana y pasar tiempo en oración y adoración con el Señor le ayudarán a la gente a conocer mejor la voluntad de Dios para su vida. El compañerismo o la convivencia cercana con otros cristianos ayudan a traer perspectivas apropiadas a sus vidas. Proverbios 3:5-6 le recuerda a la gente de Dios el no confiar en su propio entendimiento, sino reconocer a Dios en todos sus caminos y Él enderezará sus sendas. ¿Conocerás la voluntad de Dios en cada decisión a tomar? Quizás no directamente, pero si buscas en las escrituras, oras y buscas el consejo de amigos piadosos, puedes tomar tus decisiones con la confianza de que éstas están bajo la dirección de Dios.

"Amor, quizás si te mueves para este lado, puedas evitar la lluvia."

Es importante estar abierto a la manera en la que el Señor usa la gente o circunstancias para revelar su voluntad para ti. Es sabio ser precavido con la persona que se te acerca diciéndote: "el Señor dice....", pero también es sabio considerar lo que esa persona tenga que decir. Quizá el Señor tenga algo que decirte sobre tu vida a través de una persona, si es así él confirmará el mensaje a través de otros medios. A menos que no estés escuchando ¿por qué Dios usaría a alguien más para hablarte, cuando él puede hablarte directamente? La clave es estar abierto, escuchar a Dios y buscar su voluntad para tu vida.

Hay muchas maneras por las cuales Dios nos guía, pero esto es solo cuando nuestras mentes y nuestros corazones se han rendido a él, así es como algunas veces escuchamos su voz. ~ Billy Graham

Quizás tú ya has buscado la voluntad y el propósito de Dios para tu vida y tu matrimonio. Si es así, ¡Excelente! Para aquellos que no han buscado la voluntad y el propósito de Dios para sus vidas y su matrimonio, ahora es un buen tiempo para que busquen su sabiduría y su perspicacia para sus vidas. Esto es fundamental para un matrimonio fuerte y fortalecido. Empieza a pensar sobre tu propósito en la vida conforme exploras más este aspecto de tu matrimonio en los dos siguientes estudios. Dios tiene un plan para tu vida, buenos planes para ti y tu matrimonio.

"Porque yo sé muy bien los planes que tengo para ustedes afirma el Señor, planes de bienestar y no de calamidad, a fin de darles un futuro y una esperanza." ~Jeremías 29:11

Cuando dos personas se aman, no se miran la una a la otra, las dos miran hacia la misma dirección. ~ Ginger Rogers

Porque somos hechura de Dios, creados en Cristo Jesús para buenas obras, las cuales Dios dispuso de antemano a fin de que las pongamos en práctica. ~ Efesios 2:10

Para conversar como pareja

1. ¿Cómo es tu amor hacia Dios reflejado en tu vida diaria? ¿La gente ve que Dios es lo primero en tu vida? ¿Cómo?

____

____

____

____

2. ¿Estás viviendo la vida cristiana (siendo)? o ¿Estás tratando de hacer todas las cosas que debes estar haciendo? ¿Cuál es la diferencia?

____

____

____

____

3. ¿Vives tu vida automotivado o por tu llamado? ¿Cuál es la diferencia?

____

____

____

____

4. ¿Es necesario buscar a Dios en todas las decisiones de tu vida o solamente en las grandes? Explica.

____

____

____

____

5. ¿Cuál crees que es tu propósito en la vida? ¿Crees que hay un propósito para tu matrimonio? ¿Cuál es?

____

____

____

____

Cuestionario del propósito de la vida

Contesta honestamente las siguientes preguntas individualmente, después cuando tengas tiempo a solas con tu esposo(a) discute las respuestas.

---

1. ¿Cuál es la evidencia en tu vida de que Dios es lo más importante para ti? ________________

2. ¿Cómo te afecta la rutina de la vida diaria? ¿Te desafía? ¿Te deprime? ¿Te cansa? __________

3. ¿Cuanto tiempo pasas con el Señor regularmente? ¿Cómo pasas ese tiempo con él? _________

4. ¿Cómo intentas controlar tu vida? ________________________________

5. ¿Cuáles son tres cosas que quieres alcanzar en tu vida que todavía no has alcanzado?

6. ¿Cómo encuentras la voluntad de Dios para tu vida? En el pasado, ¿te has tomado el tiempo para entender si tus acciones son la voluntad de Dios? ¿Por qué sí o por qué no? __________

7. ¿Has intentado vivir bajo las expectativas de otra persona (padres u otras personas) para tu vida? ¿Has intentado dejar atrás alguna predicción de fracaso de parte de alguien para tu vida? ¿Cuál es tu experiencia en esta área? ________________________

8. ¿Oraste a Dios para ver si era su voluntad de que te casaras con tu esposo (a)? ¿Crees que era tu destino el que te casaras con tu conyugue? ¿Por qué sí o por qué no? ____________________

____

____

____

____

9. ¿Es tu trabajo gratificante? ¿Por qué sí o por qué no? ¿Te quedarías en el mismo campo de trabajo o cambiarías? ____________________

____

____

____

10. ¿Cómo pasas tu tiempo? Honestamente observa una semana típica en tu vida; ¿cuánto tiempo usas en las siguientes categorías? Sabemos que aproximadamente 50 horas a la semana (incluyendo, comida y transportación) son requeridas para trabajar y aproximadamente 56 horas son requeridas para dormir; ¿Qué es lo que haces con las otras 62 horas disponibles a la semana?

Mi semana típica (las 62 horas de tiempo a discreción que tengo):

Dormir (más de 56 horas)	______	Trabajo en casa	______
Trabajar (más de 50 horas)	______	Trabajo en el jardín	______
Comer	______	Tiempo con esposo(a)	______
Ver televisión	______	Tiempo con los niños	______
Ejercicio	______	Desarrollo personal	______
Pasatiempos: ____________	______	Ministerio	______
____________	______	Palabra de Dios	______
____________	______	Adorando a Dios	______
		Oración	______

¿Qué piensas con respecto al uso de tu tiempo? ____________________

____

____

____

Dirección en la vida

Estudio 7

La importancia del cambio

A pesar de todo, Señor, tú eres nuestro Padre; nosotros somos el barro, y tú el alfarero. Todos somos obra de tu mano.
~ Isaías 64:8

"Seguro, te puedo aceptar como tú eres, eres alguien a quien yo necesito cambiar."

Bendecido es el hombre que descubre que en la vida nada es permanente salvo el cambio.

Dios quiere que su gente cambie

Dios ama a su gente total e incondicionalmente, pero la ama tanto que no quiere que permanezca siendo la misma. La Biblia constantemente resalta la importancia que Dios le da al cambio. Dios le dijo a Caín que se alejara del pecado que quería atraparlo. Dios usó los profetas a través del Antiguo Testamento para que les rogaran a los Israelitas que se alejaran de su conducta pecaminosa. Jesús retó a los fariseos que se alejaran de sus tradiciones. Él no condenó a la mujer que fue hallada en adulterio, pero sí le dijo que se "fuera y que ya no pecara." El libro de Apocalipsis es el último llamado al arrepentimiento, nos dice que nos apartemos de pecar contra Dios antes del fin de los tiempos. Ahora, el Señor desea moldear a sus hijos a su imagen y esto requiere cambios.

Dios es el alfarero, Él moldea y da forma a la gente como él desea. Mientras sea el Señor quien moldea y da forma, es importante que la gente esté dispuesta a cambiar y a hacer elecciones que funcionen con el cambio que Dios está haciendo en su vida. Uno mismo tiene que permitirle que moldee y dé forma a nuestra vida.

Ustedes las practicaron en otro tiempo, cuando vivían en ellas. Pero ahora abandonen también todo esto: enojo, ira, malicia, calumnia y lenguaje obsceno. Dejen de mentirse unos a otros, ahora que se han quitado el ropaje de la vieja naturaleza con sus vicios, y se han puesto el de la nueva naturaleza, que se va renovando en conocimiento a imagen de su Creador. ~ Colosenses 3:7-10

Todos tenemos pecado en nuestras vidas - nadie es perfecto. Las personas tienen patrones, raíces y malos comportamientos arraigados en ellas que no son deseables. Los cristianos son nuevas criaturas en Cristo, pero necesitan reemplazar hábitos viejos con hábitos nuevos inspirados por el Espíritu Santo. Moldearnos a la imagen de Cristo es un proceso de toda la vida. El viaje comienza al aceptar a Jesucristo como nuestro salvador y Señor y continua a través de toda la vida.

¿No han leído que en el principio el Creador los hizo hombre y mujer y dijo: 'Por eso dejará el hombre a su padre y a su madre, y se unirá a su esposa, y los dos llegarán a ser un solo cuerpo'? ~ Mateo 19:4-5

El cambio es importante para el matrimonio

Una pareja no se vuelve uno en la ceremonia de bodas y no se vuelve uno naturalmente. Ellos se vuelven uno al crecer los dos juntos en su relación. El cambio ocurrirá en este proceso de crecimiento y los dos tienen que estar dispuestos al cambio. Esta actitud rígida de así soy yo, no puedo cambiar (no cambiaré) reprimirá el crecimiento individualmente y en la relación matrimonial.

El Señor usará seguido a tu pareja para retarte al cambio. Muy seguido las personas rechazan la petición u observación de su pareja, cuando ellas deben atender de corazón a lo que éstas dicen. Eso no significa que la persona tiene la licencia de sacar a flote todo lo malo que ve en su pareja (eso es criticar). El esposo(a) quizás sea tentado a cambiar a su pareja en vez de dejar que el Señor haga el cambio. Tú no puedes cambiar a tu pareja, solo Dios lo puede hacer. Las personas solo pueden cambiarse a ellas mismas con la ayuda de Dios. Al ustedes ir desarrollando unidad y transparencia en su matrimonio, el Señor los usará para influenciarse el uno al otro.

> ***El hierro se afila con el hierro, y el hombre en el trato con el hombre.***
> ***~ Proverbs 27:17***

Una pareja debe de estar dispuesta a cambiar a fin de que su matrimonio crezca. ¿Cómo puede crecer una pareja si ninguno de los dos está dispuesto a cambiar? No experimentarán la plenitud del matrimonio si están constantemente buscando la manera de cambiar a su pareja y no hacen el esfuerzo necesario para cambiar sus propias vidas.

La gente hoy gasta miles de dólares en carros, bodas o juguetes. Invierten en casas, en cuenta de jublio, bolsa de valores, pero no invierten en sus matrimonios, ni tampoco invierten el tiempo y la energía que se requiere para mejorarlo. No invierten dinero para consejería o entrenamiento matrimonial que podría ayudarles en su relación.

¿Acaso no hay disposición en la gente como para comprometerse en el matrimonio, que no quiere tomar los pasos necesarios para fortalecerlo? ¿Acaso se ha vuelto el matrimonio tan degradado, que la gente, hasta los mismos cristianos, no hace hasta lo imposible por salvarlo? ¿Acaso no tienen la voluntad de cambiar?

¿Cómo es que el cambio ocurre?

Jesús dice que tengamos simplemente la fe de los niños, pero tendemos a hacer la vida más complicada de lo que en realidad es. Las parejas pierden mucho tiempo, dinero y energía tratando de entender y resolver la vida, mientras que los niños con su fe tan simple viven la vida como Dios quiere que todos la vivamos. Vivir por fe es el primer paso hacia el cambio. Es importante confiar en Dios para que haga los cambios necesarios. Uno debe de confiar en su poder, su sabiduría y su amor.

> ***Les aseguro que a menos que ustedes cambien y se vuelvan como niños, no entrarán en el reino de los cielos. ~ Mateo 18:3***

El cambio toma obediencia y sumisión a la voluntad de Dios. Tú vas conociendo su voluntad conforme tu relación con él va creciendo. Una relación que crece con el Señor requiere una transformación por medio de la renovación de nuestra mente (Romanos 12:2). Moldearnos a la imagen de Dios toma estudio de su palabra y pasar tiempo con Él en oración y comunión. Esto requiere disciplina y algo de trabajo. Ninguna relación crece sin esfuerzo. El Señor te cambiará pero tú tienes que estar dispuesto a hacer tu parte.

> ***Admitir nuestra necesidad***
> ***Buscar la ayuda de Dios***
> ***Mantener la fe***

Tu parte incluye estar dispuesto a pedir y a buscar el consejo de otros matrimonios cristianos, pastores o consejeros cristianos profesionales. Las clases matrimoniales, los seminarios y las conferencias proveen información que nos reta y ayuda a las parejas a cambiar. Dios nos da dirección de muchas maneras. La Biblia dice que el hombre sabio busca entendimiento, instrucción y consejo. El necio es el que rechaza el consejo y la orientación sabia, y depende solo de él mismo. (Ve Proverbios 12:15, 15:14, 18:2, y 19:20)

"En nuestro programa para hoy, aprenderemos a ser felices y vivir sin preocupaciones."

El matrimonio no es fácil. Toma esfuerzo y trabajo – una pareja sacará de su matrimonio lo que le invierta. ¿Estás dispuesto a esforzarte lo suficiente en tu matrimonio para hacerlo excelente? ¿Estás dispuesto a cambiar para hacer que tu matrimonio mejore?

El cambiar una cosa para mejorar, hace más bien que el comprobar que una docena de cosas están equivocadas.

El reto:

Haz el compromiso de cambiar. Comprométete con el Señor y con tu pareja a que te esfuerces a cambiar para ser el esposo(a) que el Señor te ha llamado a ser. No te fijes en tu pareja, fíjate en ti mismo ¿Qué debes cambiar para mejorar tu matrimonio?

"Si haces lo que siempre has hecho, estás propenso a recibir lo que siempre has recibido." ~ Anónimo

Para conversar como pareja

1. ¿Crees que Dios quiere que cambies? ¿Por qué sí? O ¿Por qué no?

____
____
____
____

2. ¿Qué significa el invertir en tu matrimonio?

____
____
____
____

3. ¿Tratas de cambiar a tu esposa(o)? ¿Puedes cambiarlo(a)? ¿Por qué sí? O ¿Por qué no? ____________

____
____
____
____

4. ¿Cómo puedes cambiar?

____
____
____
____
____

5. ¿Qué haría un compromiso de cambio en tu matrimonio?

____
____
____
____
____

Dirección en la vida

Estudio 8

Una visión para el futuro

> *Porque yo sé muy bien los planes que tengo para ustedes afirma el Señor, planes de bienestar y no de calamidad, a fin de darles un futuro y una esperanza. Entonces ustedes me invocarán, y vendrán a suplicarme, y yo los escucharé. Me buscarán y me encontrarán, cuando me busquen de todo corazón.*
> *~ Jeremías 29: 11-13*

> *"Una persona que le tira a nada es seguro que recibirá nada." ~ Anónimo*

Empieza con una visión

La Biblia dice que cuando no hay visión, la gente perece. En Hebreo la palabra perecer es también traducida como ir libre, sin restricción ... cada uno por su propio camino. Sin una visión la gente tiende a ir por su propio camino. En una pareja cuando cada uno va por su propio camino no pueden crecer en intimidad y convertirse en uno. Ellos no pueden cumplir con el propósito de Dios en su matrimonio, y quizás terminen yendo cada cual por su propio camino, al punto de terminar su matrimonio. Una de las diferencias más grandes en las parejas antes y después de la ceremonia de boda es el hecho de que dejan de soñar juntas. Ya no ven hacia el futuro; no ponen metas, ni hacen planes.[1] Las parejas pierden su visión.

Tu visión, hacia dónde te diriges en la vida, es la realización de tu propósito. Una forma efectiva de pensar en tu visión, es el considerar qué es lo que te gustaría que se escribiera en tu lápida en tu sepulcro cuando mueras. Quizás es algo que a la gente no le gusta contemplar, pero todos algún día tarde que temprano morirán. El pensar cómo nos gustaría que nos recordaran cuando ya no estemos nos puede ayudar a mantener nuestro enfoque para realizar ese deseo. Piensa en tu propósito en la vida; ¿qué significa el cumplir? Esa es tu visión.

Una declaración de tu visión es una afirmación corta de hacia donde se dirige tu vida. Puede ser en tiempo pasado; la afirmación de lo que quieres en tu lápida de sepulcro. La declaración de mi visión es: Él corrió su carrera señalada con perseverancia de Hebreos 12:1. Mi deseo es el ser recordado como un hombre que se mantuvo en el curso - en el curso de Dios y lo terminó sin importar lo que tuvo que enfrentar en la vida.

¿Cuál es la visión para tu matrimonio? ¿para tu familia? Una vez que tienes tu visión, siéntate con tu pareja para determinar cúal será la visión para su matrimonio. Si tus hijos son lo suficientemente grandes, compartan la visión con ellos e inclúyanlos en el proceso de formular la visión para la familia. Si tus hijos son pequeños o están planeados para el futuro, escribe una visión para la familia que puedas compartir con tus hijos al ir ellos creciendo.

Quizás hoy, más que nunca, los individuos y las familias necesitan un sentido de dirección y propósito, una estructura y una guía en su vida alrededor de la cual pueden tomar decisiones, y establecer metas a lograr. Cada día la vida trae decisiones urgentes que se deben tomar: dónde invertir nuestro tiempo, atención, energía y dinero. Con visión, misión y metas establecidas, uno se puede preguntar, "¿nos ayudaría esta opción a cumplir con nuestra misión o la estorbaría?" Dependiendo de la respuesta, se puede tomar una buena decisión que se acomode a dónde nos dirigimos.

"Seguro, me gustaría tener una visión para mi vida, pero estoy tan ocupado viviéndola como para pensar y planear que es lo que quiero hacer con ella."

Establece la misión

Una misión te señala la dirección de tu visión.

Una vez que tienes una visión, puedes empezar a trabajar en establecer tu misión personal. Ésta es la declaración de cómo vas a cumplir con tu visión. Es tu filosofía o credo; construído sobre los valores y principios en los cuales has basado todo lo que haces en la vida. La declaración de la misión reflejará lo que es tu vida, de qué eres partidario y cómo vas a alcanzar tu visión. Las influencias de afuera no deben afectar tu misión. Ésta únicamente debe depender de tus decisiones, acciones y el trabajo de Dios en tu vida.

La declaración de tu misión debe ser corta, fácil de entender y de memorizar. Es para que sea parte de la vida de una persona; algo que ella vive diariamente. A diferencia de la declaración de la visión, la declaración de tu misión es acerca del presente; qué es lo que estás haciendo ahora para alcanzar tu visión. Mi declaración de misión es el "Servir a Dios con todo el corazón –el arrepentirme y el estar dispuesto a cambiar."

La misión de alcanzar un título universitario puede ser frustrada por diversos factores, y seguido lo es. Fracasar en alcanzar esa misión puede resultar en ansiedad y hasta en depresión. Un título es un deseo que vale la pena y quizá sea un objetivo, pero hacerlo una misión en tu vida es arriesgarte a ser desilusionado.

La declaración de la misión del matrimonio o de la familia, será diferente a la misión personal, pero deben de estar en armonía la una con la otra. Su realización dependerá de las acciones de la pareja o de la familia. Tanto como sea posible, la pareja tiene que trabajar junta e involucrar a la familia al estar creando declaraciones de misión que afecten la unidad familiar.

Las metas ayudan a cumplir la misión

Una vez que las declaraciones de visión y de misión son creadas, puedes empezar a pensar sobre tus metas. Las metas especifican los logros que debes alcanzar para realizar tu misión. Una meta se define como: "el propósito hacia donde un esfuerzo es dirigido; un objetivo."[2] Las metas son puestas en diferentes áreas de tu vida para mantener la dirección que has fijado con tu misión.

Es importante el diferenciar entre las metas que son alcanzadas a través de los esfuerzos de una persona y metas que requieren eventos externos o la cooperación de alguien más para ser alcanzadas. Nadie tiene el control total de los eventos en su vida. Alguien quizá tenga una meta piadosa o que valga la pena que quizá nunca llegue a ser alcanzada. Quizás quieras que un miembro de tu familia acepte a Cristo en su vida. Es una meta que vale la pena, pero si haces que esta meta tenga que ser alcanzada, la falta de cumplimiento puede resultar en ansiedad, ira y quizá hasta depresión. La aceptación de Cristo en su vida no está en tu poder como para que puedas hacer que esto suceda.

Se establecen metas que pueden ser obstruidas y otras que no pueden ser obstruidas. La diferencia primaria es el enfoque. Ciertas metas quizás se cumplirán y si no se cumplen haces una reevaluación, un ajuste y sigues adelante. Si te frustras y te enojas cuando una meta es bloqueada, esa frustración a menudo causará problemas y dañará la intimidad en la relación del matrimonio.

Manteniendo estas diferencias en mente, conforme empiezas a poner metas para tu vida, calmará las frustraciones con el proceso. Recuerda que las emociones son el sistema de retroalimentación de Dios y quizá indiquen problemas con la forma con la que estás enfrentando una situación. Cuando una experiencia o una relación te deja sintiéndote enojado, ansioso, o deprimido, esos síntomas emocionales están ahí para alertarte que quizá estás detenido en una meta imperfecta la cual está basada en una creencia incorrecta.[3] A veces, las metas mejor intencionadas no están de acuerdo con el plan de Dios para la vida de una persona y el fracaso de materializar la meta puede estorbar el crecimiento de la persona. Tú no puedes basar lo que vales o el éxito personal en metas en las cuales tú no tienes el control total, no importa lo piadosas que éstas sean, porque no puedes controlar su realización.[4]

Es muy fácil en este mundo tan demandante para un matrimonio distanciarse e irse en distintas direcciones. Una visión compartida de la vida, una misión mutua, y metas y objetivos realistas ayudan al matrimonio a estar en el camino e ir en la misma dirección.

Estableciendo metas

El establecer metas y objetivos se asemeja a una pirámide. Empezando hacia abajo desde tu misión y visión para poner metas y objetivos. Habrá más actividades a lograr al ir avanzando a través del proceso.

> ***Tus metas son los mapas del camino que te guían y te muestran qué es posible para tu vida. ~ Les Brown***

> ***Pon en manos del Señor todas tus obras, y tus proyectos se cumplirán. ~ Proverbios 16:3***

Es importante continuar el proceso y fijar metas y objetivos. Quizás quieras alejarte de tus ocupaciones y hacer un retiro de planeación; un fin de semana sin distracciones para hacer tus planes. Mi esposa y yo lo hacemos anualmente en nuestro aniversario. Nos alejamos para repasar nuestras metas y objetivos. Es maravilloso ver lo que el Señor ha hecho en nuestras vidas en los últimos años, pero también es un tiempo para reflexionar en las áreas que debemos ver con más seriedad en nuestras vidas. Asegúrate de incluir tiempo para orar en tus planes. Fija tus metas y tus objetivos con la palabra de Dios y su voluntad en mente.

Tus objetivos son el "qué" vas a hacer, tus planes son el "cómo" lo harás, y el calendario es cuándo los completarás. Usa la hoja de trabajo "Fijando Metas/Planificación" de la página 68 como ejemplo para ayudarte a poner tu visión y tu misión en acción. Cuando empiecen a trabajar en sus planes familiares y matrimoniales, existen siete áreas que debemos ver. Esta lista no pretende incluir todo y probablemente quieras agregar áreas o cambiarlas de acuerdo a tu preferencia y necesidades. Las metas en las siguientes areas son importantes:

Espiritual; ¿Cómo vas a crecer en tu caminar con el Señor, personalmente y como pareja? ¿Cuáles áreas puedes mejorar?

Matrimonio; ¿Qué puedes hacer para mejorar tu matrimonio? ¿Qué debes hacer para que la unión en tu matrimonio crezca?

Familia; ¿Qué quieren hacer como familia? ¿En qué áreas pueden mejorar y crecer?

Finanzas; ¿Qué debes lograr económicamente? ¿Para qué estás ahorrando? ¿Qué deudas debes eliminar?

Personal; ¿Qué cosas personales quieres lograr? Puede ser el leer más, bajar de peso, hacer ejercicio, seguir tu educación o entrenamiento, convivir con otras parejas o personas.

Carrera; ¿Qué quieres lograr en tu trabajo? ¿Estás avanzando en la dirección que quisieras? ¿Qué puedes cambiar? ¿Cómo va lo de tu jubilación?

Ministerio; ¿Estás ministrando donde Dios quiere que ministres? ¿En qué área te puedes involucrar?

Recuerda, el construir un futuro en metas que pueden ser obstruidas significa desastre. Debes de orar por las cosas que quisieras tener y asumir responsabilidad en las cosas que sabes que Dios quiere que hagas.

¡Sueñen juntos! Fijen metas también a largo plazo. ¿Qué quisieran estar haciendo en cinco, diez, veinte años? ¿Cuándo quieren jubilarse? ¿Que quieren hacer cuando se jubilen? Es importante ver su futuro juntos como pareja. Escriban sus metas, puede que con el tiempo cambien y eso está bien. Las metas y objetivos deben de ser flexibles. Las metas inflexibles y rígidas serán frustrantes y harán división en tu matrimonio y en tu familia.

El beneficio de ir a través de este ejercicio de fijar metas, es la intimidad que se creará en tu matrimonio. Entre mas planes hagan, sueñen y trabajen juntos, más crecerá su relación.

Manteniendo el balance

Debe de haber un balance conforme vayan haciendo sus planes, y deben de confiarle todo al Señor. El libro de Santiago dice: Nadie sabe lo que contiene el mañana. Hagan sus planes y fijen sus metas, pero no confíen en sus planes y metas, confíen en el Señor. Primero busquen su reino y su justicia y permitan que él los dirija hacia su futuro, como pareja luchando para servirle.

> ***Ahora escuchen esto, ustedes que dicen: "Hoy o mañana iremos a tal o cual ciudad, pasaremos allí un año, haremos negocios y ganaremos dinero." ¡Y eso que ni siquiera saben qué sucederá mañana! ¿Qué es su vida? Ustedes son como la niebla, que aparece por un momento y luego se desvanece.***
> ***~ Santiago 4:13-14***

Para conversar como pareja

1. ¿Qué es una visión? ¿Estás de acuerdo en que las parejas tienen una visión antes del matrimonio y después la pierden? ¿Por qué sí? O ¿por qué no?

____
____
____
____

2. ¿Has experimentado frustración con metas que han sido obstruidas? ¿Cómo puede esto causar frustración en tu matrimonio?

____
____
____
____

3. ¿Tienes una misión? ¿Sientes que es una herramienta de valor en tu matrimonio? ¿Por qué sí? O ¿por qué no?

____
____
____
____

4. ¿Cómo puedes balancear tus planes y fijar tus objetivos y tus metas confiando en el Señor y no confiando en tus propias fuerzas y tus propios planes?

____
____
____
____

5. ¿Cómo pueden empezar a fijar sus metas y objetivos como pareja?

____
____
____
____

¿CUÁL ES TU VISIÓN?

Individualmente

Esposo

Esposa

Declaración de la misión del esposo

Declaración de la misión de la esposa

Tu visión como pareja

Tu visión como familia

¿Hacia dónde se dirigen?

Declaración de la misión de la pareja

Declaración de la misión de la familia

Hoja de trabajo Fijando Metas/Planificación

Pon en manos del Señor todas tus obras, y tus proyectos se cumplirán. ~ Proverbios 16:3

Misión: ____

____

Areas en las que fijarás metas	**Objetivo** Qué es lo que se debe hacer	**Plan** Cómo se hará	**Fecha** Fecha en que se completará
Espiritual			
Matrimonial			
Familiar			
Financiera			
Personal			
Carrera			
Ministerio			

Matrimonios fortalecidos
Capítulo 2 referencias

Estudio 6: *Propósito en la vida*

1. Adapted from Stephen Covey; The 7 Habits of Highly Effective People (NY, NY, Fireside) p 43
2. Gordon MacDonald; Ordering Your Private World (Nashville, TN, Oliver Nelson)
3. Ibid Chapters 3 and 4.
4. Dan Allender and Tremper Longman; Intimate Allies (Wheaton, IL, Tyndale House) p 74

Lecturas sugeridas:
- Una vida con propósito por Rick Warren
- 7 hábitos de las familias altamente efectivas por Stephen Covey
- Ponga orden en su mundo interior por Gordon MacDonald

Estudio 8: *Una visión para el futuro*

1. Neil Clark Warren; Learning to Live With the Love of Your Life (Wheaton, IL, Tyndale House)
2. The American Heritage Dictionary of the English Language, Fourth Edition; Copyright 2000 by Houghton Mifflin Company.
3. Larry Crabb; The Marriage Builder (Grand Rapids, MI, Zondervan) p 74
4. Neil Anderson; Victory Over the Darkness (Ventura, CA; Regal, 2000) p 126

Lecturas sugeridas:
- El mapa para alcanzar el exito por John C. Maxwell
- El matrimonio triunfante por Neil Clark Warren
- El edificador matrimonial por Larry Crabb

Capítulo 3
Límites

Estudio 9

Entendiendo los límites

Por sobre todas las cosas cuida tu corazón, porque de él mana la vida.
~ Proverbios 4:23

Teniendo conciencia de los límites, me ayuda a descubrir quien soy yo. Hasta que sepa quien soy yo, será difícil para mi tener relaciones saludables, así sean conocidos casuales, amigos, relaciones cercanas o relaciones íntimas.
~ Charles Whitfield[1]

¿Qué son los límites?

Planteado simplemente, un límite es una línea visible, un punto que determina el fin o la separación de algo. Un cerco que marca la propiedad es un límite. Las paredes, las cercas o los letreros también sirven como límites físicos que marcan la propiedad que pertenece a una persona. Hay privilegios y responsabilidades al ser dueño de una propiedad que tiene límites. Esto es común y aceptado hoy en la sociedad.

Hay también límites personales que diferencian a la gente unas de otras. La piel es uno de esos límites; define donde una persona comienza y termina físicamente. Los límites personales también se extienden más allá de la piel hacia el espacio alrededor de la persona. Una persona físicamente se retirará de la otra cuando siente que la otra persona se ha acercado demasiado y está invadiendo su espacio.

Mucha gente no está consciente de cuánto afectan sus vidas estos límites personales. Además de definir a una persona físicamente, los límites definen a la gente emocionalmente, espiritualmente e intelectualmente. Estos límites definen quién la persona es y qué o qué no le pertenece. Los sentimientos, actitudes y reacciones a ciertos eventos y personas caen dentro de los límites de cada individuo. La gente responde a su medio ambiente basándose en quienes son y de donde vienen. Tanto el intentar invadir los límites de una persona como el tener límites que no la protegen puede tener efectos negativos en la vida de la persona. Límites saludables y protectores no son comunes hoy en día.

Los límites personales no son tan aceptados en nuestra sociedad como los límites en las propiedades. A la mayoría de la gente no se le enseña sobre los límites cuando son niños, y frecuentemente se les enseña que sus límites no son importantes. Muchos niños son forzados a besar y abrazar a gente que ellos no desean. Se les dice que hagan cosas simplemente porque el padre o un adulto les dice que lo hagan. Los límites apropiados no son puestos en las relaciones, y mucha gente continúa por la vida con un conocimiento distorsionado de los límites personales en sus vidas.

Dios y los límites

El concepto de tener límites no es una idea hecha por el hombre; este concepto viene de Dios mismo. Dios se diferencia a sí mismo de los ángeles y de la humanidad. En la Biblia, Dios se define a sí mismo, toma responsabilidad y se apropia de lo que es de él. Él les dice a otros lo que él piensa y siente y permite que se conozca lo que a él le gusta y lo que a él no le gusta. Hay cosas que Dios permite y hay cosas que no permite.

Dios le presenta los límites a la humanidad en el libro de Génesis cuando le dijo a Adán que él podía comer de cualquier árbol, menos del árbol del conocimiento del bien y del mal. Dios dijo que si Adán comía de ese árbol, moriría. Cuando Adán y Eva comieron del fruto del árbol del conocimiento, ellos trajeron la muerte al mundo. Dios puso el límite, el hombre no lo respetó y después tuvo que soportar las consecuencias.

A través de la Biblia se pueden ver ejemplos de los límites de Dios (así como el hecho de que él no viola los límites del hombre). Jesús está parado afuera de la puerta del corazón y toca, pero Él no entra a menos que la persona abra la puerta (Apocalipsis 3:20). Dios no obliga a la gente a obedecer sus mandamientos; Él les permite que escojan. Adán y Eva tomaron su propia decisión de desobedecer y comer de la fruta. Cada persona elige si vive su vida al modo de Dios o a su propio modo.

Tomando responsabilidad

El concepto de los límites significa que cada persona toma responsabilidad en las áreas de su vida que a ella le pertenecen. Estas áreas incluyen:

- Acciones
- Comportamientos
- Elecciones
- Decisiones
- Sexualidad
- Actitudes
- Creencias
- Emociones
- Deseos
- Sentimientos
- Amor
- Necesidades
- Reacciones
- Espiritualidad
- Talentos
- Pensamientos
- Valores

A través de la historia la gente ha culpado a otros por problemas que pertenecen a sus propios límites. Esto se ve en la historia de la caída. Dios enfrentó a Adán, y él culpó a la mujer que Dios le había dado. Después Eva culpó a la serpiente. La gente tiene que dejar de culpar a otros por sus problemas, pecados y fracasos, y deben tomar responsabilidad por lo que a ellos les pertenece. Sí, habrá veces cuando alguien quizás viole tus límites. Tú no puedes cambiar lo que se hizo mal, pero tú eres responsable de cómo procedes de ese punto en adelante.

Una persona no es responsable por el abuso que haya recibido cuando pequeño, pero sí tiene la responsabilidad de su comportamiento como adulto y no culpar su pobre comportamiento en el presente por el mal que se le hizo en el pasado. El esposo quizá trate mal a su esposa en algún modo, quiza la trate irrespetuosamente o de una forma humillante. Su comportamiento está definitivamente mal, pero ella debe de tomar responsabilidad sobre la elección de su respuesta y no culpar a su marido si ella responde con coraje o intentando regresarle la herida.

Los límites y las relaciones

El entender los límites es importante para tener relaciones saludables. Las relaciones ocurren en el momento que las personas tienen contacto con otras personas, en sus límites. Sin el entendimiento de los límites, la gente encontrará que las relaciones son difíciles y muchas veces no saludables. Una vez que son construidos límites saludables, las relaciones tendrán la oportunidad de crecer más saludables y fuertes.

Frecuentemente los límites no son usados apropiadamente. Un esposo aguantará por años a una mujer renegona y criticona, y después pone un límite y la deja. Al igual, una esposa aguanta a un esposo abusivo o inmoral y finalmente pone un límite y lo corre de la casa. El propósito de los límites es tomar responsabilidad de uno mismo, no cambiar a otros o terminar relaciones no saludables.

Hagan todo con amor. ~ 1 Corintios 16:14

El fundamento de los límites es el amor. El amor a Dios, a uno mismo y a otros motiva a la gente a poner límites saludables. Dios tiene límites con su gente, porque la ama. El no violará sus límites, a la vez que espera que no violen los suyos. No es poco razonable el esperar que un cónyuge, los niños u otros respeten tus límites a la vez que tú respetas los suyos. Con límites saludables la gente tiene la libertad de amar a otros del modo como Dios los creó y respetar sus diferencias. Se vuelve lo que los doctores Cloud y Townsend llaman el *triangulo de los límites*.[2] La gente toma responsabilidad de su propia libertad, vive libre, ama a Dios, a su cónyuge, a miembros de la familia y a otros con los que tienen algún tipo de relación. La vida y las relaciones se vuelven más saludables y productivas.

Seguido la gente no tiene límites saludables porque ellos no entienden el concepto de los límites y no han experimentado límites saludables en sus vidas. Ellos piensan que el poner límites es egoísta e hiriente. Los cristianos son especialmente susceptibles a esta confusión debido al llamado de Dios a amar y servir a otros. Ellos piensan que los límites son incompatibles con una actitud humilde y amorosa. De hecho, no es amor el permitir que otros violen los límites que has puesto. Dios es un Dios de amor y de límites. El es un Dios de balance y la gente debe de esforzarse por tener balance en sus vidas. Quizá habrá tiempos en que alguien ponga su otra mejilla, pero habrá otros cuando tome la acción apropiada y se proteja a sí mismo. Tener límites saludables en la vida significa que la gente tiene la elección, dependiendo de la voluntad de Dios, de sus vidas en ese momento. "NO" no es una mala palabra. Es usualmente la primer palabra que los niños aprenden y puede ser el punto en el cual tú empiezas a poner límites saludables en tu vida.

Algunos esposos no entienden el límite de "el bañarse antes del romance."

Para conversar como pareja

1. ¿Estás de acuerdo que los límites personales no son tan aceptados como los límites de propiedad en la sociedad? ¿Qué piensas de esto?

____

____

____

____

2. ¿Cómo afecta a tu vida el hecho de que Dios pone límites?

____

____

____

____

3. ¿Qué significa el tomar responsabilidad en las áreas de tu vida? ¿Cuáles son algunas de esas áreas?

____

____

____

____

4. ¿Cómo pueden ser mal usados los límites? ¿Qué es lo que puedes hacer para dejar de usarlos incorrectamente en tus relaciones y en tu matrimonio?

____

____

____

____

5. ¿Por qué piensas que los cristianos son especialmente susceptibles a la confusión con respecto a los límites?

____

____

____

____

____

Inventario para poner límites

Piensa acerca de tu relación con tu familia, amigos y compañeros de trabajo. Encierra con un círculo "SI" o "NO" en cada una de las siguientes preguntas de acuerdo a la forma que apliquen en esas relaciones. Por favor piensa un poco y contesta sinceramente. Tus relaciones pueden mejorar si te fijas honestamente en cómo pones límites en tu vida.

1. ¿Sientes que es difícil decir que no a la gente, aun cuando quieres hacerlo? SI NO
2. ¿Sueles tener relaciones con gente que te lastima? SI NO
3. ¿Sientes que tu éxito depende de otros? SI NO
4. ¿Intentas arreglar la situación cuando alguien está disgustado? SI NO
5. ¿Mientes por otros para cubrir su irresponsabilidad o errores? SI NO
6. ¿Sueles fijarte en el potencial de otros y no te fijas es su consistente comportamiento irresponsable? SI NO
7. ¿Tratas de arreglar a otra gente? SI NO
8. ¿Tratas de curar las heridas de otros mientras que eres negligente con las tuyas? SI NO
9. ¿Intentas tomar como tuya la responsabilidad de las vidas de otros? SI NO
10. ¿Te encuentras a ti mismo siendo manipulado o controlado por otros? SI NO
11. ¿Tienes problemas en ser honesto con personas cercanas a ti? SI NO
12. ¿Te es difícil enfrentar a otros? SI NO
13. ¿Te das cuenta de que tus conflictos no son usualmente resueltos productivamente? SI NO
14. ¿Tienes problemas al pedir lo que quieres o necesitas? SI NO
15. ¿Sueles prestar dinero y que no te lo paguen? SI NO
16. ¿Confías en gente solo para que tomen ventaja sobre ti? SI NO
17. ¿Sueles estar en medio de los problemas de otra gente? SI NO
18. ¿Generalmente tú das más en una relación que lo que recibes? SI NO
19. ¿Te cuesta trabajo cumplir con tus compromisos? SI NO
20. ¿Tienes problemas al decir que no a los hábitos malos de tu propia vida? SI NO

La mayoría de la gente tiene problemas con algunos límites en sus vidas. Si a ninguna de las preguntas contestaste "SI" significa que los límites en tu vida son muy rígidos o estrictos. Un número de respuestas "SI" (más de seis u ocho) indica que la persona tiene problemas poniendo límites. Muchas respuestas "SI" solo indican que no has madurado con una conciencia acerca de los límites. Este no es un examen, es un inventario que puedes usar para entender donde te encuentras en tus relaciones. Muchas respuestas "SI" solamente indican que tú no has crecido con la conciencia sobre límites. Nunca es demasiado tarde para poner límites en tu vida. No siempre será fácil, pero el esfuerzo vale la pena, a la vez que experimentas relaciones productivas y saludables.

Límites

Estudio 10

Estableciendo límites saludables

Por sobre todas las cosas cuida tu corazón, porque de él mana la vida.
~ Proverbios 4:23

Una buena cerca hace buenos vecinos.
~ Robert Frost

"No" no es una grosería y otros conceptos acerca de los límites

La primera palabra de un niño frecuentemente es "no", porque dándose cuenta o no, los padres les están enseñando a sus hijos a tener límites. Un no de los padres protege al niño y protege las posesiones de los padres de la destrucción en manos inestables. El problema es que los padres no comprenden los límites saludables y no continúan entrenando a sus hijos en los límites. Nunca es demasiado tarde para aprender sobre los límites y empezar a usarlos para protegerte a ti mismo.

La gente debe de darse cuenta de que los límites no son para cambiar o arreglar a otros y sus comportamientos. Los límites son acerca de uno mismo, no de otros. Uno no establece límites para mantener a otros alejados. Para tener relaciones con otros, tienes que permitirles entrar en tu vida. Los límites sirven para proteger a una persona de que el mundo le haga daño. El establecer límites es un proceso. No es nada más sentarse, escribir una lista de qué sí vas a permitir o de qué no, ponerla en la puerta de la casa y después pensar que ya están listos tus límites. Cualquier cambio toma tiempo y habrá algunos retrasos y heridas a lo largo del camino. La perseverancia y el continuar trabajando en establecer límites saludables ayudará a una persona a obtener victoria en su vida y en sus relaciones.

Las palabras son el límite personal más básico. A través de las palabras de los padres la persona aprendió a una edad muy temprana qué era aceptable e inaceptable en su familia. Las palabras como "no", y "detente," ayudan a definirse a uno mismo y a saber lo que no es aceptable. Otras palabras como "sí" y "adelante" pueden ayudar a saber lo que es aceptable en la vida. La distancia física y emocional ayuda a proteger a una persona y a establecer límites. El distanciamiento emocional o físico puede ser necesario para una persona que continúa con un comportamiento hiriente e inseguro. El sufrir las consecuencias, el aprender de los fracasos quizá sea necesario en la vida de uno o quizás sea necesario para las persona con las que tengas una relación. El tiempo es importante; todos tienen que encontrar el tiempo para crecer en su relación con el Señor, con el cónyuge, los hijos y otros. Sin embargo, también se necesita tiempo para uno mismo. Los límites del tiempo ayudan a mantener un balance y las prioridades correctas.

Los límites empiezan con uno mismo

El propósito de los límites es el crear un contexto en el cual la gente que está en una relación pueda crecer. Antes que uno pueda pensar en los límites en el contexto de otros, tiene que desarrollar límites en su propia vida. Primero, es importante tomar responsabilidad por esas cosas que le pertenecen a uno mismo (del estudio 9). La gente no puede cambiar a otros, más que a sí mismo, y hasta eso no se puede hacer sin Dios. El hacerse responsable de las áreas de la vida de uno mismo, permite a Dios trabajar en la madurez y el crecimiento en nuestra vida.

Conocerse a uno mismo, quién es uno y cómo fue formado es importante para establecer límites saludables. Es necesario entender nuestras propias luchas, inseguridades, problemas, fuerzas y debilidades, y con ese entendimiento, trabajar en esas áreas problemáticas y establecer límites donde sea necesario. Es asunto de disciplina. La disciplina no es una palabra popular en la cultura de hoy, pero bíblicamente, es una parte importante en tu caminar con el Señor.

> *Como ciudad sin defensa y sin murallas es quien no sabe dominarse.*
> *~ Proverbios 25:28*

Quizá uno tenga que establecer límites en las áreas de autocontrol, ser el centro de atención, el juzgar a otros, o el ser irresponsable. Otras áreas potenciales son el comer, el gastar, el tiempo, el terminar con tareas, el modo de hablar, la sexualidad, el alcohol o abuso de sustancias. No se trata de establecer un montón de reglas y regulaciones en la vida para controlar el comportamiento. Se trata de vivir la vida para Dios y para lo que es bueno para una persona. Muchos cristianos condenan el fumar cigarros como pecado porque el fumar destruye el templo del Espíritu Santo. Pero ¿qué tal el asunto de la gula? ¿Él uso en abundancia del azúcar, sal, cafeína, o cualquier otra cosa que daña su salud? Cuando uno está fuera de balance, está fuera de la voluntad de Dios.

> *"Todo me está permitido", pero no todo es para mi bien. "Todo me está permitido", pero no dejaré que nada me domine.*
> *~ 1 Corintios 6:12*

Los cristianos no deben ser dominados por sus deseos o estar atados a las cosas del mundo. El establecer límites en la vida ayudará a traer disciplina en la vida de uno. Le ayudan a la gente a decir, "Sí, yo podría hacer eso, pero no es bueno para mí y elijo el no hacerlo"o decir, "yo podría estar enojado y no perdonar, pero en la fuerza de Dios, yo elijo el perdonar y amar." Es asunto de elección para el cristiano.

Desarrollar una misión, visión, metas y objetivos ayuda a establecer límites saludables con uno mismo y en la vida en general. Está bien el decir "no" a las cosas que no te conducen a cumplir tu misión en la vida y lograr tu visión. El decir que no a la oportunidad de ser parte de un ministerio no es ser egoísta, cuando la persona sabe que Dios la ha llamado a hacer algo diferente y ella está trabajando en esa dirección.

> *Es fácil decir '¡no!' cuando hay un '¡sí!' más profundo ardiendo en nuestro interior. ~ Stephen R. Covey[1]*

Estableciendo límites

El proceso de establecer límites suena fácil en papel. En el mundo real no es tan fácil. Esto requerirá verte a ti mismo honestamente, tus relaciones y evaluar seriamente tu vida y cómo interactúas con la gente en la vida. Necesitarás apoyo en este esfuerzo. Puede ser una tarea muy emocional y difícil. Si el trabajar juntos es difícil e hiriente, será mejor que la pareja trabaje separada en este proceso. Es importante que halla comunicación entre los dos durante el proceso y que el apoyo que se reciba sea de un cristiano maduro del mismo sexo el cual proveerá un lugar seguro al cual se puede ir en tiempo de necesidad. Los pasos para establecer límites son:

1. Aumenta el entendimiento de ti mismo. Quién eres tú como hijo de Dios, tu personalidad, tus talentos y tus dones.
2. Entiende el propósito de Dios para tu vida, tu visión para tu vida y tu misión en la vida.
3. Reconoce las violaciones serias a tus límites, tus sentimientos respecto a esas violaciones y si es necesario busca ayuda para sanar esas heridas.
4. Examina los límites en tus relaciones presentes. ¿Son saludables? ¿No saludables? ¿Hirientes? ¿Están siendo violados o ignorados actualmente? ¿Cómo?
5. Identifica los cambios que tienes que hacer en tu vida para establecer límites saludables.
6. Implementa el comportamiento necesario para establecer límites saludables.
7. Lleva a cabo un mantenimiento constante para asegurarte que tus límites son saludables y están balanceados.

Características de límites saludables

Los límites saludables son claramente comunicados. Los cercos, paredes y letreros comunican límites de propiedad. Les dicen a la gente dónde comienzan las propiedades. Los límites personales necesitan también ser comunicados. Las palabras son usadas para comunicar efectivamente tus límites en la mayoría de las situaciones, pero hay otras formas de comunicación que pueden ser apropiadas. El mantener una distancia emocional y física comunicará que ahí hay un límite. Recuerda, es poco razonable esperar que tu cónyuge u otros respeten tus límites no comunicados.

Los límites tienen que ser apropiados según la situación. Si alguien tiene problemas con el alcohol, el ir a un bar (pero sin beber por supuesto) es ser negligente con ese límite. El dejar una relación cuando la otra persona está de acuerdo en ir y obtener la ayuda que necesita, quizá sea un límite muy estricto. En vez de establecer límites saludables y trabajar en sus relaciones, la gente deja sus matrimonios.

Los límites saludables no son establecidos para castigar a alguien. El negar amor a tu cónyuge o a un hijo por un comportamiento inapropiado o el crear un distanciamiento emocional porque ellos han causado una herida, eso es un castigo, no un límite. Establecer límites para forzar a alguien a que se comporte de cierto modo es controlar y manipular, no se están estableciendo límites saludables. Quizá haya gente a la que no le gusten los límites y elija el enojarse, pero unos límites saludables no causarán heridas o dañarán a alguien.

Los límites no son para que otros los establezcan. Parece raro el hablar de esto, pero ¿qué tan seguido las parejas u otros le dicen a una persona qué es lo que ellos van a hacer o no van a hacer? Los padres algunas veces intentan establecer límites para sus hijos adultos. También los hijos establecen límites para los padres, diciéndoles cómo se deben de comportar en sus relaciones. Es apropiado que los padres establezcan límites para sus hijos pequeños, pero es inapropiado que los padres establezcan límites para sus hijos adultos.

Los límites saludables son flexibles. La vida cambia constantemente y los límites quizá cambien a través del tiempo. Una persona quizá establezca un límite estricto para protegerse a sí misma en una relación hiriente. Una vez que la relación se vuelve saludable, puede que la persona le dé más flexibilidad a ese límite y en algunos casos decida quitarlo. Los límites le pertenecen a la persona que los establece; la persona puede cambiarlos a cualquier hora que crea que es prudente hacer los cambios.

El amor es el fundamento de los límites saludables. La Biblia dice que los cristianos tienen que hacer todas las cosas por amor. Una actitud de amor y preocupación por otros es importante, aun si los límites son establecidos para protección. El permitir que otros sufran las consecuencias de su pobre comportamiento no significa que uno no los ama. Quizá experimenten dolor, pero eso será como consecuencia de las decisiones que tomaron, no es por culpa de los límites. Los límites que son establecidos cuando uno está enojado, herido o desilusionado no serán límites saludables. Tus motivos y actitudes deben de ser examinados al establecer límites.

Sé consciente de tus sentimientos. Si te sientes incómodo en una situación, habla sobre tus sentimientos con tu persona de apoyo. No debes de permitir que tus sentimientos empujen tu comportamiento, debes de estar consciente de ellos y examinar que es lo que los están causando. Un sentimiento que es incómodo quizá señale un límite que es muy rígido. El temor quizá te este previniendo del peligro de que quizá la persona no responda bien a tus límites. El estar consciente de tus sentimientos te ayudará a establecer y mantener límites saludables.

"Mi papá dice que me está enseñando cómo tener límites, al limitar mi tiempo en la computadora, pero yo creo que lo que a él le gusta es tener la computadora para él mismo."

Manteniendo el balance

Los límites ayudan a desarrollar disciplina para tener un balance en las vidas y en las relaciones. El establecer límites no significa terminar relaciones, y esquivar el trabajo requerido para mantenerlas. Al contrario, al ejercitar la libertad, la gente es capaz de ser libre y abrirse a relaciones y hacer las cosas que ayudarían a crecer y a lograr lo que Dios quiere que las otras personas realicen. Unos límites saludables ayudan a tener prioridades saludables y aumentan la productividad en todas las áreas de la vida.

Algunas personas resistirán la idea de establecer un límite e ir del trabajo a casa para estar disponible para su cónyuge y sus hijos. Ellos no están dispuestos a aceptar el hecho de que la compañía funcione bien sin sus doce horas de trabajo diarias. Hay muchas bendiciones al tener límites saludables en tu vida, y hay mucha paz al tener tu vida en orden y funcionando de acuerdo con la voluntad de Dios.

Oración de serenidad

Dios concédeme la serenidad

Para aceptar las cosas que yo no puedo cambiar

El valor para cambiar las cosas que puedo

Y la sabiduría para conocer la diferencia.

~ Reinhold Niebuhr

Para conversar como pareja

1. ¿Cómo es que las palabras son el límite personal más básico? ¿Cómo son usadas para establecer límites?

2. ?Por qué los límites tienen que referirse a ti en vez de a los demás?

3. ¿Cómo es que entendiendo quién eres y tu visión en la vida te ayuda a establecer límites?

4. Relata algunas historias de tu vida pasada en las que algunos límites han sido violados. ¿Cómo le has hecho a través de esas violaciones?

5. ¿Cuál es la diferencia entre límites saludables y no saludables? ¿Qué puedes hacer para asegurarte que tus límites sean saludables?

Límites

Estudio 11

Límites y relaciones

La Biblia enseña acerca de las relaciones; relaciones entre Dios y la gente, la gente y Dios, y entre unos y otros. Los límites son esenciales para toda relación. La Biblia nos dice que vivamos en paz con todos - siempre y cuando dependa de nosotros. Las relaciones no dependen totalmente de una persona. Cada persona debe hacer su parte en la relación. Si tú vas con la persona que tiene problemas contigo para reconciliarte y eres rechazado, tú has hecho tu parte. De la misma forma, tú tienes que ir con la persona que te ha ofendido y buscar una reconciliación. Si la persona no quiere aceptar responsabilidad por la ofensa y no quiere restaurar la relación, tú has hecho tu parte. La gente sólo puede hacer su parte para edificar relaciones saludables. Ellos no pueden forzar a otros a que hagan lo que les corresponda.

Relaciones saludables

Las relaciones son parte de la vida. La vida consiste de las relaciones que la persona tiene, ya sea que sean malas o buenas relaciones. Mientras que los límites protegen y ayudan a la gente a cuidarse a ellas mismas, el propósito de los límites son las relaciones saludables. Las relaciones son necesarias para el crecimiento, personal y espiritual. Una interacción constructiva con otros individuos ayudará a tu crecimiento y a ser la persona que Dios quiere que seas. Una definición clara de una identidad individual es necesaria para que relaciones saludables sucedan. Un fuerte entendimiento de quien la persona es ayuda a crecer en las relaciones con su cónyuge, hijos, familia, amigos, compañeros de trabajo y con cualquier persona que Dios traiga a sus vidas. Los límites ayudan a definir el entendimiento de quien uno es.

De nuevo, la gente no establece límites en otros. Los límites son para uno mismos, estos son establecidos alrededor de ellos. Toma disciplina, pero no tiene nada que ver con legalismo. Un sistema saludable de límites les permite a las personas darse a sí mismas completamente a esas cosas que Dios las ha llamado a hacer. Ellos son capaces de decir "no" a las cosas que no son buenas para ellos o que no se acomodan al plan de Dios para sus vidas. Los límites saludables son libertad, propiedad, responsabilidad y amor. El establecer límites con un resultado planeado es manipulación. Los límites saludables le dejan los resultados al Señor y le permiten a él trabajar en las vidas de la gente, en vez de intentar de traer los resultados que uno desea.

Cargas y responsabilidades pesadas

La Biblia dice que llevemos las cargas los unos de otros. Esto es un peso, un impuesto, o abundancia.[1] Los cristianos están para ayudarse unos a otros con los cuidados y cargas de la vida o con los problemas que ellos experimentan. Los cristianos están para extender compasión y amor a aquellos que están cargados. Sin embargo, cada uno

Ayúdense unos a otros a llevar sus cargas, y así cumplirán la ley de Cristo... Que cada uno cargue con su propia responsabilidad.. ~ Gálatas 6:2,5

Si es posible, y en cuanto dependa de ustedes, vivan en paz con todos.
~ Romanos 12:18

No conozco la llave del éxito, pero la llave del fracaso es tratar de complacer a todos.
~ Bill Cosby

Por lo tanto, si estás presentando tu ofrenda en el altar y allí recuerdas que tu hermano tiene algo contra ti...
~ Mateo 5:23

Si tu hermano peca contra ti, ve a solas con él y hazle ver su falta. Si te hace caso, has ganado a tu hermano.
~ Mateo 18:15

debe de cargar su propia carga. La palabra griega para carga es el diminutivo de la palabra de algo llevado o transportado como el cargamento de un barco. Es un cargamento pequeño, una tarea o un servicio.[2] La carga es una cosa que uno tiene que hacer, su responsabilidad. El concepto es que la gente debe de apoyar y ayudar a esos que están cargados por las preocupaciones de la vida, pero no tomar sus responsabilidades.

Este concepto de las cargas y las responsabilidades pesadas ayuda a establecer límites saludables. Es bueno escuchar, cuidar y orar por los que tienen cargas y problemas; aquellos que están experimentando dificultades en la vida. Pero es inapropiado tomar esas cargas como si fueran de uno. No tomes sus responsabilidades en las áreas físicas, emocionales, espirituales y relacionales que no te pertenecen. Cuando la gente toma las responsabilidades de otros, no está ayudando, al contrario podría estar estorbando el crecimiento y madurez de otros.

> ***Cuando ocupes el territorio que el Señor tu Dios te da como herencia, no reduzcas el límite de la propiedad de tu prójimo, que hace mucho tiempo le fue señalado.***
> ***~ Deuteronomio 19:14***

Respetando los límites de otros

Frecuentemente, la gente no respeta los límites de otros porque no entiende el concepto de los límites y ésta no ha respetado sus propios límites a través de su vida. Ellos no entienden cómo establecer límites o cómo pedirle a otros que respeten los límites que ellos tienen. Es importante estar consciente de los límites de otros. Respetar sus límites les ayudará a ellos a entender sobre los límites y a apreciar límites de otros.

El respetar los límites de otros significa:

- Tomar responsabilidad en las áreas de la vida de uno dentro de sus propios límites.
- Aceptar confrontaciones sin estar a la defensiva o atacando.
- Reconociendo lo malo y pidiendo perdón cuando sea apropiado.
- Demostrando amor y aceptación.
- Valorando la libertad de otros.
- Aceptando los "no" de otras personas.
- Permitiendo que otros sean quienes son y no intentar moldearlos en la gente que ellos deben de ser.
- Permitiries a otros tomar responsabilidad en las áreas que están dentro de sus límites (Llevar su propia carga).
- Involucrarse en el crecimiento de uno mismo en vez de involucrarse en el crecimiento de otros.

Todos conocen a gente que tiene problema para decir que "no" a cualquier petición hecha por los demás y a gente que permite que otros dirijan sus vidas. Sé activo al respetar los límites de otros y acepta su "no" al mismo tiempo que tú estableces límites saludables. Quizá tú puedas ayudar a alguien a establecer límites al decir, "entiendo que para ti el decir "no" es difícil algunas veces y quiero decirte que el decir "no", está bien y no seré lastimado." En una forma no amenazadora, les ayudará a aprender sobre los límites.

Adquiriendo respeto por los límites de uno mismo

> ***La definición de demencia es hacer la misma cosa una y otra vez y al mismo tiempo esperar resultados diferentes.***
> ***~ Albert Einstein***

Unos límites saludables no ocurrirán sin un cambio. No es razonable esperar que otros acepten o respeten los límites de uno mismo sin cambiar la parte de ellos. Uno debe de establecer límites en su vida y después aplicar esos límites. Esta tarea no será siempre fácil, pero la perseverancia y el trabajo continuo lo compensará.

Los límites tienen que ser comunicados claramente. Cuando sea posible, los límites deben de ser comunicados antes de que los problemas en la relación surjan. La alergia de una persona a cierto tipo de comida es un buen ejemplo de este concepto. Si la persona es invitada a casa de un amigo para cenar, la persona puede informarle a su amigo inmediatamente de que es alérgico a cierto tipo de comida o arriesgarse y decirle a su amigo que no se puede comer lo que le han preparado. La persona que tiene problemas al establecer límites quizá se coma la comida, para no lastimar los sentimientos de su amigo... y después sufrir las consecuencias

Quizá en las áreas emocionales, relacionales, intelectuales y espírituales no haya alergias pero el concepto es el mismo. Es posible informar a la gente de los límites en tres puntos diferentes: antes de una situación, durante la situación, o después de la situación una vez que se han sufrido las consecuencias. Las consecuencias pueden ser mínimas; que no cumples con un proyecto porque dejaste todo para ayudar a un amigo, o pueden ser graves porque te permitiste ser llevado a actividades inmorales o ilegales.

Hubo un joven que no tuvo el valor de enfrentarse a sus amigos y recibió una sentencia de por vida en prisión, porque él estaba presente cuando sus amigos robaron una tienda y mataron al dueño durante el proceso. Este joven cosechó consecuencias terribles porque no estableció límites en su vida. Quizás las consecuencias que cosechas no sean tan drásticas como las del joven, pero la lesión personal recibida puede ser muy traumática en tu vida. Puede retrasar tu crecimiento personal, emocional y espiritual, y puede establecer un patrón que continúe por años y te mantenga alejado de ser la persona que Dios te ha llamado a ser.

Un límite no es un rechazo. Algunas personas quizá intenten evadir límites tras límites como forma de rechazo. Una pareja quizá esté de acuerdo en alternar las fiestas navideñas con cada uno de sus padres. Uno de los padres de ellos quizá esté acostumbrado a que toda la familia se reúna con ellos en su casa cada Navidad y tome el límite de la pareja como un rechazo. La pareja tiene que recordar que no importa lo que sus padres quizá digan, ellos han establecido un límite razonable y ellos no están rechazando a sus padres.

***Los límites son una 'prueba determinante' para la calidad de nuestras relaciones.*[3]**

La gente en relaciones saludables respeta mutuamente los límites de cada uno. Este respeto mutuo de sus límites representa la calidad de la relación. ¿Es la relación fuerte y saludable, como para ayudarse el uno al otro a crecer y florecer? o ¿es una relación superficial caracterizada por tener un comportamiento irrespetuoso y disfuncional? Las relaciones saludables usualmente no se hacen solas. Toma trabajo y una aplicación continua de los límites aún cuando la gente actúa equivocadamente a ellos.

Te tienes que dar cuenta de que habrá algunos fracasos al comenzar a establecer límites. Quizá establezcas límites muy estrictos o muy relajados, o quizá te des por vencido y permitas que tus límites sean violados. Es muy importante que no te des por vencido. Analiza el retraso, busca una dirección piadosa y continúa el trabajo en establecer límites saludables. Recuerda que es crítico que tengas una persona o un grupo que te apoye y te ayude en el proceso de establecer límites en tu vida.

"¿Qué quieres decir con que estás estableciendo un límite y no quieres jugar hockey sobre hielo? Pensé que el jugar hockey sobre hielo sería una actividad para que nosotros jugáramos juntos."

Algunas personas resistirán tus límites. Algunas hasta pelearán en contra de ellos. Toma mucho trabajo el cambiar relaciones disfuncionales y estas relaciones no cambian rápido. Quizá la gente reaccione de una manera molesta a los límites. ¡Ellos no obtienen lo que quieren y se enojan! O tal vez se pongan rabiosos, berrinchudos y amenacen, en el intento de violar tus límites. Quizá hasta terminen con la relación. Esa es su decisión y tú debes de recordar que si ellos no aceptan tus límites, la relación fue sólo en sus términos y en realidad no era una relación. Es importante que tú no le permitas a las emociones de su enojo controlarte. No te enojes y no les permitas violar tus límites.

Hay gente que intentará manipular las cosas a su modo alrededor de tus límites. Quizá intenten hacerte sentir culpable porque estás estableciendo límites, cuestionando tu amor, relatando el daño que tú les has causado, o cómo ellos nunca te harían una cosa parecida. Tal vez hasta se atrevan a utilizar "su gran arma" cuestionando tu cristianismo por que no te das a ti mismo como Jesús se dio. De nuevo, ellos quizá terminen la relación para manipularte en hacer lo que ellos quieren en vez de que tú hagas lo que sabes que tienes que hacer. La gente intentará esquivar tus límites de cualquier modo que ellos puedan. Por el bien de alcanzar relaciones saludables persevera y mantente trabajando en tus límites. Evalúalos y ajústalos si es necesario, pero mantente trabajando en lo mismo.

Una persona es dueña de sus límites; los límites no son dueños de la persona. Los límites pueden cambiarse cuando sea necesario. Límites saludables son esenciales en relaciones saludables. En oración busca la ayuda de Dios para formular y establecer límites apropiados en tu vida.

Para conversar como pareja

1. ¿Qué significa para ti Romanos 12:18? ¿Estás para hacer paz al precio que sea?

____

____

____

____

2. ¿Por qué se necesitan límites saludables para relaciones saludables?

____

____

____

____

3. ¿Cuál es la diferencia entre una carga y una responsabilidad muy grande? ¿Cómo afecta esto al poner límites?

____

____

____

____

4. ¿Por qué es importante respetar los límites de otros? ¿Cómo haces esto?

____

____

____

____

5. ¿Cuáles son las formas en que la gente tratará de esquivar tus límites? ¿Qué puedes hacer para reforzar tus límites?

____

____

____

____

Límites

Estudio 12

Límites en el matrimonio

> ***Si es posible, y en cuanto dependa de ustedes, vivan en paz con todos.***
> ***~ Romanos 12:18***

Las Matemáticas de Génesis

Los límites pueden ser especialmente confusos en la relación matrimonial. Las ideas de unidad, amar del modo como Cristo amó, darte a ti mismo, y la sumisión parecen argumentar en contra de los límites. Sin embargo el concepto de los límites no desaprueba esta idea y en realidad funciona para aumentar su efectividad en el matrimonio. La falta de límites es un problema mayor en los matrimonios. Un esposo o esposa quizá sufran por un tiempo determinado con un problema de su cónyuge, hasta que se enfaden y dejen el matrimonio. Ellos piensan que para liberarse del problema en su matrimonio significa liberarse de su cónyuge. Sin embargo, muy seguido ellos han contribuido al problema de su pareja al no establecer límites saludables los cuales permitirían trabajar al Señor en la vida de ellos.

Una relación de matrimonio saludable requiere el esfuerzo de dos personas. Uno solo puede hacer su parte en la relación; el resto se le debe de dejar al Señor. Establecer límites para cambiar a tu cónyuge no funcionará, eso es manipulación. Establecer límites imposibles y difíciles empujará al cónyuge fuera, en vez de ayudar a edificar una relación saludable. Los esposos y esposas hacen muchas cosas para lastimar y hasta para destruir su relación matrimonial, pero no tiene que ser de este modo. Unos límites saludables son los pilares de un matrimonio saludable y fortalecido que crecerá y florecerá.

Toma dos para volverse uno

> ***Por eso dejará el hombre a su padre y a su madre, y se unirá a su esposa, y los dos llegarán a ser un solo cuerpo. ~ Efesios 5:31***

El volverse uno parece que es lo contrario a la idea de establecer límites, pero no puede haber uno sin primero haber empezado dos. Una pareja es diferente; en género, genes, personalidades, dones y talentos. Son criados en ambientes diferentes y crecieron afectados por el mundo en formas distintas. Cada aspecto de la vida ha contribuido en hacer a la persona en lo que hoy es. La gente no pierde su identidad y se convierte en alguien más cuando se casan. Cuando José García se casa con Martha, y se convierte en el señor José García hombre casado, él es la misma persona. ¿El matrimonio cambiará a una persona? ¡Sí, ciertamente! Muchos aspectos de la vida cambiarán, y a través del tiempo habrá cambios sutiles de personalidad pero la identidad básica de un individuo permanece igual.

Cuando una pareja entra en una relación matrimonial, habrá presión para cambiar. Durante el noviazgo, suelen ver sólo las fortalezas de cada una de las personalidades. No toma mucho tiempo para que nuestras debilidades salgan a la superficie. Recuerda que el retener la identidad no es lo mismo que usar tu identidad para justificar tu mal comportamiento. La fuerza del león puede ser una cualidad maravillosa, pero también puede ser una debilidad terrible cuando esa fuerza es usada para dañar a su cónyuge. Los límites ayudan a definir la relación matrimonial y le permiten a la pareja libremente llenar las necesidades de uno y otro y también los ayudan a crecer en la gente que Dios quiere que sean.

Los límites funcionan mejor cuando ambos, marido y mujer restringen su libertad para poderse amar mejor.[1]

Toma a dos personas completas para volverse uno en el matrimonio. Es importante saber quien es uno, antes de dar de sí mismo a su cónyuge. El poder decir "no" libera a una persona para poder dar a su cónyuge. No hay libertad para dar amor si no hay libertad para decir "no." Las libertades personales no deben ser a costa de la relación matrimonial. El estar en una relación significa que dos personas se preocupan la una de la otra y por sus necesidades. Las necesidades de tu cónyuge no son tu responsabilidad, pero que no te importe sus necesidades, es como no importarte tu matrimonio. Ambos en la pareja tienen necesidades, deseos, cosas que quieren, sueños y aspiraciones. Es importante para las parejas trabajar juntos para lograr todo lo que Dios quiere que logren. En la ceremonia matrimonial, se comprometieron a una relación de por vida. Hay ciertas cosas a las cuales se tendrá que renunciar a causa de ese compromiso.

Protegiendo el matrimonio

La relación matrimonial debe protegerse. La idea de matrimonios "liberales" no es cristiana, ni tampoco funciona en la realidad. Sí, una persona debe de tener la libertad de decir "no" a las cosas que no quiere hacer. Pero la realidad es que ciertas cosas destruirán la relación. Los límites apropiados protegerán el amor y estos no son establecidos para que favorezcan al modo de uno, se hagan las cosas a su propio modo, o para que cambie, se castigue o amoneste a su cónyuge.

Límites saludables protegerán el matrimonio. Fortalecerán el matrimonio en contra de ataques del mundo de afuera. Ambos, marido y mujer deben de estar dispuestos a trabajar en la relación y dar para que la relación funcione. Hay tiempos en que uno debe de elegir el morir a sí mismo y darse a su cónyuge. Los límites nos dan la elección de decir "sí" o "no"; tomar la decisión de dar demuestra que Cristo está trabajando en la vida de uno.

El proteger la relación matrimonial significa que otras relaciones cambiarán. Salir a pasear con amigos y las relaciones familiares toman una prioridad más baja. No es posible tener las mismas relaciones con gente del sexo opuesto como era antes del matrimonio. Esto es básico para una relación marital saludable y es parte del compromiso que una pareja hace. El matrimonio tiene que ser protegido de los intrusos, ya sea que sean personas o cosas. Algunos de estos intrusos podrían ser: televisión, trabajo, pasatiempos, intereses sociales, familia política, amigos, secretos (relaciones o pecados), hasta los hijos o la iglesia. Es importante trabajar juntos para establecer límites apropiados y cuidar la relación de ser atacada en estas áreas.

Tomando lo que no es tuyo

Una persona con límites saludables, toma la responsabilidad de lo que es de ella, y no toma lo que no le corresponde. Frecuentemente, un cónyuge tomará la responsabilidad de las emociones de su pareja. Aunque no haya hecho nada malo, una esposa quizá tomará la responsabilidad del enojo de su esposo, o una actitud pobre y hará el intento de "arreglarlo." Los límites la liberan de esa responsabilidad. Su enojo es su responsabilidad y ella no puede arreglarlo. Frecuentemente sus intentos de arreglarlo causarán conflicto en su relación. No importa lo mucho que duela, uno debe de dejar a su cónyuge arreglar sus cosas el mismo o que sufra las consecuencias de su pobre comportamiento o malas elecciones. Es bueno que lleve su carga.

"No creo que me guste esta idea de los límites. Me gusta comerme mi cena y parte de la tuya también."

Cuando un cónyuge resiste

No es inusual que un cónyuge se resista vigorosamente al intento de establecer límites. Esto pasará especialmente cuando no se han establecido previamente límites saludables en el matrimonio. Amor, paciencia y perseverancia son requeridas para traer límites saludables. Tu cónyuge quizá se enoje, te amenace que se va a ir, te manipule, tome represalias, un sinnúmero de cosas; pero tú tienes que continuar en el camino de establecer límites saludables. Toma responsabilidad de tu parte en problemas que tú enfrentas. Ve el problema, sé específico(a) y usa declaraciones con el "yo" en vez de "tú." Pídele a tu cónyuge cambios e implementa consecuencias apropiadas. Permanece comprometido con la relación, pero no le permitas a tu cónyuge que se descarrile del proceso de establecer límites. Al final, ambos experimentarán un crecimiento personal tremendo. Tu matrimonio también crecerá y se hará más fuerte.

Date cuenta que aunque ambos cónyuges quieran establecer límites saludables, no será fácil. De todos modos tomará trabajo y compromiso para que llegue a suceder.

Amar a tu cónyuge significa que dirás "no" a algunas cosas.

Para conversar como pareja

1. ¿Estás de acuerdo que los límites realmente aumentan la efectividad de la unidad matrimonial, amando como Cristo amó, dándose a sí mismo, y habiendo sumisión en tu matrimonio? ¿Por qué sí, o por qué no?

   ____
   ____
   ____
   ____

2. ¿Cómo fortalecen los límites tu matrimonio?

   ____
   ____
   ____
   ____

3. ¿Cómo te ayudan los límites a ser la persona que Dios quiere que seas?

   ____
   ____
   ____
   ____

4. ¿Por qué es importante proteger tu matrimonio? ¿Cómo lo proteges?

   ____
   ____
   ____
   ____

5. ¿Qué necesitas hacer si tu cónyuge resiste tus límites?

   ____
   ____
   ____
   ____
   ____

Matrimonios fortalecidos
Capítulo 3 referencias

Estudio 9: Entendiendo los límites

1. Charles L. Whitfield, M.D.; Boundaries and Relationships (Deerfield Beach, FL; Health Communications Inc., 1993) p 2
2. Dr. Henry Cloud & Dr. John Townsend; Boundaries in Marriage (Grand Rapids, MI; Zondervan Publishing House, 1999) p 24

Lecturas sugeridas:
- Límites por Dr. Henry Cloud and Dr. John Townsend

Para mayor información:
- Cloud-Townsend Resources: www.cloudtownsend.com (solamente en ingles)

Estudio 10: *Estableciendo límites saludables*

1. Stephen Covey; First Things First (NY,NY, Simon & Schuster, 1994) p 103

Estudio 11: *Límites y relaciones*

1. Biblesoft's New Exhaustive Strong's Numbers and Concordance with Expanded Greek-Hebrew Dictionary. Copyright © 1994, 2003 Biblesoft, Inc. and International Bible Translators, Inc.
2. Ibid
3. Dr. Henry Cloud & Dr. John Townsend; Boundaries (Grand Rapids, MI; Zondervan Publishing House, 1992) p 108

Lecturas sugeridas:
- ¿Quién aprieta tus botones? : Cómo manejar la gente difícil en tu vida por Dr. John Townsend
- Relaciones que funcionan (y las que no) por H. Norman Wright

Estudio 12: *Límites en el matrimonio*

1. Dr. Henry Cloud & Dr. John Townsend; Boundaries (Grand Rapids, MI; Zondervan Publishing House, 1992) p 202

Lecturas sugeridas:
- Limites cara a cara por Dr. Henry Cloud and Dr. John Townsend.
- Cómo cambiar a su cónyuge por H. Norman Wright

Matrimonios Fortalecidos

Capítulo 4
La comunicación

Estudio 13

Entendiéndose el uno al otro

> ***Eviten toda conversación obscena. Por el contrario, que sus palabras contribuyan a la necesaria edificación y sean de bendición para quienes escuchan. ~ Efesios 4:29***

> ***La comunicación efectiva es vital para un matrimonio fortalecido.***

La comunicación es críticamente importante para cualquier relación. Una comunicación fuerte caracteriza un matrimonio fortalecido y sano. Sin embargo, la gente usualmente no aprende buenas técnicas de comunicación; han aprendido a través del ejemplo de los padres y del ambiente en el que fueron criados. Antes del matrimonio, la mayoría de las personas intentan comunicarse bien, pero después de la boda las parejas dejan de intentarlo y caen en malos hábitos de comunicación. Las parejas no se toman el tiempo para comprenderse y con frecuencia no tienen cuidado de cómo se comunican.

La comunicación bíblica

De acuerdo a la Biblia, la comunicación debe edificar a la gente, no destruirla (Efesios 4:29). La lengua tiene gran poder; la vida y la muerte están en el poder de la lengua (Proverbios 18:21). La comunicación puede hacer una gran diferencia en la vida de otros, aún hasta el punto de la vida y la muerte. El controlar la lengua debe ser algo continuo para todos, porque todo lo que se habla puede ayudar o impedir, sanar o herir, edificar o destruir.

¡Las palabras son poderosas! Proverbios 16:24 dice, *Panal de miel son las palabras amables*, Proverbios 12:18 dice, *El charlatán hiere con la lengua como con una espada, pero la lengua del sabio brinda alivio*, 1 Pedro 3:10 dice, *En efecto, "el que quiera amar la vida y pasar días felices, guarde su lengua del mal y sus labios de proferir engaños.* La versión Dios habla hoy, resume: *Si quieres una vida buena y feliz mantén control de tu lengua y cuida tus labios.* Existe un gran poder en la comunicación y las parejas deben de estar concientes de cómo la usan.

Los primeros problemas lingüísticos empezaron mucho antes de la Torre de Babel.

Entendiendo a tu cónyuge

La comunicación es un proceso (verbal o no verbal) en el que se comparte información con otra persona de tal forma que se comprenda lo que se está diciendo.[1] El comunicar pensamientos y sentimientos puede ser complicado y no siempre es fácil. Una pareja debe trabajar en mejorar todos los aspectos de la comunicación para lograr un entendimiento. La comunicación no verbal como los gestos, las expresiones faciales y el lenguaje corporal juegan un papel importante en la comunicación. Es importante entender que la comunicación no verbal puede contradecir la comunicación verbal.

Influencias externas también pueden complicar la comunicación y frecuentemente impiden el entendimiento mutuo. Prejuicios, actitudes, enfoque, salud, falta de sueño y estrés afectarán la habilidad de comunicarse efectivamente. La percepción que uno tiene de lo que otra persona dice no todo el tiempo es lo que esa persona quiere decir.

> ***Yo sé y creo que entiendes lo que dije, pero no estoy seguro de que comprendes que lo que escuchaste no es lo que quiero decir.***[2]

La comunicación efectiva ocurre cuando otra persona comprende el significado del mensaje enviado. Con frecuencia una persona no comunica su mensaje bien o su cónyuge no escucha bien el mensaje por causa de una o más influencias externas. Existe una variedad de factores que nos impiden comprender.

Las diferencias contribuyen en gran parte a la mala comunicación. Tanto el ambiente de la niñez, como el género y la personalidad influyen en la forma en como la persona se comunica. Puedes dar al León, la Nutria, el Castor y al Labrador el mismo mensaje y cada uno puede recibirlo de distinta manera. La comunicación con otras personas puede ser difícil, pero puede ser posible si recuerdas que otros se comunican de una forma distinta que tú.

Las mujeres típicamente son más verbales y usan más palabras por día que los hombres, pero las diferencias no terminan aquí. Fundamentalmente los hombres y mujeres no piensan igual, tienen una forma distinta de comunicarse. Las mujeres tienden a expresar sus sentimientos, mientras los hombres tienden a transmitir información. Joe Friday del viejo programa de televisión *Dragnet* habló por la mayoría de los hombres cuando dijo "Los hechos señora, sólo los hechos." Los hombres frecuentemente se retiran de discusiones emocionales o reaccionan con enojo o a la defensiva cuando se sienten empujados a éstas. Para lograr mantener una discusión enfocada en cuestiones específicas, sin llegar a enfrentamientos y peleas desagradables, es necesario tener un conocimiento profundo de cómo es su pareja y establecer límites saludables. Es también importante que una pareja pueda controlar sus emociones para que no afecten la discusión y mantengan una conversación constructiva para poder llegar a una resolución. Esto toma entendimiento y trabajo de ambas partes.

Lo que dicen las mujeres	Lo que el marido escucha

"Mi amor, esta tarde necesito que vayas a la tienda, luego quiero que duermas al niño para la siesta. Después limpias el jardín, y mientras yo limpio el resto de la casa durante toda la tarde."

"**MI AMO,** bla, bla, bla **NECESITO QUE** … bla, bla **DUERMAS**…bla, bla, bla… **LA SIESTA**…bla, bla, bla, bla, **DURANTE TODA LA TARDE**."

Escucha más, habla menos

> ***La lengua pesa prácticamente nada, sin embargo muy poca gente puede detenerla. ~ Anónimo***

Antes del matrimonio la mayoría de la gente escucha atentamente a su futuro cónyuge. El escuchar era un gozo, no un quehacer. Frecuentemente esto cambia con el tiempo y el escuchar se convierte en una tarea que uno debe hacer antes de apresurarse a responder. Se dice que Dios le dio a la gente dos oídos y una boca para que escuchen dos veces más de lo que hablan. Mucha gente suele pensar que la habilidad de usar palabras es el requisito para una comunicación efectiva. La habilidad de hablar claro es importante, pero el desarrollar técnicas de cómo escuchar eficazmente mejora mucho el entendimiento mutuo y diminuye el número de malentendidos que una pareja pueda tener.

Santiago 1:19 dice que un cristiano debe ser rápido para escuchar y lento para hablar. La versión Amplificada traduce rápido para escuchar como listo para escuchar. Mucha gente está lista para hablar, pero tiene muy poco o nada de deseo de escuchar. Sin embargo, el deseo de querer escuchar a tu compañero es una de las claves para tener un matrimonio exitoso. Es importante tomarse el tiempo para escuchar bien.

El escuchar atentamente significa que harás el compromiso de esforzarte a escuchar. Esto significa dejar de hacer lo que estás haciendo para prestar atención a lo que la otra persona está diciendo. Esto fue probado poderosamente hace muchos años por David Anderson, antiguo presidente de GTE, California. En un evento de la empresa, un niño se le acercó al Sr. Anderson y le jaló el pantalón. Este ejecutivo se agachó para poder mirar al niño a los ojos y de ese modo darle su atención absoluta. ¿Por qué un marido o una mujer no puede darle ese tipo de atención a la persona que ama más que a cualquier otra en este planeta? Respeto y valor se le da a una persona cuando la escuchas. El escuchar atentamente también significa que cuando alguien está hablando la otra persona no está pensando en qué va a responder. Mejor dicho, el que escucha está totalmente enfocado en lo que le están diciendo, recibe el mensaje y busca entender lo que realmente se quiso decir.

Intercambiar información ayuda a un mejor entendimiento de lo que se está diciendo. El hacer preguntas y afirmar lo que se escuchó asegura que lo que escuchaste era lo que el portavoz o emisor quería comunicar. Un marido que estaba aprendiendo estos principios tuvo que intercambiar cuatro veces la información que recibió de su mujer para que ella entendiera que él había comprendido exactamente lo que ella le estaba diciendo. La comunicación efectiva toma tiempo; requiere práctica para aprender las técnicas que mejoran la comunicación entre marido y mujer.

El lenguaje corporal es una parte importante de saber escuchar. Para demostrar que una persona está verdaderamente escuchando a otra, uno debe estar de frente con la persona, verle a la cara y afirmar con la cabeza apropiadamente. El mostrar impaciencia o usar gestos para dar a entender que el receptor quiere que el emisor llegue al punto, no son formas efectivas de escuchar. Es importante reafirmar al emisor poniendo atención y escuchando lo que la persona está diciendo.

De acuerdo a las Escrituras, la persona que habla impulsivamente lo que está pensando o sintiendo sin considerar las consecuencias es un necio: ¿Ves a un hombre que es precipitado en sus palabras? Hay más esperanza para un necio que para él (Proverbios 29:20). Escuchar de una forma efectiva es crítico para una buena comunicación. Conforme una pareja vaya aprendiendo a escuchar, su comunicación mejorará.

La meta es mejorar el entendimiento. La comunicación efectiva le ayudará a la persona a entender las necesidades de su cónyuge. El matrimonio es una relación íntima fortalecida en entendimiento mutuo. A fin de que verdaderamente entiendas a tu cónyuge tienes que poder comunicarte con él.

La comunicación es el pesticida que mata la hierba mala en el jardín de tu matrimonio.

Conectándose a través de la comunicación

Las parejas se conectan a través de la comunicación. La comunicación verbal o no verbal le permite a una persona entrar a la vida de otra. La comunicación ayuda a que puedas entender mejor a la otra persona. Marido y mujer pueden edificarse o destruirse el uno al otro a través de la comunicación. Con frecuencia empieza un desacuerdo con algo pequeño solo para convertirse en una batalla, no por el desacuerdo sino por la forma en la cual la pareja se comunica.

La hierba mala son los sentimientos heridos, malos entendidos y separaciones que ocurren en el matrimonio. La comunicación mata esta hierba antes de que se desarrolle en amargura que ahoga la intimidad en el matrimonio. Si la pareja no habla, o mata (resuelve) estas hierbas, éstas se convierten en barreras que pueden dañar severamente su relación.

La comunicación con tu cónyuge requiere un balance cuando comunicas tus sentimientos, heridas y necesidades, siempre hablando con amor. No importa que tengas la razón en alguna situación, no está bien que te comuniques con coraje o de una forma desagradable.

Tradicionalmente, en algún punto durante las conferencias de matrimonios llamadas FamilyLife, el portavoz les pide a las parejas que se miren el uno al otro y digan, "Tú no eres mi enemigo." Esto sería una práctica excelente que pudieran hacer las parejas regularmente. Una pareja casada es un equipo, y deben trabajar juntos para poder hacer frente a los ataques que vienen contra su matrimonio. La comunicación es la herramienta perfecta que tienen para trabajar juntos.

La mayoría de la gente aprende malas costumbres de comunicación y con su comportamiento forma su propio patrón de comunicación débil. Toma práctica y trabajo el ejercitar técnicas constructivas de comunicación para salir de esos malos hábitos. Es importante darle permiso a tu cónyuge de hacerte responsable, de una forma amorosa, de poder ayudarte a cambiar cualquier hábito malo que tengas en tu comunicación. El corregir problemas de comunicación en tu matrimonio te dará la habilidad de poder resolver cualquier otro problema que venga a tu relación matrimonial.

Para conversar como pareja

1. ¿Cómo defines la comunicación? ¿Cómo se relaciona esta definición a tu relación matrimonial?

2. ¿Cómo impiden tus diferencias personales la comunicación con tu cónyuge? ¿Cómo puedes detener esto?

3. ¿Cómo defines escuchar? ¿Cómo es importante en la comunicación?

4. ¿Cómo afecta la comunicación no verbal la comunicación con tu cónyuge?

5. ¿Cómo crees que la comunicación les puede ayudar a trabajar juntos para resolver problemas?

Inventario para la comunicación efectiva

Encierra con un círculo la mejor respuesta ("Cierto" o "Falso") para cada una de las declaraciones siguientes continuando en la siguiente página.

1.	Me siento criticado por mi cónyuge.	Cierto	Falso
2.	Cuando comparto mis sentimientos con mi cónyuge me siento comprendido y apoyado.	Cierto	Falso
3.	Siento que mi cónyuge no me escucha.	Cierto	Falso
4.	Mi cónyuge comparte sus inseguridades conmigo.	Cierto	Falso
5.	Prefiero decir una mentirita que entrar en una discusión.	Cierto	Falso
6.	Me siento refrescado cuando paso tiempo a solas con mi cónyuge.	Cierto	Falso
7.	Mi cónyuge termina mis frases.	Cierto	Falso
8.	Generalmente podemos salir bien de un desacuerdo sin mucha dificultad.	Cierto	Falso
9.	No es fácil para mí compartir mis sentimientos con mi cónyuge.	Cierto	Falso
10.	Me siento respetado por mi cónyuge.	Cierto	Falso
11.	Cuando quiero discutir un problema con mi cónyuge, frecuentemente me voltea la situación.	Cierto	Falso
12.	Me siento apreciado.	Cierto	Falso
13.	No siempre estamos de acuerdo.	Cierto	Falso
14.	Disfrutamos salir juntos solos.	Cierto	Falso
15.	Siento que mi cónyuge no me da mucho mérito.	Cierto	Falso
16.	Me siento amado.	Cierto	Falso
17.	A mi cónyuge no le gusta compartir conmigo lo que está pensando.	Cierto	Falso
18.	Mi cónyuge me comprende.	Cierto	Falso
19.	Solemos tener desacuerdos sin resolverlos.	Cierto	Falso
20.	Tenemos una comunicación efectiva.	Cierto	Falso
21.	Mi cónyuge no me da su atención absoluta cuando le estoy hablando.	Cierto	Falso
22.	Mi cónyuge me pide mi opinión.	Cierto	Falso
23.	Durante un desacuerdo nos gritamos.	Cierto	Falso
24.	La mayor parte del tiempo siento que estamos en el mismo equipo.	Cierto	Falso
25.	Peleamos enfrente de los niños.	Cierto	Falso
26.	Soy honesto con mi cónyuge.	Cierto	Falso

27. Nuestra comunicación es frustrante para mí.	Cierto	Falso
28. Siento que mi pareja confía en mí.	Cierto	Falso
29. Mi cónyuge me aplica el castigo del silencio.	Cierto	Falso
30. Mi cónyuge valora mis opiniones.	Cierto	Falso
31. Mi cónyuge me interrumpe.	Cierto	Falso
32. Puedo darle mi opinión a mi cónyuge en proyectos en los cuales esté trabajando	Cierto	Falso
33. Nuestra comunicación es mayormente superficial.	Cierto	Falso
34. Me siento animado por mi cónyuge.	Cierto	Falso
35. Siento que no soy libre de pensar por mí mismo.	Cierto	Falso
36. Mi cónyuge me comparte información valiosa.	Cierto	Falso
37. Nuestro estilo de personalidad causa conflicto en nuestro matrimonio.	Cierto	Falso
38. Mi cónyuge tiene buenas habilidades para escuchar.	Cierto	Falso
39. Mi cónyuge me dice lo que tengo que hacer.	Cierto	Falso
40. Siento que conecto con mi cónyuge.	Cierto	Falso

Cuenta los números nones que contestaste "Falso" y escríbelo aquí: _____

Cuenta los números pares que contestaste "Cierto" y escríbelo aquí: _____

Suma tus puntos y pon tu total aquí: _____

Puntuación:

30—40: Su comunicación es excelente; ¡Continúa!
20—29: Su comunicación es buena; ¡Continúa mejorándola!
10—19: Su comunicación necesita trabajo; quizás quieran hacer un estudio adicional de alguno de los libros en la sección de recursos al final de este manual.
Menos de 10: Deberían buscar conserjería para ayudarles a aprender técnicas de comunicación básicas.

El propósito de este inventario es para que se den una idea de donde está su nivel de comunicación. La comunicación es una técnica que se aprende; puedes mejorarla. Por favor no uses este inventario para atacar a tu cónyuge por sus hábitos pobres de comunicación. Una comunicación excelente requiere dos fuertes comunicadores. Una comunicación débil toma dos débiles comunicadores. Su puntuación depende de los dos y los dos tendrán la habilidad de mejorar.

La comunicación
Estudio 14
Manejando conflictos

> *Por lo tanto, dejando la mentira, hable cada uno a su prójimo con la verdad, porque todos somos miembros de un mismo cuerpo. "Si se enojan, no pequen." No dejen que el sol se ponga estando aún enojados,*
> *~ Efesios 4:25-26*

> *"Un matrimonio sin conflicto es incongruente. Cada pareja casada debe aprender cómo tratar las diferencias de forma que se adapten a su propio estilo, valores y relación en particular."*
> *~ Judith Wallerstein[1]*

El conflicto en el matrimonio surge de las diferencias entre cónyuges, deseos conflictivos, violación de límites, o por el pecado de su cónyuge. El conflicto es inevitable; las diferencias tarde que temprano causarán desacuerdo. Habrá ocasiones cuando uno de los cónyuges deseará algo distinto que el otro. Ningún cónyuge es perfecto, y la gente violará los límites o fallará en algún punto.

El evitar continuamente el conflicto es un serio problema en una relación matrimonial. Se ha dicho que este es el motivo número uno que predice el divorcio.[2] La ausencia de conflicto puede significar una de varias cosas:

- Un cónyuge ha abandonado su identidad por el otro.
- No hay nada más que una comunicación superficial en el matrimonio.
- A uno o a los dos simplemente ya no les importa.

El evitar e ignorar conflictos es perjudicial para la relación matrimonial no importa el motivo por el cual lo hagan. Las parejas que entran al matrimonio creyendo que nunca tendrán desacuerdos son ignorantes o se engañan a sí mismos.

> *El hierro se afila con el hierro, y el hombre en el trato con el hombre.*
> *~ Proverbios 27:17*

Crecer y madurar juntos requiere un poco de conflicto. El punto de Proverbios 27:17 es que se requiere de la fricción de hierro contra hierro para verdaderamente afilar una navaja. Simplemente, la fricción nos afila para ayudarnos a desarrollarnos más a la imagen de Dios. La unidad en el matrimonio no sucede naturalmente, toma trabajo y a veces requiere la fricción que traen los conflictos a la relación. Cuando a Ruth Graham le preguntaron que si ella y Billy todo el tiempo estaban de acuerdo en todo, ella contestó, "¡Dios mío no!" Si lo hiciéramos, no habría necesidad de uno de los dos. Eclesiastés 4:9 dice que "Más valen dos que uno." Los cónyuges se complementan y se edifican y sus diferencias les ayuda a madurar individualmente y como pareja.

Cuando el conflicto daña

La palabra conflicto trae a la mente guerra y campo de batalla. Muy frecuentemente esto es lo que describe a un matrimonio, un matrimonio entre dos personas que en algún tiempo se prometieron amor en toda circunstancia. Cuando el conflicto surge, la gente suele cambiar dramáticamente. Gente amorosa y comprometida actúa como enemiga, dañándose y a veces dañando su relación. Recurren a la intimidación, a atacar el carácter de su cónyuge, y aún a rabietas de temperamento o ataques físicos. Algunos hacen casi todo por ganar la discusión. El daño que se causa puede permanecer por mucho tiempo, y si se deja sin resolver, puede llevar al abandono emocional de la

DESPUÉS del EDÉN Por Dan Lietha

La Primera 'Edad de Hielo' de la Tierra

relación. En este ambiente no es sorprendente que un cónyuge se retire y busque evitar el conflicto. Esto causa un espiral hacia abajo que puede llevar a la separación emocional o al divorcio.

El conflicto es inevitable en una relación matrimonial, sin embargo el conflicto daña y puede causar rompimiento en el matrimonio. Parece una situación sin ganancia; excepto el hecho de que el conflicto fortalece al matrimonio si una pareja aprende a discutir sus desacuerdos sin dañarse el uno al otro. Una pareja puede discutir cualquier diferencia, aún sus sentimientos más íntimos sin recurrir a la guerra que destruirá su relación en vez de edificarla.

Estar en desacuerdo sin dañarse

Eviten toda conversación obscena. Por el contrario, que sus palabras contribuyan a la necesaria edificación y sean de bendición para quienes escuchan.
~ Efesios 4:29

Una pareja va a tener desacuerdos; ya sea por dónde van a vivir, su relación con los suegros, el gasto, el criar a los hijos, el quehacer de la casa, sexo, tiempo, o aún en cómo exprimir la pasta dental. El problema no es si habrá desacuerdo sino cómo van a afrentar el desacuerdo. Cuando la pareja está comprometida a edificarse el uno al otro en vez de destruirse, el conflicto mejorará su relación. Existen cinco formas de resolver un desacuerdo y edificar tu relación matrimonial:

- Llegar a un acuerdo o compromiso.
- Morir a ti mismo y permitirle a tu cónyuge hacerlo a su forma.
- Orar y esperar la guiaza de Dios.
- Mantener límites saludables y permitirle a Dios obrar en la situación.
- Busca mediación.

Un acuerdo o compromiso resuelve el conflicto cuando ambas partes encuentran un punto medio en el que están de acuerdo. Esto funciona en muchas situaciones. El desacuerdo de cómo exprimir la pasta dental puede ser fácilmente resuelto comprando dos tubos de pasta. El escoger una casa para vivir, el cómo pasar el tiempo o qué cenar puede se resuelto con un acuerdo. Las parejas encuentran más difícil llegar a un acuerdo cuando se trata de la relación con los suegros, como criar a los hijos o cuestiones de fe.

Con frecuencia el conflicto puede ser evitado o resuelto al morir a ti mismo y permitir que tu cónyuge haga lo que quiera. Esta reacción usualmente honra y bendice a tu cónyuge. El problema es que esto se convierte en lo normal para una persona que no le puede decir "no" a su cónyuge. Cuando este modo de resolver conflicto viene solo de un cónyuge, o cuando no está hecho con libertad o en amor, puede convertirse en autoridad. Un cónyuge le da autoridad al otro cuando no dice "no" a situaciones dolorosas o perjudiciales.

La solución al conflicto en una relación saludable incluye oración. El Señor debe ser incluido en cada aspecto de la vida de una pareja y deben buscar estar en su voluntad cuando toman decisiones. Esto incluye el resolver conflictos. Solo el Señor puede cambiar a tu cónyuge y es importante llevarle sus desacuerdos a Él y permitirle obrar en tu cónyuge. La parte difícil de esta forma de resolver conflictos es esperar en la guiaza de Dios. Tomó veinticinco años para que el Señor les diera el niño que les prometió a Abraham y Sara. Su intento en resolver el problema ha causado un gran dolor por muchas generaciones. El confiar en Dios para cambiar a tu cónyuge puede ser la prueba más difícil de fe, pero es una parte necesaria para poder resolver sus conflictos. Habrá tiempos cuando el encontrar la solución de un conflicto será muy difícil. Es importante buscar al Señor y su voluntad durante estos tiempos de conflicto.

Límites saludables son esenciales para las relaciones que están creciendo y se están fortaleciendo. Habrá tiempos cuando el mantener tus límites puede parecer que no es la forma de resolver conflictos y edificar tu relación, pero a veces es muy importante. El llegar a un acuerdo o el morir a ti mismo no resolverá problemas donde existe pecado. Los cristianos no deben de comprometer la palabra de Dios, y algunas áreas no son negociables. Cuando hay abuso físico requiere separación física hasta que el abusador reciba la ayuda que necesita y quizás también necesite intervención de la Iglesia o autoridad del gobierno. Los límites pueden ser una manera inapropiada de manejar el conflicto que surge de las diferencias o de los deseos conflictivos, pero son esenciales para poder manejar el pecado. Un cónyuge no puede ser controlado, pero se puede establecer límites con respecto a los efectos de su comportamiento. De nuevo, es importante esperar en el Señor y permitirle que obre en la vida de tu cónyuge.

La mediación es importante para resolver el conflicto y mantener la relación matrimonial en la dirección correcta. Si no pueden resolver algún desacuerdo busquen conserjería de otra pareja, de un amigo confiable, o de un consejero cristiano. Una vez que el conflicto se hace emocional no siempre es fácil encontrar una solución, y un mediador puede señalar aspectos del desacuerdo que la pareja no puede ver. La solución con frecuencia es sorprendentemente sencilla; sola toma una perspectiva diferente para encontrarla.

El conflicto puede ser algo bueno en una relación matrimonial, pero las parejas deben dejar de dañarse durante estos desacuerdos. Es importante que una pareja se esfuercen juntos con un solo deseo, de resolver los conflictos para el beneficio de su relación.

El conflicto dañino no puede tomar lugar sin tu participación.

Trabajando en resolver desacuerdos

Un límite excelente para establecer en el matrimonio dice, "Buscaré edificar en vez de dañar a mi cónyuge durante un conflicto." Otro límite puede ser negarte a participar en una discusión cuando un cónyuge no está comunicándose racionalmente o razonablemente. Busca disipar la atmósfera emocional que con frecuencia acompaña el conflicto. El tratar a tu cónyuge con respeto, y buscar entendimiento y resolución durante un desacuerdo, ayuda a la pareja a resolver cualquier conflicto y su matrimonio es fortalecido en el proceso.

"No, no creo que el vivir en Dakota del Norte sea un buen acuerdo."

Tener visión, misión, metas y objetivos en la vida y en el matrimonio ayuda a manejar el conflicto. Es fácil resolver algunos conflictos balanceando los deseos con metas y objetivos. Un buen ejercicio en cualquier desacuerdo es ver sus metas y objetivos para saber como la solución a estos posibles conflictos puede facilitar su cumplimiento.

El resolver conflictos saludablemente es un proceso que se puede aprender. Toma trabajo y práctica pero trabajando juntos como pareja desarrollarán fuertes técnicas de comunicación y su relación crecerá tremendamente. Los siguientes son algunos puntos que se deben considerar respecto al conflicto en una relación matrimonial:

1. Cuando sea posible, prepara el ambiente antes del desacuerdo.
2. Recuerda, tu cónyuge no es tu enemigo.
3. Acepta las diferencias de género y de personalidad.
4. Mantén tus límites.
5. Respeta los límites de tu pareja.
6. Muestra amor y respeto a tu cónyuge.
7. Escucha antes de responder.
8. Aclara cualquier cosa que no entiendas.
9. Usa "Yo" y no "Tú" cuando presentas el problema.
10. No critiques.
11. Trabaja en resolver el problema en vez de atacar a tu cónyuge.
12. Reconoce tu parte en la contribución del problema.
13. Mantente en el punto; no traigas a colación otras cuestiones.
14. No busques "ganar" el desacuerdo.
15. No discutas enfrente de tus hijos.
16. Pelea limpio; no manipules, no menciones el

pasado, no exageres, no uses el castigo del silencio, no uses sarcasmo, no uses apodos que ofendan, no se debe atacar el carácter o usar enojo para dominar a tu cónyuge.

17. ¿Usa un "tiempo fuera" cuando sea necesario y establece un tiempo para resumir la discusión.
18. Ofrece soluciones posibles.
19. Planea implementar tu solución.
20. Busca mediación cuando sea necesario.

Idealmente, ambas partes estarán de acuerdo en cumplir con los previos veinte puntos durante cualquier conflicto. Si están de acuerdo úsenlos como guía para resolver conflictos y empezar a hacerlos parte de la forma de comunicación en su matrimonio. Si un cónyuge no acepta los veinte puntos, busca tener aceptación en los que él esté de acuerdo. Algunos puntos dependen solo de una persona. Puedes usarlos y empezar a cambiar formas de comunicación en tu matrimonio, aún sin el acuerdo de tu cónyuge. Límites saludables también ayudarán en este esfuerzo. Continúa el trabajo y no te des por vencido.

> ***Mis queridos hermanos, tengan presente esto: Todos deben estar listos para escuchar, y ser lentos para hablar y para enojarse; ~ Santiago 1:19***

Para conversar como pareja

1. ¿Existe una ausencia de conflicto en tu matrimonio? ¿Si es así, por qué?

2. ¿Cómo has sido dañado durante un conflicto con tu cónyuge?

3. ¿Cómo han resuelto tú y tu cónyuge conflictos en el pasado? ¿Cómo te ha funcionado?

4. ¿Por qué son importantes los límites en la resolución de conflictos? ¿Cómo pueden estos límites ayudar en tu relación?

5. ¿Qué necesitas cambiar para mejorar tus técnicas de comunicación y poder lograr una mejor resolución de tus conflictos?

La comunicación

Estudio 15

Conectando emocionalmente

Por eso dejará el hombre a su padre y a su madre, y se unirá a su esposa, y los dos llegarán a ser un solo cuerpo.
~ Efesios 5:31

La comunicación efectiva viene de conexión.
~ Carla Kimball

La Comunicación es necesaria para una conexión emocional

La Biblia dice que en el matrimonio un hombre y una mujer se convierten en una sola carne. Existe la connotación sexual de convertirse en uno cuando marido y mujer se unen sexualmente, pero existe también la unión emocional y espiritual que se logra con el tiempo conforme la pareja crece y madura juntos. La comunicación es cómo se logra esa unión; esa conexión profunda que marido y mujer deben cultivar con el tiempo. Una pareja no se puede conectar viendo televisión o ejerciendo actividades no interactivas. Un cónyuge simplemente no se puede conocer sin comunicación.

Interesantemente, para lograr una comunicación efectiva se necesita conexión entre dos personas. Cuando conoces a tu cónyuge íntimamente, uno le puede comunicar sus sentimientos más profundos, pensamientos y deseos. Una pareja que se siente separada y sóla en su matrimonio no se comunicará tan bien como una pareja que está cercana o unida. ¡El problema es que se requiere tener comunicación para poder conectar con otra persona! Es importante empezar a trabajar en niveles más profundos de la comunicación.

Niveles de comunicación

Expertos en la comunicación dicen que la gente se comunica en cinco niveles; desde comunicación superficial a comunicación transparente que comparte profunda honestidad personal. Mucha de la comunicación de la vida diaria es de nivel superficial. Este tipo de comunicación es la de "¿Cómo estás? Estoy bien" que no te dice nada de cómo es realmente la persona. El comunicar hechos puede revelar un poco de la persona cuando comparten información de ellos mismos o de sus interacciones con el mundo. Una persona puede compartir ideas o pensamientos de personas o cosas, pero cuando empiezan a comunicar sus sentimientos es cuando comienzan a revelar quienes son realmente. El llegar al nivel más profundo de la comunicación, la transparencia, puede ser como buscar oro. Toma perseverancia y trabajo para poder comunicarte en este nivel. Al llegar a este punto la persona comparte su corazón; sus deseos, temores y sueños. Edificar un matrimonio íntimamente y fortalecerlo requiere de comunicación de todos los niveles. Esta es de la forma en que las parejas llegan a conocerse bien.

Usualmente, a un cónyuge se le dificulta comunicarse en niveles más profundos, mientras que el otro puede compartir su corazón abiertamente. Algunos hombres pueden compartir sus sentimientos y comunicarse a niveles más profundos, pero la mayoría de las veces, es la mujer quien encuentra fácil el ser transparente y comunicar sus sentimientos. El cónyuge que puede comunicarse en niveles más profundos necesita animar y ayudar a su cónyuge para abrirse en su forma de comunicación. El presionar, regañar o demandar una comunicación profunda solo lo hará más difícil para el que no se puede comunicar. Cuando el cónyuge menos comunicativo finalmente se abre y comparte sus sentimientos y algunos temores, con frecuencia le dicen que sus sentimientos no son verdaderos. Esta respuesta es hiriente, y no estará dispuesto a volver abrirse en el futuro.

Existe un gran riesgo en la transparencia y en el abrirte alguien, incluyendo a tu cónyuge. Sin embargo, la recompensa de poder compartir abiertamente tu corazón con tu cónyuge es grandiosa. La comunicación transparente ayuda a conocer y a entender a tu cónyuge profundamente y permite mejorar el trabajo en equipo para enfrentarse con los retos de la vida. Esta transparencia posiblemente lo expone a uno al dolor emocional. Es importante que estos niveles profundos de la comunicación permanezcan solamente entre ustedes dos. Habrá tiempos cuando Dios pueda usar tu transparencia para ayudar a otra gente, pero no hables problemas matrimoniales fuera de tu matrimonio sin los dos estar de acuerdo. El mantener la confianza es importante para continuar con una comunicación abierta.

Falta de comunicación

La gente no se podrá comunicar en niveles más profundos sin tener confianza. La confianza de tu cónyuge debes ganártela; no es algo que se obtiene automáticamente cuando una pareja se casa. Revelando lo más profundo de uno mismo, y no usarlo en contra de él, le ayudará para que siga revelándole su corazón a su cónyuge. Confiar en tu cónyuge es un proceso de toda la vida. Lo ganado en un período de tiempo puede perderse si la confianza se rompe. ¡Recuerda, nadie es perfecto! Una pareja puede aumentar la confianza y comunicarse en niveles profundos conforme vayan trabajando juntos.

Un perro puede ser entrenado con bocadillos. El conseguir que tu esposo se comunique toma un método distinto.

Algunas personas tienen problemas de comunicación a raíz de problemas en su niñez. Puede haber sido por abuso, técnicas pobres de comunicación, la familia, problemas físicos o emocionales. Cualquiera que sea la barrera que existe, una persona puede sobreponerse de su pasado, aunque puede que requiera la ayuda de un consejero cristiano. Tomará trabajo, pero una pareja puede descubrir cuales son las barreras que están afectando su comunicación y debe de trabajar en ellas para poder lograr una comunicación que los llevará a la unión.

Un cónyuge encuentra difícil poder comunicarse cuando le teme a la crítica y al ser juzgado. Puede que él haya sido criado en un hogar lleno de crítica y la crítica de su cónyuge lo detiene de comunicarse en niveles más profundos. Es importante aprender a responder sin criticar y juzgar. Debe haber un ambiente seguro para que la comunicación transparente florezca.

Sentimientos y emociones

> ***Las emociones nunca son equivocadas - es la forma en la que reaccionamos lo que causa conflicto. ~ Doyle Barnett***

Los hombres y las mujeres con frecuencia manejan los sentimientos y emociones de forma distinta. Los hombres suelen aislarse y los internalizan, mientras que las mujeres suelen congregarse y verbalizar. Esto no es siempre cierto, y existen ocasiones cuando es al revés, pero es rara la vez cuando los dos reaccionan igual emocionalmente. Muchos hombres entierran sus sentimientos. No verbalizan sus emociones y se escapan de su dolor por medio de distracciones. Le dirán a su esposa "nada" cuando se les pregunta qué les pasa. Las mujeres no entienden este proceso porque ellas quieren hablar de sus sentimientos y procesar sus sentimientos hablando. Los sentimientos y emociones suelen frustrar a las parejas debido a sus diferencias, pero no tiene que ser de esta forma.

Los sentimientos ocurren espontáneamente y son una respuesta a situaciones que enfrenta uno en la vida. La gente puede aprender a controlar sus reacciones a situaciones en la vida, pero no puede oprimir sus sentimientos completamente. Dios creó al hombre con sentimientos y Dios mismo tiene sentimientos. El expresa enojo, gozo y muchas otras emociones. Las emociones no son correctas o equivocadas, pero sí revelan lo que sucede dentro de una persona. Los sentimientos y emociones causan problemas cuando en la vida una persona permite que las emociones controlen su comportamiento.

Es importante entender que los sentimientos pertenecen al individuo. Un cónyuge u otros no pueden hacer que alguien se sienta de cierta manera. Todos debemos tomar responsabilidad de nuestros sentimientos y manejarlos bíblicamente. Si tu cónyuge te hace algo malo en alguna forma, tú puedes sentirte herido, desilusionado o enojado, pero él no te hizo sentir de esa forma. Sí, su comportamiento pudo haber sido equivocado, pero los sentimientos deben de ser propios de la persona que los está experimentando. También deben ser manejados de la forma correcta. El explotar de enojo por la poca consideración o mal comportamiento de tu cónyuge no es la manera correcta de controlar tus emociones. El decir, "Estoy herido porque no cumpliste tu promesa y siento que no soy importante para tí," expresa los sentimientos, pero no ataca al cónyuge.

El revelar sentimientos y emociones puede que te haga sentir expuesto o débil. Sin embargo es necesario para una relación matrimonial fortalecida. Mucha gente no tiene experiencia comunicando sus emociones y suele hacerlo pobremente. Pueden esconder sus sentimientos y negarse hablar de ellos, o pueden descargar sus sentimientos, expresándolos sin reserva. Cualquier tendencia dañará el acercamiento emocional con tu cónyuge. La gente necesita utilizar técnicas positivas de comunicación para expresar sus emociones.

> ***Más bien, busquen primeramente el reino de Dios y su justicia... ~ Mateo 6:33***

Recuerda, metas y expectativas no logradas pueden invocar emociones fuertes. El enfocarte en lo que quieres y deseas, en vez de lo que Dios quiere para ti, suele causar frustración y enojo. Es humanamente imposible que un cónyuge llene todas las expectativas de su compañero. Si existen expectativas, habrá desilusiones. Como dice Larry Crabb, "Ora por tus deseos y asume responsabilidad por tus metas."[1] Ora para que Dios te provea de las cosas que deseas y toma responsabilidad por las metas que estén a tu alcance.

Volviéndote transparente

La comunicación transparente es otra indicación de un matrimonio fortalecido. Conforme las parejas aprendan a comunicarse en todos los niveles, conectarán emocionalmente y trabajarán hacia la unión en sus matrimonios. Si te comunicas bien en todos los niveles, ¡bendito sea Dios! Continúa trabajando en ello, porque el comunicar sentimientos y ser transparente no es natural para la mayoría de la gente. Existe esperanza para los que batallan con la comunicación profunda. Pueden aprender a expresar sus sentimientos a su cónyuge y no terminar peleados. Es necesario crear un ambiente seguro que conduzca a ser transparente y abierto. Este ambiente incluirá:

- Técnicas positivas de comunicación.
- Límites saludables.
- Aceptación incondicional.
- Confianza mutua.
- Comunicación significativa.
- Perdón.

El trabajar con técnicas positivas de comunicación en tu relación matrimonial hará más fácil llegar a la comunicación a niveles más profundos. Límites saludables son importantes porque mantendrán una pareja en camino. El tomar responsabilidad de tus propios sentimientos y comportamiento y no por los de tu cónyuge es importante. Aceptación incondicional significa separar el comportamiento de la persona. El amor y aceptación de tu cónyuge como persona no están basados en su comportamiento. A través de la Biblia se ve como Dios expresa su amor a su pueblo aún cuando condena su comportamiento.

La confianza mutua es crítica para la transparencia. La gente no comunicará sus más profundos deseos, temores y sueños sin sentir confianza. Por fe debes confiar en tu cónyuge, la confianza debe ser continuamente aumentada en tu cónyuge, conforme uno va demostrando ser confiable. La comunicación significativa es aquella en la que una persona busca entender y apoyar a su cónyuge en vez de criticar y juzgar. El entender porqué un cónyuge se siente de cierta forma es importante, y criticar sus sentimientos debe cesar, aunque esos sentimientos parezcan absurdos e irracionales. El obtener entendimiento de los sentimientos y de donde vienen estos, le permite a la pareja trabajar a través de los sentimientos y crecer con madurez.

El perdón es parte de la vida cristiana y vital para la comunicación transparente. El perdón no significa justificar la trasgresión, pero ayuda a restaurar la relación aún cuando un mal se ha cometido. El perdonar permite que la relación continué conforme la pareja trabaja en las transgresiones que suceden en el matrimonio.

> ***Por lo tanto, como escogidos de Dios, santos y amados, vístanse de afecto entrañable y de bondad, humildad, amabilidad y paciencia, de modo que se toleren unos a otros y se perdonen si alguno tiene queja contra otro. Así como el Señor los perdonó, perdonen también ustedes. Por encima de todo, vístanse de amor, que es el vínculo perfecto.***
> ***~ Colosenses 3:12-14***

Para conversar como pareja

1. ¿Por qué es importante la comunicación para conectar emocionalmente con tu cónyuge?

2. ¿A qué nivel han intentado comunicarse tu y tu cónyuge? ¿Por qué es esto?

3. ¿Qué tan importante es la confianza en la comunicación de tu matrimonio?

4. ¿Cómo puedes comunicar tus sentimientos y emociones sin lastimar a tu cónyuge?

5. ¿Cómo puedes ser más transparente con tu cónyuge? ¿Dónde empezarás?

La comunicación

Estudio 16

Comunicación efectiva

El charlatán hiere con la lengua como con una espada, pero la lengua del sabio brinda alivio.
~ Proverbios 12:18

Panal de miel son las palabras amables: endulzan la vida y dan salud al cuerpo.
~ Proverbios 16:24

Ayuda a tu cónyuge a sentirse amado y seguro en tu amor para que confié en ti y exprese sus sentimientos e ideas sin temor a ser atacado. Halaga, alaba y da un abrazo. Los gestos pequeños hacen las más grandes declaraciones. [1]

Sentirse escuchado, respetado y comprendido

La meta de la comunicación es entender, aunque durante la comunicación es necesario más que sólo eso. Cuando un cónyuge se siente escuchado, respetado, y comprendido, habrá crecimiento personal en la relación matrimonial. Esta es una tarea difícil ya que es muy fácil desviarse con el ritmo rápido de la sociedad de hoy en día y comunicarse solamente en un nivel superficial. Las demandas de trabajo, la familia, el ministerio y la interminable lista de actividades trabajan en contra de la intimidad del matrimonio. Una pareja debe apartar un tiempo para ellos solos y necesitan un ambiente donde la comunicación puede ser abierta y transparente.

Una persona se sentirá escuchada, respetada y comprendida cuando su cónyuge le comunique:

- Que el mensaje enviado fue recibido.
- Respeto por sus pensamientos e ideas.
- Empatía hacia sus sentimientos.

La comunicación efectiva comienza con la comunicación no verbal. Dejar toda actividad para darle a tu cónyuge tu atención total es importante. Esto se puede lograr haciendo contacto visual, y ser abierto con él (no asumas una postura defensiva; manos cruzadas o una mirada firme).

Una herramienta efectiva para escuchar usa el reflejar, validar y tener empatía para lograr un entendimiento de lo que fue comunicado. El reflejar o repetir lo que escuchaste asegura que la información que recibiste fue en realidad lo que el emisor quiso decir. El reflejar debe ser sin juzgar, distorsionar, sin sarcasmo o disputa. Repite con tus propias palabras lo que tú crees que se dijo. El validar comunica entendimiento de que los pensamientos y sentimientos del emisor son válidos, aunque el oyente tenga una perspectiva distinta. Al tener empatía, uno comunica que entendimos y sentimos lo que el emisor está sintiendo.

Un ejemplo:

Emisor: "Me dolió que me criticaras enfrente de tu mamá."

Receptor: "Escucho que dices que te dolió que te criticara enfrente de mi mamá. ¿Es correcto?"

Emisor: "Sí, fue lo que dije."

Receptor: "Entiendo que no te gusta ser criticado enfrente de mi mamá o de cualquier otra persona."

Receptor: "Me imagino que sentiste que fue una falta de respeto y quizás te sientes traicionado."

Este tipo de intercambio ayuda a una persona a entender lo que su cónyuge le está comunicando. No siempre es fácil, especialmente para un cónyuge que no se siente cómodo comunicando sus sentimientos. Una persona llama este proceso "el taladro" y aunque no se siente cómodo con el proceso, lo hace porque "funciona."

El camino hacia una comunicación efectiva

El lograr una comunicación efectiva en el matrimonio comienza con comprender quién eres como hijo de Dios y como persona. Entendiendo que Dios te acepta incondicionalmente te ayuda a aceptarte a ti mismo y luego te ayuda aceptar a otros como son. El conocer tu propósito te da una dirección y confianza de hacia dónde se dirige tu vida. Tú sabes lo que te pertenece y lo que no te pertenece debido a los límites saludables. La comunicación efectiva es el resultado de tu entendimiento de estos principios y una vez entendidos les aplicas técnicas positivas de comunicación. Ponerlo todo en práctica ayuda hacia la transparencia y el crecimiento de tu relación matrimonial.

La comunicación efectiva toma práctica

La mayoría de la gente no sabe de manera natural como comunicarse bien, pero puede aprender a comunicarse de forma que pueda entender y pueda ser entendida. La meta aquí es mejorar las técnicas de comunicación. Haz el compromiso de empezar ahora, allí donde estás, a hacer el esfuerzo por mejorar la comunicación en tu relación matrimonial.

Comienza con pasos pequeños, usando los principios que estás aprendiendo y toma el tiempo para comenzar a comunicar cuestiones pequeñas. Practica el dar tu completa atención a tu cónyuge y pídele que haga lo mismo cuando te comunicas con él. Deja lo que estás haciendo, voltea con él y establece contacto visual. Aprende a escuchar pacientemente; de tal forma que tu cónyuge sienta que deseas escuchar todo lo que tiene que decir. Espera a que termine antes de empezar tu respuesta. Responde reflejando, validando y teniendo empatía en vez de defenderte y atacarlo.

Usualmente no es lo que se dice lo que lastima, sino cómo se dice. Un desacuerdo instantáneamente se puede convertir en una discusión, cuando la conversación empieza con dureza y atacando a tu cónyuge en vez de comunicarte con él.

> ***¿De dónde surgen las guerras y los conflictos entre ustedes? ¿No es precisamente de las pasiones que luchan dentro de ustedes mismos? Desean algo y no lo consiguen. Matan y sienten envidia, y no pueden obtener lo que quieren. Riñen y se hacen la guerra. No tienen, porque no piden. Y cuando piden, no reciben porque piden con malas intenciones, para satisfacer sus propias pasiones. ~ Santiago 4:1-3***

El desacuerdo no causa daño en la relación. Es el egoísmo el que se interpone en una resolución saludable del conflicto. Cuando el propósito de la comunicación es de conseguir lo que tu quieres, el conflicto será un ejercicio dañino que suele destruir la intimidad en vez de fortalecerla. Habrá mejoramiento en tu comunicación como pareja cuando empiecen a cambiar el modo de cómo se comunican. Un cónyuge puede hacer la diferencia solo, pero los dos trabajando juntos para mejorar la comunicación será más efectivo.

Si es posible, pónganse de acuerdo estableciendo "*reglas de resolución de conflictos*" una práctica que consiste en establecer un acuerdo de cómo resolverán el conflicto en su matrimonio en el que se incluye una consecuencia de qué hacer cuando una persona viole las reglas. Pongan el acuerdo por escrito y refiéranse a éste con frecuencia. Comunicarse con estructura pudiera ser quizá algo artificial y mecánico, ¡pero no se den por vencidos! ¡Sí, es algo restringido pero funciona! Puedes ser escuchado, respetado y comprendido en cualquier conflicto. Cuando estés atravesando un punto difícil y tus emociones se eleven, quizás quieras tomar un tiempo fuera de la discusión. No te vayas y ya no regreses. Establece un tiempo para resumir la discusión. Si no pueden resolver el conflicto entre los dos, ¡consigan ayuda! Hablen con una pareja cristiana madura a la cual los dos respeten, hablen con su pastor, o vean a un consejero cristiano. La actitud frecuentemente es que los consejeros son para los débiles e inmaduros. En realidad, es un cristiano maduro quien entiende que Dios ha dado sabiduría a la gente para poderles ayudar en su relación con él y con ellos mismos.

Las parejas logran unidad e intimidad a través de la comunicación, y la comunicación efectiva es absolutamente vital para un matrimonio fortalecido. Es como uno empieza a conocer a su cónyuge; entendiendo quien es él, de donde viene y como pueden crecer juntos. La comunicación efectiva ayuda a resolver cualquier problema que venga del matrimonio. Cualquier pareja puede ser el equipo que Dios quiere que sea con una comunicación efectiva.

Todo esto toma tiempo y requiere invertir energía a la relación para que se conviertan en buenos comunicadores. Aparten tiempo para los dos y no permitan que nada se los quite. Su tiempo solos no siempre tiene que ser comunicándose en un nivel de transparencia. Hagan cosas divertidas, jueguen, salgan a pasear, y gócense uno al otro. Amen a su cónyuge profundamente. Mengüen a sí mismos y continúen fortaleciendo su relación. Ante todo, oren y busquen a Dios en todo lo que hagan. ¡Las bendiciones que recibirán serán grandiosas!

No hagan nada por egoísmo o vanidad; más bien, con humildad consideren a los demás como superiores a ustedes mismos. Cada uno debe velar no sólo por sus propios intereses sino también por los intereses de los demás. La actitud de ustedes debe ser como la de Cristo Jesús,
~ Filipenses 2:3-5

Para conversar como pareja

1. ¿Qué puedes hacer para que tu cónyuge se sienta escuchado, respetado y comprendido?

____

____

____

____

2. ¿Por qué es importante El camino hacia una comunicación efectiva?

____

____

____

____

3. ¿Qué puedes hacer para empezar a mejorar la comunicación en tu matrimonio?

____

____

____

____

4. ¿Qué piensas al respecto de tener "reglas de resolución de conflictos" en tu matrimonio? ¿Cuáles son algunas de las cosas que incluirían?

____

____

____

____

5. ¿Por qué es importante el tiempo para la comunicación y para fortalecer la intimidad?

____

____

____

____

____

Ejercicio de comunicación[2]

Sigue las instrucciones para completar este ejercicio. Túrnense, la mujer va primero; una vez que hayan completado el ejercicio, el marido lo hará. Dispongan de un tiempo cuando se puedan comunicar sin interrupciones. Siéntense cómodos viéndose el uno al otro. Dale a tu cónyuge tu completa atención y muéstrale que estás escuchando con leguaje corporal positivo. Por favor no hagan chiste de este ejercicio. Les ayudará a poner en práctica los principios que han aprendido en este capítulo.

Paso 1: Oren juntos pidiéndole a Dios sabiduría y guiaza para su conversación.

Paso 2: **Emisor:** Menciona un problema en tu relación sin atacar a tu cónyuge. Usa declaraciones con "Yo" y usa los principios que has aprendido en este capítulo.

Paso 3: **Receptor:** Refleja lo que escuchaste de tu cónyuge y dilo en tus propias palabras. Una vez que lo tengas correcto, pregunta "¿Eso es todo?"

Paso 4: **Emisor:** Una vez que hayas terminado y estés seguro que lo que te escuchó es lo correcto, déjale saber a tu cónyuge que has terminado con el problema.

Paso 5: **Receptor:** Valida a tu cónyuge dejándole saber que entiendes porqué esto es un problema para él. Toma responsabilidad de tu parte en el problema.

Paso 6: **Emisor:** Reconoce la validación que ha hecho tu cónyuge. Corrige los puntos incorrectos de tu cónyuge acerca de tus sentimientos y emociones. Recuerda ser paciente y comprensivo conforme él intenta hacerlo bien.

Paso 7: **Receptor:** Ten empatía con tu cónyuge relacionándote e identificándote con sus sentimientos.

Paso 8: **Emisor:** Reconoce su empatía y agradécele por escucharte.

Paso 9: **Emisor:** Comparte tres cambios en el comportamiento de tu cónyuge que pienses que pueden resolver este problema.

Paso 10: **Receptor:** Escribe cada petición y léela de nuevo. Cambia las palabras para que te asegures que lo que escribiste es exactamente lo que el emisor quiere decir. No discutan sobre sus percepciones.

Paso 11: **Emisor:** Verifica que el receptor escribió correctamente las peticiones.

Paso 12: **Receptor:** Póngase de acuerdo en cambiar. Pueden negociar, pero no al punto de hacer menos la petición de cambio del emisor. La solución debe de ser aceptada por ambas partes.

"Tú me dices que no demuestro mis emociones, entonces hice estos letreros."

Los sentimientos[3]

Los sentimientos son una parte importante en la vida, y revelan la reacción de uno ante el mundo que nos rodea. Es importante expresar nuestros sentimientos y lograr una conexión emocional y una comunicación efectiva en la relación matrimonial. La siguiente lista de palabras puede ayudarte a expresar tus sentimientos. Hay seis categorías. Identifica la categoria que aplica y luego sé mas específico con una de las palabras listadas bajo esa categoría.

Enojado	Triste	Alegre	Asustado	Confundido	Sereno
furioso	devastado	entusiasmado	temeroso	aturdido	satisfecho
agitado	deprimido	eufórico	en pánico	sin dirección	contento
enfurecido	sin esperanza	extático	asustado	adormecido	pacífico
hostil	herido	exuberante	pasmado	tembloroso	saciado
vengativo	agotado	extraordinario	agobiado	afligido	lleno
enfadado	derrotado	alborozado	intimidado	confundido	descansado
abusado	sin valor	feliz	desesperado	extraño	compuesto
odioso	indefenso	energético	frenético	desconcertado	calmado
humillado	estrujado	encantado	aterrorizado	desorganizado	aliviado
saboteado	desalentado	estimado	vulnerable	ofuscado	firme
traicionado	humillado	liberado	petrificado	perplejo	sobrio
rechazado	vacío	resuelto	inmóvil	indeciso	centrado
abandonado	miserable	alentado	tenso	malentendido	quieto
ultrajado	aturdido	complacido	ansioso	dudoso	sosegado
rebelde	acongojado	orgulloso	intranquilo	incierto	refugiado
rencoroso	desmoralizado	animado	escéptico	inseguro	protegido
vindicativo	condenado	determinado	alarmado	sorprendido	seguro
usado	desvalorizado	agradecido	espantado	distraído	imperturbable
resentido	no amado	aceptado	agitado	agobiado	sin problema
ridiculizado	dolido	admirado	sobresaltado	en blanco	tranquilo
disgustado	descorazonado	esperanzado	reservado		agradecido
frustrado	defraudado	afortunado	asombrado		
ofendido	desanimado	agradado	nervioso		
irritado	avergonzado	halagado	tímido		
defraudado	inadecuado	confiado			
provocado	solitario	expectante			
	aislado				
	perdido				

Matrimonios fortalecidos
Capítulo 4 referencias

Estudio 13: *Entendiéndose el uno al otro*

1. H. Norman Wright; Making Your Love Last Forever, A Book for Couples (NY, NY; Inspirational Press, 1998) p 57
2. Cleveland McDonald and Philip M. McDonald; Creating a Successful Christian Marriage (Grand Rapids, MI; Baker Book House Company, 1994) p 151

Estudio 14: *Manejando conflictos*

1. Judith Wallerstein, Julia Lewis, and Sandra Blakeslee; The Unexpected Legacy of Divorce: a 25 Year Landmark Study (NY, NY; Hyperion, 2000) p55
2. www.smartmarriages.com/ divorcepredictor.html

Lecturas sugeridas:
- El conflicto en el matrimonio por Dr. James Dobson
- Los pasos para libertar su matrimonio por Neil Anderson y Charles Mylander
- La mejor forma de resolver el conflicto por Josh McDowell

Estudio 15: *Conectando emocionalmente*

1. Larry Crabb; The Marriage Builder (Grand Rapids, MI, Zondervan) p 75

Lecturas sugeridas:
- El edificador matrimonial por Dr. Larry Crabb.

Estudio 16: *Comunicación efectiva*

1. Secrets of Super-Happy Couples, Ladies Home Journal; www.lhj.com/ relationships
2. Adaptado del libro de Zach Whaley titulado *The Marriage Communication Workshop*. Para conactar a Zach at 480-855-0075 o zach@zachwhaley.com. Visita su página internet: www.zachwhaley.com. Solamente en íngeles.
3. Ibid.

Lecturas sugeridas:
- Comunicacion: La clave para su matrimonio por H. Norman Wright

Capítulo 5
Las necesidades

Estudio 17

Las necesidades y la relación matrimonio

Hermanos míos, ¿de qué le sirve a uno alegar que tiene fe, si no tiene obras? ¿Acaso podrá salvarlo esa fe? Supongamos que un hermano o una hermana no tienen con qué vestirse y carecen del alimento diario, y uno de ustedes les dice: "Que les vaya bien; abríguense y coman hasta saciarse", pero no les da lo necesario para el cuerpo. ¿De qué servirá eso? Así también la fe por sí sola, si no tiene obras, está muerta.
~ Santiago 2:14-17

Creados con necesidades

Una necesidad es "la falta o ausencia de algo necesario".[1] Dios creó a la gente con necesidades. Esto se ve en Génesis 2:20 después que Dios creó al hombre y a los animales, él dijo, "pero para Adán no se le encontró compañía adecuada." Dios creó a Eva porque Adán la necesitaba. Dios no cometió un error al crear a Adán primero sin Eva. El orden de su creación es parte de lo asombroso de esta creación.

Sin embargo, en el Señor, ni la mujer existe aparte del hombre ni el hombre aparte de la mujer. Porque así como la mujer procede del hombre, también el hombre nace de la mujer; pero todo proviene de Dios. ~ 1 Corintios 11:11-12

Aun cuando la gente hoy en día hace todo lo posible para rechazar el orden de Dios, los hombres y las mujeres simplemente no son independientes el uno del otro. Ellos son creados para interrelacionarse - con un deseo innato de relacionarse con otra gente. Es un hecho que todos tenemos necesidades. La necesidad primaria de una persona es la de conocer a Dios. Nadie más que Dios puede llenar esa necesidad, es algo entre el individuo y Dios. También las personas tienen necesidad relacional que otros llenan; Dios usa a personas para llenar las necesidades de otras. Es un concepto tan importante que en el libro de Santiago, hay un lazo entre la fe y el ser usados para llenar las necesidades de otros. Las personas son salvas por fe, no por obras, pero las obras demuestran la fe de las personas. Esas obras involucran el satisfacer las necesidades de otros.

No vale la pena vivir la vida, si no es vivida para alguien más. ~ Albert Einstein

La relación del matrimonio es un lugar especial para satisfacer necesidades y que tus necesidades sean satisfechas. Hay algunas necesidades, como las sexuales y necesidades emocionales profundas, que son sólo para ser satisfechas dentro de la relación matrimonial. El concepto de satisfacer las necesidades de uno y otro parece ser una contradicción. De acuerdo con los principios de los límites, las necesidades individuales son la responsabilidad de cada persona. No es la tarea del esposo o esposa llenar las necesidades de su cónyuge. Sin embargo, la Biblia enseña el morir a sí mismo y poner a otros primero que a uno, y llenar sus necesidades. ¿Cuál es la causa mayor de conflicto en el matrimonio? ¿No son los deseos egoístas del individuo (Santiago 4:1)? Cuando una persona está enfocada en llenar sus propias necesidades, la persona no piensa en cómo satisfacer las necesidades de su cónyuge. Esto lleva a un círculo vicioso de peleas y de dañarse el uno al otro y eventualmente a un distanciamiento emocional y a una relación destruida.

Muchas razones son dadas por el rompimiento de los matrimonios hoy en día, pero la base de todo es que las necesidades no fueron satisfechas. Cuando las necesidades de una persona no son saciadas en la relación del matrimonio, se buscará llenar esas necesidades por otro lado, muchas veces en formas que dañarán el matrimonio, hasta el punto de llegar al divorcio. Muy seguido los celos, problemas en la comunicación, infidelidad y problemas sexuales, se derivan del problema de necesidades no satisfechas.

Uno de los mitos más grandes en la sociedad hoy en día es que un matrimonio normal o bueno es cuando tú entregues el 50% y esperes que tu cónyuge entregue el otro 50%. Quizás esto sea normal en la sociedad, pero no es bueno. Sin embargo este mito también florece en la iglesia cristiana. Es un problema enorme. La relación del matrimonio debe de ser que tú te entregues al 100%. El asunto es que tú des todo y esperes nada a cambio. Jesús dio todo por la humanidad sin ningún tipo de expectativa y los cristianos también tienen que dar todo a sus cónyuges. Efesios 5:1-2, Juan 15:12-14 y otras escrituras corroboran esta verdad. Mientras que las necesidades de tu cónyuge no son tu responsabilidad, es muy importante elegir amarle y morir a ti mismo y poner tus necesidades en segundo plano. El vivir una vida de entrega disminuye o resuelve muchos conflictos maritales.

El que no provee para los suyos, y sobre todo para los de su propia casa, ha negado la fe y es peor que un incrédulo (1 Timoteo 5:8). Este pasaje aplica generalmente a los hombres acerca de llenar las necesidades financieras de sus familias, pero ¿qué no también significa que los esposos y esposas deben de estar disponibles para ser usados y llenar las necesidades de la familia físicamente, emocionalmente y espiritualmente? Es parte de sus responsabilidades como miembros de la unidad familiar. Aquí es donde el morir a sí mismo se vuelve una realidad, cuando la gente pone sus necesidades a un lado y llena las necesidades de sus cónyuges.

Todos tenemos distintas necesidades

Es vital el entender que como esposo y esposa, la pareja son dos personas diferentes. Ellos son diferentes físicamente, mentalmente, emocionalmente y hasta espiritualmente, y esas diferencias incluyen necesidades. Las necesidades son diferentes a causa del género, la personalidad y el ambiente en que la persona fue criada. Durante el noviazgo y muy al principio del matrimonio, las parejas suelen enfocarse en satisfacer las necesidades del uno y del otro. No toma mucho tiempo para que el enfoque cambie y empiecen a buscar que sus propias necesidades sean satisfechas.

Toma tiempo y esfuerzo el descubrir las necesidades de tu cónyuge. Las parejas tienen que estar dispuestas a escuchar, mirar y poner atención a su cónyuge para conocer las necesidades de él. Las necesidades de todos son diferentes, no puedes hacer alguna suposición de cuales son las necesidades de tu cónyuge. Es importante que tú entiendas las necesidades específicas de tu cónyuge.

Las necesidades en la relación matrimonial[2]

¿Dónde buscas tus necesidades físicas, emocionales y relacionales?

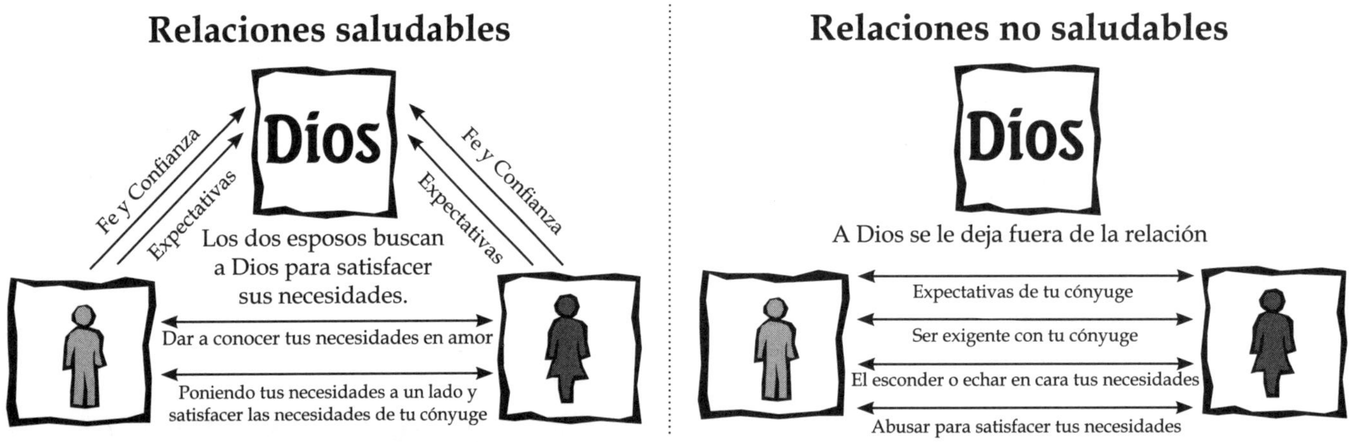

Quizá a ellos se les olvide lo que tú dijiste, pero nunca olvidarán la forma como los hiciste sentir. ~ Carl W. Buechner

Las expectativas de Dios comparado a las demandas sobre otra gente

Es importante que los dos, esposo y esposa, se enfoquen en Dios, pongan su fe y su confianza en él, y permitirle que los use para satisfacer las necesidades de uno y otro. Seguido un cónyuge quizá dé lata, critique o demande en vez de confiar en Dios para obtener un comportamiento desinteresado de su cónyuge. El diagrama de la página anterior ilustra las diferencias entre las relaciones saludables y no saludables. Dios debe de ser el enfoque para las necesidades, no tu cónyuge como se ve en el diagrama.

En el matrimonio, cada persona tiene necesidades genuinas dadas por Dios. En una relación saludable, uno le da a conocer sus necesidades a Dios y confía en él para que esas necesidades sean satisfechas, sin demandar cómo, cuándo y a través de quién. En contraste, las personas que están en relaciones no saludables esperan que su cónyuge llene todas sus necesidades. Las expectativas seguido se convierten en demandas y manipulaciones, y quizá resulten en enojo cuando no son satisfechas.

Nadie es perfecto; la gente tiene expectativas y será desilusionada, pero el tomar una decisión de mantener estas expectativas a un nivel bajo puede minimizar la desilusión. El nivel de desilusión de una persona se correlaciona con el grado en que sus expectativas no fueron satisfechas. Hasta con expectativas bajas, habrá desilusión. El problema no son las expectativas o desilusiones; el problema es cómo son manejadas. Las expectativas tienen que ser dirigidas hacia Dios, a la vez que le comunicas a tu cónyuge tus necesidades. Cuando se experimenta la desilusión de una necesidad no satisfecha es importante que clamemos al Señor y que te comuniques con tu cónyuge con amor.

Es injusto criticar a tu cónyuge por no reconocer y satisfacer necesidades que no han sido comunicadas. La gente no puede leer mentes o adivinar cuales son las necesidades de su cónyuge. Un cónyuge solamente se puede conectar y responder a las necesidades cuando éstas son comunicadas en amor. Esto también creará intimidad y ayudará a una pareja a crecer en unidad al comunicarse en niveles más profundos.

El atacar a tu cónyuge por no satisfacer tus necesidades, resultará en un conflicto hiriente. Recuerda que no es su responsabilidad el satisfacer tus necesidades. Sin embargo es muy dañino para una relación si una parte (o ambas) no está interesada en hacer nada acerca de las necesidades del otro. El egoísmo esta entre tu cónyuge y Dios, y mientras tú te mantienes enfocado en el Señor, se vuelve más fácil para ti enfocarte en satisfacer las necesidades de tu cónyuge en vez de buscar la forma de que tu cónyuge satisfaga las tuyas.

El buscar dar, a veces trae sorpresas muy agradables

Lo que ustedes recibieron gratis, denlo gratuitamente. ~ Mateo 10:8b

Dios no pretendió que tú encontraras felicidad a través de tu cónyuge o de tus hijos. Las personas no son libres cuando la felicidad depende de otros. Dios quiere que descubras una vida de verdadero gozo y satisfacción basándote en quien tú eres en Cristo Jesús.

En un mundo perfecto, las parejas no tendrían que batallar con la mayoría de problemas que hoy en día enfrentan. Dios creó a Adán en un mundo perfecto, pero a causa del pecado, ese mundo se volvió imperfecto y la humanidad ha tenido problemas desde entonces. No se puede culpar a Adán por los problemas presentes. El no causó que la gente se volviera egoísta y egocéntrica. Tampoco se puede culpar a Satanás. Quizá él tiente culpa, pero la decisión de actuar y hacer cosas que causan estrés en las relaciones es tomada por cada una de las personas. Mucha gente suele culpar a su cónyuge, pero no importa lo que éste haya hecho, el no forzó a la persona a comportarse de ese modo. Las tendencias hacia un comportamiento pobre son parte de la naturaleza pecaminosa de la humanidad; un cónyuge no puede ser culpado por esas tendencias. Solo se trata de tomar decisiones diariamente, o a veces momento tras momento para actuar del modo que Dios quiere que actuemos, en vez de actuar del modo que haga a uno sentirse bien o justificado en el momento. Todo se resume en ser obedientes a Dios antes de obedecer a los sentimientos.

Es importante entender las necesidades para continuar hacia la intimidad y seguir hasta tener unidad en el matrimonio. La meta es enfocarse en el Señor y permitirle satisfacer tus necesidades. Es también importante ser una herramienta que se pueda usar para satisfacer las necesidades de tu cónyuge. Habrá crecimiento en la relación, y la pareja dará otro paso hacia un matrimonio fortalecido, al sentir que sus necesidades han sido satisfechas.

> ***"Si estás buscando a alguien que satisfaga tus necesidades, te haga feliz, y haga que tu vida valga la pena, serás grandemente desilusionado, rápidamente desanimado, y básicamente infeliz el resto de tu vida. Pero, si tú solamente pudieras ser la persona que Dios ha dicho que seas, y te des cuenta cómo puedes dar tu vida a alguien más, al satisfacer sus necesidades y hacerla feliz, descubrirías una llenura, gozo, y paz en formas que ni siquiera puedes imaginar".***[3]

Para conversar como pareja

1. ¿Por qué crees que Dios creó a la humanidad con necesidades? ¿Con qué propósito?

2. ¿Estás de acuerdo que el matrimonio tiene que ser una relación de 100% a 0%, en vez de 50% a 50%? ¿Por qué sí o por qué no?

3. ¿Dónde encuentras el balance entre depender de Dios para tus necesidades y hacerle saber tus necesidades a tu cónyuge?

4. ¿Qué puedes hacer para mantener tus expectativas enfocadas en Dios, en vez de estar enfocadas en tu cónyuge y otros?

5. ¿Qué harás para satisfacer mejor las necesidades de tu cónyuge?

Las necesidades

Estudio 18

Entendiendo las necesidades

Dios creó a la gente con necesidades y las necesidades de cada persona son diferentes a las de su cónyuge. Es importante entender las necesidades antes de que uno sea usado por Dios para satisfacer las necesidades de su cónyuge. El entender las necesidades ayudará a la pareja crecer en unidad.

No fuimos hechos para estar completamente satisfechos en este mundo. ~ Michael Card

"Por eso les digo: No se preocupen por su vida, qué comerán o beberán; ni por su cuerpo, cómo se vestirán. ¿No tiene la vida más valor que la comida, y el cuerpo más que la ropa? Fíjense en las aves del cielo: no siembran ni cosechan ni almacenan en graneros; sin embargo, el Padre celestial las alimenta. ¿No valen ustedes mucho más que ellas? ¿Quién de ustedes, por mucho que se preocupe, puede añadir una sola hora al curso de su vida? ¿Y por qué se preocupan por la ropa? Observen cómo crecen los lirios del campo. No trabajan ni hilan; sin embargo, les digo que ni siquiera Salomón, con todo su esplendor, se vestía como uno de ellos. Si así viste Dios a la hierba que hoy está en el campo y mañana es arrojada al horno, ¿no hará mucho más por ustedes, gente de poca fe? Así que no se preocupen diciendo: '¿Qué comeremos?' o '¿Qué beberemos?' o '¿Con qué nos vestiremos?' Porque los paganos andan tras todas estas cosas, y el Padre celestial sabe que ustedes las necesitan. Más bien, busquen primeramente el reino de Dios y su justicia, y todas estas cosas les serán añadidas." ~ Mateo 6:25-33

Dios sabe que la gente tiene necesidades y a Él le preocupan esas necesidades. Los cristianos no tienen que estar corriendo como la gente del mundo tratando de satisfacer sus necesidades del modo que sea. Ellos pueden confiar en el Señor, buscarlo, y estar seguros de que Él proveerá. Es importante recordar que una persona no debe esperar o demandar que su cónyuge u otros satisfagan sus necesidades. Dios desea ser el enfoque en las necesidades de sus hijos y tu cónyuge solo te desilusionará si esperas que él satisfaga tus necesidades. Hay muchas formas de que tus necesidades sean satisfechas. Uno puede:

- Ignorar las necesidades y pretender que ellas no existen.
- Reprimir las necesidades y negarlas.
- Volverte esclavo de las necesidades, gastando una vida buscando satisfacerlas a través de los logros, relaciones, la carne o el mundo.
- Empujar tus necesidades hacia tu cónyuge u otros, demandando que ellos las llenen.
- Hacerle saber tus necesidades a tu cónyuge u otros.
- Darle tus necesidades a Dios y permitirle que Él las satisfaga a su modo.

La forma saludable es darle tus necesidades a Dios en oración y hacérselas saber a tu cónyuge y a otros apropiadamente. Esto tomará paciencia, práctica, disciplina, y oración. Algunas veces esperar en el Señor no será fácil.

Tipos de necesidades

Las necesidades son un ejemplo de la increíble complejidad del ser humano. Dios nos creó físicamente, emocionalmente, mentalmente, y espiritualmente. Todos tenemos necesidades en cada una de estas áreas y las necesidades dentro de esas áreas pueden coincidir. Las necesidades sexuales del hombre con frecuencia son vistas como necesidades físicas, pero también son necesidades emocionales. Los hombres usualmente necesitan ser deseados por sus esposas. De la misma forma, la necesidad de una mujer de seguridad, es tanto emocional como física. Las mujeres normalmente no son tan fuertes físicamente como los hombres y necesitan protección, pero esta necesidad también es parte emocional para ellas.

Las necesidades físicas son menos complejas que las otras areas. El aire, la comida y el agua mantienen al cuerpo funcionando. A lo contrario de lo que muchos hombres dirían, la humanidad puede vivir sin sexo, sin embargo es parte de la creación de Dios. La limpieza es importante para el cuerpo pero también no es absolutamente necesaria para vivir. Las necesidades mentales son más complejas. Los estudios muestran que las personas de la tercera edad que son activos mentalmente viven más tiempo que las personas que no son desafiadas en sus vidas. El cerebro necesita el ejercicio que se recibe al leer, jugar juegos complejos, de memorización y la interacción con la gente.

Las necesidades espirituales son principalmente satisfechas en la relación con Dios, pero también se encuentran en la conexión entre las necesidades espirituales y las necesidades emocionales. A la vez que una pareja crece y madura espiritualmente, habrá también crecimiento en su relación matrimonial. Las parejas, debido a inseguridades, pobre comunicación y falta de intimidad, frecuentemente son negligentes en esta área. Cuando tú empieces a buscar a Dios individualmente y como pareja, descubrirás que habrá una proximidad e intimidad con Dios y el uno con el otro.

Las necesidades emocionales

Las necesidades emocionales son mucho más complejas que las otras áreas de necesidad y son más difíciles de identificar y satisfacer. Las necesidades emocionales que no son satisfechas son causa de conflictos y problemas en el matrimonio. La inseguridad, el ser negligente o la falta de apoyo, con frecuencia son indicativos de necesidades no satisfechas. Quizá una pareja piense que están peleando acerca del dinero, o porque llegan tarde a casa después del trabajo, por ser irresponsables y por un sin número de cosas, pero de hecho su conflicto normalmente gira alrededor de necesidades emocionales no satisfechas.

Cuando las necesidades emocionales no son satisfechas, un matrimonio no experimentará intimidad. Las necesidades no satisfechas al paso del tiempo progresarán de estar heridos a estar enojados, temerosos, sintiéndose culpables y finalmente a la indiferencia. Pensamientos y sentimientos negativos serán construidos hasta que la persona se sienta culpable acerca de esos sentimientos y sin una salida saludable; finalmente dejarán de tomarle importancia y se darán por vencidos. Cuando un cónyuge es apático en su relación, con frecuencia es sólo cuestión de tiempo antes de que su relación termine.

La progresión de necesidades no satisfechas es una realidad de la vida. Dios creó a la humanidad con necesidades, y las necesidades que no son satisfechas en un tiempo prolongado bloquearán la intimidad en el matrimonio. Es importante buscar al Señor para que sea él quien satisfaga tus propias necesidades, pero también es importante descubrir y satisfacer las necesidades de tu cónyuge. Las necesidades que son satisfechas ayudan a la pareja a experimentar una relación saludable y balanceada.

La gente suele hacer cosas que a ellas les gustaría que les hicieran y servir a su cónyuge basándose en sus propias necesidades en vez de las necesidades de su cónyuge. No puedes satisfacer las necesidades de tu cónyuge haciendo lo que a ti te gustaría que te hicieran. Los hombres frecuentemente son olvidadizos o inconcientes de las necesidades de sus esposas, mientras que las mujeres suelen lanzar indirectas acerca de sus necesidades para después desilusionarse porque sus esposos no las pueden interpretar. Normalmente, las necesidades difieren por género y personalidad, y es la responsabilidad de cada cónyuge de aprender las necesidades específicas de su pareja. La página siguiente describirá las necesidades basadas en estas tendencias. El Inventario de necesidades en la página 116 te ayudará a entender tus propias necesidades y te asistirá en cómo comunicar tus necesidades a tu cónyuge. El conversar acerca de las respuestas de tu cónyuge en el Inventario de las necesidades te ayudará a entender sus necesidades específicas.

Las necesidades de las mujeres:

Afecto: Un toque físico no sexual, abrazarla, acariciarla.

Que te importe: Interesado en sus sentimientos y que te importe su bienestar.

Acompañamiento: La necesidad de una cercanía emocional y franqueza.

Devoción: Sentirse adorada y especial.

Paciencia: Esperar calmadamente o sin queja.

Respeto: Ser tratada con dignidad, cortesía y honor.

Seguridad: Protección y provisión. Un ambiente y una relación seguros.

Sensibilidad: Mostrar que simpatizas con sus sentimientos y emociones.

Importancia: Saber que ella es valiosa por quien ella es.

Intimidad espiritual: Compartir espiritualmente, sentir unidad y sinceridad mutua de la pareja con Dios.

Digno de confianza: Fiable, fidelidad a tu palabra.

Amor incondicional: Absoluto, sin preguntas.

Comprensivo: Escuchar sin juzgar y con interés.

Las necesidades de los hombres:

Aceptación: Una aceptación favorable sin rechazo.

Admiración: Saber que él es importante y que vale la pena.

Apreciación: Agradecida por lo que él hace.

Aprobación: Ser juzgado favorablemente sin críticas.

Compañerismo: Hacer cosas juntos. Tener intereses en común.

Ánimo: Animarlo con valor, esperanza o confianza.

Apoyo: Trabajar con él y animarlo. Ser un equipo.

Respuesta física: Demostración de afecto y responder sexualmente afirma la masculinidad del hombre.

Respeto: Ser tratado con honor.

Ser necesitado: Que él es importante para el bienestar de la familia.

Confianza: Creer en él y en que él sabe lo que está haciendo.

Conexión espiritual: Servir a Dios juntos, tener un propósito juntos y dirección en su espiritualidad.

Amor incondicional: No estar limitado o sujeto a condiciones.

Necesidades de acuerdo a la personalidad[1]

El león:

- Apreciación: Que su trabajo con mucho esfuerzo, es apreciado.
- Acción: Les gusta que las cosas sucedan y sigan adelante.
- Oportunidad para liderazgo.
- Algo que puedan controlar.

La nutria:

- Atención: Necesitan la atención de la gente.
- Aprobación: Recibir elogios por lo que han hecho.
- Afección: Les encanta ser amados.
- Actividad: Constantemente haciendo cosas.

El labrador:

- Paz: Calma, no-presión.
- Valorarse: Necesitan saber que ellos importan; que ellos valen la pena.
- Significativo: Que ellos tienen valor.

El castor:

- Apoyo: Que estás en su equipo.
- Espacio: Necesitan tiempo para ellos mismos.
- Silencio: Tiempo alejados del ruido y del clamor de la vida.
- Estabilidad: Un sentido de orden en su vida.

Lenguajes del amor

En su libro Los cinco lenguajes del amor, Gary Chapman señala que la gente habla diferentes lenguajes de amor.[2] Los lenguajes del amor son la forma como la gente recibe amor y aunque ellos disfrutan el recibir amor en todas las formas, normalmente una forma es la preferida. Los lenguajes del amor son:

- ***Toque físico***
- ***Tiempo de calidad***
- ***Recibir regalos***
- ***Actos de servicio***
- ***Palabras de afirmación***

Los lenguajes del amor son parte del proceso de satisfacer las necesidades de tu cónyuge. Un esposo y una esposa raramente tienen el mismo lenguaje primario de amor. Las parejas frecuentemente cometen el error de hablarles a sus cónyuges con su lenguaje de amor primario, en vez de hablarles en el lenguaje de amor primario de ellos. Esto crea confusión y frustración. Una vez que identifiques y aprendas a hablar el lenguaje primario de amor de tu cónyugue, descubrirás la clave para ayudarle a sentirse amado y satisfacer sus necesidades.

Es importante aprender los lenguajes del amor y aprender el lenguaje primario de amor de tu cónyuge. El aprender su lenguaje de amor toma un poco de tiempo y trabajo, pero vale la pena el esfuerzo. El trabajar deliberadamente en hablar el lenguaje de amor de tu cónyuge puede mejorar tu relación drásticamente. Ahora tomemos un breve vistazo a los cinco lenguajes del amor:

Toque físico: Cogerse de las manos, besarse, abrazarse y el acto sexual, son todas ellas formas de comunicarle amor a tu cónyuge. El tocar no es sólo sexo; es el alcanzar a tu cónyuge en muchas formas y en tiempos diferentes.

Tiempo de calidad: No es solamente dos cuerpos en el mismo cuarto o en el mismo carro. Significa comunicación y actividades que gozan mutuamente. No significa ver la televisión juntos, a menos que los dos quieran, significa el escucharse el uno al otro.

Recibir regalos: Un regalo es un objeto físico que le recuerda a la persona que se estaba pensando en ella. Los regalos no necesariamente necesitan ser caros, pueden ser hechos por ti o hasta quizás lo pudiste haber encontrado. Son símbolos visuales de amor.

Actos de servicio: Por encima de todo Jesús demostró amor a través de actos de servicio. El lavarle los pies a los discípulos es uno de muchos ejemplos. Actos de servicio significa hacer cosas por tu cónyuge que le harán sentirse amado.

Palabras de afirmación: Las palabras penetran, especialmente si son dichas por personas cercanas o amadas. Una palabra de afirmación puede tocar a un alma con un poder extraordinario. Los cumplidos verbales o palabras de apreciación son comunicadores poderosos de amor.

Descubre el lenguaje de amor primario y secundario de tu cónyuge. Observa lo que él hace para expresar amor a ti o a otros. ¿Da regalos y parece que siempre está pensando en comprar algo para alguien más? ¿Constantemente busca afirmar a otros? Frecuentemente puedes identificar su lenguaje de amor al ver como expresa amor a otros. Piensa cómo reacciona a las diferentes formas de expresión tuyas. ¿Reacciona con pasividad cuando recibe regalos? o ¿expresa una apreciación increíble aunque se le de un regalo muy pequeño? ¿Se aparta de una caricia? o ¿parece que se derrite cuando tú o alguien más lo acaricia? Observar y desarrollar un conocimiento sobre tu cónyuge te ayudará a aprender sus lenguajes de amor.

Una vez que hayas descubierto el lenguaje de amor de tu cónyuge, pon ese conocimiento en práctica y háblale su lenguaje de amor diariamente. Forma nuevos hábitos; busca amar a tu cónyuge del modo como Dios pretende que lo ames. Ámalo como es, no como tú piensas que él debería ser.

Haz una lista de cosas que puedes hacer para satisfacer las necesidades de amor en su lenguaje de amor de tu cónyuge. Haz una de esas cosas regularmente, o quizá hasta diariamente para que te adentres en la práctica de expresar amor, en su lenguaje de amor.

"Sí, estoy seguro. Ves, lo dice aquí en www.hombresegoistas.org, el lenguaje de amor de la mujer debería de ser el mismo que su esposo."

Para conversar como pareja

1. ¿Cómo has tratado de satisfacer tus proprias necesidades?

2. Echando un vistazo hacia atrás en tu vida, ¿dirías que tus necesidades emocionales generalmente han sido satisfechas, o no han sido satisfechas?¿Por qué es esto?

3. ¿Has experimentado la progresión descendente de necesidades no satisfechas? Explica.

4. ¿Qué aprendiste sobre las necesidades en las explicaciones de la página 113?

5. ¿Cuál es el lenguaje primario de amor de tu esposo? ¿Qué puedes hacer para hablarlo?

Inventario de las necesidades emocionales

Evalúa tus cinco necesidades más importantes, usando el número 1 para la más importante, hasta la número 5. Quizá necesitarás tomar de referencia las definiciones de la página 113. Haz lo mismo con tu cónyuge y después conversa con él sobre los resultados. Esta es una oportunidad grandiosa para descubrir cuáles son tus necesidades primarias y las de tu cónyuge. El aprender sobre las necesidades de cada uno es una manera de crecer en la relación el uno con el otro. Después de eso, busca satisfacerlas.

Tú mismo		*Tu cónyuge*
________	*Aceptación*	________
________	*Admiración*	________
________	*Afecto*	________
________	*Apreciación*	________
________	*Aprobación*	________
________	*Dedicado*	________
________	*Compañía - Acercamiento emocional*	________
________	*Compañía - Intereses comunes*	________
________	*Devoción*	________
________	*Ánimo*	________
________	*Paciencia*	________
________	*Responder físicamente*	________
________	*Respeto*	________
________	*Seguridad*	________
________	*Sensibilidad*	________
________	*Importancia*	________
________	*Conexión espiritual*	________
________	*Intimidad espiritual*	________
________	*Apoyo*	________
________	*Ser necesitado*	________
________	*Confianza*	________
________	*Digno de confianza*	________
________	*Amor incondicional*	________
________	*Comprendido*	________

Las necesidades

Estudio 19

Satisfaciendo las necesidades

> *No hagan nada por egoísmo o vanidad; más bien, con humildad consideren a los demás como superiores a ustedes mismos. Cada uno debe velar no sólo por sus propios intereses sino también por los intereses de los demás. ~ Filipenses 2:3-4*

> *El éxito en la vida, no es por lo que obtenemos, es en lo que damos. Las cosas que obtenemos, el poder que poseemos, la fama que alcanzamos, nunca llenará esa última necesidad que solo podemos encontrar en dar.*
> *~ Kenn Kington*

Otros antes que yo

La palabra de Dios dice que debemos buscar los intereses y las necesidades de otros. Bíblicamente, los cristianos deben poner a otros primero que a ellos. Este principio se verá en los matrimonios donde ambos individuos se permiten a sí mismos ser usados por Dios, para satisfacer las necesidades de uno y otro.

Los límites saludables te dan la libertad para decir que no a esas cosas que no son buenas para ti, o no son lo mejor para tu matrimonio. También te dan la libertad para decir que sí a las cosas que fortalecerán, edificarán y bendecirán a tu cónyuge. El aprender las necesidades de tu cónyuge es una manera increíble de hacer crecer tu relación. Al esforzarte para satisfacer las necesidades de tu cónyuge sin importarte su comportamiento, cambiará tu relación. Tu cónyuge quizá sea una persona enojona, hiriente, rencorosa. ¿Te has preguntado alguna vez por qué tu cónyuge es así? ¿Sus necesidades son satisfechas? ¿Son hablados sus lenguajes de amor? ¿Es una persona a la que constantemente se le está afirmando y animando, o es constantemente criticada? Si quieres ver los cambios en tu cónyuge, aprende sobre sus necesidades y después satisface esas necesidades constantemente.

Es un riesgo el dar el 100% sin esperar nada a cambio, pero la posibilidad de tener un matrimonio fuerte y floreciente vale la pena. Esto no es algo que haces una vez y después lo ignoras por el resto de tu vida. Las necesidades están en curso y cambian al pasar de los años. Las necesidades de tu cónyuge, en algun momento determinado, podrían volverse significativas con la edad, enfermedad o problemas físicos. Esto podría desafiar tu propio compromiso hacia tu relación matrimonial. En esos tiempos es cuando las parejas deben recordar que hicieron un voto de amor y cuidado para su cónyuge hasta que la muerte los separe. Pero hoy en día mucha gente permanece en el matrimonio mientras éste sea una experiencia agradable. Una vez que el matrimonio se vuelve trabajoso y el romance se acaba, empiezan a buscar una relación nueva. El matrimonio debe de ser un lugar donde la persona pueda tomar el riesgo de dar todo sin que tengan que preocuparse de que su cónyuge los deje, cuando la vida ya no sea tan fácil.

Descubriendo las necesidades de tu cónyuge

> *...el casado se preocupa de las cosas de este mundo y de cómo agradar a su esposa-*
> *~ 1 Corintios 7:33*
>
> *...la casada se preocupa de las cosas de este mundo y de cómo agradar a su esposo.*
> *~ 1 Corintios 7:34*

En 1 Corintios, Pablo dice que es mejor para los hombres y las mujeres permanecer solteros para que puedan servir al Señor con todo el corazón. El sabía que esto no era una opción para la mayoría de la gente e indica que la gente casada está preocupada en cómo puede complacer a su cónyuge. Para complacerlos, para satisfacer sus necesidades, las parejas deben conocerse mutuamente y conocer las necesidades de cada uno.

¿Has tomado el Inventario de necesidades emocionales para descubrir las necesidades de tu cónyuge? ¿Has conversado al respecto? No puedes asumir ciertas necesidades por el género de tu cónyuge o tipo de personalidad. Mientras que el inventario es una gran forma de empezar la investigación de tus necesidades, eso no es todo para descubrir las necesidades de tu cónyuge. Pregúntale a tu cónyuge cuáles son sus necesidades, cuáles necesidades no están siendo llenas, y como tú puedes ayudar a satisfacer esas necesidades. No hay mucha gente que responda negativamente a la pregunta, "Amor, ¿qué necesitas de mí?" También conscientemente debes observar a tu cónyuge en diferentes situaciones. ¿Qué es lo que trae alegría? ¿Qué circunstancias causan una sonrisa, o una carcajada? Puedes experimentar al tratar diferentes cosas. Usa la lista en la página 113 como guía, y grábate las respuestas de tu cónyuge a las diferentes actividades que tú lo expongas. Al probar con diferentes actividades, te ayudará a descubrir lo que puedes hacer para satisfacer algunas necesidades de tu cónyuge.

Los pensamientos humanos son aguas profundas; el que es inteligente los capta fácilmente. ~ Proverbios 20:5

Hay más que el sólo conocer las necesidades de tu cónyuge; esposos y esposas necesitan entenderse el uno y otro. El misterio del sexo opuesto es el tema de muchas discusiones, y muchas bromas, pero no tiene que ser un misterio. Dios no creó a los humanos tan complejos, al grado que ellos no pueden ser entendidos. 1 Pedro 3:7 les dice a los hombres que sean considerados al vivir con sus esposas; otra traducción dice que habiten con sus esposas con entendimiento. ¿El hombre o la mujer, sentirán las mismas emociones que sus cónyuges sienten? Muy probablemente no. Pero eso no significa que el entendimiento es imposible. Al usar las técnicas de comunicación aprendidas, las parejas pueden aumentar el entendimiento del uno y el otro y entender las necesidades de sus cónyuges. Aprenderás a identificarte con las emociones de tu cónyuge a la vez que tú reflejes, confirmes y tengas empatía con él. Empatía no es sentir exactamente como el cónyuge siente, sino que es identificarse con sus sentimientos. Es imaginar como sería sentir lo que él siente. Se irá ganando entendimiento a través de la empatía.

Dale a todo el que te pida, y si alguien se lleva lo que es tuyo, no se lo reclames. Traten a los demás tal y como quieren que ellos los traten a ustedes. ~ Lucas 6:30-31

Conocimiento y entendimiento son nada, si nada se hace con ellos. Tienen que ser traducidos a la acción. El principio del 100% al 0%, dar el 100% sin esperar nada a cambio, es único para el cristianismo. El hablar no tiene sentido sin la acción. Es importante escoger 1 o 2 necesidades y empezar a trabajar en llenar esas necesidades. Hablar el lenguaje de amor de tu cónyuge puede empezar al mismo tiempo. Se sentirá raro al principio pero al continuar haciéndolo, constantemente, se volverá más natural. Muchos hombres se sentirán raros al tratar de abrazar a su esposa sin tratar de arreglar el problema cuando ella está experimentando emociones intensas. Sin embargo, esta acción llenará una necesidad profunda en su esposa y hará mucho para construir la relación. Para desarrollar hábitos nuevos y positivos se toma tiempo; así como patrones viejos toman tiempo para ser cambiados. Sé paciente y no te detengas de seguir intentando después de una semana o dos, y digas "esto no funciona". Gary Chapman cuenta la historia de una mujer que habló el lenguaje de amor de su esposo por dos meses antes de que él empezara a responder positivamente.[1] Ella dio cuando no sentía dar y sin recibir nada a cambio. Dios trabajó en el corazón de su esposo y el finalmente respondió.

Den, y se les dará: se les echará en el regazo una medida llena, apretada, sacudida y desbordante. Porque con la medida que midan a otros, se les medirá a ustedes. ~ Lucas 6:38

La progresión de necesidades no satisfechas, lleva a herirse mutuamente y a una distancia emocional y la progresión de necesidades satisfechas lleva a intimidad y a un matrimonio fuerte y saludable. Los cónyuges con necesidades realizadas simplemente son más felices y saludables. Son más aptos para estar interesados en satisfacer las necesidades de sus cónyuges. En vez de un ciclo de enojos y hacerse daño, un ciclo de consideración y dádivas empieza. Un cónyuge hará la diferencia si empieza a hacer cambios y empieza a dar a su cónyuge...sin ninguna expectativa.

Cuando tu cónyuge intente satisfacer tus necesidades, por favor no lo critiques y minimizes sus esfuerzos. No hay nada más desmoralizante que esforzarse uno mismo más allá de su zona de comodidad, solo para recibir una respuesta negativa. Tomará tiempo cambiar comportamientos del pasado. Es difícil cambiar y hacer cosas que no son naturales y extrañas. Elogia los esfuerzos de tu cónyuge, aun cuando sean totalmente un desastre. Animo y un refuerzo positivo ayudará a tu cónyuge a hacerlo bien.

Sé creativo

Hay muchas formas de ser creativos y divertidos cuando buscas satisfacer las necesidades de tu cónyuge. Simplemente noches románticas escrito por Dennis y Barbara Rainey o 101 Noches de Romance Grandioso, escrito por Laura Corn son fuentes excelentes para encontrar ideas para bendecir a tu cónyuge al satisfacer sus necesidades.

"Mi confianza en mi mismo tiene hambre. ¿Tienes algunos halagos de los cuales yo pueda botanear? "

Para conversar como pareja

1. ¿Por qué el pensar en satisfacer necesidades no se trata de ti? ¿Qué puedes hacer para permanecer enfocado en las necesidades de tu cónyuge?

____
____
____
____

2. ¿Qué puedes hacer para descubrir las necesidades de tu cónyuge?

____
____
____
____

3. ¿Por qué es importante entender las necesidades de tu cónyuge, en vez de solo conocerlas?

____
____
____
____

4. ¿Cómo puedes poner en acción tu conocimiento y entendimiento de las necesidades de tu cónyuge? ¿Qué harás para empezar a satisfacer sus necesidades?

____
____
____
____

5. ¿Cómo puedes animar a tu cónyuge cuando intenta satisfacer tus necesidades?

____
____
____
____
____

Matrimonios fortalecidos
Capítulo 5 referencias

Estudio 17: *Las necesidades y las relaciones matrimoniales*

1. Collier's Dictionary; William D. Halsey, Editorial Director (NY, NY; Macmillan Educational Company, 1986)
2. Adapted from Intimate Encounters, by Dr. David and Teresa Ferguson and Dr. Chris and Holly Thurman (Nashville, TN; Thomas Nelson, 1994) p 52
3. Kenn Kington; Searching for a Superman, Watching for a Wonder Woman (Marietta, GA; King 2000 Publishing, 1998) p 25

Lecturas sugeridas:
- 5 necesidades de amor de hombres y mujeres por Gary y Barbara Rosberg
- Los cinco lenguajes del amor por Gary Chapman
- Regalo de amor por Gary Chapman

Estudio 18: *Entendiendo las necesidades*

1. Florence Littauer: Personality Plus for Couples (Grand Rapids, MI; Fleming H. Revell, 2001)
2. Gary Chapman; The Five Love Languages, How to Express Heartfelt Commitment to Your Mate (Chicago, IL; Northfield Publishing, 1992) p 14

Lecturas sugeridas:
- Tesoros de intimidad por David Hormachea
- Dios Es Mas Que Suficiente por Tony Evans

Estudio 19: *Satisfaciendo las necesidades*

1. Gary Chapman; The Five Love Languages, How to Express Heartfelt Commitment to Your Mate (Chicago, IL; Northfield Publishing, 1992) pp 148-259

Lecturas sugeridas:
- El amor es una decisión por Gary Smalley y John Trent

Capitulo 6
Las finanzas

Estudio 20

Las finanzas y tu relación con Dios

El dinero es una parte necesaria de la vida, y puede ser usado para grandes cosas. Sin embargo, el deseo por el dinero lleva a mucha gente a mentir, engañar, robar o aún a asesinar. Problemas de dinero causan gran pena y aún el divorcio en el matrimonio.

> ***Porque el amor al dinero es la raíz de toda clase de males. Por codiciarlo, algunos se han desviado de la fe y se han causado muchísimos sinsabores.***
> ***~ 1 Timoteo 6:10***

El dinero no es la raíz de todo tipo de maldad, pero el amor al dinero puede causar problemas, dolor y quebrantamiento de corazón. Este es un problema tanto para el pobre como para el rico. Posesiones y dinero pueden convertirse en ídolos, y la idolatría es un grave pecado para un Dios celoso. Dios debe ser nuestra prioridad en la vida sobre todas las cosas. Hebreos 12:1 recuerda a los cristianos que dejemos a un lado todo lo que nos estorba y el pecado que nos enreda. El dinero puede ser la trampa que le estorba a la gente para servir a Dios como debe. Un joven rico se alejó de Jesús porque sus riquezas significaban más para él que Dios (Mateo 19:16-24.). Mucha gente, rica y pobre, han dañado su relación con Dios, con su cónyuge o con su familia en la búsqueda de riquezas.

> ***"¡Tengan cuidado! --advirtió a la gente--. Absténganse de toda avaricia; la vida de una persona no depende de la abundancia de sus bienes." ~ Lucas 12:15***

Las Escrituras contienen más de 2,300 referencias al dinero y posesiones.[1] Muchas de las parábolas de Jesús tratan sobre el dinero y Dios da guianza sobre las finanzas a través de la Biblia. El dinero y las cosas materiales no son el problema, sino la actitud de la gente; los deseos y las prioridades con frecuencia causan grandes problemas. La gente debe guardar su corazón de la envidia, la avaricia, el ego y el orgullo. Mucha gente o quiere ser como los ricos y famosos o por celos los condenan por sus riquezas. "Rico" es un término relativo a menos que seas una de las pocas personas extremadamente ricas en el mundo. La comparación es inútil, porque siempre habrá alguien más rico. Ninguna cantidad de dinero es suficiente para el que está enfocado en el dinero. La vida no consiste de posesiones, sin embargo mucha gente acumula posesiones como si su vida dependiera de ellas.

> ***Porque donde esté tu tesoro, allí estará también tu corazón. ~ Mateo 6:21***

> ***"Ningún sirviente puede servir a dos patrones. Menospreciará a uno y amará al otro, o querrá mucho a uno y despreciará al otro. Ustedes no pueden servir a la vez a Dios y a las riquezas."***
> ***~ Lucas 16:13***

> ***"El trato que un hombre le da al dinero es la prueba más decisiva de su carácter, cómo lo gana y cómo lo gasta." - James Moffatt***

El propósito del dinero

¿Para qué usas el dinero? ¿Para adquirir seguridad? ¿Por prestigio? ¿Para conseguir algo de valor? ¿Para mantener un estilo de vida? ¿Para obtener éxito? ¿Para acumular cosas materiales? De acuerdo a la Biblia, Dios es el proveedor. El cuida de su pueblo y promete suplir sus necesidades. (Vea Mateo 6:25-34) Sí, uno debe trabajar y proveer para su familia, pero el dinero no debe ser el propósito que guía tu vida. ¿Cuál es tu propósito, tu visión y tu misión en la vida? Eso es lo que te debe guiar, no la búsqueda de posesiones del mundo, el éxito, o la aprobación de la gente. Ron Blue escribe que la Biblia indica tres propósitos para el dinero.[2]

- El dinero como una herramienta
- El dinero como una prueba
- El dinero como un testimonio

> ***El dinero es un buen sirviente pero un mal maestro. ~ Proverbio Francés***

La gente puede usar el dinero para hacer grandes cosas cuando el dinero no los gobierna. Todos llegan con nada al mundo y no se llevan nada de él. Todo lo que se recibe durante la vida es regalo de Dios. La gente puede gastar su dinero para complacerse a sí misma o para hacer la voluntad de Dios. Como una herramienta, el dinero puede ser usado para atraer gente a Cristo, para ayudar al pobre y para apoyar el ministerio.

Dios prueba a su pueblo para saber en dónde está el enfoque de sus corazones. Cuando la gente no es fiel con lo poco, ¿cómo se le puede confiar con más? Jesús les dijo a sus discípulos "El que es honrado en lo poco, también lo será en lo mucho; y el que no es íntegro en lo poco, tampoco lo será en lo mucho." (Lucas 16:10-11) El uso del dinero revela la honradez y la fe que tienen en el Señor y revela lo que es importante para la persona.

La gente no puede ser atraída a Jesucristo cuando los cristianos no son distintos a los demás. Dios desea que sean ejemplos, para que con sus buenas obras Dios sea alabado (Mateo 5:16). Muchos cristianos suelen vivir sin ninguna diferencia a los que no son cristianos y con frecuencia gastan el dinero de la misma forma, comprando boletos de lotería, alcohol, acumulando posesiones, o en juegos de azar. El dinero es un testimonio cuando la gente ve cómo un cristiano glorifica a Dios en la manera como gasta su dinero. ¿Eres tú diferente que los del mundo? ¿La manera que gastas tu dinero refleja tu cristianismo?

> ***Yo, el Señor tu Dios, soy un Dios celoso, ~ Deuteronomio 5:9***

Prioridades bíblicas

Antes de todo, Dios debe ser primero en la vida de los cristianos. El es un Dios celoso y nada debe venir antes de él. Si la gente pone el dinero, el ganar dinero, aún el cuidar a su familia antes que Dios, es idolatría. Es algo que Dios no tolerará. Esto no significa que las posesiones o el cuidar de tu familia es malo, pero debe existir un balance. De nuevo, el dinero y las posesiones no son el problema, es el corazón. Cuando Dios es primero en la vida de una persona, lo demás caerá en su lugar.

> ***Áma al Señor tu Dios con todo tu corazón, con toda tu alma y con toda tu mente' --le respondió Jesús--. Éste es el primero y el más importante de los mandamientos. El segundo se parece a éste: Áma a tu prójimo como a ti mismo.' De estos dos mandamientos dependen toda la ley y los profetas. ~ Mateo 22:37-40***

Jesús dice que el amar totalmente a Dios es la responsabilidad principal de un cristiano y el amar a tu prójimo como Dios es el segundo mandamiento. El Señor dice que el desearle el bien a una persona y no suplir sus necesidades materiales no es bueno (Santiago 2:15-16). Se ve a través de la Biblia que Dios cuida de la gente y utiliza a otra gente para ayudar a los menos afortunados o en problemas. Ya sea que ayudes al pobre o alcances a tu vecino con el amor de Jesucristo, el dinero debe de ser para ayudar a otros.

Hay mucha necesidad en el mundo ahora, y muchos ministerios buenos están en necesidad de fondos. Uno no podrá dar a cada ministerio que pida, pero los cristianos deben de dar a la obra de

Dios. La generosidad es una virtud que Dios alaba; un espíritu generoso será bendecido. Sin embargo, la gente debe ser sabia y discernir cuando da. Hay aquellos que dicen amar a Dios, pero solo quieren dinero y poder para ellos mismos. Él te revelará donde dar tu dinero conforme busques a Dios y su voluntad para tu vida. Debes primero dar a tu iglesia. Después de eso, el Señor querrá que des a otros ministerios o buenas obras.

> ***Recuerden esto: El que siembra escasamente, escasamente cosechará, y el que siembra en abundancia, en abundancia cosechará. Cada uno debe dar según lo que haya decidido en su corazón, no de mala gana ni por obligación, porque Dios ama al que da con alegría.*** *~ 2 Corintios 9:6-7*

La gente pregunta si debe de diezmar (el dar la décima parte de su ingreso). El diezmar es parte de la ley del Antiguo Testamento y auque los Cristianos no están bajo esta ley, la Biblia es muy clara en varios puntos:

1. Todo lo que tiene la gente viene de Dios.
2. Dios debe ser primero en la vida de una persona.
3. Dios ama a una persona generosa.
4. La gente debe de dar lo que siente que Dios quiere que dé.

No des sin voluntad o compulsivamente. Recuerda límites; tu dinero es tuyo para dar. Ora, busca a Dios y da lo que tú sientes que el Señor quiere que des. Ocúpate de tus responsabilidades y da generosamente.

> ***pero sólo si uno está satisfecho con lo que tiene.*** *~ 1 Timoteo 6:6*

Los cristianos deben de estar contentos con lo que tienen. La envidia y la avaricia son pecado y pueden ser muy destructivos. Cuando te enfocas en el Señor en vez de las posesiones, las cosas materiales se vuelven menos importantes. El servir y actuar como agentes de Dios para los que están heridos y para los que están perdidos se convierte en algo gratificante y satisfactorio. Dios desea bendecir a su pueblo, pero eso no necesariamente quiere decir que se harán ricos. La obediencia, fidelidad, y el amor son más importantes que las riquezas. Cuando la gente está contenta con las bendiciones que tiene, sus vidas servirán como un testimonio del amor de Dios.

> ***"No acumulen para sí tesoros en la tierra, donde la polilla y el óxido destruyen, y donde los ladrones se meten a robar. Más bien, acumulen para sí tesoros en el cielo, donde ni la polilla ni el óxido carcomen, ni los ladrones se meten a robar. Porque donde esté tu tesoro, allí estará también tu corazón.*** *~ Mateo 6:19-21*

Los cristianos deben vivir para Dios, no para las posesiones. Extravagancia y opulencia son cosas que Jesús ni condenó ni bendijo. La riqueza no es mala y Dios sí bendice a gente con dinero, pero la gente de Dios no presume su riqueza ni se satisface a sí misma. Dios ve el corazón y le interesa el propósito, el motivo y la actitud que tenemos hacia las posesiones.

Tener deuda y gastar más allá del ingreso que la gente gana es un gran problema hoy en día. Mientras que pudiera ser necesario pedir prestado en ocasiones, el vivir una vida de crédito y deuda es una esclavitud. La deuda dictará como gastarás tu dinero en el transcurso del préstamo y el interés que pagarás en el préstamo podría servir para pagar cosas esenciales para la familia. La deuda también limita en las opciones que tienes para servir a Dios y ayudar a otros. Confía en Dios y en su provisión y vive dentro de tu presupuesto.

> ***Manténganse libres del amor al dinero, y conténtense con lo que tienen.***
> *~ Hebreos 13:5*

"Señor con gusto rindo mis riquezas, si puedo tener las riquezas de Roberto."

Dios te pudo haber bendecido con la habilidad de ganar una gran cantidad de dinero, o puede que batalles para ganar lo suficiente para darle de comer a tu familia. De cualquier manera, existen principios bíblicos respecto a las finanzas. Debes poner a Dios primero en tu vida, amarle, amar a otros y ser rico en buenas obras, mientras le sirves al Señor con todo tu corazón. No pongas tu esperanza en las riquezas. Confía en el Señor y sírvele en todo lo que hagas.

A los ricos de este mundo, mándales que no sean arrogantes ni pongan su esperanza en las riquezas, que son tan inseguras, sino en Dios, que nos provee de todo en abundancia para que lo disfrutemos. Mándales que hagan el bien, que sean ricos en buenas obras, y generosos, dispuestos a compartir lo que tienen. De este modo atesorarán para sí un seguro caudal para el futuro y obtendrán la vida verdadera. ~ 1 Timoteo 6:17-19

Para conversar como pareja

1. ¿Dónde aprendiste sobre el dinero? ¿Cuáles son algunas de las ideas que tienes que no son bíblicas?

____

____

____

____

2. ¿Cuáles son tus ideas sobre el propósito del dinero? ¿Cómo se aplican a tu vida?

____

____

____

____

3. ¿Basado en tus finanzas, podría alguien saber que Dios es primero en tu vida? ¿Por qué sí o por qué no?

____

____

____

____

4. ¿Diezmas? ¿Deberías de hacerlo? ¿Por qué sí o por qué no?

____

____

____

____

5. ¿Estás contento con lo que tienes? ¿Crees que Dios estaría complacido con tu actitud sobre el dinero? ¿Por qué sí o por qué no?

____

____

____

____

Finanzas

Estudio 21

Las finanzas y el matrimonio

El que no provee para los suyos, y sobre todo para los de su propia casa, ha negado la fe y es peor que un incrédulo.
~ 1 Timoteo 5:8

Toma control de tus finanzas antes de que tus finazas tomen control de ti y de tu matrimonio.
~ Damon Carr

La mayoría de las parejas no platican sobre las finanzas antes del matrimonio y con frecuencia no tienen idea de la salud financiera en la que se encuentran hasta que termine la luna de miel. Uno de los dos o ambos traerán deuda, malos hábitos al gastar, o problemas financieros a la relación matrimonial. Para complicar el problema, los cónyuges con frecuencia tienen diferentes puntos de vista y habilidades respecto a las finanzas. Esta es una de las áreas principales de conflicto en el matrimonio y las parejas suelen platicar escasa y pobremente sobre finanzas. Un cónyuge puede gastar dinero o adquirir deuda sin comunicárselo al otro. Algunas parejas hasta se esconden el dinero.

Las personas aprenden sobre las finanzas por ejemplo de sus padres. Usualmente no reciben entrenamiento formal y el ejemplo de sus padres raramente les ayudará en su salud y estabilidad financiera. No tienen un presupuesto o un plan. La ironía del divorcio a causa de las finanzas es que después del divorcio éste causa problemas financieros aun más grandes.

El área de las finanzas es importante en la relación matrimonial y en la intimidad ya que mucha de la vida de un matrimonio gira alrededor de las finanzas. Las parejas deben ser honestas y transparentes en esta área y usar los principios de la comunicación para trabajar juntos respecto a las finanzas del matrimonio.

Diferencias financieras

El matrimonio mezcla y une dos vidas muy diferentes incluyendo, para bien o para mal, las finanzas. El trasfondo económico y social, el punto de vista financiero de los padres y la educación, así como las diferencias naturales afectarán el punto de vista financiero de una persona. Aunque no es cierto en todos los casos, cada tipo de personalidad tendrá tendencias fuertes en cuanto al uso del dinero. Para el Castor, el dinero frecuentemente significa control; para el León, ser competente; para la Nutria, aprecio; y para el Labrador, amor.[1] Preocupados por la seguridad, el Castor y el Labrador suelen ahorrar, mientras el León y la Nutria suelen ser gastadores.

Los hombres suelen valorar el dinero más que la mujer. La persona exhibiendo un fajo grande de dinero usualmente es el hombre. Las mujeres en general toman menos riesgos financieros. Suelen preocuparse más por la seguridad y la estabilidad. Otra vez, esto es generalizando; tú debes aprender puntos de vista específicos de cómo tu cónyuge ve el dinero y debes de conocer su trasfondo económico. Hasta entonces, pueden comenzar a trabajar en las finanzas de la familia. Utiliza el Inventario de trasfondo financiero en las páginas 129 y 130 para que aprendas más sobre los puntos de vista financieros de tu cónyuge.

... familia dividida contra sí misma no se mantendrá en pie. ~ Mateo 12:25

Dirección financiera

Financieramente, un matrimonio no puede mantenerse fuerte cuando la pareja está dividida. La pareja debe trabajar juntos con respecto a las finanzas de la familia. Sin una dirección financiera unida, la pareja no obtendrá los mejores resultados en el uso de su dinero y con frecuencia tendrá dificultades financieras. La pareja necesita metas y objetivos financieros en su matrimonio, y estas metas y objetivos deben alinearse con la visión y misión de la pareja.

Hay muchas decisiones financieras que tomar en la vida.

Utiliza técnicas de comunicación sanas para comenzar a trabajar juntos en desarrollar una dirección financiera en tu matrimonio. Encuentren el punto o aspecto donde estén de acuerdo los dos en que no gastarán dinero sin consultarse. Para parejas en problemas financieros, eso puede significar que deben consultarse en cada gasto. Otras parejas tendrán otro punto o aspecto distinto en el cual deberán de consultarse antes de gastar. Por supuesto que las compras de artículos grandes, como electrodomésticos, vehículos e inversiones deben ser planeados juntos. El trabajar junto hará dos cosas. Primero, los llevará a un acercamiento conforme trabajan en equipo para llevar sus finanzas a un alineamiento con los principios de Dios. Segundo, suelen tener menos problemas financieros y una posición financiera más sólida.

> ***¿Pueden dos caminar juntos sin antes ponerse de acuerdo? ~ Amós 3:3***

La estabilidad financiera familiar se beneficia grandemente de las diferencias del hombre y la mujer si la pareja utiliza esas diferencias y trabajan juntos. La pareja se necesita uno al otro para crear un balance y tomar las mejores decisiones posibles en sus finanzas. Con frecuencia un cónyuge suele ser el que gasta y el otro el que ahorra. Un cónyuge será el que arriesga y el otro deseará garantía y seguridad. Un cónyuge querrá dar a cada necesidad que encuentren, mientras que el otro estará más preocupado por sus propias necesidades. La pareja suele pelear acerca de estas diferencias. El conflicto es el punto de contienda en vez de una oportunidad para crecimiento. Conforme la pareja trabaje junta y aprenda uno del otro, va a adquirir un balance en todas las áreas. Cada uno debe estar abierto al cambio y a aprender nuevos principios, dispuestos a admitir cuando están equivocados y negarse a sí mismos cuando sea necesario para el bien de la familia.

> ***...unidos en alma y pensamiento. ~ Filipenses 2:2***

Bíblicamente, no existe tal cosa como lo tuyo, lo mío y lo nuestro. El concepto no se sostiene cuando la palabra de Dios dice, los dos serán uno. Cuentas separadas en el banco o el dinero que mantienen separado, no caben en el modelo de unidad bíblica. La confianza es una parte integral del matrimonio. Mientras que es necesario confiar en tu cónyuge, es más importante que los dos sean dignos de confianza. La confianza se gana cuando la gente se comporta de manera que edifica la confianza de su cónyuge. El esconder el dinero, gastar sin decirle a su cónyuge, o el gastar en cosas frívolas o pecaminosas romperá la confianza.

Un cónyuge que controla las finanzas excluyendo completamente al otro puede causar problemas serios en el matrimonio. El hombre que gana el dinero y se lo queda todo, dándole a su mujer escasamente para el gasto, no vive de acuerdo a la palabra de Dios. Al igual como la mujer que toma la paga de su esposo en cuanto llega a casa para asegurarse que se gaste sabiamente, también esta fuera de balance con la palabra de Dios, o la mujer puede ser la que gana el sueldo principal en el matrimonio y siente que tiene que controlar las finanzas. Cualquiera que sea la situación, si la pareja no está trabajando unida respecto a sus finanzas, lo más probable es que haya problemas.

Con frecuencia, un cónyuge tiene mejores técnicas financieras que el otro. Este puede ser el hombre o la mujer, y esa persona debe ser la encargada principal de las finanzas. Si ninguno de los dos tiene técnicas financieras sanas, tienen que buscar ayuda. Consejería financiera y entrenamiento están disponibles y frecuentemente pueden ser adquiridas por un costo mínimo o gratis. Mientras que un cónyuge paga las cuentas y maneja las finanzas diariamente, es importante que los dos estén alertas y trabajando juntos en este aspecto de la familia.

La habilidad de trabajar juntos es más importante para la salud financiera en el matrimonio que la cantidad de dinero que tiene la pareja.

A veces el dinero se convertirá en el arma para conseguir el poder y el control en el matrimonio. Desafortunadamente, hay ocasiones cuando el hombre o la mujer usarán el dinero para controlar o manipular a su cónyuge. ¡Esto no es a lo que se refieren cuando dicen que el dinero es una herramienta! La herramienta, en este caso, debe de ser usada para avanzar el reino de Dios y lograr sus propósitos. Cuando para uno o para los dos el dinero representa control, poder, libertad, amor, imagen, o autoestima entonces no habrá balance en las finanzas de la familia. Mantener una perspectiva apropiada del dinero es importante para la estabilidad financiera de la familia.

"Pero mi amor, estaba 'en descuento' y tú nunca sabes cuando necesitarás un autobús. Para los niños, para el ministerio, para algo..."

Mayordomía y responsabilidad

El concepto de la mayordomía aparece primero en la Biblia, cuando Dios le dijo a Adán que sometiera la tierra en Génesis 1:28-30. Los mayordomos cuidan la propiedad de su dueño; el concepto bíblico es que Dios es dueño de todo y le ha dado al hombre la mayordomía sobre su propiedad. La responsabilidad es la clave para la mayordomía bíblica. Dios da los recursos para que sean usados para sus propósitos. La responsabilidad de usar esos recursos apropiadamente recae sobre el hombre y la mujer juntos. ¿Cuál es tu visión? ¿Cuál es tu misión? ¿Estás usando los recursos que Dios te ha dado para realizar estas áreas? Para comprender el concepto de la mayordomía y responsabilidad financiera, es importante entender que el propósito de la humanidad en la Tierra no es el servirse a sí mismos. Hay una responsabilidad de usar nuestras finanzas para los propósitos de Dios.

Paguen a cada uno lo que le corresponda: si deben impuestos, paguen los impuestos; si deben contribuciones, paguen las contribuciones; al que deban respeto, muéstrenle respeto; al que deban honor, ríndanle honor. No tengan deudas pendientes con nadie, a no ser la de amarse unos a otros. De hecho, quien ama al prójimo ha cumplido la ley.
~ Romanos 13:7-8

Cada uno tenemos la responsabilidad de cuidar de nuestra familia, de pagar los impuestos y la deuda que uno adquiere. Jesús demostró estos principios cuando dijo que le dieran al César lo que es del César (Mateo 22:21), cuando el mismo pagó sus impuestos (Mateo 17:24-27), y cuando el designó a Juan que cuidara de su madre (Juan 19:26-27). Jesús les dijo a sus discípulos que pagaran sus impuestos a pesar del hecho de que Roma era un gobierno terrible, opresivo y corrupto. Él pagó el impuesto del templo cuando no era un impuesto que tenía que pagar. Jesús tuvo cuidado de su responsabilidad con su madre aun cuando estaba clavado en la cruz. La mayoría de la gente perdonaría una omisión bajo esas circunstancias, pero la responsabilidad era importante para Jesús.

La Biblia dice que no dejes ninguna deuda pendiente, excepto la deuda de amarse uno al otro. Los cristianos deben vivir dentro de sus medios, si no pueden pagar algo, la regla debe ser no comprarlo. Las parejas con frecuencia se encuentran en dificultades financieras porque no esperan a que llegue la provisión de Dios. Usan el crédito para sus compras en vez de permitirle al Señor que provea en su tiempo. La gente piensa en términos de cuánto es lo que pueden pagar al mes en vez de esperar el dinero en efectivo para comprar las cosas. El pagar intereses cuando no es necesario no es una manera efectiva del uso de los recursos que Dios nos ha dado.

Recuerda los principios acerca de los límites cuando estés trabajando con tus finanzas. Acepta responsabilidad en las áreas que están bajo tu control y no tomes responsabilidad por las áreas en las cuales no tienes control. El actuar responsablemente con tus finanzas es un gran límite que puedes tener y esto honrará a Dios. No puedes forzar a tu cónyuge a trabajar contigo o a gastar el dinero con sabiduría. Pero sí puedes tomar medidas para mantener su irresponsabilidad sin afectarte y afectar el bienestar de tu familia.

Si no puedes resolver problemas financieros en tu matrimonio, busca consejería. Consigue la ayuda que necesitas para mantener tus finanzas en pie y comiencen a trabajar juntos. Sean abiertos y honestos uno con el otro y no se den por vencidos. Todas las áreas del matrimonio requieren esfuerzo y perseverancia para llegar a ser lo que Dios quiere que sean.

Recuerda, tu cónyuge NO es el enemigo.

Para conversar como pareja

1. Como pareja, hablaron sobre las finanzas antes del matrimonio? ¿Por qué crees que es importante el entender las fortalezas y las debilidades financieras de ustedes dos?

____
____
____
____

2. ¿En qué forma son diferentes tú y tu cónyuge en las áreas financieras? ¿Quién es el gastador y quien es el ahorrativo?

____
____
____
____

3. ¿Están tú y tu cónyuge generalmente de acuerdo o des acuerdo con respecto a sus finanzas? ¿Cómo pueden estar más de acuerdo?

____
____
____
____

4. ¿Cómo pueden trabajar juntos para cuidar las finanzas de la familia?

____
____
____
____

5. ¿Cómo es la mayordomía importante en el matrimonio? ¿El contraer deudas es tener buena mayordomía?

____
____
____
____

Inventario de trasfondo financiero

Contesta las siguientes preguntas honesta y abiertamente. Tu cónyuge también debe contestar las preguntas antes de discutirlas. Discutan las respuestas y tomen notas sobre cómo pueden trabajar juntos para manejar las finanzas de su familia.

---

1. ¿Quién controló las finanzas en tu familia cuando crecías? ¿Tu madre o tu padre? ¿Trabajaron juntos con sus finanzas? ____

2. ¿Viste juegos de azar en tu familia cuando crecías? ¿Alguien en tu familia tenía problema con los juegos de azar? ____

3. ¿Cuándo eras niño, tus padres hicieron algo para enseñarte sobre las finanzas? ¿Qué recuerdas haber aprendido sobre las finanzas? ____

4. ¿Tu madre trabajó fuera de la casa? ¿Por qué sí o por qué no? ____

5. ¿Tus padres te compraban todo lo que querías? ¿Recuerdas haber crecido sin algunas cosas? Explica: ____

6. ¿De dónde recibías dinero cuando eras niño? ¿Cuál fue tu primer trabajo? ¿Cuándo lo conseguiste? ____

7. ¿Cuál de tus padres era el gastador? ¿Qué recuerdas sobre esto? ____

8. ¿Tus padres daban a la caridad? ¿Iglesia? ¿Ayudaban a otros? ¿Qué recuerdas? ____

9. ¿Qué sabes sobre un presupuesto? ¿De dónde tomaste esta información? ____

10. ¿Cuándo eras adolescente, tus padres pagaban todos tus gastos? ¿Cuándo empezaste a comprar tus propias cosas? ___

11. ¿Antes del matrimonio, mantenías un balance en tu cuenta de cheques? ¿Tenías ahorros? ¿Inversiones? ¿Cómo eran tus finanzas? ___

12. ¿Quién te ha influenciado positivamente respecto a las finanzas? ¿Qué recuerdas de esta persona?

13. ¿Antes de que te casaras debías dinero a alguien? ¿Por qué? ___

14. ¿Ves el dinero como algo para gastar o como algo para usar con algún propósito? ¿Por qué?

15. ¿Sueles preocuparte por las finanzas? ¿Cómo manejas de los problemas financieros? ___

16. ¿Cuál es tu punto de vista sobre la deuda? ¿Es aceptable? ¿Cuándo? ___

17. ¿Compras cosas que no necesitas sólo porque están en descuento? ¿Cuándo vas de compras, compras con una lista o con una meta específica, o vas y compras impulsivamente? ___

18. ¿Quieres ser rico? ¿Por qué sí o por qué no? ___

19. ¿Tú y tu cónyuge pelean sobre el dinero? ¿Por qué? ___

20. ¿Quién debe cuidar el dinero? ¿Esposo? ¿Esposa? ¿Ambos? ¿Por qué? ___

Finanzas

Estudio 22

Tu futuro financiero

El corazón del hombre traza su rumbo, pero sus pasos los dirige el Señor. ~ Proverbios 16:9

Nuestra meta financiera en el matrimonio no es de convertirnos en ricos, sino de estar contentos en Cristo. El estar contento viene de la seguridad en Cristo y de la buena mayordomía de nuestro dinero.[1]

Nadie planea fracasar, simplemente fracasan a planear. ~ Damon Carr

La planeación financiera es un aspecto importante de un matrimonio fortalecido. El planear ayudará a evitar problemas financieros en el futuro y ayudará a la pareja a crecer juntos. El aumentar la comunicación y el trabajar juntos fortalecerá su matrimonio y aumentará la intimidad. El trabajar como un equipo financiero no sucede naturalmente. De hecho, puede que experimenten un aumento en sus conflictos cuando empiecen a trabajar juntos en sus finanzas. Al perseverar, tu matrimonio y tus finanzas se fortalecerán. Es importante incluir a Dios en ésta área de tu matrimonio. Su palabra tiene mucho que decir sobre las finanzas, y habrá bendiciones por planear de acuerdo a los principios de Dios.

Obtengan consejo financiero

Cuando falta el consejo, fracasan los planes; cuando abunda el consejo, prosperan. ~ Proverbios 15:22

El manejar tus finanzas, aún para aquellos con recursos limitados puede ser una tarea complicada. Existen contadores que llevan la cuenta del dinero para compañías grandes y aun así estos contadores poseen técnicas débiles en sus finanzas personales. Para la mayoría de la gente, las finanzas pueden ser intimidantes. Busca un consejero financiero, un contador o a un cristiano que te pueda ayudar. Hay iglesias y ministerios que le ayudan a la gente en sus finanzas con poco o sin ningún costo alguno. Tu pastor puede recomendarte a alguien con conocimiento en las finanzas que te pueda dar consejo. Usa consejeros cristianos, es más probable que ellos compartan tus valores y prioridades. La opinión de varios consejeros puede ser de gran ayuda mientras consideras tus opciones.

Aún si obtienes ayuda profesional o de un voluntario en tus finanzas, es importante que te eduques en cuestiones de finanzas. Aún los profesionales pueden cometer errores. Tienes que tener suficiente información para entender el consejo que se te ha dado y saber si es la opción correcta para ti y tu familia. Toma un curso, asiste a un seminario, compra o pide prestado libros sobre finanzas. Las bibliotecas contienen una cantidad enorme de información; información gubernamental respecto a los impuestos y a las finanzas puede que también estén disponibles. A nadie le importa tus finanzas más que a ti. Es importante obtener consejo, pero también es importante que tengas algo de conocimiento.

Analiza tu situación financiera presente

Completa la "Página de posesiones financieras" en la página 140 para que determines rápidamente tu salud financiera. Honestamente escribe las cantidades. Si es posible, usa cantidades exactas en los saldos de préstamos y en el valor de tus posesiones. Prudentemente estima el valor de tus muebles y tus pertenencias personales. Excepto en cosas antiguas o cosas muy valiosas, deberás evaluar las cosas en cantidades bajas para ser más precisos. Enlista toda tu deuda en el lado de los adeudos. Los adeudos a corto plazo son las cantidades que debes ahora en servicios y cuentas pendientes. La meta es tomar un vistazo a tu valor neto en este momento. Una vez que tus posesiones y tus adeudos están escritos y sumados, resta tus adeudos de tus posesiones totales para obtener tu valor neto. Entre más grande tu valor neto mejor. Si tu valor neto es negativo, lo cual es un adeudo neto, se requerirá mucho trabajo.

La sociedad le dirá a la gente que merecen unas vacaciones, carros nuevos, joyas, y todas las posesiones que puedan comprar con tarjetas de crédito, pero la realidad es que las parejas deben ser responsables con el dinero que Dios les ha dado. El lado de los adeudos en la página puede ser un recurso para establecer algunas metas y objetivos financieros. La deuda es una atadura a pagos mensuales y es falta de flexibilidad para disponer de tu dinero como tú deseas o como el Señor te dirija. Si estás en deuda, tu primera meta financiera puede ser salir de ella.

Sal de deudas haciendo lo siguiente:

1. Deja de comprar a crédito.
2. Paga primero las cuentas con el interés más alto.
3. Paga una deuda a la vez.
4. Continúa pagando cada préstamo hasta que la deuda sea eliminada.

El caer en deuda es cuestión de gastar más dinero del cual recibes. El mantenerte fuera de deuda requiere disciplina financiera y dominio propio. Mucha gente no comprende que algo de sacrificio ahora traerá gran recompensa después. La gente joven ahora suele pensar que no hay motivos para no poder tener lo que sus padres tienen. El crédito fácil lo hace posible, pero también los previene de lograr salud financiera sólida.

¿"El presupuesto sólo me permite cinco dólares al mes para ir de compras al centro comercial?"

Establece un presupuesto

> *"Presupuesto: decirle a tu dinero a donde ir en vez de quedarte pensando a donde se ha ido." ~ C.E. Hoover[2]*

Mucha gente ve un presupuesto como algo negativo que controla su vida y limita su placer. Algunos no quieren tomarse el tiempo de llevar cuenta de sus gastos ni tienen la disciplina de comenzar un presupuesto y mantenerse en él. Sin embargo, un presupuesto no es difícil de establecer y mantener. Aunque tomará sacrificio, dedicación, y trabajo hacer un presupuesto efectivo y útil para tus finanzas, la libertad y los beneficios que experimentarás son grandiosos. Un presupuesto:

1. Aumentará tu control sobre tu dinero.
2. Te dará una sentido de seguridad sobre tus finanzas.
3. Te ayudará a fijar metas y objetivos financieros.
4. Permitirá el éxito financiero, sin importar tu nivel de ingreso.
5. Mejorará el trabajo de equipo y la contabilidad en tu matrimonio.
6. Aumentará tu conocimiento como consumidor.

Usa la "Página de presupuesto" en la página 139 para comenzar a establecer tu presupuesto. Primero determina tu ingreso; escribe tu salario antes de deducciones y cualquier otro ingreso que recibas regularmente. Suma tus ingresos y luego escribe tus gastos. Algunos gastos en la página quizás no te apliquen y puede que haya otros que no estén. Escribe todos tus gastos en la página.

Una vez terminada, la "Página de Presupuesto" te permite ver como tus gastos se comparan con tus ingresos. El concepto de un presupuesto es que los gastos son colocados por prioridad dependiendo de la vida de las parejas y tomando en cuenta el ingreso disponible. Si los gastos superan el ingreso, se tendrá que aumentar el ingreso o los gastos tendrán que ser recortados. El crédito no es la respuesta, puesto que sólo prolonga pagar el gasto e incrementa el costo por cuestión de lo intereses.

El vivir con un presupuesto toma disciplina, pero el esperar para comprar algo deseado valdrá la pena para el bienestar de tu salud financiera. Confía en Dios y pídele que sea tu proveedor en todas las cosas que deseas. Cuida de tus responsabilidades primero, tal como impuestos y el dar a la obra de Dios. Los ahorros a largo plazo o ahorros para la jubilación son importantes y proveen sostén cuando el trabajo ya no es factible. Ahorros a corto plazo proveen para los gastos que ocurren periódicamente, como cuentas médicas, pagos de seguro, reparaciones de automóvil, regalos o vacaciones. Los expertos financieros cristianos señalan que un automóvil debe ser pagado en efectivo, no con crédito. Una vez que tengas el hábito de ahorrar para comprar, en vez de comprar y luego buscar la manera de pagar la deuda, tu posición financiera mejorará dramáticamente. Tomará algo de tiempo y disciplina llegar a este punto, pero el esfuerzo valdrá la pena.

Quizás tengas que vivir un estilo de vida más sencillo y hacer lo que sabes que es lo correcto y no lo que se siente bien. Se siente bien el comprar ropa nueva, joyas, un carro nuevo o cosas para la casa, pero es un sentimiento temporal que no te traerá beneficio con el tiempo. Es muy difícil para los que compran por sentirse bien salir adelante financieramente. El gastar impulsivamente suele contraer deuda y disminuir los ahorros.

Planea hoy con prudencia para el mañana; haz planes en vista de las circunstancias presentes, no en eventos futuros; y mantén el principio de mantenerte sin deuda. ~ Larry Burkett

Un vistazo a largo plazo

La gente con frecuencia gasta dinero basándose en los ingresos que tuvieran si todo en su presente permaneciera sin cambiar. Larry Burkett dice que ésta es una manera peligrosa de vivir. A menos que hubiera un contrato garantizando de los ingresos en un tiempo determinado, no existe ninguna promesa de ingresos para el futuro. La persona que toma un préstamo para alguna compra, y dice que va a confiar en Dios para tener el dinero y pagar las mensualidades no está realmente confiando en Dios. El confiar en Dios significa esperar en él para que provea lo que es necesario y hacer la compra en efectivo. ¿Esto significa que la gente nunca debe usar crédito? En realidad, es preferible no usar el crédito jamás. Date cuenta de que si te prestan $2,000 dólares y pagas el 10% de interés sobre un periodo de dos años, pagarás $215 en interés. Puede que no parezca mucho, pero es dinero agregado al costo de tu compra. El interés de las tarjetas de crédito se acumula mucho más rápido y es mucho más alto que un préstamo estándar. La mayoría de los expertos financieros están de acuerdo en que la compra de una casa es la única ocasión cuando el pagar interés tiene sentido.

El ingenuo cree todo lo que le dicen; el prudente se fija por dónde va. ~ Proverbios 14:15

Hay muchas maneras de acumular ahorros para el futuro. El ahorro a largo plazo te ayudará si enfrentas problemas físicos y no puedes trabajar o si experimentas un despido en el trabajo y tienes una interrupción de ingresos. Si es posible, pensiones donde la compañía iguala tu contribución es una manera muy buena de ahorrar para la jubilación del futuro. Invertir en la bolsa de valores, bienes raíces o en otras cosas traen riesgos y beneficios. La primer regla cuando inviertas es que si es muy bueno para que sea realidad, lo más seguro es que sí es. No existe tal cosa como una inversión sin riesgos. El variar tus inversiones reducirá el riesgo y te ayudará a evitar una perdida catastrófica. Muchos hombres dejan a sus mujeres fuera de las decisiones de inversiones porque piensan que las mujeres simplemente no entienden. Esta es una decisión mala. Tu esposa puede que no entienda la bolsa de valores, el mercado libre, pero si te tomas el tiempo para educarla, ella puede darte opiniones valiosas. Hay algo que decir de la intuición de una mujer. El hombre sabio escucha las preocupaciones de su mujer y las toma en cuenta cuando toma decisiones financieras.

Los consejeros financieros te pueden ayudar con las inversiones, pero es tu responsabilidad adquirir el conocimiento necesario para tomar una decisión correcta. Esto es ser un buen mayordomo de lo que Dios te ha confiado.

Un seguro es una parte importante de tu planeación financiera. Como pareja, es necesario analizar su necesidad de seguro de vida, médico, de compradores de casa, de inquilinos, automóviles, y posiblemente seguro de hipoteca. Si la compañía para la cual trabajas te provee de seguro medico y de vida, perfecto. Si no, debes encontrar un seguro que puedas pagar en caso de enfermedad o muerte. Es importante que el esposo provea para su familia ahora y en el evento de una muerte inesperada. Muchas familias se quedan desprovistas al momento que muere el esposo, cuando un seguro de vida apropiado pudo haberlos ayudado.

Es vital que tengas un testamento o fideicomiso por escrito para proteger tus posesiones en el evento de tu muerte. Un testamento es bajo en costo y puede ser escrito muy fácilmente. También, las páginas de "Información personal & financiera" que le sigue a este estudio te ayudará a organizar tu información financiera en caso de que uno o los dos llegaran a fallecer. Teniendo esta información en un lugar seguro evitará más dolor y confusión en un momento difícil. Un poco de planificación ayudará para el futuro de tu familia.

Para conversar como pareja

1. ¿Cuáles son tus metas financieras en la vida? ¿Qué plan tienes para lograrlos?

   ____
   ____
   ____
   ____

2. ¿Cuál es tu estado financiero presente? ¿Tienes mucha deuda?

   ____
   ____
   ____
   ____

3. ¿Cómo puedes salir de deuda? ¿Qué puedes hacer para mantenerte fuera de deuda?

   ____
   ____
   ____
   ____

4. ¿Tienes un presupuesto? ¿Qué necesitas para crear un presupuesto y empezar a usarlo para guiar tus finanzas?

   ____
   ____
   ____
   ____

5. ¿Tienes un testamento? ¿Seguro de vida? ¿Una cuenta de retiro? ¿Está toda tu información financiera organizada? ¿Qué debes hacer para planear tu futuro?

   ____
   ____
   ____
   ____

Información personal y financiera

Nombres: ______________________________ Fecha: ____________

Dirección: __________________ Ciudad: _____________ Estado: ___ Código postal: _______

	Esposo	Esposa
Fecha de nacimiento:	____________	___________
Número de seguro social:	____________	___________
Empleador y dirección:	____________________	____________________
	____________________	____________________
Nombre de los padres/ edad:	____________________	____________________
	____________________	____________________
Hermanos/hermanas:	____________________	____________________
	____________________	____________________

Información de familia cercana

Nombre/Relación	Dirección	# Teléfono	# Seguro social
____________________	_________________________	__________	__________
____________________	_________________________	__________	__________
____________________	_________________________	__________	__________
____________________	_________________________	__________	__________
____________________	_________________________	__________	__________

Nombres importantes

Nombre/Relación	Dirección	# Teléfono
_____________________________	_________________________	__________
_____________________________	_________________________	__________
_____________________________	_________________________	__________
_____________________________	_________________________	__________

Testamento y/o fideicomiso

Localidad del testamento o fideicomiso: ______________________________

Persona indicada de llevar a cabo las disposiciones: ______________ # Teléfono: ________

Si esa persona no puede o no lo llevara a cabo, la alternativa es: ________# Teléfono: ________

Abogado: ________________ # Teléfono: __________

Contador: ________________ # Teléfono: __________

Beneficios de ingresos

Beneficios de la compañía (Descripción): ______________________________

____

____

Contacto: ________________ # Teléfono: __________

Beneficios de seguro social:

Número de seguro social del esposo y la esposa: ______________ ______________

Para recibir beneficios del seguro social, vaya en persona a la oficina local del Seguro social. Lleve la tarjeta del Seguro social, certificado de defunción, certificado de nacimiento, certificado de matrimonio y certificado de nacimiento de cada hijo.

Beneficios de veterano

Área de servicio: ________________ Número de servicio: ______________

Tiempo de servicio: _________ De: _________ Hasta: _________ Rango: _____

Información: ______________________________

____

____

____

Cobertura de seguros

Compañía de seguro: ______________________ Número de póliza: ____________

Persona asegurada: ____________ Beneficiarios: __________________________

Compañía de seguro: ______________________ Número de póliza: ____________

Persona asegurada: ____________ Beneficiarios: __________________________

Compañía de seguro: ______________________ Número de póliza: ____________

Persona asegurada: ____________ Beneficiarios: __________________________

Compañía de seguro: ______________________ Número de póliza: ____________

Persona asegurada: ____________ Beneficiarios: __________________________

Otros seguros

Compañía de seguro: ______________________ Número de póliza: ____________

Tipo de Seguro: __________ Información: ________________________

Compañía de seguro: ______________________ Número de póliza: ____________

Tipo de Seguro: __________ Información: ________________________

Compañía de seguro: ______________________ Número de póliza: ____________

Tipo de Seguro: __________ Información: ________________________

Compañía de seguro: ______________________ Número de póliza: ____________

Tipo de Seguro: __________ Información: ________________________

Propiedades

Descripción	Dirección
______________________	______________________________
______________________	______________________________
______________________	______________________________

Inversiones

Compañía Número de Cuenta Producto

________________ ________________ ________________________

Persona de Contacto: ____

Compañía Número de Cuenta Producto

________________ ________________ ________________________

Persona de Contacto: ____

Compañía Número de Cuenta Producto

________________ ________________ ________________________

Persona de Contacto: ____

Compañía Número de Cuenta Producto

________________ ________________ ________________________

Persona de Contacto: ____

Instrucciones fúnebres

Casa fúnebre: ____________________________ # Teléfono: ____________

Dirección: ____

Lugar de entierro: ____

Instrucciones: ____

____

____

____

Regalos memoriales para dar a las siguientes organizaciones:

__________________ Dirección: _______________________ # Teléfono: __________

__________________ Dirección: _______________________ # Teléfono: __________

Página de presupuesto

Ingreso total mensual: _______

Salario: ______

Otro, _______: ______

Otro, _______: ______

Menos:

1. Donaciones/ofrendas: _______
2. Impuestos (Ingresos est., etc.) _______

Ingreso neto para gastar: _______

3. Gastos de casa: _______
   - Hipoteca (alquiler) _______
   - Seguro: _______
   - Impuestos: _______
   - Servicios: _______
   - Teléfono: _______
   - Mantenimiento: _______
   - Otro _______: _______
   - Otro _______: _______
4. Comida: ________
5. Ahorros a corto plazo: ________
6. Automóvil(es): ________
   - Mensualidad: ________
   - Gasolina & aceite: ________
   - Seguro: ________
   - Licencia/Impuestos:________
   - Mant./reparaciones:________
   - Reemplazo: ________
7. Seguro: _________
   - Vida: ________
   - Médico: ________
   - Otro: ________
   - Otro: ________
8. Médicos: ________
   - Doctor: ________
   - Dentistas: ________
   - Medicinas: ________
9. Deuda: ________
   - Tarjetas de Crédito: _______
   - Préstamos: _______
   - Otro: _______
10. Ropa: ________
11. Diversos: ________
    - Artículos personales:_______
    - Belleza/peluquero: _______
    - Lavandería: _______
    - Subscripciones: _______
    - Regalos (todos): _______
    - Dinero para gastar: _______
    - Otro _______: _______
    - Otro _______: _______
12. Escuela/Cuidado de niños: ________
    - Colegiatura: _______
    - Materiales: _______
    - Cuidado infantil: _______
    - Otro: _______
13. Entretenimiento y Recreación: ________
    - Salir a comer: _______
    - Actividades: _______
    - Vacaciones: _______
    - Otro: _______
14. Inversiones: ________

Gasto Total: ________

Ingreso vs. Gastos

Ingreso neto para gastar: ________

Menos gastos: ________

Ingreso sobrante: ________

Página de bienes y activos financieros

Bienes		Adeudos	
Plusvalía de tu casa:	________	Cantidad que debes de la casa:	________
Valor del vehículo:	________	Cantidad que debes del vehículo:	________
Valor del vehículo:	________	Cantidad que debes del vehículo:	________
Valor de muebles:	________	Deuda de tarjeta de crédito:	________
Valor de pertenencias personales:	________	Deuda de tarjeta de crédito:	________
Valor efectivo del seguro de vida:	________	Otra deuda:	________
Ahorros:	________	Otra deuda:	________
Inversiones:	________	Otra deuda:	________
Inversiones:	________	Adeudos a corto plazo:	________
Inversiones:	________		________
Otras posesiones:	________		________
Otras posesiones:	________		________
	________		________
	________		________
	________		________
Total de activos:	________	**Adeudo total :**	________

Total de activos – Adeudo total = Valor neto ____________

Matrimonios fortalecidos
Capítulo 6 referencias

Estudio 20: *Las finanzas y tu relación con Dios*

1. Ron & Judy Blue; Money Talks and So Can We (Grand Rapids, MI; Zondervan Publishing, 1999) p 12
2. Ibid p 12

Lecturas sugeridas:
- Usando su Dinero Sabiamente; por Larry Burkett.
- Cómo Manejar su Dinero; por Larry Burkett.
- ¿Cómo salgo de mis deudas? por Andrés Panasiuk

Para mayor información:
- Conceptos Financieros Crown: www.conceptosfinancieros.org

Estudio 21: *Las finanzas y el matrimonio*

1. Mike and Jacqueline Powers; Two for the Money (NY, NY; Avon Books, 1999) p 9

Lecturas sugeridas:
- Finanzas Familiares; por Andrés Panasiuk
- Su dinero: ¿Frustración o libertad? por Howard Dayton
- Sanidad en las Finanzas por Bernardo Stamateas

Estudio 22: *Tu futuro financiero*

1. Neil T. Anderson and Charles Mylander; The Christ Centered Marriage (Ventura, CA; Regal Books, 1996) p 170
2. Dicho por; Larry Burkett; World's Easiest Guide to Finances (Chicago, IL; Northfield Publishing, 2000) p 34

Lecturas sugeridas:
- ¿Cómo llego a fin de mes? por Andrés Panasiuk
- El Plan de Dios para su Dinero por Derek Prince
- Finanzas personales por Larry Burkett

Capítulo 7
Matrimonio cristiano

Estudio 23

El fundamento para el matrimonio

"Por tanto, todo el que me oye estas palabras y las pone en práctica es como un hombre prudente que construyó su casa sobre la roca. Cayeron las lluvias, crecieron los ríos, y soplaron los vientos y azotaron aquella casa; con todo, la casa no se derrumbó porque estaba cimentada sobre la roca." ~ Mateo 7:24-25

La importancia del matrimonio

La mayoría de la gente no entiende el matrimonio y cuando se casan están mal equipados para entrar en el. Tú no abordarías un avión con un piloto que no ha sido entrenado o permitirías a un abogado que no está preparado representarte en la corte. Sin embargo tú, como la mayoría de la gente, probablemente recibiste tu permiso para casarte sin ningún entrenamiento formal. El entrenamiento informal que tú recibiste de tus padres no te preparó adecuadamente para el matrimonio y el consejo que tu pastor te dió antes de la boda tuvo sólo un ligero efecto, si es que lo tuvo. Entender la relación del matrimonio es importante para un matrimonio saludable y aprender los principios de Dios es fundamental.

Dos personas distintas influenciadas por diferentes ambientes se juntan para formar una relación matrimonial. Juntos una pareja puede construir una relación que es productiva y satisfactoria, o pueden construir una relación que es destructiva para los dos y para sus generaciones venideras. Las personas no deciden construir un matrimonio disfuncional. Un matrimonio deficiente toma forma con el paso del tiempo a través del egoísmo, la negligencia y las decisiones mal tomadas. Un matrimonio saludable y fortalecido no se vuelve fuerte al seguir una fórmula o veinte reglas para un buen matrimonio. Tienen que crecer, aprender, cambiar y poner en práctica principios bíblicos para edificar un matrimonio que honrará a Dios y soportará las tormentas de la vida.

La gente profesa un compromiso en su matrimonio y un deseo por una relación permanente y estable. Creer que tu matrimonio puede funcionar es muy diferente que tener el compromiso de que funcione a pesar de cualquier obstáculo que quizá ocurra. El compromiso a menudo disminuye cuando el romanticismo se desvanece y la rutina del diario vivir se hace una realidad. Un matrimonio fortalecido tiene un compromiso verdadero y para toda la vida – no importa lo que suceda.

La importancia de la relación marital es sólo impactada por tu relación con Dios. El matrimonio es importante para tu bienestar físico, emocional y para tu futuro generacional a través de tus hijos. La Biblia constantemente muestra lo importante que es el matrimonio para Dios. En la creación, Dios dijo; *"no es bueno que el hombre esté solo, haré una ayuda adecuada para él."* (Génesis 2:18) Dios honra el matrimonio y condena la infidelidad que prevalece en este mundo quebrantado y pecador. El matrimonio es una idea de Dios y cuando las parejas edifican sus matrimonios en los principios de Dios se vuelven fuertes y saludables.

El fundamento

> *porque nadie puede poner un fundamento diferente del que ya está puesto, que es Jesucristo. ~ 1 Corintios 3:11*

Hay sólo un fundamento firme en el cual se puede edificar la vida y el matrimonio – Jesucristo. Él es la roca, el matrimonio debe ser edificado sobre algo firme para poder soportar las tormentas que vendrán en su contra. Construir tu matrimonio en cualquier cosa como en el amor, el romance, en satisfacer necesidades, en los logros – ¡en lo que sea! - es arena que se diluirá cuando las tormentas de la vida lleguen golpeando.

Cristo es el fundamento del matrimonio cuando la pareja entiende quien es Él, quienes son ellos en Él y continúan creciendo en su relación con Él. Los cristianos rinden su vida a Cristo – todo de sus vidas, sus necesidades, sus anhelos, sus deseos y hasta su cónyuge. Cuando las parejas dejan de jugar el papel de Dios al intentar cambiar a su cónyuge y dejan de hacer que él o ella se convierta en lo que ellos quieren que su cónyuge sea, entonces el trabajo del Señor empieza a ser evidente en sus vidas y en sus matrimonios. El matrimonio edificado en Jesucristo buscará servirle, honrarlo y obedecerlo, y vivirá la vida de acuerdo a la dirección de Él.

> ***Con sabiduría se construye la casa; con inteligencia se echan los cimientos. Con buen juicio se llenan sus cuartos de bellos y extraordinarios tesoros. ~ Proverbios 24:3-4***

Jesucristo es el fundamento de un matrimonio cristiano, pero también hay varios principios fundamentales que son importantes para la relación matrimonial. Necesitas entender:

- Quién eres tú como creación de Dios.
- La dirección de Dios y su voluntad en tu vida y en tu matrimonio.
- Los conceptos de límites saludables.
- Los principios de la comunicación.
- Que tú eres responsable de tus propias necesidades, pero también la importancia de ser usado por Dios para satisfacer las necesidades de tu cónyuge como parte de la relación matrimonial.
- Los principios de Dios para las finanzas.

Estos principios son las necesidades básicas para una relación matrimonial saludable y productiva. Éstas te darán las herramientas y los recursos necesarios para edificar un matrimonio fuerte; pero éstas no son en sí la relación matrimonial. Hay mucho más que entender sobre el diseño de Dios para el matrimonio.

> ***De la costilla que le había quitado al hombre, Dios el Señor hizo una mujer y se la presentó al hombre, el cual exclamó: «Ésta sí es hueso de mis huesos y carne de mi carne porque del hombre fue sacada.» Por eso el hombre deja a su padre y a su madre, y se une a su mujer, y los dos se funden en un solo ser. ~ Génesis 2:22-24***

El hombre y la mujer fueron creados separados y diferentes, pero fueron creados para ser uno. Ellos se hacen uno a través de la relación sexual, pero la unidad también habla de la naturaleza monógama del matrimonio. Dios instituyó el matrimonio para que un hombre y una mujer se juntaran en la vida. El matrimonio es sagrado; después de nuestra relación personal con Dios, la relación matrimonial debe ser primero que cualquier otra relación.

Dejando y uniendo

El dejar a nuestros padres y unirnos a nuestros cónyuges es esencial para un matrimonio saludable. Es muy difícil el hacerse uno con tu cónyuge cuando tus padres siguen controlando tu vida. Tener una relación muy estrecha con tu familia es bueno, siempre que haya límites definidos en las relación con ambos padres. La separación es necesaria y saludable para una relación matrimonial que crece. Los padres tienen que darse cuenta que probablemente su hijo casado no podrá pasar cada día festivo con ellos. El esposo y la esposa tendrán que negociar cómo dividirán su tiempo entre sus padres a la vez que mantienen tiempo para ellos dos.

Cuando los problemas con los padres surgen entre esposo y esposa, es tiempo de examinar la relación con ellos. Tus padres no tienen el derecho de entrometerse en tu vida y en tu matrimonio. Frecuentemente esto sucede cuando hay compromisos financieros. Esta es una de las razones por la cual los cristianos expertos en finanzas sugieren que las parejas deben de mantenerse libre de enredos financieros con los padres. La ayuda financiera es necesaria para atravesar una época en la vida y está bien, pero libérate de ella tan pronto como te sea posible. El establecer límites claros y firmes ayudará a crear relaciones saludables con tus padres, al mismo tiempo que le das a tu relación matrimonial espacio y le permites crecimiento.

El dejar a tu padre y a tu madre significa independizarte de ellos. Tal vez los límites saludables son mas importantes en la relación con tus padres que en cualquier otra relación. Los padres pueden ser un recurso formidable de sabiduría y un refugio durante las tormentas de la vida, pero tu fidelidad primaria es para tu cónyuge y tus hijos, no para tus padres. Cuando un cónyuge permite que sus padres intervengan demasiado en su matrimonio, ellos pueden causar división en la relación matrimonial. Habrá tiempos en que uno tenga que llenarse de valentía y decirles que se hagan a un lado. El dar ese paso quizá sea la acción que se requiere para el crecimiento en la relación de tus padres con tu cónyuge. Es bíblico y saludable establecer límites en la forma cómo tus padres se involucran en tu vida matrimonial.

Adherir significa pegarse rápido, permanecer sujeto, devoto o fiel.[1] Adherirse o unirse (permanecer sujeto, devoto y fiel a tu cónyuge) es fundamental para la relación matrimonial. Es un compromiso único en toda la interacción humana cuando dos personas se comprometen a trabajar juntas y a permanecer en la relación de por vida. La fidelidad es una parte importante de esta definición; un esposo y una esposa deciden poner el uno al otro primero que a sus padres, amigos, y hasta que sus hijos. En el matrimonio se adhiere el uno al otro y realizan los retos de la vida juntos.

¿Qué quieres decir con que mis padres están muy involucrados en nuestras vidas?

> ***El porcentaje de divorcio sería más bajo sí en vez de casarse por tiempos buenos o por tiempos malos, se casaran por toda la vida.***
> ***~ Ruby Dee***

Un compromiso fuerte es también fundamental para un matrimonio saludable. Ese compromiso te llevará adelante a través de épocas cuando no te sientes amado por tu cónyuge. De hecho, probablemente habrán tiempos en tu matrimonio cuando tu cónyuge te caiga mal. El ser humano es imperfecto, y es imposible vivir una vida perfecta. El romance y los sentimientos no sostendrán un matrimonio a través de las tormentas que vendrán. El compromiso es el factor que sostendrá al matrimonio durante tiempos malos.

El compromiso es una decisión que las parejas toman y continúan tomando a través de su matrimonio. Es una decisión cambiar, crecer y trabajar para que el matrimonio sea mejor cada día. Es el dejar ir a uno mismo y enfocarse en el cónyuge y en lo que es bueno para el matrimonio. Sí, el matrimonio limita individuos en algunas formas, pero la recompensa y el crecimiento personal que cada uno en el matrimonio recibe vale mucho más que la mencionada libertad perdida. Un compromiso continuo fortalece a la pareja en su relación.

El pacto del matrimonio

Bíblicamente, el matrimonio es un pacto, un compromiso sin reserva por parte de la gente. Un contrato es un acuerdo que involucra el intercambio de servicios. La relación de 50%-50% o de 60%-40% es contractual. Una persona da siempre y cuando la otra persona haga su parte. En contraste, un pacto de compromiso es una relación de 100% - 0%. Así como Jesucristo dió todo por ti, tú eres llamado a dar todo sin esperar recibir nada en tu matrimonio. El diccionario de la Biblia de Nelson dice, "Un pacto, en el sentido bíblico, implica mucho más que un contrato o un simple acuerdo. Un contrato siempre tiene una fecha de vencimiento, mientras que un pacto es un arreglo permanente. Otra diferencia es que un contrato generalmente involucra sólo una parte de la persona, una habilidad determinada, mientras que un pacto cubre todo el ser de la persona."[2] Las parejas toman la decisión de comprometerse totalmente en su matrimonio para toda la vida.

> ***Otra cosa que ustedes hacen es inundar de lágrimas el altar del Señor; lloran y se lamentan porque él ya no presta atención a sus ofrendas ni las acepta de sus manos con agrado. Y todavía preguntan por qué. Pues porque el Señor actúa como testigo entre ti y la esposa de tu juventud, a la que traicionaste aunque es tu compañera, la esposa de tu pacto.***
> ***~ Malaquías 2:13-14***

El matrimonio como un pacto tiene sentido. El hacerse uno no involucra parte de la persona, involucra toda la persona; su mente, cuerpo y alma. Los votos matrimoniales deberían de significar más que un contrato de préstamo o un acuerdo de negocios. Dios toma en serio el pacto del matrimonio, y las parejas también necesitan tomarlo seriamente. El mundo quizá piense que un contrato matrimonial funciona bien, pero ahora muchas personas ven el vacío por la falta de compromiso. Dios estableció el matrimonio como un pacto no como un contrato.

La realidad de la vida es que el matrimonio no es fácil. Es mucho más fácil hablar sobre el compromiso, el pacto, o sobre dar el 100% y no esperar nada a cambio que vivirlo en una forma diaria. Esto es para lo cual Dios ha llamado a las parejas. Uno permanece con su cónyuge no porque así lo quiera, o así lo sienta, sino porque sabe que es lo correcto que debe hacer. El compromiso en el matrimonio no significa aguantar y vivir una vida miserable de sacrificio. Los principios aprendidos en los primeros seis capítulos de este manual te ayudarán a vivir este compromiso y hasta te ayudarán a prosperar y crecer en amor hacia tu cónyuge.

Jesucristo es la base del pacto del matrimonio. Él ha pagado un precio por tí, Él te ama como eres y como vives y por lo que Cristo ha hecho por ti, tú puedes tener el matrimonio que Dios quiere que tengas. Dios te dará el poder para amar a tu cónyuge a la vez que tú rindes tu vida a Él. Cristo, tu fundamento, te hará capaz y te fortalecerá.

¿Qué tiene que ver el amor con eso?

La cultura occidental, hoy en día, tiene una preocupación con la necesidad de amor para casarse. La gente se casa porque está enamorada, sin embargo el amor no es la mejor razón para casarse. El punto predominante es que los sentimientos definen el amor y uno tiene que tener los sentimientos de amor para tener un compromiso en la relación. Este tipo de amor no es el amor que soportará la prueba del tiempo. El Amor del Matrimonio es un concepto nuevo cuando se estudia históricamente el amor; la historia nos dice que la mayoría de los matrimonios eran arreglados por los padres, y todavía se sigue haciendo esto en la India, China y en la mayoría de las culturas del oriente. El concepto es que el amor aumentará como resultado de una relación matrimonial creciente. En el occidente la gente no se da cuenta que el amor verdadero necesita tiempo para crecer. El amor que la pareja tiene el uno por el otro el día de su boda es sólo el principio de lo que está por venir.

El amor entre el esposo y la esposa se desarrolla a través de los años conforme ellos crecen en unidad. Aquellos que se casan por amor frecuentemente experimentan deseo sexual más que amor. Ellos están enamorados con los sentimientos del amor, el romance y la atención que su futura esposa o esposo les hace sentir. Esos sentimientos no son el amor que soportará las presiones que experimentarán al vivir su vida diariamente. A la vez que una pareja trabaja a través de los problemas y experimenta una vida junta, su amor crecerá en el tipo de amor que los sacará de cualquier crisis que venga a sus vidas.

Es importante entender los distintos usos bíblicos de la palabra amor. El lenguaje griego usa tres palabras para expresar amor. "Agape" es un amor incondicional y desinteresado. "Phileo" es un amor amigable de hermanos. "Eros" es el amor sexual, lujurioso. Los tres tipos de amor son necesarios para un matrimonio íntimo y creciente.

> ***Ahora, pues, permanecen estas tres virtudes: la fe, la esperanza y el amor. Pero la más excelente de ellas es el amor. ~ 1 Corintios 13:13***

Agape es el tipo de amor más importante que una persona puede tener. Es el amor al que Pablo se refiere como *el más grande de estos*. El amor agape permite dar a uno el 100% sin esperar nada a cambio. Permite a uno permanecer comprometido con su cónyuge a través de los tiempos difíciles.

Al desarrollar un amor phileo, edificas la intimidad y la unión que fortalece y madura la relación matrimonial. A través del amor phileo, una pareja construye un equipo de trabajo y fidelidad que les ayuda a salir adelante a través de los problemas y al mismo tiempo experimentan gozo juntos.

Hay una buena razón por la cual la Biblia insta a las parejas a guardar el amor eros hasta el matrimonio. La relación sexual consuma el pacto del matrimonio y une a la pareja físicamente. La cercanía que ellos comparten con sus cónyuges a través del sexo es la experiencia más íntima que una persona puede tener con alguien.

El amor es importante para el matrimonio, pero tiene que permanecer en la perspectiva correcta. En la ceremonia nupcial comienza una larga vida de crecimiento del amor. El amor se vive en compromiso con tu cónyuge. El amor es una decisión no un sentimiento.

Para conversar como pareja

1. ¿Qué entrenamiento tienes para el matrimonio? ¿Dónde lo recibiste?

____
____
____
____

2. ¿Cómo es Jesucristo el fundamento de tu matrimonio? ¿Cómo lo ves en tu diario vivir?

____
____
____
____

3. ¿Por qué es importante entender los principios fundamentales del matrimonio antes de considerarlo?

____
____
____
____

4. ¿Por qué es importante el dejar a tus padres y unirte a tu cónyuge? ¿Cómo le demuestras a tu cónyuge esto?

____
____
____
____

5. ¿Cómo le puedes demostrar tu amor a tu cónyuge en tu diario vivir?

____
____
____
____
____

Historias verdaderas de un compromiso de por vida

Compromiso no es la palabra más popular en la cultura del yo de hoy día. La cultura enseña que "Yo" soy la persona más importante en el mundo. "Yo merezco un descanso, tenerlo a mi modo, un carro nuevo, un cuerpo nuevo, un cónyuge nuevo y mejor." No es difícil imaginar hacia dónde todo esto lleva. Uno mismo reina y todo lo demás debe de hacerme reverencia. El problema es que Dios llama a esto idolatría. La Biblia enseña que uno debe de morir a sí mismo y vivir una vida comprometida a Dios. El compromiso no es un concepto popular, pero el vivirlo es gratificante y satisfactorio.

Tú has escuchado este dicho: "Detrás de un gran hombre, hay una gran mujer." Hay muchas historias de mujeres comprometidas con sus esposos que apoyan sus grandes logros. El apoyo de Ruth Graham a Billy Graham y a su ministerio evangelista ilustra la importancia de una esposa a un ministerio aun cuando ella no está directamente involucrada. Mujeres comprometidas han cuidado los frentes de sus hogares mientras sus hombres han ganado guerras y logrado grandezas en ministerios, gobiernos, negocios, y deportes. Pero, ¿qué acerca de los tiempos difíciles? ¿Ese compromiso continúa aun en los tiempos difíciles? Para la mujer la respuesta usualmente es sí; ella se mantiene con su esposo cuando él es mutilado, lisiado o incapacitado. Sin embargo, ha aumentado el número de personas, ambos hombres y mujeres, que ahora dejan la relación en vez de soportar el infortunio. Las siguientes historias de hombres que permanecieron totalmente comprometidos con sus esposas son significantes, porque muchos hombres no hubieran permanecido tan comprometidos.

Amigos confiables y piadosos aconsejaron al presidente de la Universidad y Seminario de Columbia Robertson McQuilkin a internar a su esposa de cuarenta y dos años por el bien de su ministerio.[3] Había llegado el tiempo de elegir entre su ministerio en educación cristiana y el ministerio de cuidar a su esposa. La enfermedad de Alzheimer le roba a una persona todo; la mente y el cuerpo y Muriel que antes había tenido una mente vibrante, finalmente olvidaría quién era ella. La decisión no fue difícil de tomar, el había prometido amarla "en la enfermedad y en la salud...hasta que la muerte los separara." Cuidar de su esposa no era un trabajo que tenía que aguantar, sino que era un ministerio que lo bendijo y provocó gente alrededor del mundo a renovar sus votos de matrimonio y a examinar su definición de compromiso.

En su libro, En Defensa del Matrimonio, Art Carey relata la historia del deterioro de la salud de su abuela y el compromiso de su abuelo por su muy amada esposa. Mientras su abuela iba deteriorándose física y mentalmente, su esposo de 60 años, lejos de ponerla en un asilo y permitirle a otros que la cuidaran, permaneció a su lado atendiéndola. Después de un tiempo que ella murió, Art le preguntó a su abuelo si no había una parte de él que descansaba después de la carga de haber cuidado a su esposa 24 horas al día. Su abuelo contestó, "Artie, con todas sus incapacidades, y todo lo que eso implica, yo daría todo por verla ahí ahora. Dios, qué es lo que yo no daría."[4]

Chris Spielman detuvo su carrera de fútbol americano para cuidar a su esposa Stephanie y a sus dos hijos mientras que ella peleaba contra el cáncer de seno. A los 34 años ésta estrella del football americano sacrificó su carrera para poner a su esposa y familia primero. Chris demostró un compromiso marital, negando sus propios sueños y ambiciones para estar disponible para su esposa en tiempo de necesidad.

¿Tienes un compromiso superficial y efímero para tu matrimonio que buscaría una salida cuando tus necesidades no sean satisfechas? O ¿Tienes un compromiso verdadero para toda la vida que soportaría cualquier y todos los problemas que vengan en tu camino? Robertson McQuilkin, Edward Lynch y Chris Spielman demostraron un amor piadoso y comprometido aun cuando sus esposas no eran capaces de dar nada a cambio. Ambos esposos y esposas hoy en día necesitan tener ese tipo de compromiso.

Matrimonio cristiano

Estudio 24

El matrimonio cristiano

¿No han leído que en el principio el Creador 'los hizo hombre y mujer y dijo: 'Por eso dejará el hombre a su padre y a su madre, y se unirá a su esposa, y los dos llegarán a ser un solo cuerpo'? Así que ya no son dos, sino uno solo. Por tanto, lo que Dios ha unido, que no lo separe el hombre.
~ Mateo 19:4-6

La relación matrimonial

El matrimonio es la relación más compleja que tendremos en la vida. El matrimonio trae todas las diversidades de dos personas a una relación mutua cuando ellos empiezan una vida juntos. La unidad no es algo que sucede instantáneamente en la ceremonia nupcial. Una pareja gradualmente se convierte en uno al crecer su relación y sus vidas se van fundiendo. Los problemas se suman a la complejidad del matrimonio, los retos son enfrentados y las parejas continúan a lo largo del camino de la vida.

Los principios bíblicos para el matrimonio no son una idea ancestral que fue hecha para una cultura que ya hace tiempo desaparació. Estas ideas se relacionan con el matrimonio actualmente y si son aplicadas fortalecerán y fortificarán tu matrimonio. La gente no puede escoger qué principios ellos aplicarán a sus matrimonios. Toda la palabra de Dios, cada parte de la Biblia, debe ser obedecida al vivir nuestra vida para Dios.

El ideal cristiano no se ha intentado, ni se ha encontrado atractivo. Se le ha encontrado difícil y no se le ha querido intentar. ~ G.K. Chesterton

La realidad del matrimonio es que junta a dos humanos pecadores y asustados, imperfectos y con inclinaciones a pecar. Es necesario darse cuenta que tu cónyuge es diferente y no es perfecto. Tu cónyuge te desilusionará y no cubrirá tus expectativas. Si tú aceptas esta idea, puedes empezar a trabajar para edificar tu matrimonio.

El matrimonio es una relación de toda la vida que tiene que ser continuamente cultivada y cuidada, de lo contrario morirá. Los hombres suelen ver la boda como la finalización de una búsqueda, mientras que las mujeres suelen ver la boda como el comienzo de una relación para toda la vida que necesita crecer y ser alimentada. Ambos esposos tienen que comprometerse en trabajar en la relación de pareja y en crecer en su relación con Dios. El trabajo continúa hasta que la muerte se lleva a uno de los dos.

¿Qué es un "matrimonio cristiano"? La simple respuesta es, "un matrimonio centrado en Jesucristo y basado en principios Cristianos." Cristo es el fundamento del matrimonio, y cada pareja debe edificar su matrimonio de acuerdo con quiénes ellos son dentro de los principios de la Escritura. Las diferentes combinaciones de personalidades y trasfondos pueden hacer que dos matrimonios cristianos se vean muy diferentes. El problema es que la mayoría de la gente no entiende principios bíblicos para la vida y para el matrimonio. Hay parejas que llaman a su matrimonio cristiano, pero ellos no entienden lo que Dios quiere para su matrimonio y no rinden sus vidas y su matrimonio a Cristo. Ellos conducen su matrimonio a su propio modo sin respetar lo que Dios quiere para ellos.

DESPUÉS del EDÉN Por Dan Lietha

La Realidad de las Bodas

> *Un buen matrimonio no es algo que tú encuentras, es algo que tú construyes.*
> *~ Gary Thomas*

El matrimonio exitoso

No hay una clara definición de lo que es un matrimonio exitoso. Autores, investigadores y gente en general, todos tienen sus propias ideas de un matrimonio exitoso. Definiciones de un matrimonio exitoso varían desde "todavía no nos hemos matado el uno al otro" a una lista larga de criterios que es imposible para que alguien pueda vivir a ese nivel. La investigadora del matrimonio, Dr. Judith Wallerstein establece, "Un buen matrimonio está en un proceso de cambios continuos y al ir reflejando nuevas cuestiones, trata con problemas que surgen, y usa los recursos disponibles en cada etapa de la vida."[1] Esencialmente, es un matrimonio que continuamente está cambiando y creciendo. La pareja en un matrimonio exitoso trabajará junta y se comprometerá el uno con el otro de por vida.

> *¿Acaso no hizo el Señor un solo ser, que es cuerpo y espíritu? Y ¿por qué es uno solo? Porque busca descendencia dada por Dios. Así que cuídense ustedes en su propio espíritu, y no traicionen a la esposa de su juventud. ~ Malaquías 2:15*

Bíblicamente, la unidad, la descendencia piadosa y la fidelidad son señales de un matrimonio exitoso. Sí, los hijos pueden y algunas veces eligen rechazar los valores de sus padres y la fe en Dios. Como padres, las parejas tienen cierta responsabilidad por esa elección. Los padres necesitan aceptar la responsabilidad de buscar el perdón de Dios y esforzarse a ser los padres que Dios desea que sean. Todos tiene un grado variado de fidelidad y unidad. Dios ha hecho a la pareja uno, y la pregunta es ¿están viviendo en esa unidad o viven vidas separadas bajo un mismo techo? Nadie es perfecto, pero cada cónyuge puede hacer el compromiso de esforzarse en tener éxito en la fuerza de Dios y a lograr las metas que Dios establece para su matrimonio. Un matrimonio exitoso quizá se vea imposible pero es tu compromiso el trabajar para edificar tu relación matrimonial que es lo más importante.

Todos los matrimonios tendrán tiempo de sequía cuando ellos se sienten solos. El romance se ha ido, la comunicación no es productiva, y quizá deseen darse por vencidos. El matrimonio quizá esté en una rutina, esa rutina aburrida que parece imposible escapar de ella. Se necesita algo radical para salir de la rutina. Durante esas épocas las parejas necesitan acabar con la rutina y hacer algo diferente, algo divertido. Todos los matrimonios que duran cambian; se necesita cambio para salir de la sequía del matrimonio. Si no se hace nada por mucho tiempo, el matrimonio se secará; empezará a marchitarse y morirá.

Un autor publicó que solo el 5% de los matrimonios son verdaderamente felices y tienen una unión satisfactoria.[2] Duele el corazón al ver un matrimonio infeliz y no satisfecho porque no tiene que ser de ese modo. Quizá necesite consejería y mucho esfuerzo, pero un matrimonio feliz y pleno es posible. Tú puedes tener un matrimonio pleno que sea tan fuerte como para soportar las tensiones de la vida y lo inevitable. Nadie tiene que ser parte de esta severa estadística.

Adquirir un matrimonio exitoso, bueno, floreciente, creciente, fortalecido (como quiera que tú quieras llamarle) puede lograrse. Esto te lleva a ser la persona y el cónyuge que Dios quiere que seas, en vez de fijarte en los errores de tu cónyuge. No midas tu matrimonio por la felicidad que tú sientes, pero sí en el gozo que tú puedas darle a tu cónyuge. Empieza con un compromiso hacia tu matrimonio y después vive ese compromiso diariamente. Elimina la palabra divorcio de tu vocabulario. Satisface las necesidades de tu cónyuge, anímalo, lucha por ser el mejor cónyuge que hay para él.

> *No hay relación, comunión o compañía más amorosa, amistosa y encantadora que un buen matrimonio.*
> *~ Martin Luther*

Las necesidades satisfechas en un matrimonio son aspectos importantes para un matrimonio exitoso. Las necesidades no satisfechas separarán a una pareja, mientras que las necesidades satisfechas los acercarán. Las Escrituras establecen que los esposos y esposas tienen que preocuparse por complacer a su cónyuge (1 Corintios 7:32-34). El matrimonio distraerá a una persona de estar totalmente entregada al ministerio del Señor porque tiene que cuidar a su cónyuge y familia. Satisfacer las necesidades de tu familia viene antes que otras actividades y es tu primer y más importante ministerio. Muchos cristianos permiten que sus familias sufran a expensas de servir a otros. Una familia fuerte requiere de un esposo y una esposa que luchen por su bienestar.

> *Yo preferiría que estuvieran libres de preocupaciones. El soltero se preocupa de las cosas del Señor y de cómo agradarlo. Pero el casado se preocupa de las cosas de este mundo y de cómo agradar a su esposa; sus intereses están divididos. La mujer no casada, lo mismo que la joven soltera, se preocupa de las cosas del Señor; se afana por consagrarse al Señor tanto en cuerpo como en espíritu. Pero la casada se preocupa de las cosas de este mundo y de cómo agradar a su esposo.*
> *~ 1 Corintios 7:32-34*

Metas compartidas

Las parejas en matrimonios exitosos se mueven en la misma dirección y pueden ver un futuro juntos. Frecuentemente, en la cultura de hoy en día las parejas no tienen metas compartidas y viven vidas casi totalmente separadas. En el pasado éste no era el caso, una pareja tenía que trabajar junta para enfrentar los retos de la vida diaria. El tiempo libre ha causado grandes dificultades en el matrimonio; parece que con tanto tiempo libre en sus manos la gente se está yendo en direcciones equivocadas. Las diferencias radican en actividades y metas distintas, pero las parejas deben trabajar en conjunto hacia la misma dirección o de otra manera se apartarán completamente en sus caminos.

La amistad es una parte importante del matrimonio. La pareja crece junta cuando comparte el gozo (y hasta los dolores de cabeza) de la vida como cónyuges. El desarrollar la amistad en la relación del matrimonio significa que la pareja encontrará actividades en común que puedan disfrutar juntos. No importa lo diferente que sean; hay algo que pueden hacer juntos. Antes del matrimonio había algunas cosas que tenían en común o no se hubieran casado. La amistad crecerá cuando ministren a otros, o cuando gocen de un pasatiempo o actividad juntos.

Metas del matrimonio

Dios trae a un hombre y a una mujer en unidad para fidelidad y tener hijos y hacer de ellos personas piadosas. El matrimonio es el punto de partida de la familia. Una familia fuerte no puede existir sin un matrimonio fuerte. Es importante que las parejas nunca dejen de luchar en su matrimonio. Tienen que continuar cultivándolo y haciendo crecer su relación matrimonial.

Contrario a la opinión popular, el propósito del matrimonio no es hacerte feliz. Esta falsa suposición ha contribuido grandemente a los porcentajes tan altos de divorcio que vemos en la cultura hoy en día. La gente se desilusiona y es infeliz con su cónyuge y en su matrimonio y se vuelven vulnerables. Después, alguien viene, promete felicidad y el esposo o la esposa se separa de la familia para perseguir su felicidad. El problema es de que el ciclo se repite de nuevo hasta que ellos se dan por vencidos o reconocen el hecho de que el matrimonio tiene un propósito más alto que su felicidad.

"Cielo, ¿No crees que llegaríamos más lejos si empujamos en la misma dirección?"

El promover el reino de Dios es el más grande propósito para el matrimonio. El matrimonio vivido para la gloria de Dios atrae más gente a Él. Dios desea que una pareja edifique el fundamento de su matrimonio en Jesucristo y luchen por vivir sus vidas y su matrimonio de acuerdo a los principios de Dios, en vez de vivir en los principios del mundo. Tu matrimonio continuará creciendo al reflejar a Jesucristo, y al honrar a tu cónyuge y crecer juntos para la gloria de Dios.

No compares tu matrimonio con el de otros y no juzgues si es mejor o peor. No hay dos matrimonios que se parezcan. Significa muy poco la apariencia externa; quizá seas dueño de una casa grande, la mantengas muy limpia y no tengas nada fuera de lugar, o quizá tu casa sea muy humilde y siempre este desordenada. Una casa se convierte en hogar a través de las relaciones familiares dentro de ella. "Cada matrimonio es un mundo diferente, es un país soberano dentro de ese mundo."[3] Tu estandarte es la Palabra de Dios y ustedes son su propio espejo. ¿Qué están haciendo el uno por el otro? ¿Cómo están trabajando juntos para lograr lo que Dios quiere que logren? Juntos con la fortaleza de Dios, pueden hacer de su matrimonio todo lo que pueda ser y darle la gloria de Dios.

> ***El unirse es el comienzo, permanecer juntos es progreso, y el trabajar juntos es éxito.***
> ***~ Henry Ford***

Para conversar como pareja

1. ¿Crees que los principios bíblicos se aplican al matrimonio hoy en día? ¿Por qué sí o por qué no?

2. ¿Qué significa para ti el termino "matrimonio cristiano"? ¿Qué significa eso para tu matrimonio?

3. ¿Qué es un "matrimonio exitoso"? ¿Cómo lo puedes dirigir para obtener ese ideal en tu matrimonio?

4. ¿Cómo debería el punto de vista de compromiso bíblico afectar a tu matrimonio?

5. ¿Cuáles son las metas de tu matrimonio?

Prejuicios del matrimonio

Contesta las siguientes preguntas honesta y abiertamente. Tu cónyuge debe también contestar las preguntas antes de que conversen acerca de ellas. Platiquen sobre sus respuestas y noten las diferencias de sus prejuicios acerca del matrimonio.

1. En tu familia durante tu niñez y crecimiento:

   ¿Quién controlaba el dinero? ______________________________

   ¿Quién hacía el trabajo de la casa? ______________________________

   ¿Quién sacaba la basura? ______________________________

   ¿Trabajaba tu mamá fuera de la casa? ______________________________

   ¿Sobre qué discutían tus padres? ______________________________

   ¿Estaba tu papá involucrado en tu vida en el hogar? ¿Cómo? ______________________________

   ____

   ¿Cuáles eran los puntos de vista de tus padres en el papel del matrimonio? ______________

   ____

   ¿Crees que tus padres tuvieron un matrimonio exitoso? ¿Por qué sí o por qué no? __________

   ____

   ¿Cuál era el papel de la religión en tu familia? ______________________________

   ____

2. Acerca de tu matrimonio:

   ¿Por qué te casaste? ______________________________

   ____

   ¿Cómo se toman las decisiones? ______________________________

   ____

   ¿Cuál piensas que es tu papel como esposo o esposa? ______________________________

   ____

   ¿Cuál es el rol de tus padres y tus suegros en tu matrimonio? ¿Son los papeles que tú piensas que deberían de ser? ______________________________

   ¿Cuál es el papel de Dios en el matrimonio? ¿Cómo es que Él está involucrado en tu matrimonio?

   ____

Aspectos de un matrimonio exitoso

Pon el valor adecuado a cada uno de los siguientes puntos, contesta honestamente cómo está en este punto de tu vida tu relación matrimonial. Completa este cuestionario individualmente y después juntos conversen sobre las respuestas.

Nosotros:	Nunca	Raramente	A menudo	Seguido	Casi siempre
1. Estamos creciendo hacia la unidad, nos estamos acercando.	1	2	3	4	5
2. Trabajamos juntos para alcanzar las demandas de la vida.	1	2	3	4	5
3. Luchamos por satisfacer las necesidades del uno y el otro.	1	2	3	4	5
4. Estamos comprometidos con nuestro matrimonio.	1	2	3	4	5
5. Mostramos amor y respeto mutuo.	1	2	3	4	5
6. Establecemos límites saludables.	1	2	3	4	5
7. Confiamos el uno en el otro.	1	2	3	4	5
8. Pasamos tiempo juntos como pareja.	1	2	3	4	5
9. Resolvemos problemas como un equipo.	1	2	3	4	5
10. Usamos las fortalezas y dones de ambos esposos.	1	2	3	4	5
11. Tenemos una comunicación efectiva.	1	2	3	4	5
12. Vemos el futuro juntos; soñamos juntos.	1	2	3	4	5
13. Tenemos una visión en común, metas y objetivos.	1	2	3	4	5
14. Consultamos y buscamos el consejo del uno al otro.	1	2	3	4	5
15. Trabajamos juntos en nuestras finanzas.	1	2	3	4	5
16. Somos más positivos que negativos.	1	2	3	4	5
17. Nos perdonamos el uno al otro.	1	2	3	4	5
18. Experimentamos sexo satisfactorio.	1	2	3	4	5
19. Tenemos romance en nuestra relación.	1	2	3	4	5
20. Reímos y nos divertimos juntos.	1	2	3	4	5

Pon el total aquí: __________

Este no es un examen para descubrir que tan mal está tu matrimonio, es un inventario para ver en que áreas tienes que trabajar en tu matrimonio para mejorarlo. Si tu tienes una puntuación arriba de 80, tu matrimonio es fabuloso, sigue trabajando en el. Una puntuación entre 60 y 80 revela que hay algunas cuestiones en que se debe de trabajar. Si tu puntuación es debajo de 60, por favor siéntate y habla seriamente con tu cónyuge para ver como pueden volver a encarrilarse. Toma en consideración el buscar a un consejero matrimonial para que te ayude.

Matrimonio cristiano

Estudio 25

Orden bíblico

Dios

Jesus Cristo

Ahora bien, quiero que entiendan que Cristo es cabeza de todo hombre, mientras que el hombre es cabeza de la mujer y Dios es cabeza de Cristo. ~ 1 Corintios 11:3

Un matrimonio está compuesto de dos seres iguales pero profundamente diferentes: cada uno refleja el carácter de Dios en formas que dan una imagen única de su carácter.[1]

Entendiendo el orden de Dios en el matrimonio

El entender cómo fuiste creado y los factores en tu vida que han contribuido a formar tu personalidad te ayudarán a entender cómo es que tú encajas en el orden de Dios para tu vida y tu matrimonio. Conocer tus dones, propósito en la vida y tener una visión y una misión en tu vida son también importantes. Si tú no sabes quién eres y a donde vas en la vida, será difícil encontrar tu lugar en la relación matrimonial.

Hay un orden bíblico aunque mucha gente argumente al respecto. Muchos han ido tan lejos para contender que la "cabeza" ("kefaleé") de 1 Corintios 11:3 no significa "autoridad sobre," sino que según ellos significa "recurso".[2] El Dr. Wayne Grudem comprueba que la palabra griega "kefaleé" significa "persona que tiene autoridad sobre".[3] Dios es la cabeza de Cristo, así como Cristo es la cabeza de cada hombre y el hombre es la cabeza de la mujer. Originado por un creador que lo sabe todo, este orden no es injusto para la mujer y honra a ambos, al hombre y a la mujer. Esto no es una interpretación; hay una jerarquía en la Biblia.

De la costilla que le había quitado al hombre, Dios el Señor hizo una mujer y se la presentó al hombre. ~ Génesis 2:22

La familia es la primera organización social creada por Dios y es la fundación de la sociedad. La dirección masculina no es una idea puesta por el hombre para "mantener a la mujer subyugada," es un principio ordenado por Dios para la vida, que es representativo de su relación con la humanidad. "La dirección del esposo sobre la casa no libera a la esposa de la responsabilidad, ni la hace pasiva. Tampoco la hace una simple sirviente en la casa. La subordinación de la mujer al esposo expresa un orden de autoridad, cuando queda fuera la función de gobernar de la mujer, ella se subordina al esposo."[4] La jerarquía bíblica enfatiza igualdad, diferencias y unidad, todo al mismo tiempo.

Los problemas con la jerarquía vinieron con la caída de la humanidad en el pecado. Adán y Eva eligieron desobedecer a Dios y la guerra de los sexos ha continuado desde entonces. La gente es egoísta y pecadora. Lo egocéntrico viene de la caída y es un pecado que causa muchos de los problemas en el matrimonio. Como Jesús relata en Mateo, capítulo 19, no era así desde el principio. El diseño de Dios no incluyó los problemas que se han visto en la historia de la humanidad.

Jesús constantemente se refierió a la institución del matrimonio hacia su fundamento; cómo Dios lo creo para que fuera. El hombre pervirtió el matrimonio para que fuera dominado por el hombre, forzando a la mujer al papel de la subordinación sin ningún derecho. Jesús causó un cambio en el matrimonio sin precedentes en la historia, al tratar a las mujeres como herederas en el reino de Dios. Él liberó a la mujer y permitió que la unión del matrimonio fuera realizada en todo su potencial. El matrimonio no fue más sólo una institución para la procreación, sino también un aspecto del reino y un contexto en el cual la gente le podría servir a Dios.

Creados igual

Los hombres no son creados más a la imagen de Dios que las mujeres - ambos son creados a la imagen de Dios. Ambos son igualmente valorados por Dios, y contra muchos comentarios, un sexo no es mejor que el otro. Pedro dice que los esposos y las esposas comparten su heredad juntos la cual es el regalo de la salvación (1 Pedro 3:7). Ambos hombre y mujer son los hijos de Dios y son llamados para servirle.

> ***Ya no hay judío ni griego, esclavo ni libre, hombre ni mujer, sino que todos ustedes son uno solo en Cristo Jesús. ~ Gálatas 3:28-29***

Las parejas que trabajan en sus relaciones juntos suelen tener un matrimonio fuerte, mientras los que siempre están peleando suelen tener un matrimonio débil e inefectivo. Las diferencias entre ambos esposos traen fuerza y balance al matrimonio. Son las fuerzas, habilidades y los diferentes dones lo que permite a las parejas lograr mucho más juntos que lo que pudieran hacer si estuvieran separados. En vez de estar peleando sobre quién está a cargo, las parejas necesitan seguir el ejemplo de Jesús de servir y dar. Después, pueden trabajar juntos en alcanzar todo lo que Dios quiere para ellos en sus vidas y matrimonio.

Los papeles en el matrimonio

A menudo las parejas en relaciones matrimoniales hoy en día pelean por poder y autoridad y se olvidan del plan de Dios y de seguir su dirección. Escuchando la mentira de que quizá el plan de Dios no es lo mejor, ellos actúan de acuerdo a su propio plan y no de acuerdo al plan de Dios. Al rechazar el horrible abuso del hombre para con la mujer efectuado miles de años atrás, muchas mujeres en la sociedad occidental niegan el someterse a lo que ellas piensan será todavía más abuso y servilismo.

La ausencia de papeles específicos en el matrimonio supuestamente corrige la desigualdad entre los hombres y las mujeres. Ellos son iguales en todo, la falta de papeles en el matrimonio no toma en cuenta las diferencias de género y busca traer equidad a la relación matrimonial. Sin embargo, las mujeres han perdido terreno en vez de ganarlo. Frecuentemente ellas están sobrecargadas con la desgastante tarea de cuidar del hogar, de los hijos e intentan también ir en busca de una carrera. Estos arreglos dejan a la mujer sobrecargada en trabajo y no valorada.

El tiempo cuando los matrimonios eran tradicionales, donde el esposo trabajaba y la esposa se quedaba en casa y cuidaba de los niños, pasó hace mucho. El "matrimonio tradicional" no es necesariamente un matrimonio bíblico. Un esposo ausente y una esposa desvalorada no encajan en el modelo bíblico del matrimonio y esto ha causado muchos de los problemas en la sociedad de hoy en día. Las parejas algunas veces ven las actividades que desempeñan como tareas, pero los quehaceres y las responsabilidades domésticas frecuentemente son diferentes a las funciones bíblicas de los esposos y las esposas.

Viendo hacia atrás en la historia aun más lejos al mundo romano, la sociedad era muy similar a la sociedad de hoy en día. Las familias romanas contendían con los mismos asuntos, tensiones y problemas que enfrentamos hoy en día. Los matrimonios fracasaban en un porcentaje alarmante y la vida de familia desordenanda a pesar de una prosperidad en aumento. El Imperio Romano del siglo primero se parece mucho a la sociedad de hoy en día, y fue a este mundo a donde Jesucristo vino y donde comenzó la Cristiandad.

Las cartas de Pablo a las iglesias cristianas hablando sobre la dirección del esposo y la sumisión de la esposa quizá sonaban como fuera de lugar en ese tiempo y como suena en la sociedad hoy. Basadas en la enseñanza de Jesús, las cartas de Pablo presentaban un punto de vista alternativo en particular sobre la relación matrimonial. Este mensaje aplica tanto hoy como lo hizo hace 2000 años y edificará un matrimonio fuerte y floreciente si se sigue.

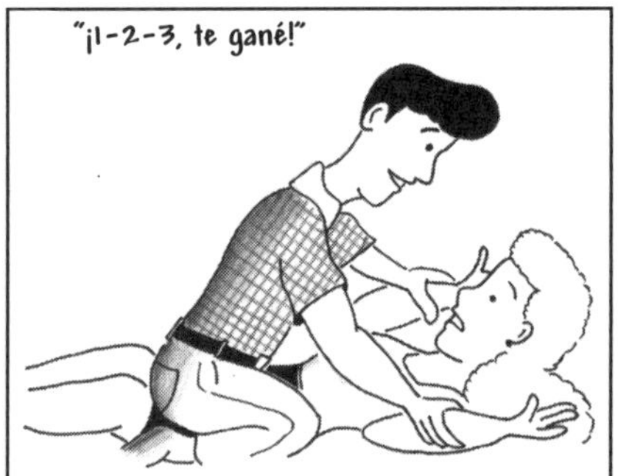

"Está bien, puedes estar a cargo los domingos por las mañanas, los lunes, miércoles y sábados."

Un matrimonio exitoso y creciente depende de la confianza y de la claridad que las funciones bíblicas traen a la relación. Esto no se trata de tareas; de quién lava la ropa o de quién saca la basura. Los papeles son "la función escencial que Dios ha diseñado para que un hombre o una mujer los desempeñenen en una relación matrimonial".[5] Las funciones establecen responsabilidades y no rangos en las posisciones.

Dios el Padre, Jesucristo y el Espíritu Santo son iguales, pero tienen distintas funciones. De la misma manera, el esposo y la esposa son iguales pero tienen distintas funciones. El esposo es el líder servidor; el que guía y protege a la familia. La esposa es la ayudante – *una ayudante idónea para su esposo*. En el hebreo la palabra ayudante no es un término humillante. La mujer en Génesis fue hecha para complementar al hombre, para ayudarlo a poblar y a gobernar la tierra, para unirse a él como una compañera amorosa.[6] Para darte una idea de la importancia de esta función, la misma palabra es usada para describir después a Dios como ayudante para el hombre en el Antiguo Testamento. La conotación de la palabra es de fortaleza y poder. Así como Dios el Padre, Jesucristo y el Espíritu Santo trabajan juntos con un propósito, el esposo y la esposa deben trabajar juntos con Cristo por un propósito.

> ***Estaba acostumbrada a creer que el matrimonio me disminuiría, que reduciría mis opciones. Que tenías que ser alguien menos para vivir con alguien, pero tú tienes que ser alguien más.***
> ***~ Candice Bergen***

Las funciones de Dios para el matrimonio no limitan quién eres. Género, personalidad, trasfondo, fuerzas y dones son para ser usados y glorificar a Dios, para trabajar en los problemas de la vida y para que crezcan juntos en su relación matrimonial. Todo se basa en obedecer la palabra de Dios y en perseguir su propósito para tu vida. Las parejas logran más cuando trabajan como equipo y realizan sus funciones en el matrimonio.

La Palabra "S" – Sumisión

Sumisión desafortunadamente es una palabra extremadamente polarizada en la sociedad de hoy en día. Criticada fuera y dentro de la iglesia, la gente simplemente no quiere oír que la mujer tiene que ser sumisa con su esposo. Sin embargo la Bíblia claramente dice en Efesios 5:22-23, Colosenses 3:18, 1 Timoteo 2:9-15, Tito 2:3-5, y en 1 Pedro 3:1-7 que las esposas se tienen que someter a sus esposos. Los cristianos entendieron por 1900 años el significado de la palabra sumisión, y de repente en la segunda mitad del siglo 20, algunos cristianos decidieron que Dios no quiso decir que la mujer fuera sumisa con su esposo.[7] Contribuyendo al problema es un hecho que aun ahora el hombre ha usado este concepto para sus fines egoístas y para su servicio. Como dijo Jesús, no era así en el principio.

La sumisión es una virtud cristiana; como la iglesia se somete a Cristo, la esposa se tiene que someter a su esposo. Este no es un mandato con condición que toma lugar sólo si el esposo se somete a Dios. La esposa debe someterse, subyugarse o subordinarse a su esposo. La palabra implica una relación de sumisión a una autoridad. Sin embargo, la sumisión no se trata de dominación o intimidación. La sumisión bíblica no hace menos a la mujer. La sumisión reconoce la herencia de Dios; Dios el Padre es la cabeza de Cristo, como Cristo es la cabeza del hombre, y el hombre es la cabeza de la mujer. Cristo nunca le pediría a su gente que hiciera algo moralmente cuestionable y el esposo que le pide a su esposa que haga algo inmoral o ilegal está equivocado.

> ***La sumisión nunca es un mandato para seguir a la autoridad humana dentro del pecado.***

Una forma excelente de pensar en sumisión es "alinearse uno mismo" con otro o "yendo en la misma dirección". El esposo y la esposa deben ir en la misma dirección y en la mujer está alinearse ella misma con la dirección que Dios le ha dado a su esposo. Esto enfatiza la importancia de tener un propósito, una visión, una misión y una dirección para el matrimonio y la familia. La esposa no se puede alinear con su esposo si ella no sabe a dónde su esposo está yendo.

Un matrimonio balanceado que está basado en la herencia de Dios y en las funciones bíblicas crecerá y florecerá. El esposo que guía y dirige a su familia de acuerdo a la palabra de Dios, ama a su esposa y a sus hijos como Cristo ama a la iglesia, será acercado al amor de Dios. La esposa que se mueve en la misma dirección de su esposo y le ayuda, lo fortalecerá en su liderazgo y en su caminar con Dios. Juntos guiarán a su familia en formas que ésta será fortalecida y protegida de los retos y ataques que vendrán en la vida.

La participación de la pareja en las responsabilidades de la familia y el gozo de una vida compartida, acercará a la pareja en unidad e intimidad y les ayudará a tener una relación matrimonial firme y balanceada. Los cónyuges que valoran las diferencias del uno y el otro, los dones, y la sabiduría proveerán un ambiente de seguridad y de cuidados para sus hijos. Ellos le dan la gloria a Dios al servirle y al criar a sus hijos para amarle.

Para conversar como pareja

1. ¿El esposo actúa como la cabeza en tu matrimonio? ¿Por qué la dirección masculina es importante en la relación matrimonial?

____

____

____

____

2. ¿Cómo ves los efectos de la caída (de Adan y Eva) en tu matrimonio? ¿Cuáles son las áreas de argumento que has experimentado?

____

____

____

____

3. ¿Qué tipo de argumentos tienes con respecto a las funciones en tu hogar? ¿Cómo puedes cambiar este patrón?

____

____

____

____

4. ¿Cómo puede ayudarte definir las funciones de acuerdo a la palabra de Dios a tener un mejor balance en tu matrimonio?

____

____

____

____

5. ¿Es la sumisión un problema en tu matrimonio? ¿Cómo?

____

____

____

____

Matrimonio cristiano

Estudio 26

El líder servidor

Entonces Jesús se sentó, llamó a los doce y les dijo: -Si alguno quiere ser el primero, que sea el último de todos y el servidor de todos.
~ Marcos 9:35

NOTA IMPORTANTE PARA LAS ESPOSAS: *Es útil para ustedes entender el rol de su esposo en el matrimonio, pero es hiriente si usan esta información para criticarlo o hacerlo menos.*

Jesucristo el ejemplo

Jesús es el ejemplo de un liderazgo perfecto. Él es el León y el Cordero, así como es feroz, es dulce y tierno. Ésta es la definición del líder sirvidor la cabeza de la casa. La dominación masculina a través de milenios es un producto de la caída humana en el pecado y el egoísmo del hombre. El problema que la sociedad tiene hoy en día con la liderazgo masculino resulta de que el hombre ha forzado su liderazgo sobre la mujer en vez de liderear como Cristo hubiera lidereado. En el principio no era así. El plan de Dios era que el hombre fuera feroz en su protección y provisión para su familia, al mismo tiempo dulce y tierno con ellos. Jesús podría ser duro con aquellos que hirieran a su gente. Sin embargo, nunca fue exigente ni duro con aquellos que vinieron a Él en necesidad y humildad.

Esposos, amen a sus esposas, así como Cristo amó a la iglesia y se entregó por ella para hacerla santa. Él la purificó, lavándola con agua mediante la palabra, para presentársela a sí mismo como una iglesia radiante, sin mancha ni arruga ni ninguna otra imperfección, sino santa e intachable.
~ Efesios 5:25-27

El liderazgo bíblico es servir, no que te sirvan. Jesucristo es el ejemplo como se ve en Efesios, capítulo 5. Jesús amó a la iglesia, a su pueblo, tanto que Él se dio a sí mismo y murió por ella. Del mismo modo, los hombres tienen que amar a sus esposas. Si se tuviera que hacer una elección de quién viviría y quién moriría, la mayoría de los hombres morirían por sus esposas. Pero date cuenta que Jesús pasó treinta y tres años en la tierra sabiendo que iba a morir por la humanidad. En cualquier momento pudo haber dicho, "esto no vale la pena, Padre llévame a casa." Pero no lo hizo, Él continuó hacia la cruz y murió a sí mismo cada día durante ese tiempo. Los hombres también tienen que morir a sí mismos y servir a sus esposas todos y cada uno de sus días.

Jesús no sólo murió para que la iglesia pudiera vivir. Él murió para que la iglesia fuera purificada y santificada. El papel del esposo va más allá de morir a sí mismo, es algo más profundo. A causa del sacrificio que Jesús hizo por la humanidad, Dios ve a su pueblo santo y sin culpa. Las acciones de una persona no siempre alcanzan la medida en su posición con Cristo, pero eso no cambia su posición en los ojos de Dios. El esposo también tiene que presentarse a sí mismo a su esposa, radiante, sin mancha o arruga, santo y sin culpa. Los hombres no pueden hacer esto por sí solos, pero cuando ellos se someten a Cristo, mueren a sí mismos y viven para Él, Él les da el poder para amar a sus esposas como Él las ama.

Esto no significa que ellos pasan por alto el pecado y el mal comportamiento. Los cristianos son perdonados y son santos en Cristo ante los ojos de Dios; pero frecuentemente hay consecuencias de comportamientos pecaminosos. Los límites son fundamentales para la relación del matrimonio. Habrá tiempos cuando el esposo tendrá que afrontar el pecado. Se tendrá que parar firme en justicia y santidad y confrontar en amor el mal comportamiento de su esposa o hijos.

Profeta, sacerdote y rey[1]

El papel del líder servidor implica una gran responsabilidad. Si los jóvenes antes del matrimonio entendieran correctamente esta responsabilidad, muchos de ellos probablemente escogerían la soltería en vez del matrimonio. Como cabeza del hogar, el esposo es responsable por lo espiritual, emocional y el bienestar físico de su esposa y familia. Él realiza su papel al ser el profeta, sacerdote y rey de su hogar. Esta responsabilidad no puede ser realizada cuando el esposo ve por sus propias necesidades antes que las necesidades de su familia. Él debe de morir a sí mismo para ser la cabeza que Dios diseñó que él fuese.

El profeta es uno que escucha a Dios y habla a la gente de la palabra de Dios. Él estudia la palabra de Dios y busca al Señor en oración. El profeta edifica su relación con Dios, y fuera de esa relación proclama las verdades de Dios a su familia. El profeta afronta el pecado y guía su familia de acuerdo con la palabra de Dios.

El sacerdote guía a la gente a la presencia de Dios a través de la oración y la adoración. Es la responsabilidad del esposo guiar a su familia espiritualmente. Primero tiene que modelar una relación cercana con el Señor. Después, él anima a su familia a ir hacia esa dirección. Como sacerdote, el esposo debe orar por y con su familia diariamente. Él está para vivir una vida apartado para Dios; abiertamente adorando a Dios a través de palabra y alabanza.

El rey guía, protege y provee por la seguridad de sus sujetos. La realidad del rol es la responsabilidad y el liderazgo, no los privilegios y posesiones como lo vemos frecuentemente en el mundo del hombre. Bíblicamente el rey juzgaría la nación y la guiaría hacia la batalla (1 Samuel 8:19-20). El esposo como rey, guía a su familia y es su proveedor y protector. Él es el juez que conoce y aplica la palabra de Dios justamente en el hogar.

El liderazgo es un llamado alto y santo y es modelado por el liderazgo de Cristo con su novia, la iglesia. El liderazgo significa que el esposo busca los mejores intereses de su esposa, incluso a su propio costo. Esto no significa dominar o forzar su liderazgo sobre su esposa. Así como Jesús vino a servir, no a ser servido (Mateo 20:28), el esposo adopta el papel como cabeza en humildad y como sirviente. El liderazgo bíblico es:

- Responsabilidad, no-posición.
- Sacrificio, no-egoísmo.
- Deberes, no-dominio.[2]

Entendiendo a tu esposa

> ***De igual manera, ustedes esposos, sean comprensivos en su vida conyugal, tratando cada uno a su esposa con respeto, ya que como mujer es más delicada, y ambos son herederos del grato don de la vida. Así nada estorbará las oraciones de ustedes. ~ 1 Pedro 3:7***

Ser un líder servidor involucra considerar y entender a la esposa. Los hombres están para poner atención y escuchar a sus esposas e hijos y descubrir sus tendencias. Toma tiempo y esfuerzo conocer a tu esposa, pero ésta es la responsabilidad del esposo. Los hombres pueden obtener entendimiento acerca de sus esposas con paciencia, trabajo y algo de creatividad.

El líder servidor cuida a su esposa e hijos. Él estudia a su esposa para conocer su personalidad, fuerzas, debilidades, trasfondo, el ambiente de su niñez, dones y talentos. Al satisfacer sus necesidades y al hablar su lenguaje de amor la edificará y le dará el poder para ser la esposa que Dios la ha llamado a ser. En vez de huir de la relación, el esposo piadoso busca intimidad y conocer los más profundos temores y deseosde su esposa. Él lucha por satisfacer sus necesidades, tranquilizar sus temores, y ayudarla a realizar sus deseos.

El liderazgo bíblico

El liderazgo es la responsabilidad del hombre incluso si no es algo innato para él. A pesar del tipo de personalidad, el hombre es la cabeza del hogar. Esto será más que un reto para el esposo que es labrador con una esposa que es león. Liderazgo puede ser desarrollado con disciplina y entrenamiento. Cualquier hombre puede aprender a ser líder y a ser el esposo el cual Dios ha llamado a ser.

Los esposos que rechazan el liderazgo porque no es su personalidad o es difícil, rechazan el diseño de Dios para su matrimonio.

Similarmente, el lider natural que toma cargo y hace mal uso de su rol, dirige basado en sus propias fortalezas y no en la palabra de Dios. A través de la historia los hombres erróneamente han abusado de la mujer y la han tratado como posesión en vez de como un regalo de Dios. La declaración de Dios acerca de que el hombre gobierne sobre la mujer en Génesis, capítulo 3 no era un mandato a seguir, más que eso era una declaración de como el pecado podría afectar a la relación del hombre y la mujer. La fuerza física masculina le ha permitido al hombre ejercer poder sobre la mujer, pero no era así en el principio.

Los hombres tienen que tomar responsabilidad por su vida y su familia. Tienen que dejar de culpar a Dios, a sus padres, esposas, a su niñez y a la sociedad por sus problemas e insuficiencias y ser los hombres piadosos que Dios llamó a que fuesen. El esposo tiene que proveer del bienestar emocional, espiritual, físico y mental de su esposa y familia. Los esposos tienen que proteger la confianza y el valor de sus esposas en sí mismas y establecer principios bíblicos como la fuerza rectora en su hogar. Los esposos necesitan ser los iniciadores relacionales y espirituales en el hogar. El hombre que empieza a vivir una vida santa, vivida para Dios, es un ejemplo para su familia y se está moviendo en la dirección bíblica.

"Amor, no creó que Firulais me vaya a atacar."

Este tipo de liderazgo cambiará el destino de la familia del hombre. La mayoría de las mujeres estarían dispuestas a someterse al liderazgo de un hombre que vive su vida para Dios y se da a sí mismo a ella. Quizá tome algún tiempo para que ella confíe en el cambio y se alinee a su liderazgo, pero él al animarla cariñosamente y al trabajar juntos logrará que ella confíe. A los niños quizá les tome tiempo acostumbrarse a una vida sin programas de televisión y sin video juegos violentos, pero al invertir tiempo en tus niños y al llegar a ser la fuerza rectora en sus vidas, tú veras un cambio en ellos también.

El líder servido

Hay tantas formas de guiar a una familia como tantas parejas casadas en la tierra. Mientras que haya diferencias de familia a familia habrá principios bíblicos que caracterizarán el hogar de un líder servido bíblico. Las armas del líder servidor no son armas de la carne o del mundo, sino de fe, de oración y de la palabra de Dios (1 Corintios 10:3-4). Los hombres tienen que depender del Dios del cielo en cada aspecto de sus vidas porque este trabajo es muy grande para ser completado por cualquier hombre solo. Es una responsabilidad enorme, y hasta abrumadora. Busca apoyo, reúnete con un mentor o con un grupo de hombres que tengan el deseo de vivir la vida al modo de Dios. El Señor proveerá de las herramientas necesarias para ayudarte con esta responsabilidad, pero tú debes buscarlas y debes aprender a usarlas.

Tu esposa es la persona más importante que tú puedes tener para ayudarte. Enlista a tu esposa en tu equipo; ella es tu ayudante y tiene que ser incluida en el liderazgo de la familia. Siéntense juntos para planear y coordinar actividades que ayudarán a tu familia a crecer y ser lo que Dios quiere que sean. Utiliza sus habilidades y dones para ayudarte a guiar la familia. Ayuda a tu esposa a desarrollar sus habilidades de liderazgo y anímala en su crecimiento espiritual y emocional.

El líder servidor tiene que ser uno que aprende. Aprende sobre tu esposa e hijos; continua aprendiendo lo que significa ser un líder piadoso y aprende sobre el matrimonio cristiano. Sigue creciendo espiritualmente, pero también crece intelectual y profesionalmente. No te sientas satisfecho en donde éstas, sigue edificando el aprendizaje en tu vida.

Un ánimo amoroso en vez de una condenación severa ayudará a edificar a tu familia. Invierte tiempo y energía en cada miembro de la familia para desarrollar sus habilidades, dones e intereses. Guía a tu familia hacia su crecimiento y aprendizaje y a que encuentren satisfacción en Cristo. Sé presto a admitir cuando estés equivocado y discúlpate; además pide perdón cuando se necesite. La humildad y la transparencia aumentan el liderazgo en vez de estorbarlo como muchos hombres suelen creer. Si tú no sabes hacer algo, di, "yo no se" y después vé y aprende como hacerlo.

Un auto examen rápido para el líder servidor:

¿Puedes decir honestamente que tu esposa e hijos están creciendo física, emocional y espiritualmente? Si están, estás teniendo éxito como líder espiritual. Si no lo están, ¿qué necesitas hacer para ayudarlos a crecer?

Para conversar como pareja

1. ¿Por qué el estilo de liderazgo de Jesús afecta el modo como el esposo guía a su familia? ¿Cómo sucede esto?

2. ¿Cómo el esposo sirve en el hogar?

3. ¿Cómo puede el esposo conocer y entender a su esposa?

4. En tu hogar, ¿el esposo guía bíblicamente? ¿Cómo es esto demostrado o no demostrado?

5. ¿Cuáles son algunas formas en las que el esposo puede ser el líder sirviente en tu hogar?

Matrimonio cristiano

Estudio 27

La ayudante

Un ejemplo de un ayudante

La palabra hebrea para ayudante "ezer" significa mucho más que el término de asistente. No hay nada inferior o negativo en esta palabra. El término ayudante en la Biblia es positivo y poderoso, sostiene, fortalece y libera. Dios usa esta palabra para describirse a Él mismo como:

- Escudo, ayudante y espada gloriosa (Deuteronomio 33:29).
- Ayuda y liberador (Salmos 70:5).
- Ayudante (Oseas 13:9).

La idea de que como ayudante la mujer es inferior a su esposo no vino de la Biblia. Desafortunadamente, los hombres han usado su fuerza física para someter y subyugar a la mujer a través de la historia. El hombre que no usa las asombrosas fortalezas y habilidades de su esposa para trabajar juntos como equipo le falta sabiduría. Ella fue creada para sostener, fortalecer y liberarlo de las batallas que enfrentarán como pareja. La letra antigua bebrea "Vau" fue usada para representar un clavo, un gancho o a una esposa. Es algo que ata o clava cosas juntas. La esposa es considerada el clavo de la casa de campaña en el hebreo antiguo, sosteniendo y uniendo la familia junta.[1] La importancia de la mujer bíblicamente no puede pasarse por alto.

Proverbios 31 da una imagen de la mujer ideal y es un ejemplo excelente del término de ayudante que la Biblia da. Esta mujer es extremadamente valiosa para su esposo; ella lo fortalece y lo cuida. Ella lleva a cabo tareas para beneficiar y cuidar a su familia. Ella administra su hogar y enseña a su familia, además ayuda al pobre. Su esposo es un hombre de influencia por la fuerza que su esposa le da, dándole el poder para alcanzar lo que Dios quiere que el haga.

Mujer ejemplar, ¿dónde se hallará? ¡Es más valiosa que las piedras preciosas! Su esposo confía plenamente en ella y no necesita de ganancias mal habidas. Ella le es fuente de bien, no de mal todos los días de su vida.
~ Proverbios 31:10-12

Una esposa quizá se pregunte como es que una mujer puede hacer todas estas cosas; una mujer normal no podría hacer tanto. No ayuda el compararte a ti misma con otras mujeres, pero instruye el entender lo que se puede lograr con el poder y la dirección de Dios. La mujer de Proverbio 31, es una mujer confidente. Su corazón está en casa y se asegura que su esposo e hijos tengan el cuidado correcto. En vez de limitar a la mujer, este ideal la libera y le da poder para lograr todo lo que Dios la ha llamado a hacer. Ella usa sus talentos, habilidades y dones para beneficiar su hogar y apoyar a su esposo. Él alcanza una medida de éxito porque ella está a su lado trabajando con él.

Luego Dios el Señor dijo: «No es bueno que el hombre esté solo. Voy a hacerle una ayuda adecuada.»
~ Génesis 2:18

NOTA IMPORTANTE PARA LOS ESPOSOS: Es útil para ustedes entender el rol de su esposa en el matrimonio, pero es hiriente si usan esta información para criticar o hacerla menos.

Amante del esposo, amante del hijo

El aspecto más importante del papel de la esposa en el matrimonio es el ser amante de su esposo e hijos. Esto define cómo la esposa logra su papel como ayudante. No es todo lo que ella hace en la relación pero define la dirección de sus prioridades y actividades. Su papel es vital para el matrimonio y para la salud total de su esposo e hijos – su papel es indispensable.

> ***y aconsejar a las jóvenes a amar a sus esposos y a sus hijos, a ser sensatas y puras, cuidadosas del hogar, bondadosas y sumisas a sus esposos, para que no se hable mal de la palabra de Dios.***
> ***~ Tito 2:4-5***

Los hijos, especialmente los más pequeños, necesitan una fuerte dósis de atención personal, de apoyo y de amor. Será extremadamente difícil para los niños crecer y llegar a ser adultos saludables, sin el amor de la madre hacia sus hijos. La crianza que ella da a sus hijos es una inversión para las generaciones futuras. Mientras que los niños necesitan a ambos padres, es la madre la que primordialmente los cría los cultiva, los desarrolla, y los ánima.

Las esposas tienen un poder increíble sobre sus esposos. A través de la crítica y falta de respeto, ellas pueden alejar a sus esposos de la familia y posiblemente extraviarse (*más vale habitar en el rincón de la azotea que compartir el techo con la mujer pendenciera.* ~ Proverbios 21:9). La esposa también puede darle el poder a su esposo y ayudarle a ser el hombre piadoso que es respetado en el hogar y en la comunidad. La mayoría de las esposas pueden romper el ego del esposo en cuestión de segundos con comentarios cortantes y al ser irrespetuosas enfrente de los niños, amigos o familia. Cuando la esposa rechaza lo negativo y edifica y anima a su esposo positivamente, ella puede fortalecerlo para lograr los retos de su papel como líder servidor. La esposa tiene que elegir diariamente ser una influencia positiva para su esposo.

¿Debe la mujer trabajar fuera de la casa?

No hay una respuesta fácil para esta pregunta; el esposo y la esposa deben tomar esta decisión juntas después de considerarlo cuidadosamente. Con niños o sin ellos, los principios para tomar esta decisión son los mismos. Bíblicamente las responsabilidades de la esposa se centran en el hogar. Mientras que el matrimonio y una "carrera" no son necesariamente exclusivos, es muy difícil para la mujer hacer malabares con el matrimonio, la familia, el hogar, la carrera y ser efectiva en todas las áreas. Muchas mujeres en números masivos se dan cuenta al entrar en el área de trabajo que esta "llamada" vida ideal, no es tan satisfactoria como fue prometida. Hay muchos costos asociados con ser una "mamá que trabaja". La pareja tiene que contar esos costos para determinar si esto es algo que ellos quieren hacer.

La familia tiene que ser primero, ni la esposa ni el esposo pueden sacrificar a la familia por el bien de la carrera o el éxito y estar en la voluntad de Dios. Si has elegido tener una familia hay ciertos sacrificios que se tienen que hacer. Los niños toman mucho tiempo y energía, dejar a los niños al cuidado de otras personas no es una decisión que se debe tomar a la ligera. El dinero y las posesiones no cubrirán la falta de participación paternal en la vida de los niños. Como equipo una pareja tiene que tomar las decisiones correctas para beneficiar su familia y alcanzar el propósito dado por Dios.

Una pareja tiene que examinar cuidadosamente las razones por las cuales la esposa trabaja fuera de la casa. Si la esposa trabaja para sentirse realizada está trabajando por las razones incorrectas. De la misma forma, el trabajar por posesiones materiales y por lujos son prioridades que no están ubicadas correctamente. Habrá periodos en que será necesario que la esposa trabaje fuera del hogar, pero deben de haber metas establecidas y muy específicas para el ingreso de la esposa. Muchos niños han sido sacrificados sin necesidad por cosas que se quieren y por deseos financieros. Esta decisión debe ser tomada con mucho cuidado y después de mucha oración.

"¿Quieres decir que tú eres su, sum, sumi... haces lo que tu esposo dice?"

Sumisión no es una palabra mala

> *Esposas, sométanse a sus esposos, como conviene en el Señor. ~ Colosenses 3:18*

La independencia es el enfoque más importante en la sociedad actualmente. Se les dice a las mujeres que no necesitan depender de nadie y ciertamente no tienen que someterse a ningún hombre. Sin embargo, muchas mujeres ahora viven el vacío y la falta de intimidad que trae su independencia. Ambas mujeres cristianas y no cristianas ahora entienden el aspecto positivo de la sumisión y del respeto a sus esposos. Intentando vivir independientes de sus esposos arruinan la relación del matrimonio y ponen tensión en la intimidad.

> *Algunas mujeres trabajan tan duro para hacer buenos esposos que nunca pueden ser buenas esposas. ~ Anónimo*

La sumisión significa que muchas mujeres renunciarán a controlar a sus esposos. Ellas controlan a sus esposos en formas distintas, usan el sexo, la manipulación, las emociones, la culpabilidad o haciéndose las mártires para hacer las cosas a su modo. Muchas han debilitado a sus esposos que hacen casi todo para evitar el alboroto emocional causado por desacuerdos o por pararse firmes en contra de la opinión de sus esposas. Hasta esas mujeres con esposos controladores y dominantes frecuentemente encuentran formas de controlarlos para lograr sus deseos. Someterse, como Dios quiere que ella se someta, significa que la esposa elige el no controlar a su esposo, alinearse con su dirección, confiar en Dios y trabajar con su esposo como compañera de equipo.

La mujer piadosa consiente el ser guiada; ella no es forzada. Ella respeta y honra a su esposo; ella no es su esclava. Ella apoya y anima a su esposo en vez de tratarlo como si ella fuera su mamá y tratar de convertirlo en alguien quien ella cree que él debería de ser. Usando los principios de los límites, la esposa sumisa permite a Dios cambiar a su marido a la vez que ella lo ama y lucha por satisfacer sus necesidades y lo anima en el liderazgo de la familia.

Sumisión no significa que la mujer acepta el abuso físico de su marido, adicciones y continuas infidelidades. Mateo capítulo 18 da dirección para afrontar a esos que están en pecado y también se aplica en la relación matrimonial. Límites saludables proveen protección en contra del abuso que quizá sea resultado del pecado y es importante cuando sea necesario que los pasos apropiados se realicen.

La ayudante es valiosa y necesaria para la salud y el bienestar de la familia. Una pareja que trabaja junta como equipo proveerá una estabilidad y dirección mejor para su familia. Una esposa que apoya y anima, facilita la habilidad de su esposo para satisfacer las demandas de su papel como líder servidor de la familia. Es necesario que la esposa busque satisfacer enérgicamente sus responsabilidades en el matrimonio. Una esposa que es pasiva y que no se involucra no llenará esas responsabilidades como Dios quisiera.

La ayudante piadosa

Una esposa es una ayuda adecuada para su esposo. Ella pone a disposición de su esposo sus habilidades, destrezas y dones para ayudarle a edificar un matrimonio y una familia fuerte y fortalecida equipada para enfrentar los retos de la vida diaria. Ella afirma a su esposo y lo hace sentir como la persona más importante en el mundo. Ella está de su lado sosteniéndolo y trabajando con él para lograr los propósitos de Dios para sus vidas, matrimonio y familia. Ella provee un balance que el hombre nunca puede tener por sí solo. Ella está firme con su esposo a través de cualquier reto que viene a ellos y a su familia; su esposo es su prioridad. Naturalmente, ella protegerá a sus hijos si su esposo es abusivo, pero en otros aspectos él es primero.

Como consejera y compañera de equipo, la esposa complementa al esposo y fortalece sus debilidades. Ella ministra a su esposo y es usada por Dios para hacerlo una mejor persona. Su respeto y fidelidad lo ayuda a estar firme y fuerte cuando él siente que quiere huir de los retos que enfrenta como líder del hogar.

La ayudante piadosa resiste la tentación de tomar el control de su esposo y de las situaciones que enfrentarán. La Palabra de Dios dirige a la esposa a establecer límites y a rechazar el liderazgo del hogar, aun cuando ella tiene una personalidad de león/líder. Ella está para apoyar a su esposo y ayudarle a convertirse en el líder piadoso del hogar para el cual fue hecho. Su espíritu gentil y suave provee paz en las tormentas del diario vivir y es grandemente valorada por Dios (1 Pedro 3:4).

Un auto examen rápido de la ayudante:

¿Puedes decir honestamente que tu esposo y tus hijos se sienten amados? ¿Ellos sienten tu amor y tu apoyo o se sienten criticados y juzgados? Si ellos se sienten amados, estás teniendo éxito como una amante para tu esposo y para tus hijos. Si ellos no lo sienten así, ¿qué necesitas hacer para ayudarlos a sentirse amados?

Para conversar como pareja

1. ¿Cómo realizan el papel de ayudante en tu matrimonio tú o (tu esposa)?

2. ¿Cómo la esposa demuestra ser amante del marido?

3. ¿Cómo es una esposa amante de los hijos? ¿Deben alguna vez los hijos ser primero en tu matrimonio que tu esposo?

4. ¿La esposa trabaja fuera del hogar en tu familia? ¿Por qué sí o por qué no?

5. ¿Cómo se debe ver la sumisión de la mujer en la vida diaria?

Matrimonio cristiano

Estudio 28

La dirección del hogar

... *Por mi parte, mi familia y yo serviremos al Señor. ~ Josué 24:15*

Nunca estábamos destinados a estar completamente satisfechos en este mundo. ~ Michael Card

A través de la historia los matrimonios han enfrentado tiempos difíciles y de prueba. El ambiente, los obstáculos y los problemas pueden cambiar, pero cada generación enfrenta retos en su relación matrimonial y familiar. Noé enfrentó muchos de los retos que nosotros enfrentamos el día de hoy, violencia, corrupción, impiedad y decadencia moral. Sin embargo, Noé y su familia hicieron una diferencia en su mundo (Génesis, capítulo 6). Noé tomó la decisión de obedecer y creer en Dios, como también Josué lo hizo muchas generaciones después y los matrimonios tienen que hacer lo mismo hoy. La sabiduría piadosa en el hogar no se desarrolla naturalmente; las parejas deben tomar la decisión de comprometerse en servir a Dios, siguiéndolo y confiando en Él. Se necesita perseverancia para mantenerse en el camino a pesar de los problemas que los matrimonios experimentan. Es importante sostemerse en el camino que Dios tiene para ti y permanecer fiel a Él a través de cualquier obstáculo, problema o tiempo difícil.

El equipo esposo-esposa

La incorporación de los hijos cambia más al matrimonio que cualquier otro evento en la vida matrimonial. El cambio es de por vida y las parejas deben estar preparadas para el reto antes de que venga. "Los buenos matrimonios son diseñados para mantener a los hijos juntos; los hijos no son creados para mantener a los padres juntos."[1] El trabajar juntos con metas y objetivos en común es extremadamente necesario, especialmente cuando una pareja es bendecida con niños. Un matrimonio fuerte y estable provee los cimientos para criar niños saludables mental, emocional y espiritualmente. Las parejas que luchan juntas firmes y fuertes permanecerán y crecerán a través de los retos que vengan en la vida.

El mejor regalo que tú puedes darle a tus hijos es un buen matrimonio. ~ Harville Hendrix

Un hogar centrado en Dios edificado en Jesucristo como fundamento tiene efectos profundos en los niños y en generaciones futuras. Criar niños balanceados y saludables espiritualmente requiere de un ambiente estable seguro y amoroso. Una pareja que tiene una comunicación respetuosa y que expresa elogio, afecto y apreciación el uno por el otro en presencia de los niños les permite a los niños experimentar el amor y fortaleza de un matrimonio saludable.

El hombre y la mujer no son independientes el uno del otro (1 Corintios 11:11-12) y al contrario de lo que la sociedad dice; el matrimonio no es un acuerdo separado, es un acuerdo igual. La paternidad no es trabajo de una sola persona, y es importante que el esposo y la esposa trabajen juntos para guiar el hogar en la dirección que Dios quiere que vaya. Establecer metas y objetivos individualmente, como pareja y como familia, es extremadamente importante para mantener a la familia en el camino. Incluir a los niños en el proceso aumentará su compromiso y les ayudará a aprender a establecer metas y objetivos para ellos mismos. Poner la misión de la familia de forma evidente en el hogar le recuerda a la familia la dirección a seguir.

Funciones bíblicas claras fortalecen al matrimonio y a la familia totalmente. Los niños aprenden del ejemplo de sus padres y experimentan la seguridad que trae la estabilidad y el orden. Funciones claras también ayudan a la pareja a trabajar como equipo, en vez de estar discutiendo acerca de las responsabilidades y trabajando en contra el uno del otro. Una pareja que tiene dificultades por el control en el matrimonio no será productiva y eficiente. El orden bíblico le permite a la pareja edificar un matrimonio fortalecido que será el fundamento para una familia fuerte. Ellos se complementan el uno al otro, utilizando las fortalezas de cada uno para guiar y dirigir el hogar y la familia.

> *Es mejor cien enemigos fuera de la casa que uno dentro. ~ Proverbio Árabe*

Un hogar cristiano

Un hogar cristiano ciertamente se debería de sentir mejor que uno que no es cristiano. Debe de ser un lugar de refugio donde cada miembro de la familia es refrescado y fortalecido, para que ellos enfrenten los problemas que experimentan en la vida diaria. El amor y el respeto para cada uno en el hogar provee seguridad y estabilidad. Al trabajar la pareja primero para amarse el uno al otro y después amar a sus hijos, habrá esa frescura que distinguirá a su hogar de los hogares donde no les importan los principios de Dios.

> *Debe gobernar bien su casa y hacer que sus hijos le obedezcan con el debido respeto. ~ 1 Timoteo 3:4-5*

Pablo le escribe a Timoteo que el supervisor o líder de la iglesia debe de encargarse bien de su familia. No hay hogar ni hijo perfecto, pero hay una diferencia en las vidas de una familia que primero sirve al Señor. Muchos padres no afrontan el mal comportamiento de sus hijos y permiten a sus hijos mandar como el hogar opere. Los padres no tienen que ser tiranos y demandar que sus hijos se comporten perfectamente en todas las situaciones, pero es razonable esperar obediencia y respeto de sus hijos.

Cuando cosas malas suceden

Los matrimonios saludables y fortalecidos están mejor preparados para enfrentar las cuestiones inevitables que vendrán en la vida. Todos los matrimonios sufrirán contratiempos, descensos, crisis o problemas. La presencia o ausencia de problemas en el matrimonio no es un indicativo de qué tan fuerte es el matrimonio, la medida verdadera del compromiso en el matrimonio se muestra cuando sucede la crisis.

El pecado es una realidad en el mundo hoy. Ya sea el pecado de un cónyuge, hijos o de personas fuera de la familia que la lastimarán, es probable que el pecado afecte a tu familia de algún modo. El pecado tiene que ser tratado; no puede ser ignorado. Ignorar el pecado muestra al ofendido que él no es digno de protección y frecuentemente se le dará al perpetrador la oportunidad de agredir a otros. No se le puede permitir continuar el abuso, adicción, infidelidad y el pecado habitual. Tiene que ser enfrentado y tratado. Busca ayuda si es necesario.

El pecado no es el único factor que afecta los matrimonios. Desastres naturales, accidentes, problemas de salud, infertilidad y la muerte, afectan a los matrimonios y a las familias tremendamente. Con la pérdida de trabajo del esposo comienza una crisis financiera en el hogar. Cada problema presenta un grupo de cuestiones diferentes a la vez que la pareja trata de resolverlos. Con el pecado los problemas externos y crisis no tienen que destruir a la familia de hecho pueden fortalecer a la pareja y a su familia.

> *El amor es fortalecido a través de enfrentar los conflictos juntos. ~ Anónimo*

Antes del matrimonio las parejas suelen creer que el amor lo conquistará todo, que no hay un problema que su amor no pueda resolver. Sin embargo, en la realidad el amor por si solo no sostendrá a la pareja a través de una crisis. Es su dependencia en Dios, determinación, compromiso y trabajo en equipo que no sólo los llevará a atravesar el problema, sino que les ayudará a crecer en su amor el uno por el otro al confrontar los conflictos juntos.

Job el del Antiguo Testamento nos enseña

muchísimo acerca de enfrentar crisis. Este hombre perdió sus medios de provisión financiera y a todos sus hijos. De ser un hombre próspero y feliz, en un día se volvió un hombre pobre y desolado. Hasta su salud falló y aun así no acusó a Dios. En respuesta a las amonestaciones de su esposa que le dice "maldice a Dios y muere," Job respondió "si de Dios sabemos recibir lo bueno, ¿no sabremos también recibir lo malo?" (Job 2:10) Las parejas que están enfrentando crisis deben permanecer enfocadas en el Señor y no culparlo por sus problemas.

Estoy convencido que la vida es 10 por ciento de lo que me pasa y 90 por ciento es de cómo reacciono. Y también así es contigo - nosotros estamos responsables de nuestras actitudes. ~ Chuck Swindoll

Una pareja que enfrenta una crisis debe enfocarse en atravesarla sin atacarse el uno al otro. Necesitan tomar responsabilidad de sus acciones y actitudes y tratar con las cuestiones en vez de culparse el uno al otro o pelear. Las parejas que enfrentan una crisis necesitan confiar en Dios, trabajar en el problema juntos y buscar apoyo y ayuda de otros para resolver las cuestiones que ellos enfrentan.

"Ahora ¿si podemos buscar ayuda?"

El poder de un hogar piadoso

La dirección que toma un hogar es la elección que una pareja hace. Noé, Abrahám, Sara, Moisés, Josué, Rahab, David, José y María eligieron confiar en Dios y caminar en sus caminos y el Señor los bendijo por su obediencia. Ninguna de estas personas era perfecta; no ha habido familias perfectas a través de la historia. Podríamos discutir sobre los problemas de cada una de estas personas listadas en la parte de arriba, pero Dios no ve los problemas, Él ve el corazón. David, que tuvo una familia muy disfuncional, es llamado el hombre que buscaba el corazón de Dios. El Señor usa gente imperfecta, gente que elige seguirlo a Él a pesar de los problemas o circunstancias.

Justo es quien lleva una vida sin tacha; ¡dichosos los hijos que sigan su ejemplo! ~ Proverbios 20:7

La gente no guía vidas perfectas y sin culpa pero cuando hacen la elección de seguir a Dios y de rendir sus vidas a Él, Él los bendecirá a ellos y a sus hijos. El hogar piadoso usa la palabra de Dios como el estandarte de cómo vivir la vida. Las parejas que viven una vida para Dios modelan la oración, adoración y estudio bíblico para sus hijos. El esposo que es líder de su familia es un modelo a seguir de cómo Jesucristo ama a su pueblo. Los niños experimentan el amor de Dios y ven a sus padres imperfectos permitirle a Dios que los moldee y les de forma en su propia imagen.

La pareja guía a sus hijos con respeto y sin contradicción al trabajar como equipo. Ellos no pelean enfrente de sus hijos y le presentan un frente unido a los niños. La tarea del esposo y la esposa puede variar debido a muchas circunstancias, pero una pareja enfocada en el Señor trabajará junta para lograr lo que se necesite hacer en el hogar.

Un hogar enfocado en Dios es un centro de cuidado y servicio, no sólo para la familia viviendo en el hogar, sino para otros también. Las características que incluyen a un hogar que está enfocado en Dios son el amor, apoyo, ánimo y perdón. Cuando una pareja trabaja junta con una base sólida y un matrimonio fortalecido, crea este tipo de hogar. La gente se siente segura en su hogar y no es raro ver a los niños del vecindario juntarse ahí. Una pareja dedicada y creciente se divertirá estando junta tanto al jugar como trabajar. Hay poder en este hogar por que Jesucristo es Señor y servirle a Él es prioridad.

Las familias que sirven a Dios hacen la diferencia en su iglesia, vecindario y en el mundo. El aprender los principios de Dios para la vida y el matrimonio y aplicarlos traen fortaleza y poder para ser usados por Dios en las vidas de otros. Una pareja que se mueve en la dirección de Dios es un imán para matrimonios con problemas porque ven algo que ellos no tienen.

Un matrimonio creciente dirigido por Dios no se ve tan desafiante como lo sería para muchas parejas que están heridas. Habrá más crecimiento en la pareja comprometida a servir al Señor que en las vidas de aquellas parejas que continúan viviendo una vida egoísta y egocéntrica. La pareja en un matrimonio comprometido busca la voluntad de Dios para sus vidas y matrimonio. Ellos buscan el consejo de otros, pero dependen del Señor para que los guíe a la vez que ellos guían a su familia en su dirección.

Para conversar como pareja

1. ¿Tú y tu familia sirven al Señor? Menciona cinco cosas que tú y tu familia hacen para servir al Señor.

2. ¿Por qué es importante que una pareja sea un equipo? ¿Son tú y tu cónyuge un equipo que trabaja junto?

3. ¿Es tu hogar diferente al hogar que no es cristiano? ¿Cómo?

4. ¿Cómo pueden seguir juntos en la dirección correcta cuando una crisis ocurre?

5. ¿Qué diferencia hace tu matrimonio en la vida de otros? ¿Cómo puedes ser usado por Dios para hacer la diferencia?

Matrimonio cristiano

Estudio 29

Dejando un legado

> *El hombre de bien deja herencia a sus nietos; las riquezas del pecador se quedan para los justos.*
> *~ Proverbios 13:22*

> *Hay gente que vive como si nunca fuera a morir. Cuando ellos mueren, es como nunca hubieran vivido. ~ Anónimo*

Un legado será dejado

Al escoger la dirección de tu hogar ahí comienzas la jornada de dejar un legado. Un legado es lo que has dejado para futuras generaciones una vez que has muerto. Es definido como "cualquier cosa dejada por un antepasado o un antecesor" o "propiedad dejada a alguien a través de un testamento."[1] Hay dos aspectos de esta definición, primero el dejar involuntariamente una propiedad, o atributos emocionales, sociales y espirituales. Mucha gente muere sin haber pensado en vida en lo que dejarán a sus descendientes; sean sus posesiones, la falta de un testamento para la distribución de las mismas o simplemente no prestar atención a qué tipo de legado dejarán ya sea emocional, social o espiritual. Ellos viven sus vidas como si la muerte fuera el final de todo. No es el final, porque ya sea bueno o malo habrá una parte de ti que será dejada a tus hijos, nietos, familia, amigos y conocidos. El segundo aspecto, es el dejar voluntariamente las mismas cosas en un testamento. Es cuestión de establecer una visión de cómo tu vida se verá en retrospectiva una vez que has ido y vivido ese ideal.

> *El dejar un legado piadoso requiere de carácter, compromiso y visión.*[2]

Para dejar un legado positivo las personas deben vivir vidas que harán la diferencia en las vidas de las personas con las tengan contacto. Dirigiendo una vida con propósito sirviendo a Jesucristo es una manera positiva de empezar a darle forma al legado que dejarás. Muchos hombres les darán a sus esposas e hijos todo lo que ellos quieren, pero no lo que ellos necesitan. Estos hombres dan todas las posesiones materiales que una persona pudiera desear pero no se dan a ellos mismos. Su familia no sabe quiénes son y sin embargo, estos hombres no entienden que están dejando un legado negativo. Elí, el sacerdote de Israel antes del tiempo del rey Saúl no detuvo a sus hijos de cometer actividades impías. Él no tuvo el carácter o compromiso de dejar un legado positivo para su familia y tuvo miedo enfrentar a sus hijos. Las consecuencias fueron costosas, Dios tomó las vidas de ambos hijos y la de él mismo Elí (1 Samuel 3:11-14).

> *Grábense estas palabras en el corazón y en la mente; átenlas en sus manos como un signo, y llévenlas en su frente como una marca. Enséñenselas a sus hijos y repítanselas cuando estén en su casa y cuando anden por el camino, cuando se acuesten y cuando se levanten; escríbanlas en los postes de su casa y en los portones de sus ciudades.*
> *~ Deuteronomio 11:18-20*

Hay un balance involucrado al dejar un legado. Algunos padres intentan forzar su voluntad en sus hijos y eligen la dirección de la vida de sus hijos. Ellos demandan de sus hijos continuar con tradición familiar de cierta carrera y ellos vivirán sus vidas a través de sus hijos. Otros dejan que sus hijos elijan todo, su educación o carrera y el seguir o no a Cristo. Dios desea que los padres guíen a sus hijos a buscarlo a Él y su voluntad para sus vidas. Los padres están para entrenar a sus hijos en el amor de Dios y en sus principios. Esto provee un cimiento piadoso para los niños y si se desvían ellos regresarán al Señor (Véase Proverbios 22:6).

> *Los pensamientos humanos son aguas profundas; el que es inteligente los capta fácilmente.* ~ ***Proverbios 20:5***

El legado recibido

La gente no puede escapar del vínculo biológico y de identidad que los conecta a sus padres, abuelos y a sus generaciones pasadas. Esas conexiones de generaciones anteriores pueden ser positivas o negativas y pueden abarcar tres, cuatro hasta cinco generaciones. Muchos de los patrones y comportamientos que son pasados de generaciones anteriores son llevados a través de la vida, son parte de lo que la persona es.

Dios permite que las consecuencias del pecado ancestral impacten varias generaciones, pero Él también bendice generaciones futuras de aquellos que lo aman. Hay "tendencias" que se pasan de generación a generación. Niños criados por alcohólicos, abusadores o criminales suelen seguir esos mismos patrones, y niños criados por gente honesta, piadosa, productiva, suelen seguir esos patrones. La gente que desea romper con esos patrones negativos de sus antepasados usualmente tiene que trabajar duro para romer condicionamientos. Una debilidad moral suele producir una debilidad moral, como también un carácter piadoso y fuerte suele producir piedad.

El legado del divorcio afecta familias por generaciones. A través del divorcio las personas piensan que pueden reconstruir sus vidas haciendo borrón y cuenta nueva, pero no pueden. Los hijos son un legado permanente del matrimonio y siempre habrá cierta conexión entre los padres.[3] Judith Wallerstein estudió a 131 niños víctimas del divorcio por veinticinco años y descubrió que el divorcio es una "experiencia que transforma la vida".[4] Después del divorcio cada etapa de la vida es diferente para los niños victimas de éste. Sus habilidades para desarrollar y mantener relaciones significativas y hasta su forma de interactuar con la gente es afectada. Un estudio que defiende el divorcio admite que el divorcio crea aproximadamente 150,000 niños cada año que van directo a problemas sociales serios, emocionales o físicos. La devastación del divorcio toca miles de hogares cada año y afecta generaciones.[5]

"No puedes ser el líder sin seguidores; nosotros vamos contigo."

Mucha gente ha sacrificado su familia por una carrera, por poder, logros, y hasta por el ministerio. A través de la historia de la iglesia cristiana se pueden contar historias de hombres que lograron mucho por el reino de Dios pero no realizaron el papel de líder servidor de su familia. Algunos hasta han sido atrevidos y han dicho que el matrimonio no los detendría ni un poco para seguir en el ministerio.[6] No es correcto que un hombre ande afuera tratando de ganar el mundo para Cristo y no atienda a su familia. Muchos hombres logran cosas grandiosas fuera del hogar pero no dejan un legado positivo para sus hijos.

> *¿De qué sirve ganar el mundo entero si se pierde la vida?* ~ ***Mateo 16:26***

Es posible lograr cosas grandiosas y también dejar un legado positivo. Jonathan Edwards era un pastor y evangelista en la America Colonial. Él logró mucho fuera del hogar pero él sentía que su primer ministerio era con su familia. La inversión de Jonathan y Sara Edwards en el bienestar de su familia pagó grandes dividendos al crecer sus hijos y al servir a Dios a sus propias maneras. Un estudio acerca de 1400 descendientes de Edwards reveló que hubo trece presidentes de universidades, treinta jueces, sesenta y seis médicos, sesenta y cinco profesores y más de cien clérigos, misioneros y profesores teológicos.[7] Un legado positivo alcanza más y quizá tenga un efecto en el mundo a la vez que la familia crece y sirve a Dios.

Es importante examinar el legado que te fue dejado a ti y a tu cónyuge por sus ancestros. Será de ayuda ver objetivamente tu niñez para ver qué tipo de legado tus padres y abuelos te dejaron. Ésta información servirá para cuatro propósitos:

1. Iluminar áreas de tu vida que quizá necesiten ser consideradas y cambiarlas.
2. Ayudar a romper con las fuerzas del pecado.
3. Aumentar la intimidad y el acercamiento entre tú y tu cónyuge.
4. Proveerá un punto de comienzo para empezar a trabajar en dejar un legado positivo para tus hijos.

Completa la hoja de trabajo en la página 175 para ayudarte a determinar qué tipo de legado te fue dejado. Se te preguntará que califiques tres áreas de tu legado. A través de un legado espiritual los padres moldean y animan principios espirituales y verdades. Un fuerte legado emocional ayuda a una persona a desarrollar emociones saludables y puede tratar los problemas de la vida positivamente. Un legado social edifica fuertes habilidades sociales para cultivar relaciones saludables y estables.

> ***Mira hacia atrás al legado que te fue dejado, después busca al Señor y pídele perdón si es necesario y pídele que lo cambie. Finalmente, ve hacia delante; ¿Qué tipo de legado te gustaría dejar?***

Elegiendo el legado a dejar

¿Qué tipo de legado dejarás? Similar a tu visión uno establece la meta y después trabaja para lograrla. La cuestión es dejar el legado que tú elijas en vez de dejarlo al azar y preguntarse cómo tus generaciones futuras verán tu vida y el legado que tú dejes. No es imposible pero es difícil dejar un legado positivo si tú no vives una vida para Dios. Tus prioridades y la dirección de tu vida necesitan estar en línea con los propósitos de Dios para ti. Nunca es demasiado tarde para hacer los cambios necesarios para cambiar un legado. Dios es un Dios de redención; cuando su gente se arrepiente y se vuelve de sus caminos pecaminosos, Él es fiel para restaurarlos. Mientras que hay consecuencias por las acciones pasadas, Dios redimirá el futuro.

> ***La memoria de los justos es una bendición, pero la fama de los malvados será pasto de los gusanos.***
> ***~ Proverbios 10:7***

El vivir piadosamente, con integridad y en santidad, ayudará mucho a dejar un legado positivo. Esposos y esposas, al aceptar y vivir sus papeles como líder sirviente y ayudante también ayudarán a dejar un legado positivo. El hogar que ora, adora a Dios y estudia su palabra será más fuerte que el hogar que no considera los caminos de Dios. Las acciones hablan más fuerte que las palabras, esposos y esposas deben de poner sus palabras en práctica.

> ***Tú sólo puedes predicar el Cristo que tú vives.***

Usa la hoja de trabajo en la página 176 para describir brevemente el legado que deseas dejar para tus hijos y generaciones futuras. Ésta es otra oportunidad para el esposo y la esposa de trabajar juntos para decidir el futuro de su familia. Muchas parejas han alcanzado mucho sin sacrificar a sus familias. Tú también puedes alcanzar metas positivas mientras que guías a tus hijos con un legado fuerte. Tú escoges.

Transmitiendo el legado

No es imposible dejar un legado positivo para tu familia. Pablo escribe que la persona casada tiene que estar al pendiente de cosas del mundo y cómo complacer a su cónyuge (1 Corintios 7:27-34). Es necesario para el esposo proveer las necesidades espirituales, emocionales y físicas de su familia y para la esposa ser la ayudante, la fortaleza y apoyo de su esposo mientras que él guía a su familia. Juntos, ellos pueden guiar a los niños y grabar en ellos un legado piadoso. Oportunidades verbales, simbólicas, visuales y escritas son importantes para guiar a los niños en el camino del Señor y en la dirección que tú deseas para tu familia. En la película *Casarse Está en Griego*, el padre tomó cada oportunidad posible para explicar cómo todas las palabras se originaron del lenguaje griego. Igualmente es vital que los padres cristianos les enseñen a sus hijos la palabra de Dios, y hagan lo mejor de cada oportunidad para guiarlos, dirigirlos y grabar un legado positivo en sus vidas.

Una forma excelente de pasar un legado a la siguiente generación es a través de ceremonias formales. La boda de un hijo es un excelente lugar para esto. Los padres pueden usar parte de la ceremonia para pasar formalmente el legado a su hijo o hija y a su cónyuge. Los padres pueden mandar formalmente a su hijo a la universidad, y crear una ceremonia para inculcar un legado, ya que el hijo se va de la casa, o desarrollar una ceremonia sobre el legado para cuando sus hijos cumplan 18 o 21 años. Hay muchas cosas que una pareja puede hacer para grabar un legado en la vida de sus hijos.

Para conversar como pareja

1. ¿Por qué es importante tener un propósito para tu vida y una dirección para tu hogar cuando piensas acerca de dejar un legado?

2. ¿Por qué piensas que mucha gente hasta cristianos suelen dejar un legado negativo?

3. Generalmente, ¿fue positivo o negativo el legado que recibiste de tus padres? ¿Cómo ha afectado tu vida?

4. ¿Por qué es importante elegir dejar un legado positivo? ¿Qué tiene que ver la piedad con un legado?

5. ¿Qué harás para asegurarte que dejas un legado positivo para tus generaciones futuras?

El legado que te fue dejado

Contesta las siguientes preguntas tan honesta y completamente como te sea posible. Comparte tus respuestas con tu cónyuge.

Tu legado espiritual:

1. ¿Fueron incorporados en tu vida diaria principios espirituales en tu familia? ¿Cómo?_________

2. ¿Era importante la vida de iglesia en tu familia? ¿Ibas a la iglesia regularmente? ¿Participabas en otros eventos en la iglesia aparte de los servicios del domingo? ¿Cuáles? _________

3. ¿Cómo veían tus padres a Dios? ¿Cómo ellos se relacionaban con Él? _________

Tu legado espiritual:

1. Describe la atmósfera de tu hogar en tu niñez. _________

2. ¿Te sentías importante al ir creciendo? ¿Cómo te trataban? ¿Con respeto? Explica. _________

3. ¿Cómo tus padres se relacionaban el uno con el otro y se trataban? _________

Tu legado social:

1. ¿Cómo tu familia interactuaba con otra gente? ¿Cómo eran las actitudes? _________

2. ¿Cómo eran puestas y reforzadas las reglas en tu hogar? _________

3. ¿Cómo tus padres trataban con el mal comportamiento? _________

El legado que tú dejarás

Brevemente describe el legado que tu deseas dejar a tus hijos y a tus generaciones futuras en las áreas siguientes. Trabaja con tu cónyuge para decidir el legado de tu familia.

El legado espiritual que yo quiero dejar: ______________________________

El legado emocional que yo quiero dejar: ______________________________

El legado social que yo quiero dejar: ______________________________

Matrimonios fortalecidos
Capítulo 7 referencias

Estudio 23: *El fundamento para el matrimonio*

1. Collier's Dictionary; William D. Halsey, Editorial Director (NY, NY; Macmillan Educational Company, 1986)
2. Nelson's Illustrated Bible Dictionary; Copyright 1986, Thomas Nelsons Publishers
3. Robertson McQuilkin, Living by the Vows; Christianity Today, October 8, 1990
4. Art Carey; In Defense of Marriage, (NY,NY; Walker and Company, 1984) p 153

Lecturas sugeridas:

- El Matrimonio: Pacto Y Compromiso por Gary Chapman
- Una mirada bíblica a la familia por Luis Palau y James Dobson
- Matrimonio Sobre la Roca: El Diseño de Dios Para su Matrimonio de Ensueño por Jimmy Evans

Estudio 24: *El matrimonio cristiano*

1. Judith Wallerstein & Sandra Blakeslee; The Good Marriage, How and Why Love Lasts (NY,NY; Houghton Mifflin Company, 1995) p 24
2. Mike Mason; The Mystery of Marriage (Portland, OR, Multnomah Press, 1985) p 81
3. Judith Wallerstein & Sandra Blakeslee; The Good Marriage, How and Why Love Lasts (NY,NY; Houghton Mifflin Company, 1995) p 240

Lecturas sugeridas:

- El Matrimonio Cristocéntrico por Neil T. Anderson and Charles Mylander
- La Abundancia En El Matrimonio por Focus on the Family

Estudio 25: *Orden bíblico*

1. Dan Allender and Tremper Longman; Intimate Allies (Wheaton, IL; Tyndale House, 1995) p146
2. Wayne Grudem, Editor; Biblical Foundations for Manhood and Womanhood (Wheaton, IL; Crossway Books, 2002) pp 47 - 48
3. Ibid.
4. Stephen B. Clark, Man and Woman in Christ (Ann Arbor, MI; Servant Books, 1980) p 57
5. Robert Lewis and William Hendricks, Rocking the Roles: Building a Win-Win Marriage (Colorado Springs, Co; NavPress, 1991) p 46
6. Alexander Strauch, Men and Women: Equal Yet Different (Colorado Springs, CO, Lewis & Roth Publishers, 1999) p 23
7. Wayne Grudem, Editor; Biblical foundations for Manhood and Womanhood (Wheaton, IL, Crossway Books, 2002) pp 221-222

Lecturas sugeridas:

- Hombres y mujeres: iguales, pero diferentes por Alexander Strauch
- Te Amo, pero, por qué Somos tan Diferentes? por Tim LaHaye

Para mayor información:

- www.cbmw.org/resources/multilingual.php?langid=5

Estudio 26: *El líder-servidor*

1. Bob Lepine; The Christian Husband (Ann Arbor, MI; Servant Publications, 1999) p 109
2. Robert Lewis and William Hendricks, Rocking the Roles: Building a Win-Win Marriage (Colorado Springs, Co; NavPress, 1991) p 46

Lecturas sugeridas

- Un esposo conforme al corazon por Dios por Jim George
- Liderazgo con amor: Función del hombre en el hogar por Dean Merrill
- El Hombre Frente al Espejo por Patrick Morely

Para mayor información:

- Cumplidores de Promesas: www.promisekeepers.org/span10
- Hombres de Valor: www.hombresdevalor.org

Estudio 27: *La ayudante*

1. F. Andy Tryon, Ph.D.; Ancient Hebrew: God's Picture Language; Goodyear, AZ, p 16

Lecturas sugeridas:

- Cautivante : Revelando el misterio del alma de una mujer por John & Stasi Eldredge
- Solo Para Mujeres por Shaunti Feldhahn
- Esposa conforme al corazon de Dios por Elizabeth George
- Yo? Obedecer a mi marido? por Elizabeth Handford

Para mayor información:

- A Ti Mujer: www.geocities.com/atimujer2003/index.html

Estudio 28: *La dirección del hogar*

1. James Walker; Husbands Who Won't Lead & Wives Who Won't Follow (Minneapolis, MN; Bethany House Publishers, 2000) p 163

Lecturas sugeridas:

- Cosas Malas en Matrimonios Buenos por Les and Leslie Parrott
- Sabiduría en la vida familiar por Chuck Swindoll

Estudio 29: *Dejando un legado*

1. Collier's Dictionary; William D. Halsey, Editorial Director (NY, NY; Macmillan Educational Company, 1986)
2. FamilyLife Marriage Conference Manual (Little Rock, AR; FamilyLife, 1997) p 157
3. Judith Wallerstein, Julia Lewis & Sandra Blakeslee; The Unexpected Legacy of Divorce (NY,NY; Hyperion, 2000) p 46
4. Judith Wallerstein, Julia Lewis & Sandra Blakeslee; The Unexpected Legacy of Divorce (NY,NY; Hyperion, 2000) p xxvii
5. E. Mavis Hetherington; cited by Richard Corliss, "Does Divorce Hurt Kids?" Time, 1/28/2002
6. John Wesley; quoted by Doreen Moore; Good Christians, Good Husbands? (Ross-Shire, Scotland, Christian Focus Publications, 2004) p 56
7. Dennis & Barbara Rainey, Building Your Mate's Self-Esteem (Nashville, TN; Thomas Nelson, 1995) pp 229—230

Capítulo 8

La intimidad en el matrimonio

Estudio 30

Creados para la intimidad

Por eso el hombre deja a su padre y a su madre, y se une a su mujer, y los dos se funden en un solo ser. En ese tiempo el hombre y la mujer estaban desnudos, pero ninguno de los dos sentía vergüenza.
~ Génesis 2:24-25

"La intimidad es la que hace el matrimonio, no una ceremonia, ni un pedazo de papel del estado." ~ Kathleen Norris

El matrimonio es la relación humana más cercana e íntima para la cual la gente tiene capacidad. A través de una conexión física, intelectual, emocional y espiritual, una pareja se acerca más el uno al otro. La intimidad simplemente significa, "veme-por-dentro."[1] Es una relación personal cercana, en la cual una persona permite que otra vea qué es lo que está pasando por dentro – comunicación a un nivel personal. Las parejas deben de elegir el abrirse y permitirse el uno al otro entrar para experimentar intimidad. Significa que ambos cónyuges se comunican en niveles más profundos para expresar sus emociones, sentimientos, heridas y deseos.

La gente fue creada para la intimidad y la relación. Dios creó a Eva como una ayudante adecuada para Adán. La humanidad no fue creada para estar sola, y es a través de la relación que la gente madura y florece. El mundo ahora tiene más formas que nunca de comunicarse y de estar en contacto el uno con el otro, sin embargo, a pesar de todas las conveniencias disponibles, mucha gente está muy sola. Vivir para uno mismo no es la forma de satisfacer las necesidades de una relación, sin embargo, mucha gente vive sólo para ellos mismos. Dar la vida de uno a otra persona, tratar de conocerla y de ser conocido, de este modo es como Dios creó a la humanidad, y esto hace la vida plena.

Usualmente, a un cónyuge o al otro, se le hará difícil el revelar sus pensamientos y emociones más profundos para edificar la intimidad en la relación. Mientras que para el hombre es más difícil comunicar sus sentimientos y mostrar sus emociones, a veces la situación es al revés y al esposo es más fácil comunicarse que a su esposa. Una pareja tiene que trabajar junta, para que la intimidad exista. El cónyuge que se expresa más fácilmente necesita ayudar al otro a abrirse, y el cónyuge que le es difícil abrirse, necesita empujarse a sí mismo para compartir su corazón con su cónyuge. Una intimidad profunda y duradera no existirá si al menos ambos cónyuges están dispuestos a trabajar al respecto.

La intimidad con Dios

Pero el que ama a Dios es conocido por él.
~ 1 Corintios 8:3

Una intimidad verdadera con su cónyuge, comienza con una relación cercana e íntima con Jesucristo. Dios desea la relación con Su pueblo. Esta es la razón por la cual Dios usa el matrimonio como ejemplo de Su relación con la humanidad. Las parejas se volverán más íntimas en su relación del uno con el otro al ir ellos madurando en su relación con el Señor juntamente.

> *Ama al Señor tu Dios con todo tu corazón, con toda tu alma, con toda tu mente y con todas tus fuerzas.*
> *~ Marcos 12:30*

Una relación con Dios no es un régimen de cosas, para hacer y no hacer, es amar a Dios totalmente. El Señor llama a sus creyentes amigos: Él los ama y dio Su vida por ellos. Es difícil para los cristianos desarrollar una relación con Dios a través de un torbellino de actividades, haciendo cosas para Él. La historia de María y Marta en Lucas capítulo 10 demuestra lo que el Señor piensa acerca del torbellino de actividades. El leer la Biblia, ir a la iglesia y servirle a Dios, ayuda al desarrollo de tu relación con Él, pero Dios le da un valor más grande a la oración, adoración y al escuchar calladamente a Su voz.

Dios es relacional. En el Jardín del Edén, Él caminó con Adán y habló con él. Su relación con Noé, Abraham, Moisés, Elías y otros a través del Antiguo Testamento, demuestra Su deseo de estar cerca del hombre. Jesús también demostró relaciones cercanas e íntimas, mientras que Él caminó sobre la tierra. Su relación con los discípulos, Lázaro, María, Marta y otros, demostró como Él se abría a la gente que Él conocía. Él llevó a sus amigos más cercanos al Jardín del Getsemaní durante su hora más oscura para que Lo apoyaran, cuando Él soportaba la carga más pesada de todos los tiempos. Dios no camina y habla con la humanidad el día de hoy, como una vez Él lo hizo, pero eso no disminuye el hecho que Él desea una relación con la gente. La relación sutil, basada en fe entre la humanidad y Dios es tan poderosa hoy como en las relaciones de cara a cara en los tiempos Bíblicos.

La relación del matrimonio ilustra la relación de Dios con Su pueblo. Es una relación de amor. Jesucristo demostró Su gran amor para la gente al morir por ellos. Él se revela a Sí mismo a Su pueblo, a través de Su Palabra, señales milagrosas, naturaleza, circunstancias y a través de otra gente. El amar al Señor y al buscarlo en oración, adoración, estudio, meditación y servicio, permite a la gente acercarse a una relación con Dios más profunda e íntima.

La pareja que en una forma activa involucra al Señor en su relación matrimonial, será más fuerte que la pareja que intenta edificar su relación con su propio esfuerzo. La intimidad individua con Dios es crucial para la relación que espera estar centrada en Jesucristo. Una relación íntima, fuerte y cercana con Dios es central para el matrimonio fortalecido que crecerá y se fortalecerá a través de las etapas de la vida.

Pedro piensa que 'convertirse en una carne' con Marta es muy extraño.

Convirtiéndose en una carne

No es bueno para el hombre que esté solo. Dios creó al hombre para ser relacional: primero, con Dios, después con el cónyuge de uno, y finalmente, con otros. Las relaciones son parte integral de quienes son como seres humanos, pero esto no sucede por que sí. Tienes que hacerte el propósito para que una relación crezca. La intimidad es un esfuerzo continuo para ambos, esposo y esposa, y es crítico para una relación matrimonial saludable. La intimidad traslada a una pareja de una relación superficial, a una más profunda, hasta llegar a la unidad.

Dios creó a Adán y a Eva para una relación y unidad. Ellos estaban desnudos y no sentían vergüenza (Génesis 2:25). La primera pareja estaba abierta el uno con el otro emocional y espiritualmente. El pecado trajo la vergüenza y la falta de intimidad. Crecer separados es fácil, pero requiere trabajo edificar intimidad y llegar a la unidad en el matrimonio. La humanidad pecadora, naturalmente, tiende hacia el egoísmo y el egocentrismo. Una pareja tiene que trabajar en su relación para hacerla, lo que Dios desea para ellos.

Unidad significa que "dos serán una sola carne, se consideran como un cuerpo, no teniendo derechos separados o independientes; privilegios, cuidados, preocupaciones, etc. Cada uno estando igualmente interesado en todas las cosas que preocupan el estado del matrimonio."[2] Dos personas no se abandonan a quienes son como personas; unidad no es "semejanza." Pero cuando ellos se casan, ellos eligen dar sus vidas a otra persona. Ambos esposo y esposa sacrifican el derecho de hacer lo que ellos quieren; ellos eligen vivir dentro de la relación matrimonial y compartir totalmente sus vidas el uno con el otro. No hay otro modo de estar tan cerca a un ser humano, "socialmente, legalmente, físicamente, emocionalmente, ni en cualquier otra forma, y nunca la habrá, como en la forma del matrimonio."[3] Hay un costo para esa cercanía - el costo es sacrificar tu soltería, que era un derecho antes del matrimonio.

El misterio de la unidad es un concepto muy difícil de comprender. Es un proceso que empieza el día de la boda y continúa a través de la vida juntos. Esposo y esposa se unen en la totalidad de sus vidas. Vivir el concepto de unidad diariamente es imposible sin la intervención de Dios. El participar en prender las velas en la ceremonia nupcial, no prepara a la pareja para las llamas de la independencia y egoísmo que surgirán durante los conflictos que vendrán en el matrimonio. El morir a ti mismo, confiar en un cónyuge imperfecto, dar cuando tú no quieres dar, revelar tu ser más oscuro y profundo y amar a tu cónyuge a pesar de todo; estos son aspectos de unidad. Unidad significa que dos personas se adhieren una a la otra y eligen desarrollar y trabajar en la intimidad el uno con el otro por encima de cualquier otro individuo.

La intimidad le da el poder a otra persona de lastimarte terriblemente. Nadie es potencialmente más hiriente que un cónyuge a quien tú le has revelado tu ser interno. Aun más importante, la intimidad también ofrece el poder de sanar el uno al otro, el poder de bendecir y ministrar; no hay otra persona en la superficie de la tierra que lo pueda hacer.

Separación vs. conexión

La conexión con tu cónyuge es crucial, para desarrollar intimidad en tu matrimonio. No está basada simplemente en la cantidad de tiempo que la pareja pasa junta, es en el tiempo que pasa con una vida compartida. El hacer actividades juntos no significa necesariamente que una pareja está conectada y edificando intimidad. Si embargo, la mayoría de las actividades puede ser un punto de conexión. El ver la televisión toda la noche y después ir a la cama con solo una comunicación superficial, eso no es conexión. El ver televisión y después platicar sobre lo que se vio y cómo esto se relaciona con la vida, eso sí edifica una conexión. Dos personas pueden vivir juntas por mucho tiempo y no gozar de una intimidad. Hay parejas que, después de muchos años juntas, tienen muy poca idea de quién es su cónyuge.

Cualquier relación matrimonial puede caer en separación y aislamiento. Si una pareja no busca una conexión de una manera activa, ellos se aislaran el uno del otro. Agendas ocupadas y las demandas de las carreras, familia, mantenimiento del hogar y el ministerio pueden mantener a una pareja sin conexión del uno con el otro. El alboroto de las actividades dentro y fuera del hogar contribuye a una separación, no a una conexión. La pareja tiene que apartar tiempo diariamente para conectar el uno con el otro y ser parte de su vida.

> ***Parejas exitosas son esas que están en contacto con el mundo emocional uno del otro.***
> ***~ John Gottman***

Una interacción regular a un nivel profundo de comunicación es necesaria para permanecer conectados como pareja. Ambos cónyuges tienen que trabajar en incluir al otro en sus mundos; trabajo, hogar, ministerio y actividades. Ellos tienen que proponerse y hacerlo deliberadamente, incluir el uno al otro en sus vidas. Las parejas que comparten sus vidas, sus heridas, sus emociones, sus sentimientos, y sus deseos, el uno con el otro, permanecen conectadas y crecen en intimidad.

Es posible establecer una conexión, aun cuando tú y tu cónyuge estén desconectados ahora y vivan vidas separadas bajo un mismo techo. Algunas parejas desarrollan cómodamente en relaciones disfuncionales y pueden resistirse al cambio. No son felices, pero ellos no quieren ocasionar problemas al iniciar un cambio. Lograr una intimidad genuina con tu cónyuge es imposible sin cambio. El cambio comienza cuando una persona hace el compromiso de hacer las cosas al modo de Dios, en vez del modo en que lo ha estado haciendo. Tomará tiempo, pero el cambio ocurrirá una vez que un cónyuge empiece a buscar conexión.

> ***"Todos tienen la habilidad de trasladarse de auto-conciencia y separación, a una conexión auténtica."***
> ***~ Carla Kimball***

Interésate por tu cónyuge. Busca conocer y entender quién es y dónde está en su vida. Fue el interés en primer lugar del uno por el otro lo que incidió la relación, y tu cónyuge responderá a tu interés.

Para conversar como pareja

1. ¿Cómo defines la intimidad? ¿Qué significa la intimidad para tu matrimonio?

2. ¿Por qué es importante desarrollar intimidad con Dios? ¿Cómo lo haces?

3. ¿Qué significa ser "uno" con tu cónyuge?

4. ¿Cómo te haces uno con tu cónyuge?

5. ¿Cómo pueden desarrollar una conexión una esposa y un esposo en su relación matrimonial?

La intimidad en el matrimonio

Estudio 31

Restaurando la intimidad a través del perdón

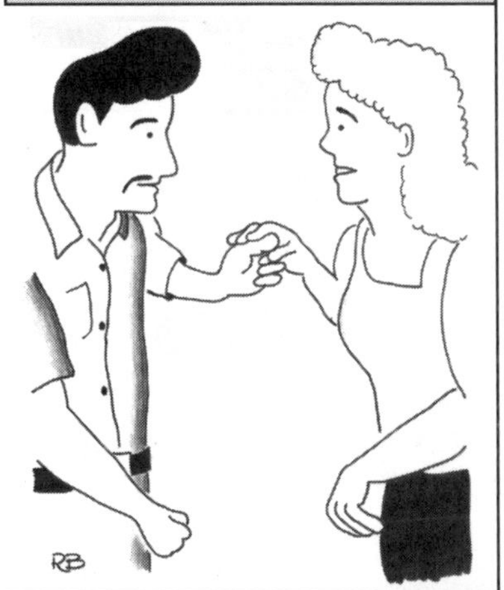

Perdónanos nuestros pecados, porque también nosotros perdonamos a todos los que nos ofenden. ~ Lucas 11:4

El perdón es una decisión y un cambio real en una experiencia emocional. Ese cambio en tu emoción es relacionado con una mejor salud mental y física.
~ Everett L. Worthington

Mucha gente entra al matrimonio pensando que la vida será una de las historias que frecuentemente se leen "felices para siempre." Ellos creen que el amor conquistará cualquier problema que venga en su camino, pero su punto de vista del matrimonio de cuentos de hadas cambia muy pronto cuando las presiones de la vida y la realidad de un mundo caído los sacude del estado de sueños en que se encuentran. No importa que tan "buena" una persona sea; no puede ser perfecta. Tarde que temprano un cónyuge lastimará al otro. La boda no junta al Príncipe Encantado y a Cenicienta para vivir felices para siempre pero, sí que lo hace a dos descendientes de Adán y Eva que son propensos a pecar y actuar egoístamente.

El perdón es esencial en el cristianismo y una parte extremadamente importante en el matrimonio. Es sólo a través del perdón de Dios de los pecados de una persona, que esta persona puede tener una relación con Dios. El sacrificio reparador de Jesucristo hace posible que la humanidad sea reconciliada con Dios. Mientras que el perdón de Dios cubre todos los pecados, cuando la gente peca, daña su conexión con Dios. El arrepentimiento restaura la conexión y la relación sigue creciendo. De este mismo modo, el pecado en la relación matrimonial, dañará o romperá la conexión entre esposo y esposa. El arrepentimiento y el perdón restauran la conexión y la intimidad en la relación.

El perdón: "Es el acto de excusar o perdonar a otro, a pesar de sus desaires, defectos y errores."[1] "El perdonar es un acto cortés, un favor o un regalo. Es algo que no se puede ganar o exigir del culpable."[2] Cuando una persona perdona a otra, ésta se olvida de cualquier reclamo por justicia o de alguna deuda que se le deba. Uno no perdona y olvida, pero si elige no guardar resentimientos y no busca oportunidades para echar en cara algún tipo de represalias. Hay dos partes en el perdón: el acto de tomar una decisión consciente de perdonar a un cónyuge o a otra persona y el proceso de trabajar a través del dolor y la herida, que resulta del mal que fue hecho.

El perdón no es solo un acto ocasional: Es una actitud permanente.
~Martin Luther King

La falta de perdón es un problema muy grande en el matrimonio y en la sociedad. Mucha gente sufre de problemas emocionales, psicológicos, mentales y hasta físicos debido a la falta de perdón, ya sea que no sea dado o aceptado. Así como el pecado o el daño emocional rompe la conexión, la falta de perdón mantendrá la conexión rota. Un matrimonio se marchitará y morirá sin el perdón. Solo el perdón restaurará completamente la conexión y empezará a restaurar la intimidad.

Las parejas no deben de ignorar los problemas y daños causados por un cónyuge u otro porque puede llevar a la amargura y a un daño permanente. Enfrentando el dolor en forma no hiriente y atravesar por el proceso de perdonar, edificará la intimidad y la relación en su totalidad. La sanidad llegará al matrimonio a través del perdón.

La falta de perdón y su equipaje psicológico de hostilidad y amargura pueden poner a la gente en riesgo de una enfermedad mental como la ansiedad y depresión.[3]

El perdón de Dios

Cuando Adán y Eva desobedecieron a Dios y comieron de la fruta prohibida, ellos rompieron su relación cercana con Dios y cambiaron el mundo dramáticamente y para siempre. La justicia de Dios requiere reparación por el pecado. En otras palabras, alguien tiene que pagar. Cada persona nace en el pecado, y a través de su propio egoísmo y sus caminos pecadores, queda corto de la perfección que Dios requiere (véase Romanos 3:23). La mala noticia es que ningún ser humano da la medida. La buena noticia es que Dios proporcionó Su propio sacrificio para pagar la deuda del pecado del ser humano una vez y por todas a través de la muerte de Su hijo, Jesucristo. Jesucristo voluntariamente se dio a sí mismo, como el sacrificio perfecto para que la relación con Dios pudiera ser restaurada.

> ***Pero Dios demuestra su amor por nosotros en esto: en que cuando todavía éramos pecadores, Cristo murió por nosotros. ~ Romanos 5:8***

Fuera de la gracia de Dios (gracia: obtienes lo que no mereces) y misericordia (sin recibir lo que mereces) Jesús tomó el pecado del mundo y pagó el precio por el pecado de la humanidad. Ese perdón es consumado cuando una persona acepta a Jesucristo como Salvador, reconoce sus pecados y le pide a Dios perdón. Un perdón no merecido aparta la Cristiandad de otras religiones. La gente no encuentra ésta gracia en ningún otro lugar.

> ***Por tanto, hermanos, sepan que por medio de Jesús se les anuncia a ustedes el perdón de los pecados. ~ Hechos 13:38***

Cuando Dios perdona, Él ya no tiene los pecados de la persona su contra. Esta persona es libre del pecado - de todos sus pecados, para siempre. Después de convertirse en cristiano, todos continúan pecando, pero el perdón de Dios es una vez y por todas. Él perdonó todo y promete no recordar el pecado de una persona que le da la vida a Él (Hebreos 8:12).

El perdón de Dios en tu vida

El perdón es una parte necesaria en la vida del Cristiano. Es el fundamento de la relación de una persona con Dios, y también debe de ser una parte integral de su diario vivir. El Señor dice que perdones como se te ha perdonado. Dios dio su perdón sin ninguna condición y los Cristianos tienen que hacer lo mismo. Dios ha cancelado la deuda que se le debía a Él y los Cristianos tienen que cancelar la deuda que se les debe a ellos también.

> ***de modo que se toleren unos a otros y se perdonen si alguno tiene queja contra otro. Así como el Señor los perdonó, perdonen también ustedes. ~Colosenses 3:13***

El perdón no es fácil. De hecho, el perdón verdadero es imposible apartado del poder de Dios. El perdón es una elección, una decisión de liberar a alguien de la penalidad merecida por un crimen que ha hecho en contra tuya, pero eso no significa que la ofensa es aceptable. "El perdón va más lejos que la justicia humana; es perdonar esas cosas que no fácilmente pueden ser perdonadas."[4] El proceso empieza cuando recuerdas lo que Dios ha hecho por ti y decides que tú reaccionarás como a Cristo le gustaría que actuaras, en vez de hacer lo que tú sientes hacer.

El Apóstol Pedro probablemente pensó que él estaba siendo cortés cuando le preguntó a Jesús si él debería perdonar a su hermano hasta siete veces. De seguro que fue un impacto escuchar la respuesta de Jesús, "no siete veces, pero setenta por siete veces."[5] Esencialmente lo que Jesús dijo fue que tenía que perdonar las veces que fueran necesarias. Es una actitud y forma de vida que el Cristiano tiene que tener, no una acción que ellos hacen cuando lo sienten.

Tomás en realidad no quería escuchar que él tenía que perdonar a Oscar setenta por siete veces.

El perdón no necesariamente quita las consecuencias del daño hecho o el pecado. Algunas personas lastiman a otras, piden perdón y una vez dado, esperan que todo sea igual como antes. Una herida emocional profunda, quizá tome mucho tiempo para sanar, aun cuando la persona ha perdonado a la otra por el daño hecho. Toma tiempo para reconstruir la confianza y los efectos o las consecuencias del daño hecho quizá estén ahí por mucho tiempo en la relación.

Hay muchos factores que afectan el perdón. Algo que considerar es la raíz de la ofensa. El pisarle los dedos del pie a alguien accidentalmente es muy diferente que el cometer adulterio. Para la mayoría de las ofensas se necesita una "disculpa, ¿me perdonas?" Quizá se requiera de consejería y hasta la separación temporal sea necesaria en el caso de adulterio, pecado escondido por mucho tiempo que sumerge, o en el abuso físico, antes que la relación pueda ser restaurada. Esto no significa que la persona ofendida no ha perdonado; esto significa que ésta persona se está protegiendo a ella misma y está utilizando un sistema de límites saludables.

> ***"Si se enojan, no pequen." No dejen que el sol se ponga estando aún enojados, ni den cabida al diablo.***
> ***~ Efesios 4:26-27***

Para mucha gente el pasaje Bíblico de Mateo 6:14, 15 es difícil de entender. Dice que si la persona no perdona, Dios tampoco la perdonará. Bíblicamente, el perdón de Dios es incondicional y total; está completo y en tiempo pasado. Lo que se tiene que preguntar a la persona que no perdona es: ¿qué diferencia ha hecho en tu vida el perdón de Dios? El perdonar no es una opción, Dios manda a los Cristianos que perdonen a aquellos que los han ofendido. Dios perdona a aquellos que Lo aceptan como su Señor y Salvador, aun cuando Él sabe que van a continuar pecando en contra de Él.

El perdón en el matrimonio

Cuando un cónyuge ofende al otro, la intimidad es lastimada o rota, dependiendo de la raíz del motivo. Para restaurar la intimidad en la relación, requiere que el ofensor se humille y esté dispuesto a pedir perdón y que el ofendido sea honesto y abierto con respecto al daño hecho. Ocultar el daño hecho no edifica la intimidad en el matrimonio. Ambos esposos tienen que trabajar juntos para asegurarse que la intimidad siga en la relación. Si uno está herido, tiene que decirlo en amor.

Es importante que el cónyuge que hizo la ofensa pida perdón incondicionalmente. Él tiene que: confesar su ofensa, aceptar su responsabilidad, no poner excusas o intentar culpar a otro, reconocer la herida y el dolor causados, demostrar un arrepentimiento y cambiar su comportamiento. Cuando una persona pide perdón de este modo, es mucho más fácil para su cónyuge darlo.

Dar el perdón es también necesario en la relación matrimonial. El perdón reconoce la ofensa, relaciona la herida y el dolor causados por el daño hecho y después deja ir la ofensa. Al haber dado el perdón, su vida juntos puede continuar hacia la unidad. ¿Hay un costo? Sí. No tendrás derecho de retener la ofensa en contra de tu cónyuge, a la esperanza que tu cónyuge entenderá completamente tu dolor, y renunciarás a la esperanza de pagarle con lo que se merece. Tomará tiempo y trabajo para la restauración de la confianza, los sentimientos la intimidad, del amor y de una comunicación abierta, pero no comienza hasta que el perdón sea dado.

> ***El perdón no es un sentimiento, es una promesa o un compromiso a tres cosas:***
>
> 1. ***No lo usaré en contra de ellos en el futuro.***
> 2. ***No hablaré a otros sobre ellos.***
> 3. ***No permaneceré en el.***
>
> ***~ Jay E. Adams***

El perdón te da libertad

El dar el perdón es más para el que perdona, que para el que ofende. El que perdona no está atado a la herida y no es víctima de la ofensa cuando él perdona. Él tiene que darle el dolor a Dios, buscar consejería si es necesario y seguir hacia delante.

Los límites saludables están al corazón de una actitud de perdón. La persona dispuesta a perdonar toma responsabilidad por su actitud y acciones, no las actitudes y acciones del ofensor. La persona perdona no porque así lo sienta, pero porque es el deseo de Dios. La persona que perdona le entrega el ofensor a Dios y le permite que trabaje en su vida. El perdón da libertad de los lazos de la ira, amargura, resentimiento, y la persona puede vivir en paz a causa de esta libertad.

Tú eliges perdonar y permitirle a Dios que restaure la relación, o no perdonar y permitirle a tu carne romper con la intimidad y quizá hasta terminar con tu relación. Tú le puedes permitir a Dios trabajar a través de ti, o tú te puedes quedar con la herida y permitirle que te coma, hasta que te destruya. Elegir perdonar traerá intimidad a tu matrimonio.

> ***Más bien, sean bondadosos y compasivos unos con otros, y perdónense mutuamente, así como Dios los perdonó a ustedes en Cristo. ~ Efesios 4:32***

Para conversar como pareja

1. ¿Te casaste pensando que ibas a vivir para siempre feliz y sin problemas? ¿Qué te hizo darte cuenta que habría problemas en tu matrimonio?

2. ¿Es el perdón un problema en tu matrimonio? ¿Cómo?

3. ¿Por qué el perdón es importante en tu relación matrimonial?

4. ¿Cuándo se te ha hecho difícil perdonar a tu cónyuge?

5. ¿Cómo puedes dar el perdón y seguir manteniendo límites saludables?

Inventario de la intimidad marital

Lee cuidadosamente las siguientes veinte declaraciones, completa el siguiente inventario y encierra el número que más representa tu respuesta para cada declaración. Toma el inventario separado de tu cónyuge y después conversa sobre tus respuestas con él.

	Siempre	Usualmente	Algunas Veces	Raramente	Nunca
1. Comparto información personal profunda con mi cónyuge.	1	2	3	4	5
2. Mi cónyuge comparte conmigo información personal profunda.	1	2	3	4	5
3. Me siento escuchado, entendido y valorado cuando le revelo mis heridas o desilusiones a mi cónyuge.	1	2	3	4	5
4. Mi cónyuge y yo reservamos tiempo para comunicación de calidad para los dos.	1	2	3	4	5
5. Pedir y dar el perdón en nuestra relación sucede fácilmente.	1	2	3	4	5
6. Hablamos de los tiempos buenos y bendecidos que hemos disfrutado como pareja.	1	2	3	4	5
7. Me siento cómodo al comunicar mis deseos sexuales y preferencias a mi cónyuge.	1	2	3	4	5
8. Siento una unidad y una conexión cercana con mi cónyuge.	1	2	3	4	5
9. Tenemos una mutua e incondicional aceptación del uno por el otro.	1	2	3	4	5
10. Regulares demostraciones de afecto son parte de nuestra relación.	1	2	3	4	5
11. Gozamos de actividades solos para nosotros dos.	1	2	3	4	5
12. Experimentamos conexión diariamente.	1	2	3	4	5
13. Nuestro matrimonio es generalmente positivo.	1	2	3	4	5
14. Confío en mi cónyuge.	1	2	3	4	5
15. Mis necesidades son generalmente satisfechas.	1	2	3	4	5
16. Mi cónyuge expresa apreciación por mí.	1	2	3	4	5

continua en el próxima página

Inventario de la intimidad marital (la continuación)

	Siempre	Usualmente	Algunas Veces	Raramente	Nunca
17. Oramos juntos diariamente.	1	2	3	4	5
18. Me siento respetado por mi cónyuge.	1	2	3	4	5
19. Somos capaces de resolver nuestras diferencias.	1	2	3	4	5
20. Me siento cerca de mi cónyuge.	1	2	3	4	5

Puntuación: Suma tus puntos y pon tu total aquí: __________

30 o menos:	Tu matrimonio es excepcional, ¡sigue adelante!
31-50:	Muy fuerte ¡sigue adelante!
51-70:	Necesitas empezar a desarrollar intimidad.
70 o más:	Hay muy poca intimidad en tu matrimonio, busca ayuda o consejería y empieza a edificar intimidad en tu matrimonio.

¿Qué aprendiste sobre ti en éste inventario? ¿Sobre tu cónyuge? ____________________

____

____

¿Qué es lo que piensa sobre éste inventario? ____________________

____

____

____

Platica acerca de éste inventario con tu cónyuge tan pronto como tengas tiempo. No uses este inventario para criticar a tu cónyuge; usa ésta información para edificar tu intimidad marital.

La intimidad en el matrimonio

Estudio 32

Edificando intimidad

¿Pueden dos caminar juntos sin antes ponerse de acuerdo? ~ Amós 3:3

Intimidad y la relación matrimonial

Una relación matrimonial que crece en unidad será caracterizada por una interdependencia en aumento. Ambos esposos empiezan a depender más uno del otro, una vez que sus vidas empiezan a integrarse y a volverse una. Una pareja necesita desarrollar unidad en cada área de la vida; espiritualmente, socialmente, intelectualmente, sexualmente, emocionalmente y también en el área de recreación. Habrá pocos amigos individuales y más amigos mutuos al paso de los años y la unión de sus vidas será tan completa que la gente con frecuencia no los conocerá tanto individualmente como los conocerá como pareja.

Este tipo de intimidad; esta unidad, no llega naturalmente o sin ningún tipo de trabajo – necesita mucho trabajo. La pareja tiene que hacer una decisión consiente de trabajar juntos para edificar la intimidad en el matrimonio. Ambos esposo y esposa tienen que arriesgarse a abrir sus corazones y aprender a relacionarse el uno con el otro, en maneras que los unan en vez de ellas que los alejen. Ellos utilizan el conocimiento de éstas para cultivar sus relaciones y no para pelear sobre sus diferencias. Es fácil permitirles a las ocupaciones de la vida romper con la intimidad del matrimonio y arruinar la relación. La pareja comprometida a fortalecer su matrimonio tomará los pasos necesarios para edificar y mantener la intimidad en su relación.

Un matrimonio fuerte y sólido no es posible sin la intimidad. Las parejas pueden estar casadas por 25, 30, hasta 50 años y no tener una intimidad en su relación. Ellos han existido juntos por muchos años, criando niños y hasta trabajando a través de muchos problemas, pero con falta de intimidad en la relación y sabiendo muy poco acerca del uno y del otro. Un matrimonio que ha estado casado por muchos años no quiere decir que sea un matrimonio íntimo y fortalecido. Muchas veces las parejas no conocen otro tipo de vida, y viven en un matrimonio disfuncional e improductivo; no están al tanto de que hay más opciones. La verdad es que esto se verá en la siguiente generación a través del divorcio y a través del matrimonio roto que ellos experimentan. Para hacer una diferencia en la vida de tus hijos y de otros, y para dejar un legado positivo, se requiere una fuerte e íntima relación matrimonial.

Diferencias

Las diferencias de género, personalidad y el medio ambiente afectan grandemente la intimidad en una relación. Las personas son muy diferentes por una variedad de razones y las parejas naturalmente no entienden a sus cónyuges y las diferencias que hay entre ellos. La intimidad crecerá cuando ambos cónyuges busquen el conocer el uno al otro y usen sus diferencias para edificar su relación en vez de permitir que sus diferencias rompan con ésta.

Aquellos que están recién enamorados se enfocan en sus similitudes y piensan que sus diferencias son graciosas, pero una vez casados, las parejas suelen enfocarse en sus diferencias y permiten que éstas causen separación.

La mayoría de las parejas se preguntan qué pasó con su relación después de unos años. Ellos gozan uno del otro en el noviazgo, y por un cierto tiempo después del matrimonio. El hombre cuidadoso, respetuoso y romántico que ella conocía ha desaparecido, y en su lugar está este hombre grosero que no se comunica y trabaja mucho y parece que la ignora. Similarmente, la mujer respetuosa que apoya y aprecia, que él una vez conocía, ha sido reemplazada por una mujer latosa e insensible que trata de cambiarlo y que parece que nunca quiere tener relaciones sexuales. Las parejas no se dan cuenta que mientras una cierta cantidad de cambio es inevitable, el romance y la intimidad en su relación morirá si no se cultiva continuamente.

El hombre y la mujer visualizan su boda de forma diferente. El día de la boda es el fin de una búsqueda para el hombre. Él ha ganado el premio y ahora se puede relajar y regresar a su antigua forma de ser. La mujer está lista para empezar el trabajo verdadero de edificar su relación. El resultado del conflicto aparta a la pareja hasta que ellos aprenden los principios de edificar la intimidad o se dan por vencidos en el matrimonio. Una vez comprometidos a edificar el matrimonio y la intimidad, la pareja puede tomar los pasos necesarios para edificar un matrimonio íntimo y duradero que soportará cualquier tormenta que venga en contra de el.

Los pasos para edificar la intimidad

Las parejas deben de estar presentes física y emocionalmente para edificar intimidad. Vidas demasiadamente ocupadas y "matrimonios de fin de semana", donde las parejas pasan tiempo juntos solo los fines de semana, daña en vez de ayudar a la relación matrimonial. Los problemas no se pueden solucionar y la relación no puede ser alimentada si no hay tiempo para comunicarse. La interacción interpersonal, la comunicación y el estar juntos edifican intimidad, mientras que la distancia emocional y el estar ocupados rompe con la intimidad. Es necesario tener tu relación como prioridad.

> ***La presencia es algo más allá que simplemente estar ahí.***
> ***~ Malcolm Forbes***

Una pareja se mueve, ya sea hacia la intimidad o se aleja de ella. Una falta continua de intimidad en la relación pone a la pareja en un espiral de dolor que va hacia abajo y en un dolor que continuará a través del matrimonio. Sin embargo, nunca es demasiado tarde para cambiar y empezar a edificar intimidad en tu relación. Empezando con un compromiso entre los dos, una pareja puede pasar tiempo junta y empezar a trabajar en cada uno de los aspectos de la intimidad:

- Aceptación
- Respeto
- Honestidad
- Confianza
- Comunicación abierta
- Satisfacer necesidades
- Amistad
- Intimidad

El aceptar a tu cónyuge incondicionalmente es fundamental para la intimidad. Esto no significa que aceptes el pecado en su vida, pero significa que lo aceptas por quien es él y no intentas cambiarlo y transformarlo en alguien quien tú crees que él debería de ser.

Respeto: *poner valor en, o tratar con consideración o cortesía,* edifica la confianza de sí mismo de una persona y lo hace sentir importante y valorado. El cónyuge respetado se siente más cerca y conectado a su pareja.

Una honestidad completa promueve la intimidad a la vez que la pareja comparte su vida junta sin esconder nada emocionalmente el uno del otro. Las parejas deben de decirse la verdad el uno al otro, aun cuando a su cónyuge no le guste oírla.

La confianza no es un derecho, tiene que ser ganada. Una persona es confiable al probarse ella misma que es digna de confianza. Su palabra, especialmente a su cónyuge, debe de ser algo que pude ser confiable o con lo que se puede contar. Los únicos secretos que una pareja debe de tener son las sorpresas que se tienen el uno al otro en ocasiones.

Una comunicación abierta es comunicarse a los niveles más profundos abierta y honestamente. La intimidad en el matrimonio requiere que ambos cónyuges comuniquen sus necesidades, deseos y sentimientos. Todo está en permitirle a tu cónyuge que sea parte de todos los aspectos de tu vida.

No habrá intimidad cuando las necesidades no son satisfechas. Las parejas deben de estar pendiente de las necesidades del uno y del otro. Al satisfacer las necesidades de tu cónyuge edificas intimidad en tu relación.

La importancia de la amistad

> ***Goza de la vida con la mujer amada***
> ***~ Eclesiastés 9:9***

Las parejas usualmente comienzan sus relaciones con la amistad. Pueden hablar por horas de cualquier cosa y su amistad crece hacia un romance. Una vez casados, el sentimiento del romance se acaba, empiezan a perseguir sus propios intereses, y su amistad se desvanece. Se vuelven más como socios de negocios que en la idea de Dios para el matrimonio.

La amistad no llega naturalmente, especialmente con alguien tan diferente como una pareja suele ser. La pareja tiene que tomar la decisión de ser amigos - trabajar y cultivar la relación. Tener algunos intereses separados es natural y saludable, pero es importante también desarrollar intereses mutuos. ¿Qué pueden hacer juntos - como amigos? Tendrá que haber probablemente cierto compromiso en esta área. Quizá no sea fácil encontrar algo que a ustedes dos les gusta hacer, pero perseguir intereses mutuos puede expandir tus horizontes individualmente y como pareja.

¿Pueden servir en los ministerios juntos? ¿Comparten proyectos de servicio? ¿Enseñan escuelas dominicales juntas? ¿Hay un proyecto de artes manuales que quizá a los dos les guste hacer? ¿Les gusta armar rompecabezas juntos? ¿Ir de compras? ¿Les gusta hacer ejercicios juntos? ¿Hacer el trabajo de jardín? No tiene que ser costoso, lo importante es encontrar algo que ustedes puedan gozar juntos. Intenta participar en un pasatiempo o actividad que tu cónyuge siempre lo ha hecho sin ti; quizá te guste.

Es vital que la pareja tenga tiempo solamente para los dos. Ya sea en una "cita por la noche," caminar juntos, encerrarse en la recamara por una hora, o dar la vuelta en el carro, tu relación matrimonial necesita tiempo lejos de los niños, familia y amigos. Toma tiempo solo para ustedes dos para alimentar tu amistad y edificar la intimidad.

Intimidad espiritual a través de la oración

> ***Oren en el Espíritu en todo momento, con peticiones y ruegos. Manténganse alerta y perseveren en oración por todos los santos.***
> ***~ Efesios 6:18***

La meta de la oración es intimidad con Dios. Al comunicarse regularmente juntos con Dios, edificarán intimidad el uno con el otro. Cuando oras como pareja le permites a Dios estar dentro de tu relación matrimonial. Durante esos tiempos de oración y de buscar al Señor, Dios estará cerca de ti. Cuando una pareja ora junta, la vida parece segura. La intimidad compartida y la conexión profunda de oración es un tiempo muy especial e íntimo con tu cónyuge y con Dios. La oración trae un conocimiento íntimo del alma del uno y del otro.

El orar juntos no es un ejercicio fácil para la mayoría de las parejas. Ya sea que halla inmadurez espiritual, falta de una disciplina espiritual, o no se vea la necesidad de la oración, las parejas frecuentemente no quieren orar juntas. Lleva tiempo y perseverancia para que la oración sea una parte en la vida de la pareja. La oración es importante para Dios. Jesús demostró su importancia a través de una vida fuerte de oración. Dios bendecirá los esfuerzos de una pareja con sentido de acercamiento y al perseverar en oración; habrá un nivel nuevo de intimidad y fortaleza.

Algunos Puntos Prácticos: Empieza sencillo; no tengas expectativas y recuerda que Jesús alaba al hombre que sencillamente golpea su pecho y dice; "ten misericordia de mí, un pecador." No hay una manera cierta de orar, no son necesarias las palabras elegantes. Comprométete a un tiempo convenido por ustedes dos, para parar y pasar unos minutos juntos en oración. Quizá quieras empezar con escrituras como parte de tu oración; hay muchas oraciones grandiosas en los Salmos. Lee una porción de las escrituras para empezar tu tiempo de oración. Alaba a Dios por lo que ha hecho por ti y dale las gracias en todas las circunstancias. Ten paciencia y persiste en eso; con tiempo la oración se volverá una parte vital en tu caminar con Dios y en la relación del uno con el otro. Satanás y tu carne no quieren que pases tiempo en oración, tú solo o con tu cónyuge. Resiste la tentación de no orar, especialmente cuando no están contentos el uno con el otro – ¡perseveren!

> ***Por último, hermanos, consideren bien todo lo verdadero, todo lo respetable, todo lo justo, todo lo puro, todo lo amable, todo lo digno de admiración, en fin, todo lo que sea excelente o merezca elogio.***
> ***~ Filipenses 4:8***

La influencia positiva

Una persona positiva atraerá a su cónyuge a la intimidad más que una persona con una actitud negativa y de crítica. Tú no edificarás la intimidad al señalar las deficiencias de tu cónyuge. Todos reaccionan mejor a actitudes de ánimo y aliento, que a actitudes de menosprecio y subestima. El Dr. John Gottman, investigador del matrimonio, dice que la negatividad en el matrimonio puede abrumar la relación y romperla, y esa relación requiere una proporción de 5 a 1, positiva a negativa, para crecer y ser plena para ambos cónyuges.[1] Las parejas necesitan reemplazar lo negativo por lo positivo en su matrimonio.

"Cariño, vas a decir algo positivo y alentador, ¿verdad?"

Una persona influenciará positivamente a su cónyuge cuando muestre interés, afecto, cuidado, aprecio, preocupación, comprensión y aceptación. Estas acciones, aunque sean en formas pequeñas, edificarán la intimidad y acercará a la pareja. Esto se necesita hacer diariamente y tiene que compensar por lo negativo en la relación. Este patrón se ve en matrimonios saludables y contribuye al enfoque positivo que estas parejas tienen.

Matrimonios positivos con una intimidad fuerte se caracterizan usualmente por tener prioridades balanceadas. Cuando las prioridades están fuera de balance, las parejas batallarán con la intimidad y con su matrimonio. La prioridad de una persona debe de ser Dios primero, cónyuge segundo, y después los niños, la provisión para la familia, la familia extendida y amigos, el ministerio y finalmente el recreo y los pasatiempos. A veces, los cónyuges sienten que solo reciben las sobras; mi cónyuge hizo todo lo demás que quería hacer, al final me toca a mí. Cuando un cónyuge siente que él es la principal prioridad, es más fácil para él responder en una forma positiva. Las prioridades balanceadas edifican intimidad en la relación matrimonial.

Al final de la vida, muy poca gente dice que les hubiera gustado haber trabajado más horas o haberle dado más tiempo al ministerio. Usualmente, si ellos pudieran vivir la vida de nuevo, ellos se la llevarían más tranquilos y tomarían más tiempo para gozarla y a sus relaciones. Nadie se arrepiente de una relación íntima con su cónyuge, pero muchos se arrepienten de la intimidad que nunca tuvieron. El edificar intimidad con tu cónyuge requiere tiempo y trabajo, y al hacerlo tu vida es más significativa.

La intimidad es una responsabilidad. Cuando una persona permite a alguien entrar en su vida y ver las partes más intimas de su ser, él se abre a sí mismo a la posibilidad de dolor y grandes heridas. Las parejas tienen que cuidar de su intimidad y mantenerla entre ellos dos. Una conversación indiscreta con otra persona puede romper la confianza y echar abajo la intimidad de la pareja. Es beneficioso tener a un confidente cercano a quien recurrir en tiempos difíciles, pero nunca debe de haber intimidad con una persona del sexo opuesto. La intimidad es reservada para el esposo y la esposa solamente.

Para conversar como pareja

1. ¿Por qué la intimidad es tan importante en tu relación matrimonial? ¿Cómo se demuestra la intimidad entre esposo y esposa?

____
____
____
____

2. ¿Cómo pueden afectar las diferencias entre tu y tu esposo a la intimidad?

____
____
____
____

3. ¿Qué cosas específicamente puedes hacer para edificar tu intimidad en la relación de tu matrimonio?

____
____
____
____

4. ¿Oran juntos regularmente? Si no, ¿cómo pueden comenzar?

____
____
____
____

5. ¿Es generalmente positiva tu relación matrimonial? ¿Qué puedes hacer para hacerla más positiva?

____
____
____
____
____

La intimidad en el matrimonio

Estudio 33

Manteniendo vivo el romance

Yo soy de mi amado, y él me busca con pasión.
~ Cantares 7:10

No hay tal cosa como la persona 'naturalmente romántica' - como la mayoría de las cosas, el romance es practicado y perfeccionado.
~ Julie Steeper

El romance es una parte importante de la intimidad en la relación matrimonial. Los sentimientos florecen cuando los cónyuges intencionalmente demuestran amor y afecto el uno para el otro. La intimidad es edificada cuando la pareja hace cosas pequeñas a través del día, para demostrar que se está pensando el uno en el otro.

El romance en la relación matrimonial

Mucha gente tiene un punto de vista distorsionado del romance. Algunos piensan que el romance son niñerías solo para los jóvenes e irresponsables. Otros se pasan la vida correteando los sentimientos románticos que se sienten al principio de una nueva relación de amor. Las relaciones matrimoniales suelen sufrir por la falta de romance y mucha gente se divorcia en la búsqueda de un sentir romántico. Ellos no se dan cuenta que el romance se desvanecerá si no es cultivado y frecuentemente ellos permiten que las actividades diarias de la vida ahoguen el romance en su matrimonio. Muchas parejas llegan al punto donde ellas ni siquiera recuerdan, que es lo que hace sentir a su cónyuge amado.

¿Sabes lo que hace sentir a tu cónyuge que es amado?

El plan de Dios para el matrimonio incluye una relación romántica activa entre esposo y esposa. El Cantar de los Cantares es un libro de amor que relata la historia del Rey Salomón que descubre a una mujer hermosa y juntos descubren el amor del uno para el otro. Es una historia sensual, y por esa razón algunos argumentan que ese libro no debería de ser parte de las Santas Escrituras. Este libro, escrito hace más de 3000 años, da un destello de lo que Dios deseó cuando Él creó al hombre y a la mujer, el uno para el otro. Sobre todas las cosas, el libro del Cantar de los Cantares es un libro de romance.

El romance es la muestra íntima de amor entre dos personas. Hay muchas formas de demostrar amor, pero el romance es solo reservado para esposo y esposa. Las parejas frecuentemente son muy románticas antes del matrimonio y después frecuentemente dejan que el romance muera cuando la luna de miel se acaba. Una vez casados los hombres suelen ser románticos solo cuando ellos quieren tener relaciones sexuales con sus esposas. La esposas frecuentemente no hacen nada romántico para sus esposos, ellas esperan que ellos empiecen el romanticismo. Ellas se desilusionan cuando ellos no son románticos o cuando hacen sus gestos vulgares que significan el deseo sexual.

Hay una distinción importante que hacer entre el romance y entre la etapa romántica del amor. La etapa romántica del amor es un periodo de euforia al principio de una relación amorosa y terminará en un tiempo relativamente pequeño.[1] Las investigaciones demuestran que un químico en el cuerpo es en parte responsable por los sentimientos de amor durante la etapa romántica del amor.[2] Las parejas que experimentan este amor ven al mundo distinto y harán virtualmente cualquier cosa para pasar tiempo con el amor de su vida. El entender estas diferencias puede ayudar a una pareja a poner el romance en su propia perspectiva.

El romance no se tiene que acabar

La etapa romántica del amor, en una relación, quizá desvanezca con la familiaridad, las demandas de los amigos y la familia, la carrera y las responsabilidades triviales del diario vivir, pero el romance puede continuar en la relación de por vida. Muchísimos matrimonios experimentan la muerte del romance. Su matrimonio puede continuar y puede dar fruto y ser productivo, pero no hay pasión en su relación. El romance le da vida a la relación y puede ser vibrante, aun cuando la pareja alcanza los años del crepúsculo en sus vidas. Requiere un esfuerzo consiente para mantener las llamas del romance ardiendo en al relación matrimonial.

> *El romance requiere diariamente de un esfuerzo seguido y conciente.*

Los hombres suelen entender el romance como una forma de iniciar una relación sexual. Ellos hacen esfuerzos insignificantes para el romance, para indicarle a sus esposas que ellos están interesados en la intimidad sexual. De lo que ellos usualmente no se dan cuenta, es que el romance y el sexo son dos aspectos diferentes de la relación matrimonial. El romance frecuentemente es un precursor del acto sexual, pero es mucho más que un iniciador para tener sexo. El sexo es una relación física e íntima entre esposo y esposa que sucede cuando ellos tienen tiempo a solas. El romance es un proceso de todo el día, en este proceso se le asegura al cónyuge que es amado y que se está pensando en él. El tomarse de las manos, un beso rápido en la mejilla, murmurar un "te quiero," llamadas por teléfono durante el día, un guiño y mandar un beso - estos, y cien gestos más, constituyen la relación romántica.

Una mujer se necesita sentir emocionalmente cerca de su esposo para sentirse romántica. Un precursor sexual usualmente no la hace sentir romántica. El hablar su lenguaje de amor, satisfacer sus necesidades, demostrar afecto no sexual y el comunicarse íntimamente, le hará sentir a una mujer amada. Las mujeres también deben de recordar que el romance no solo es la responsabilidad del esposo. Ellas también tienen que esforzarse para hacer sentir a sus esposos amados. Una pareja puede mantener el romance en su relación o traerlo de regreso si se ha disminuido. El romance puede poner el entusiasmo de nuevo en la relación matrimonial al experimentar las parejas el amor mutuo.

> *Un matrimonio exitoso requiere de enamorarse muchas veces, siempre de la misma persona. ~ Mignon McLaughlin*

Una aventura de amor en curso

En la cultura de hoy mucha gente piensa en una aventura de amor como algo ilícito - un amor secreto, adúltero. El mundo ha tratado de convencer a la gente que este tipo de aventura es más emocionante y divertida que el amor en el matrimonio. El diccionario define la aventura de amor como "una relación o episodio entre amantes, especialmente una relación romántica o sexual."[3] Una aventura de amor no está limitada a amantes ilícitos, puede y debe de ser gozada dentro de la relación matrimonial. Dios desea que las parejas gocen las emociones, la alegría y la satisfacción duradera de una aventura de amor en su matrimonio. Su voluntad es que en cada matrimonio, la pareja ame el uno al otro con una atracción espiritual, física y emocional, y que continúe creciendo a través de sus vidas juntos.

Cuando el amor comienza entre un hombre y una mujer, no necesita tanto trabajo. Parece que todo simplemente pasa. Ellos quieren estar el uno con el otro, no les gusta estar alejados, constantemente piensan el uno en el otro y hacen lo que sea posible el uno por el otro. Seguro, la relación cambiará con el paso del tiempo, pero no se tiene que perder lo emocionante y el encanto, que son unas de las características de los primeros meses en que se está enamorado. Las relaciones íntimas no mejoran espontáneamente y las relaciones con problemas no se mejoran por ellas mismas. Las parejas deben de elegir mejorar su matrimonio, amar a su cónyuge y perseguir el romance con ellos.

> *Si tú fueras amado, ama y sé encantador. ~ Benjamin Franklin*

La orden de la escritura escrita por Neil Anderson aplica a la relación romántica en el matrimonio; una pareja debe de saber la verdad, creer la verdad, caminar en la verdad y después los sentimientos los seguirán. Sabiendo que el plan de Dios es que ellos amen a sus cónyuges, la pareja cree en esa verdad, toma la decisión de caminar en esa verdad y los sentimientos los seguirán. Amor verdadero viene de la decisión de amar a otra persona. Las personas que dejan que sus sentimientos gobiernen su vida suelen vivir vidas muy infelices.

> ***¡Bendita sea tu fuente! ¡Goza con la esposa de tu juventud! Es una gacela amorosa, es una cervatilla encantadora. ¡Que sus pechos te satisfagan siempre! ¡Que su amor te cautive todo el tiempo! ~ Proverbios 5:18-19***

El sentimiento del amor puede ser restaurado en el matrimonio. El proceso de esa restauración comienza con la elección de amar a tu cónyuge sin importar cómo te sientes. Constantemente elegir amar a tu cónyuge y hacer cosas amorosas para él traerá de vuelta los sentimientos de amor.

Verdades acerca del amor:

- La Palabra de Dios enseña la verdad acerca del amor.
- El amor no es una experiencia mística; es entendible y racional.
- El amor no llega naturalmente y no es simple o fácil.
- El amor no es un sentimiento que no se pueda controlar.
- La gente puede aprender a amar.
- La gente puede elegir amar.
- Dando amor, ganarás amor.
- El amor reconoce el valor en el amado.
- El amor busca lo mejor para el amado.
- El amor es una elección respaldada por una acción.
- El amor es costoso.

1 Corintios 13 aclara el significado del amor. El vivir los principios de amor en este capítulo mejorará el romance y la intimidad en cualquier relación matrimonial. Considera algunos de los puntos principales del capítulo del amor.

- El amor es bondadoso.
- El amor no es envidioso.
- El amor no es jactancioso.
- El amor no es orgulloso.
- No se comporta con rudeza.
- No es egoísta.
- No se enoja fácilmente.
- No guarda rencor.
- El amor no se deleita en la maldad, sino que se regocija con la verdad.
- Todo lo disculpa, todo lo cree, todo lo espera, todo lo soporta.
- El amor jamás se extingue.

Lo romántico

En su primer intento por ser romántico, Adán simplemente dijo lo que era obvio.

No se necesita a Don Juan, a Casanova o a un genio para figurar el romance. Entender las necesidades de tu cónyuge y su lenguaje de amor proveerá mucha de la información que necesitas para ser increíblemente romántico. El pensar un poco y ser creativo ayudará a cualquiera a ser una persona incurablemente romántica. Enamorar a tu cónyuge puede ser muy divertido, al pensar en nuevas formas de expresar tu amor por él. ¡No es pecado pedir ayuda para enamorar a tu cónyuge! Toma ideas de tus amigos o fíjate en los recursos disponibles en éste manual. Los siguientes libros, Noches Simplemente Románticas escrito por Dense y Barbara Rainey o 101 Noches de Romance Grrrrrrandioso, escrito por Laura Corn, te darán muchas ideas de cómo prender la llama del romance en tu matrimonio. Hay muchas cosas románticas, divertidas, no caras, que puedes hacer para crear la intimidad en tu matrimonio, no importa que tengas que pensar un poco.

Un afecto no sexual es un aspecto muy importante para la relación romántica. Tomarse de las manos, besarse, un toque no sexual en diferentes partes del cuerpo; todo esto construye el romance en la relación. Juega con tu cónyuge y coquetea con él. Nunca estás demasiado viejo para divertirte y al divertirte, con tu cónyuge fortalecerá tu matrimonio.

Ambos esposos necesitan ejercer un esfuerzo para traer de vuelta el romance al matrimonio, pero como líder del hogar, es primeramente la responsabilidad del esposo de cultivar e iniciar el romance. Ambos Salomón y su amante se esforzaron para expresar amor y edificar el romance entre ellos dos. Todas las parejas pueden tener un romance grandioso en su relación.

La persona romántica:

- Sorprende a su cónyuge.
- Hace citas con su cónyuge, hace planes para salir juntos.
- Es creativo; hace cosas diferentes y nuevas.
- Expresa actos de atención diariamente, preocupación, amor, habla los lenguajes de amor de su cónyuge y da atención personal.
- Se compromete; hace cosas especiales por su cónyuge, lo sienta o no.
- Escribe cartas de amor o poemas y envía tarjetas.
- Se comunica íntimamente.
- Toca a su cónyuge frecuentemente.

Piensa acerca de esto: las niñeras son menos costosas que los consejeros matrimoniales.

Para conversar como pareja

1. ¿Qué es el romance y por qué es importante para la intimidad del matrimonio?

2. ¿Por qué es importante que el romance exista solo entre esposo y esposa? ¿Qué daño podría causar si el romance (aunque no hubiera sexo) existiera fuera del matrimonio?

3. ¿Estás de acuerdo que el romance no debería de acabarse? ¿Por qué sí o por qué no?

4. ¿Qué puedes hacer para sentir amor por tu cónyuge? ¿El romance es algo que pasa naturalmente o tiene que ser cultivado?

5. ¿Qué puedes hacer para aumentar el romance en tu matrimonio?

¿Eres Romántico?

Toma el siguiente examen para calificar tu sensibilidad romántica. Circula el número que mejor represente la última vez que hiciste cada una de estas cosas. Esta es solo un vistazo para que te des cuenta que tan romántico te encuentras ahora. No te des puntos extras si tú haces algo con frecuencia. Toma el examen separadamente de tu cónyuge y después habla al respecto con él.

Cuando fue la última vez que tú:	En el pasado... Semana	Mes	6 Meses	Año	Nunca
1. ¿Dijiste, "te amo" a tu cónyuge?	10	7	5	3	0
2. ¿Le diste a tu cónyuge un abrazo "nada más por que sí"?	10	7	5	3	0
3. ¿Le enviaste a tu cónyuge una tarjeta?	10	7	5	3	0
4. ¿Le llamaste a tu cónyuge para decir "te amo"?	10	7	5	3	0
5. ¿Le diste a tu cónyuge un regalo sin que hubiera una razón en especial?	10	7	5	3	0
6. ¿Sorprendiste a tu cónyuge con algo especial?	10	7	5	3	0
7. ¿Has sacado a tu cónyuge a pasear solos ustedes dos?	10	7	5	3	0
8. ¿Has escrito una carta de amor a tu cónyuge?	10	7	5	3	0
9. ¿Le has dado un masaje en la espalda?	10	7	5	3	0
10. ¿A propósito has hablado el lenguaje de amor de tu cónyuge?	10	7	5	3	0
11. ¿Le has dicho a tu cónyuge que lo aprecias?	10	7	5	3	0
12. ¿Se han sentado solamente los dos y han hablado de sus sueños y aspiraciones?	10	7	5	3	0
13. ¿Has besado a tu cónyuge apasionadamente por 30 segundos cuando no estaba involucrado el sexo?	10	7	5	3	0
14. ¿Pasaron unas noches completa juntos sin distracción?	10	7	5	3	0
15. ¿Salieron a cenar, solamente los dos?	10	7	5	3	0
16. ¿Le dejaste una nota de amor para que tu cónyuge la encontrara?	10	7	5	3	0

continúa en la próxima página

¿Eres Romántico? *(a continuación)*

Cuando fue la última vez que tú:	En el pasado... Semana	Mes	6 Meses	Año	Nunca
17. ¿Hiciste una diligencia por tu cónyuge sin que él te preguntara?	10	7	5	3	0
18. ¿Le murmuraste "te amo" en su oído?	10	7	5	3	0
19. ¿Hiciste algo no verbal en público para decirle a tu cónyuge "te amo"?	10	7	5	3	0
20. ¿Salieron a caminar juntos?	10	7	5	3	0

Calificación: Suma lo circulado, escribe tu total aquí: __________

Más de 170: Estas haciendo un trabajo tremendo, ¡Sigue adelante!
110-170: Muy romántico, ¡Sigue mejorando!
60-110: Necesitas ayuda, usa este examen para que te dé ideas de que puedes hacer
Debajo de 60: ¡Nunca es tarde para comenzar!

¿Aprendiste maneras en las cuales puedes incorporar el romance en tu matrimonio? ¿Cuáles?

____

____

¿Cuáles son tus pensamientos e impresiones acerca de éste examen? ____________________

____

____

____

Conversa acerca de este examen con tu cónyuge cuando tengas tiempo. Por favor no uses este examen para criticar a tu cónyuge; usa esta información para que constructivamente edifiques más romance en tu matrimonio. Las 20 sugerencias en este examen son formas grandiosas para construir el romance, ¡inténtalas!

La intimidad en el matrimonio

Estudio 34

Intimidad y sexo

Tengan todos en alta estima el matrimonio y la fidelidad conyugal, porque Dios juzgará a los adúlteros y a todos los que cometen inmoralidades sexuales.
~ Hebreos 13:4

El sexo es una parte importante de la intimidad

El sexo es también un aspecto importante en la intimidad marital. La relación sexual trae una unidad física y emocional al matrimonio que no se encuentra en ninguna otra relación. Dios creó el sexo para mucho más que multiplicar la raza humana. Para mucha gente es difícil de creer, pero Dios pretendió que el sexo fuera para placer. Proverbios 5:15-19, Cantar de los Cantares 7:10-13 y 1 Corintios 7:3-5 corroboran ésta verdad. Es un placer hecho solo para la relación matrimonial y puede edificar una intimidad preciosa que puede continuar a través de la vida del matrimonio.

Los humanos (ambos hombre y mujer) han torcido y pervertido el sexo, en algo para lo que no fue hecho. La generación de hoy en día quizá piense que ha visto la peor perversión del sexo, pero desde la caída, el plan de Dios ha sido distorsionado y abusado en todas las formas concebibles. Toda la idea de templos de prostitución de adorar a dioses a través de actividades sexuales es horrorosa. Sin embargo, la gente frecuentemente se fija en la cultura para sus ideales sexuales en vez de buscarlos en la Biblia. La degradación de la mujer a través de la pornografía y el sexo, sin ningún compromiso, ha continuado a través de la historia. Es tiempo que ambos hombres y mujeres de Dios rechacen el punto de vista del mundo acerca del sexo y se afiancen al punto de vista de Dios.

El acto físico del sexo puede ser logrado sin ningún tipo de intimidad. Los animales tienen relaciones sexuales y en la relación sexual del matrimonio sin intimidad, no le da honor ni a tu cónyuge ni a Dios. Frecuentemente las mujeres tienen relaciones sexuales para obtener amor, y el hombre da amor para obtener la relación sexual, pero esto no es lo que Dios pretendió con el sexo. El sexo fue hecho para la promulgación de una relación cercana, íntima, amorosa, entre un esposo y una esposa. El sexo une a un hombre y a una mujer en un acto que es la culminación de todo lo que su matrimonio representa. Se requiere intimidad para que en el acto sexual entre esposo y esposa, el sexo sea piadoso y ellos conecten en unidad: espiritual, emocional, intelectual y física.

La relación sexual fue hecha para edificar y enriquecer la relación matrimonial. El disfrute natural, placentero del sexo, es como el betún en el pastel de la intimidad, pero no es el pastel. La relación de la pareja íntima y su conexión es el pastel. Una pareja segura en su relación con el Señor y en el uno con el otro les da completamente a ellos crecimiento en su relación y edifica unidad.

El hombre debe cumplir su deber conyugal con su esposa, e igualmente la mujer con su esposo. La mujer ya no tiene derecho sobre su propio cuerpo, sino su esposo. Tampoco el hombre tiene derecho sobre su propio cuerpo, sino su esposa. No se nieguen el uno al otro, a no ser de común acuerdo, y sólo por un tiempo, para dedicarse a la oración. No tarden en volver a unirse nuevamente; de lo contrario, pueden caer en tentación de Satanás, por falta de dominio propio. ~ 1 Corintios 7:3-5

Responsabilidades maritales

Los esposos y esposas tienen la responsabilidad de atender sexualmente el uno al otro. Hay una tarea del uno para el otro, pero es importante saber que Dios es Él que satisface tus necesidades. El pasaje 7 de primera de Corintios se trata de dar, no de obtener. El cónyuge que usa la Biblia para justificar demandas egoístas acerca del sexo no toma todo el consejo de Dios en cuenta. La Biblia también habla del morir a sí mismo y aprender a controlar el cuerpo de uno en una forma honorable y santa. El exigir sexo a tu cónyuge no es santo ni honorable.

Una relación sexual íntima y satisfactoria es de mucha ayuda para mantener el pecado sexual fuera de la relación matrimonial. Usar el sexo como una arma para salirte con la tuya o para castigar a tu cónyuge no honra las verdades Bíblicas. El negar una relación sexual usualmente significa que hay problemas más profundos en el matrimonio. La intimidad sexual es la plenitud de la intimidad en el matrimonio, no la intimidad en sí misma.

> ***El sexo no debería de ser una tarea conyugal que soportar, pero un acto de placer mutuo y una unión.***
> *~ W.C. "Tres" Tanner*

Las diferencias sexuales masculinas y femeninas

Las diferencias de género frecuentemente son más pronunciadas en la sexualidad que cualquier otra área en la relación matrimonial. Estas diferencias son la causa mayor del conflicto que involucra la sexualidad. Los hombres suelen enfocarse en los aspectos físicos del sexo, mientras que las mujeres se enfocan en los aspectos emocionales. La gráfica en la página 206 identifica las diferencias mayores entre la sexualidad del hombre y la mujer. Esta es una generalización y quizá sea diferente en tu relación, pero es importante que tu converses sobre la gráfica como pareja para que descubras tus diferencias específicas. Usa esta información para aumentar la intimidad y crecer en tu relación sexual.

Las parejas necesitan entenderse el uno al otro sexualmente. Muy seguido, el sexo no es discutido por nadie. Los jóvenes aprenden acerca del sexo a través de los amigos y de una experimentación inapropiada, los padres esconden su sexualidad de los hijos y la iglesia solo habla acerca de lo malo del pecado sexual. El resultado es que las parejas entran al matrimonio con ideas enfermizas y sin ninguna preparación para una relación sexual saludable. Con razón el sexo es el centro de muchos conflictos en el matrimonio.

Los hombres tienen que ver más allá de la penetración sexual únicamente como una descarga física, tienen que ver la experiencia sexual en su totalidad. Las mujeres necesitan afecto y una conexión emocional para un encuentro sexual completo y satisfactorio. Conectando emocionalmente a través de la conversación, afirmación y el afecto, no en una forma sexual, edifica los sentimientos íntimos de la mujer y el deseo por su esposo. Una vez que el hombre empieza a participar en una amplia experiencia sexual, se da cuenta que es mucho más satisfactoria para el también.

Las mujeres tienen que darse cuenta y entender qué tan importante es el sexo para el esposo. El sexo para el hombre no solo es el aspecto físico, hay también aspectos emocionales. Los hombres necesitan sentirse deseados sexualmente por sus esposas. Frecuentemente, la mujer desanimará a su esposo con comentarios irrespetuosos e injustificados. Ella necesita animar a su esposo y edificarlo.

Cuando una pareja busca conocer y entenderse, satisfacer las necesidades del uno y otro, la edificar intimidad emocional y enamorarse mutualmente, la relación sexual crecerá y florecerá. El discutir su sexualidad ayudará a una pareja a mejorar su relación sexual y a edificar sobre todo la intimidad.

"¿Está alguien tocando en la puerta del vecino?"

Problemas sexuales

La mayoría de las parejas en un tiempo o en otro experimentan problemas, ya sean físicos o emocionales en su relación sexual. "Los profesionales" le llaman a esto incapacidad sexual y es mucho más que la molestia o la irritabilidad de la menstruación de la mujer. Un cónyuge quizá no sienta deseo por el otro, quizá haya una dificultad con la excitación, quizá un cónyuge no logre tener un orgasmo o haya dolor físico durante la penetración. Hay una lista larga de causas potenciales para los problemas sexuales de una pareja. Incluye:

- Problemas físicos (Enfermedad, daño nervioso, falla de algún órgano, deficiencias hormonales, etc.)
- Abuso en la niñez
- Una educación legalista represiva
- Sexo inapropiado fuera del matrimonio
- Violación
- Pecado sexual
- Depresión
- Fatiga Crónica
- Abuso de alcohol o droga
- Mal imagen de tu cuerpo
- Ansiedad
- Tensiones de la vida diaria
- Un matrimonio insatisfecho

Es esencial que una pareja trabaje junta para entender y superar los problemas sexuales. Algunos problemas pueden resolverse a través de la comunicación y cuando se provee apoyo emocional. Los problemas físicos quizá requieran un tratamiento por un doctor y frecuentemente ese es el primer curso de acción que determina algún problema sexual. Quizá se necesite consejería para problemas profundos o en caso que los problemas sigan y no puedan tratarse con un doctor.

> ***Hacer el amor se trata de elevar la experiencia de amor de una pareja en todos los planos de su relación y al tener una unión sexual demuestra la expresión verdadera de ese amor. ~ Christopher McCluskey***

> ***Yo soy de mi amado, y él me busca con pasión. Ven, amado mío; vayamos a los campos, pasemos la noche entre los azahares. Vayamos temprano a los viñedos, para ver si han retoñado las vides, si sus pimpollos se han abierto, y si ya florecen los granados. ¡Allí te brindaré mis caricias! Las mandrágoras esparcen su fragancia, y hay a nuestras puertas toda clase de exquisitos frutos, lo mismo nuevos que añejos, que he guardado para ti, amor mío. ~ Cantares 7:10-13***

Una relación sexual sana

Dios pretendió que la relación sexual entre esposo y esposa fuera una dimensión romántica, emocionante y satisfactoria, en el matrimonio. Es posible para una pareja experimentar una relación sexual apasionada a través de su vida de casados. Sin embargo, muchas parejas no experimentan una relación sexual satisfactoria. Una vez que la etapa romántica muere, el sexo suele volverse mecánico, insatisfactorio y no emocionante. Las parejas usualmente no entienden que tienen que trabajar en su relación sexual como lo hacen con todo lo demás en su relación matrimonial.

Una relación sexual saludable comienza con una relación con Dios. La pareja necesita entender quiénes son y cómo fueron creados. Conocer a tu cónyuge también es importante para la salud de tu relación sexual. Hay dos aspectos que conocer a tu cónyuge: entenderlo quién es él, cuáles son sus necesidades y qué lo hace sentirse amado. La Biblia a veces también usa el término "conocer" para dar a entender relaciones sexuales. Dios pretendió que la pareja experimente una conexión mucho más profunda; frecuentemente ésta es experimentada al conocerse el uno al otro en la unión sexual.

Los límites saludables también son importantes. Una persona necesita ser capaz de decir "que sí" a las cosas que quiere hacer y "que no" a las cosas que no quiere hacer. Respetar los límites de tu cónyuge ayuda a edificar la intimidad, y aun cuando parece que el decir "no, estoy muy cansada" es irrazonable, al respetar su derecho de decir "que no" aumentará su amor por ti.

Es importante que las personas se cuiden a sí mismas físicamente e intenten verse bien para su cónyuge. Esto no se trata de intentar mantener un cuerpo perfecto, usando la belleza plástica que se ve en los medios de comunicación como ejemplo. Te sentirás mejor acerca de ti mismo si tú cuidas tu cuerpo y tu cónyuge lo nota. Los hombres tienen que recordar que el olor del cuerpo, mal aliento o una cara que no ha sido rasurada no son favorables para que tu esposa se abra sexualmente hacia ti.

La intimidad y el romance son requeridos para una relación sexual saludable y satisfactoria. El sexo es mucho más que el acto físico y ambos, esposo y esposa necesitan cultivar los otros aspectos de la relación. La intimidad, la comunicación abierta, aceptación, afecto, confianza, honestidad, respeto, satisfacer las necesidades y la amistad, todo esto hará que aumente la relación sexual. El sexo no es un ejercicio de 10 minutos para completar el día; es una aventura de amor de todo el día. Una relación sexual saludable requiere intimidad y romance diario. No necesariamente tienes que parar y dedicar dos horas al día para atender a tu cónyuge, pero sí necesitas ser compasivo, amable, humilde, tierno y paciente con tu cónyuge durante los encuentros con él. Cultiven un amor romántico el uno por el otro.

> ***Por lo tanto, como escogidos de Dios, santos y amados, vístanse de afecto entrañable y de bondad, humildad, amabilidad y paciencia. ~ Colosenses 3:12***

El hablar sobre el sexo no es algo sencillo de hacer en la mayoría de los matrimonios. La cultura está saturada con imágenes sexuales, pero suele ser un tabú hablar sobre éste a un nivel personal. El sexo no es malo; Dios lo creo y no hay vergüenza en hablar sobre el abiertamente. Comunica lo que te gusta y lo que no te gusta, qué es lo que te pone listo para tener intimidad sexual y cómo se pueden complacer el uno al otro. Hablen sobre cómo pueden poner emoción en su relación sexual. Cambien la locación y escenario o la atmósfera para tus encuentros sexuales. Trabajen juntos para revivir su vida sexual. Planeen para tener tiempo para estar solos sin los niños donde ustedes puedan pasar tiempo creciendo en su relación sexual.

> ***El buen sexo no ocurre por casualidad; toma tiempo y planeación.***

> ***Bebe el agua de tu propio pozo, el agua que fluye de tu propio manantial. ¿Habrán de derramarse tus fuentes por las calles y tus corrientes de aguas por las plazas públicas? Son tuyas, solamente tuyas, y no para que las compartas con extraños. ¡Bendita sea tu fuente! ¡Goza con la esposa de tu juventud! Es una gacela amorosa, es una cervatilla encantadora. ¡Que sus pechos te satisfagan siempre! ¡Que su amor te cautive todo el tiempo! ~ Proverbios 5:15-19***

Una relación sexual saludable traerá un acercamiento físico y emocional. Cuando el sexo es una expresión profunda de amor, ambos se sentirán bien el uno con el otro y con ellos mismos. Dar mutuamente es muy importante para la relación. Ambos deben de cuidar el uno al otro y tratar de satisfacer sus necesidades físicas y emocionales. Honra a tu cónyuge y levanta el sexo del fango del pecado y preséntalo a Dios como fue creado para que fuera. Usa tu imaginación y todos tus sentidos para crear una relación sexual satisfactoria y plena para ambos esposo y esposa. Vuélvanse en almas gemelas en todo sentido de la palabra.

> ***El sexo puede ser un encuentro breve y fogoso entre extraños; puede ser un acto mecánico y tímido entre compañeros que se han cansado el uno del otro; o puede ser una experiencia de sanidad duradera y entusiasta entre dos personas que se han vuelto en almas gemelas. ~ Dr. Pat Love***

Respecto a una relación sexual saludable:

1. *Intimidad y romance no sexual edificarán la relación sexual.*
2. *Fidelidad sexual es imperativa, físicamente, emocionalmente y mentalmente.*
3. *Sean sensibles a las necesidades del uno y del otro.*
4. *Nunca usen el sexo como un arma.*
5. *No se refrenen a menos que los dos estén de acuerdo.*
6. *Sean abiertos y honestos el uno con el otro. Si a ti no te gusta algo o te sientes incomodo con alguna parte de tu actividad sexual, dile a tu cónyuge.*
7. *Tienen toda una vida para aprender. Tomen el tiempo para aprender el uno del otro y en su experiencia sexual.*
8. *Exploren y gocen – pero no violes los deseos de tu cónyuge de no hacer algo.*
9. *No tengan expectaciones.*
10. *Recuerda la analogía de la olla donde cocinabas en la estufa vs. el horno de microondas para recordar las diferencias entre hombre y mujer. Los hombres son como el horno de microondas y se pueden calentar casi instantáneamente. Las mujeres son como las ollas de cocina; toma mucho tiempo para que ellas se calienten.*

> *Cuando la unión sexual expresa amor dentro del pacto del matrimonio Cristiano, Dios es glorificado.*
> *~ Christopher McCluskey*

Para conversar como pareja

1. ¿Sientes que el sexo en tu matrimonio te está acercando o creando más frustración? ¿Por qué sí o por qué no?

____
____
____
____

2. En tu opinión, ¿Estás teniendo mucho o poco sexo? ¿Por qué es esto?

____
____
____
____

3. ¿Cómo difieren en la sexualidad tú y tu cónyuge? ¿Es esto origen de irritación? ¿Por qué sí o por qué no?

____
____
____
____

4. ¿Pueden los Cristianos gozar y hasta divertirse con el sexo? ¿Por qué sí o por qué no?

____
____
____
____

5. ¿Qué pueden hacer para aumentar su relación sexual tú y tu cónyuge?

____
____
____
____
____

Las Diferencias en la Sexualidad[1]

	Hombres	***Mujeres***
Orientación	Física Clasificado Unidad Física Variedad El sexo es una alta prioridad	Relacional Completamente Unidad emocional Seguridad Quizá otras prioridades sean más altas
Estimulación	Vista Olor Centro del cuerpo	Toque Actitudes Acciones Palabras Persona centrada
Necesidades	Respeto Admiración Físicamente necesitado No reprimirlo	Comprensiva Amor Necesitada emocionalmente Tiempo
Respuesta Sexual	Constante Rápida excitación Inicia (usualmente) Difícil de distraer	Cíclica Lenta para excitarse Responde (usualmente) Fácil de distraer
Orgasmo	Propagación de la especie Más corto, más intenso Físicamente orientado El orgasmo usualmente es necesitado para la satisfacción	Propagación de unidad Tarda, más a fondo Orientada emocionalmente La satisfacción frecuentemente posible sin un orgasmo

La intimidad en el matrimonio

Estudio 35

Manteniendo la intimidad

> *Pero al principio de la creación Dios 'los hizo hombre y mujer'. 'Por eso dejará el hombre a su padre y a su madre, y se unirá a su esposa, y los dos llegarán a ser un solo cuerpo.' Así que ya no son dos, sino uno solo. Por tanto, lo que Dios ha unido, que no lo separe el hombre. ~ Marcos 10:6-9*

El cambio es inevitable

Hay una constante en la vida que todos pueden esperar; la vida cambiará. Es inevitable y natural y ocurrirá ya sea que la pareja esté lista o no. Mucha gente prefiere un "estado igual" y no quiere pensar acerca del cambio que viene a sus vidas. Frecuentemente, vivirán en matrimonios disfuncionales e insatisfactorios y no tendrán ningún deseo de cambiar. Han encontrado un nivel de comodidad en su situación y tienen miedo de lo que podría pasar si iniciaran un cambio. El tiempo no se detiene para nadie, y se puede desear que la vida permanezca como está, pero el cambio ocurrirá.

Las parejas usualmente descubren la realidad de cómo las vidas cambian rápidamente. Este descubrimiento a veces llega en la luna de miel; como esposo y esposa se dan cuenta que la persona con la que se despertaron en la mañana es muy diferente a la persona con la cual ellos pensaron que se casaron. La persona maravillosa y amorosa de la cual ellos se enamoraron de algún modo fue reemplazada por un ogro grosero o por la Bruja Malvada del Oeste. Usualmente es después de la luna de miel, pero tarde que temprano el esposo y la esposa descubren la rareza de la persona con la cual se casaron. No es tanto que sea una persona distinta, sino que es el hecho que la pareja entre a una etapa nueva de su relación matrimonial. Este es el primero de muchos cambios que el matrimonio soportará como pareja al experimentar una vida junta.

> *...ejercítate en la piedad, pues aunque el ejercicio físico trae algún provecho, la piedad es útil para todo, ya que incluye una promesa no sólo para la vida presente sino también para la venidera. ~ 1 Timoteo 4:7-8*

La gente se prepara y se entrena para muchas cosas en la vida, pero muchos son negligentes para prepararse como esposo, esposa o como padres. Ellos entran a los matrimonios equipados de ideas enfermizas y especialmente suelen no estar preparados para los cambios que la vida traerá. Las parejas frecuentemente tienen expectaciones de cómo será su vida juntos y no están preparados cuando la realidad es diferente a su visión. Una fundación fuerte, edificada en Jesucristo y en la Palabra de Dios fortalecerá a una pareja en su vida futura. Cuando una pareja cuenta con las promesas de Dios y enfrenta los cambios juntos, los cambios no son tan dramáticos.

Las etapas de la vida

La vida progresa a través de etapas, a la vez que las parejas envejecen y maduran. Cada matrimonio frecuentemente experimenta un cambio en curso, en períodos distintos o etapas, en la vida. Hay cambios naturales en la relación matrimonial al ir envejeciendo o los cambios a veces vienen a través de eventos como la enfermedad, accidentes, muerte, perdida de trabajo o a través del pecado. Un matrimonio fortalecido soportará los cambios que vendrán en la relación. Esta pareja ha edificado su fundación en Jesucristo y está agarrada a Él a través de los problemas y de las victorias. El matrimonio edificado en la arena de sí mismo o del mundo suele desmoronarse y caerse cuando las tormentas de la vida vienen en contra de el. Los cambios naturales que vienen a través de las etapas de la vida frecuentemente son más difíciles de manejar porque usualmente no se anuncian y la pareja está desprevenida.

La intimidad debe de ser cultivada y edificada a través de las etapas de la vida para mantener la relación matrimonial fuerte y en crecimiento. La pareja puede lograr una intimidad fuerte en un cierto punto en su matrimonio y después llegar a un punto donde virtualmente no hay intimidad. Es importante que la pareja continúe edificando la intimidad a través de su vida matrimonial. Las necesidades de la intimidad cambiarán y requerirán formas nuevas e innovadoras para edificarla a través de las etapas de la vida.

Las etapas que atraviesan un matrimonio pueden ser separadas en varias etapas típicas. Estos ciclos de la vida ayudan a explicar las demandas de cambios constantes y expectaciones de la interacción de la familia. El estar al tanto de estas etapas ayuda a la pareja a prepararse para los retos inevitables de la vida y las tensiones que los acompañan. Típicamente hay cuatro etapas en el ciclo de la vida del matrimonio.

Etapa 1: Recién casados

Este es un periodo de ajuste cuando la pareja se adapta el uno al otro y se une. La tensión en esta etapa se puede sentir en muchas áreas, al aprender la pareja qué tan diferentes son. Las discusiones pueden surgir aparentemente de dondequiera cuando la pareja se da cuenta que aprietan la pasta de dientes de diferentes partes del tubo, tienen gustos y horarios distintos y se dan cuenta del tipo de familia política con la cual se casaron. Usualmente, ellos se dan cuenta que virtualmente todo es diferente, desde los límites y la comunicación que tienen, hasta el punto de vista en las funciones y en la intimidad. La emoción de su relación sexual se desgasta, mientras ellos se integran a la rutina diaria de la vida. Es importante a este punto que la pareja establezca patrones de interacción saludable. Los problemas pequeños que no son tratados en este punto se pueden volver en problemas serios.

Etapa 2: El nido completo

Los niños llegan y pocas son las parejas que están preparadas para lo mucho que sus vidas cambiarán. Hay una demanda increíble requerida de su tiempo, recursos y energía a la vez que la pareja intenta satisfacer las necesidades de sus hijos, carreras, del hogar y del uno al otro. Las parejas por lo regular tienen poco tiempo el uno para el otro durante esta etapa y si la intimidad es una prioridad, tienen que trabajar duro para permanecer juntos. Frecuentemente la falta de intimidad sexual y los problemas que no fueron resueltos en los primeros años pueden volverse en problemas mayores.

Etapa 3: El nido completo 2

Uno quizá piense que al crecer los niños y al volverse adolescentes habrá menos exigencias para la pareja. Pero los adolescentes siguen requiriendo tiempo y energía y frecuentemente las exigencias de la carrera, trabajo cívico y las responsabilidades de la iglesia aumentan. La pareja tiene menos tiempo el uno para el otro y también tiene que enfrentar el factor de la edad que empieza a afectar la intimidad. La autocomplacencia comienza y la pareja empieza a no apreciarse el uno al otro. Es importante que la pareja trabaje como equipo a través de esta etapa para satisfacer los retos de la vida cuando los hijos empiezan a liberarse. Las parejas que no mantienen una conexión a través de este período quizá tengan problemas maritales serios una vez que los niños se vayan de la casa.

Etapa 4: Nido vacío

El último hijo deja el nido y la pareja ahora tiene un hogar sin niños por primera vez en muchos años. Frecuentemente como pareja hay una modificación muy grande, que es enfocarse el uno en el otro en vez de en los niños y en las actividades. Al mismo tiempo, de nuevo los problemas médicos pueden afectar sus vidas grandemente. Es importante que la pareja permanezca comprometida el uno con el otro al entrar en esta etapa de la vida. Quizá se halle más tiempo para la intimidad, pero la edad y la salud estén en contra de ellos. Las parejas tienen que ser más creativas y tienen que trabajar juntas para re-edificar y mantener la intimidad.

Pocas familias viajan a través de los ciclos de la vida del matrimonio en la misma forma. El divorcio, volverse a casar, familias mezcladas, hijos adultos regresando a casa, las parejas criando nietos y otras circunstancias peculiares pueden cambiar los aspectos en las etapas, pero en general, las etapas aplican a todo matrimonio. De cualquier modo, de la forma en que sea la jornada de la pareja a través del ciclo de la vida, es importante que ellos permanezcan conectados y continúen edificando la intimidad. El trabajo nunca termina, y a través de cada etapa de la vida la intimidad será edificada en formas diferentes. La intimidad y la unidad no se logran una vez y se mantienen por toda la vida. El trabajo continúa hasta que la muerte los separe.

"No estoy segura que seas el mismo hombre con el cual me casé hace treinta años. Necesito sacarte sangre para hacerte un examen para asegurarme que eres tú."

Un matrimonio verdaderamente feliz es uno donde la mujer da los mejores años de su vida al hombre quien la ha hecho la mejor.

La disciplina en la intimidad

La disciplina se necesita para mantener la intimida a través de las etapas de la vida. La intimidad no existirá sin trabajo y una pareja debe de continuar trabajando a través de su matrimonio. Es una parodia terrible que una pareja permanezca junta a través de las primeras tres etapas del matrimonio del ciclo de la vida para que una vez que los niños se vayan de la casa, se divorcien. Ahora ellos tienen la oportunidad de gozar la vida y el uno al otro y de ser usados por Dios para afectar a parejas mas jóvenes, pero ellos se divorcian porque ellos perdieron su intimidad en los años previos. Las parejas en promedio se quedan en la etapa 1 por dos años, la etapa 2 por doce años, la etapa 3 por quince años y la etapa 4 por veintiocho años.[1] Es una desdicha que frecuentemente una pareja no permanezca junta en la etapa potencialmente más larga de su matrimonio (y potencialmente la mejor).

La intimidad debe ser desarrollada de acuerdo a cómo Dios creo a la humanidad; en cuerpo, en alma y en espíritu. Cada pareja puede continuar edificando su relación física y sexual a través de las etapas de la vida. Requerirá trabajo y creatividad, especialmente si hay problemas físicos con un cónyuge o con el otro. Es posible mantener una intimidad sexual vibrante y plena en la vejez.

La intimidad en el alma o en el nivel interior de uno mismo, tiene que ser alimentada y fortalecida. El mantener la intimidad intelectual y emocional requiere un esfuerzo compartido y de desarrollar intereses en común. Las parejas que se divorcian porque ellos "no tienen nada en común" se olvidaron de cuando ellos estaban enamorados. Ellos han permitido que los sentimientos gobiernen el compromiso que ellos hicieron en el día de su boda. Edificar una amistad y continuar con el romance en la relación matrimonial no es tan difícil como mucha gente lo hace que sea. ¿Requiere tiempo y energía? Seguro que sí, pero las recompensas hacen que valga la pena.

La intimidad espiritual también requiere trabajo, pero hay una recompensa más grande que solamente aumentar la intimidad entre esposo y esposa. También edifica intimidad con Dios y una relación cercana y fuerte que crece con el Señor fortalece cada área de tu vida. Adoración, oración, el estudio de la Palabra de Dios y el compañerismo entre ambos son importantes para una relación íntima. Una pareja puede salir en la puesta del sol (o mejor aun, cuando sale el sol) y cantar sus himnos favoritos o alabanzas juntos al Dios del universo. Compartan pensamientos significativos que Dios les da, el uno con el otro. Tomen el tiempo para entrar en el mundo espiritual del uno y del otro.

Aquí hay un patrón: toma tiempo para edificar y mantener una intimidad. El pasar tiempos juntos en distintas áreas es crucial para una intimidad. La palabra clave aquí es junta. No significa estar sentados juntos y estar en mundos totalmente distintos mientras que leen o ven televisión. Tienen que interactuar uno con el otro, física, intelectual, emocional y espiritualmente. Tienes que hacer una prioridad detener todas las ocupaciones y tomar tiempo solo para ustedes dos. Tu cónyuge tiene que ser primero, antes que todas las otras cosas del mundo, hasta del ministerio. Tu cónyuge es, de hecho, tu primer ministerio. Haz que la intimidad con él sea la prioridad en tu vida después de tu relación con Dios.

La cristiandad está mal comercializada por los matrimonios cristianos que no son mejores que otra relación marital gobernada por valores seculares y autorizada solamente por energía humana. El amor y el poder de Cristo son para ser demostrados en una manera efectiva en los matrimonios cristianos hoy. Las parejas se deben de dar cuenta que no se espera nada menos de ellos que el movimiento constante hacia la unidad; una unidad en el cuerpo, en alma y en espíritu.

Dios creó el matrimonio para unidad; la unidad no se da por si sola, la pareja tiene que trabajar por ella, como un jardín precioso que tiene que ser cultivado y cuidado diariamente. Una intimidad desarrollada te ayudará a mantener un matrimonio fortalecido y fuerte y este matrimonio será capaz de soportar cualquier tormenta o ataque que venga en su contra.

Para conversar como pareja

1. ¿Estás de acuerdo que el cambio es inevitable? ¿Qué puedes hacer para estar preparado para los cambios en tu vida y en tu matrimonio?

2. ¿En qué etapa del ciclo de la vida del matrimonio se encuentra tu matrimonio ahora? ¿Qué tan diferente es esta etapa de las otras etapas en las que han estado?

3. ¿Cómo la intimidad puede ser mantenida a través de las distintas etapas del ciclo de la vida?

4. ¿Cómo puedes continuar edificando intimidad emocional en tu matrimonio?

5. ¿Qué estás haciendo para edificar intimidad espiritual en tu matrimonio? Si no estás haciendo nada, ¿qué pudieras estar haciendo?

Matrimonios fortalecidos
Capítulo 8 referencias

Estudio 30: *Creados para la intimidad*

1. Drs. David & Jan Stoop; The Complete Marriage Book (Grand Rapids, MI, Fleming H. Revell, 2002) p 83
2. Adam Clarke's Commentary, Electronic Database. Copyright (c) 1996 by Biblesoft
3. Mike Mason; The Mystery of Marriage, As Iron Sharpens Iron (Portland, OR, Multnomah Press, 1985) p71

Lecturas sugeridas:
- Tesoros de intimidad por David Hormachea
- Dos corazones orando como uno por Dennis y Barbara Rainey
- Amigos amantes: El matrimonio como Dios lo diseñó por Sam y Geri Laing

Estudio 31: *Restaurando la intimidad a través del perdón*

1. Nelson's Illustrated Bible Dictionary; Copyright 1986, Thomas Nelsons Publishers
2. Charlie "T" Jones and Daniel R. Ledwith; Finding Freedom in Forgiveness (Eugene, OR; Harvest House Publishers, 2005) p21
3. Allison Kitchen; Forgiveness: A Key to Better Health, www.vibrantlife.com/vl/article-24.html
4. C.S. Lewis, quoted in Readings for Meditation and Reflection, ed. By Walter Hooper (NY, NY; Harper Collins, 1996) p 63
5. In Matthew 18:22, the NIV Bible states seventy-seven times., but most other versions and the footnote in the NIV use seventy times seven.

Lecturas sugeridas:
- Sanando Las Heridas Del Alma: El Verdadero Concepto Del Perdon Para Alcanzar Libertad Y Paz Interior por Rafael Ayala
- Perdon Total por R. T. Kendall
- Perdone y ame otra vez por John Neider y Thomas Thompson
- La Libertad y El Poder del Perdon por John MacArthur

Estudio 32: *Edificando intimidad*

1. Dr. John Gottman, Why Marriages Succeed or Fail (NY, NY; Fireside, 1994) p 101

Lecturas sugeridas:
- Amistad e intimidad por Victor y Gloria Ricardo
- Diseñada para la intimidad por Jane Hansen
- Recuperemos la Intimidad por Heather Jamison

Estudio 33: *Manteniendo vivo el romance*

1. Dr. Patricia Love & Jo Robinson; Hot Monogamy (NY, NY; Penguin Group, 1994) p 176
2. Larry Russell; Before Love Dies (Denver, CO; Legacy Publishers, 2004) p 180
3. Wordsmyth Dictionary; www.wordsmyth.net

Lecturas sugeridas:
- El romance en el matrimonio por H. Norman Wright
- Restableciendo el romance en su matrimonio por Ed Wheat
- Conversaciones íntimas para parejas por Drs. Les y Leslie Parrott
- Matrimonio: Intimidad, romance por David y Carole Hocking

Encendiendo la chispa del romance en tu matrimonio: Solamente en ingles
- Simply Romantic Nights por Dennis & Barbara Rainey
- 101 Nights of Grrreat Romance por Laura Corn

Estudio 34: *La intimidad y sexo*

1. Dennis & Barbara Rainey; How do men and women differ in their view of the sexual relationship in marriage? FamilyLife, www.familylife.org

Lecturas sugeridas:
- Sexualidad con Propósito por David Hormachea
- La Plenitud Sexual en el Matrimonio por Herbert J. Miles
- Amor, romance e intimidad: 300 consejos de las expertas para mejorar su relación de pareja
- Intimidad Sexual en el Matrimonio por William Cutrer y Sandra Glahn

Estudio 35: *Manteniendo la intimidad*

1. David & Teresa Ferguson and Chris & Holly Thurman; Intimate Encounters (Nashville, TN; Thomas Nelson, 1994) p 220

Lecturas sugeridas:
- Etapas Del Matrimonio por Frank Minirth
- Caminemos Juntos: Como Construir un Matrimonio Duradero E Intimo en Medio de un Mundo Complejo por Jack Heald

Matrimonios Fortalecidos

Capítulo 9
El ser padres

Estudio 36

Cuando niños llegan

> *¿Acaso no hizo el Señor un solo ser, que es cuerpo y espíritu? Y ¿por qué es uno solo? Porque busca descendencia dada por Dios. Así que cuídense ustedes en su propio espíritu, y no traicionen a la esposa de su juventud.*
> *~ Malaquías 2:15*

¡Los hijos te cambiarán la vida!

La llegada de los hijos cambia el matrimonio por completo y de una manera permanente. Raramente una pareja toma en cuenta el gran cambio que sucede al tener hijos en su matrimonio. Parece ser que muchas parejas son como Adán y Eva, que no tuvieron un ejemplo o un concepto de lo que era tener hijos. Los padres de hoy en día saben mucho sobre los hijos, y tienen una cantidad increíble de recursos disponibles. Sin embargo, al ver la ignorancia de muchos padres, uno pensaría que son la primera pareja en tener hijos.

El traer un hijo al mundo es un privilegio maravilloso. Dios le permite al ser humano participar en la creación de la vida. La concepción, el embarazo y el dar a luz forman el milagro de una vida nueva. Es una gran pena que muchas personas tomen el sexo y el dar a luz tan a la ligera. La creación de la vida… piensa en eso por un momento. Dios creó a los primeros dos humanos y les entregó la procreación. ¿Qué ha hecho la humanidad con este privilegio? La gente no toma el sexo con seriedad y la sociedad acepta "el sexo para diversión" sin compromisos. El aborto es común y con frecuencia lo aceptan como forma de control natal. La gente tiene hijos, pero no toma la responsabilidad por ellos. El divorcio es aceptable y disponible para cualquier situación. La gente desea la libertad para hacer lo que quiere, pero no quiere tomar responsabilidad de sus acciones.

El criar hijos requiere de sacrificios de ambos, el esposo y la esposa. Sin embargo, muchas personas no quieren hacer el sacrificio que se requiere para ser padres. El matrimonio cambia la manera que un hombre y una mujer interactúan con el mundo. No tienen la misma libertad que tenían cuando eran solteros. Los padres también pierden algunos "derechos" como adultos. Una pareja debe de estar consciente de sus necesidades mutuas y ahora también deben preocuparse por las de un hijo (o hijos). El criar hijos da oportunidad a las personas de aprender a morir a sí mismos y vivir una vida como Cristo.

Criando responsablemente

El criar hijos es la tarea más importante que una persona puede tener en el mundo. El moldear y formar a un hijo y prepararlo para la edad adulta es una enorme responsabilidad. Mucha gente toma esta responsabilidad muy a la ligera, como si los hijos se prepararan ellos mismos para la vida.

Los padres pueden dejar la responsabilidad a los que proveen el cuidado de los niños, a la iglesia, o al sistema escolar, y permitirles a otros decidir qué es lo mejor para sus hijos. Los padres deben entender que cada aspecto de la educación y preparación de sus hijos es su responsabilidad.

La educación de sus hijos no es la responsabilidad del sistema escolar. Ellos por supuesto pueden ayudarte a entrenar a tus hijos en la disciplina académica, pero las escuelas deben ser el refuerzo, no la fuente principal de su educación. Los padres deben de involucrarse en la educación de los hijos y conocer lo que el sistema escolar está enseñando. Los maestros deben saber que a los padres les interesa la educación de los hijos y que estarán pendientes cuando los problemas surjan.

Los padres también son responsables de la fe de sus hijos. Una hora a la semana en la escuela dominical no le edificará la fe a su hijo. Dios une a una pareja para producir retoños piadosos. No es la responsabilidad de la iglesia el crear un conocimiento sobre la salvación en Cristo Jesús en su hijo. Los padres no pueden enseñar a sus hijos sobre la fe cuando no la demuestran en su vida diaria. Los hijos ven más allá de la hipocresía y saben cuando la fe de sus padres es genuina.

Los hijos son un regalo de Dios, y deben ser tratados con cuidado y con respeto. Los padres solo tienen mayordomía sobre sus hijos por un corto tiempo y deben de hacer lo mejor que puedan con el tiempo que tienen. Es imposible cumplir con esta enorme responsabilidad sin la ayuda de Dios. El les dará sabiduría y guianza cuando busquen dirección para criar a sus hijos.

Dios el Padre, el padre modelo

Dios es el padre ideal. El ama a sus hijos con un amor eterno y los acepta incondicionalmente. La historia del hijo pródigo en Lucas, capítulo 15, puede ser mejor titulada como la historia del padre amoroso. Es una imagen de Dios padre cuando acepta a su hijo arrepentido sin condiciones. Dios es un padre misericordioso y amable que siempre ama a sus hijos, pero nunca acepta el pecado. Él establece límites saludables y disciplina a los que ama.

El matrimonio primero

La primera responsabilidad que tienen los padres es de asegurar un matrimonio saludable y fuerte. El criar eficazmente a sus hijos ocurre en el contexto de un matrimonio floreciente. La esposa que pone a sus hijos antes que su esposo y no busca satisfacer sus necesidades, rechaza valores bíblicos y lo empuja a buscar la satisfacción de sus necesidades fuera del matrimonio. Similarmente, el esposo que sólo acepta la responsabilidad de proveer para la familia económicamente y descuida el cuidado de su esposa también rechaza valores bíblicos. Ambos deben hacer su relación matrimonial una prioridad y deben trabajar juntos para criar a sus hijos.

> ***"La relación entre esposo y esposa es el fundamento en el cual los hijos edifican su seguridad, su identidad, y la manera como se relacionan con otros."***
> ***~ Jay Kesler***

Un matrimonio sano es importante para criar hijos sanos y bien educados. Los hijos se sienten seguros cuando los padres demuestran cercanía en su relación. La calidad del matrimonio influye directamente en la calidad del futuro matrimonio de sus hijos.[1] Hijos en hogares sanos van mejor en la escuela y resisten mejor la tentación del pecado cuando atraviesa sus vidas. El ejemplo de una pareja que descuida su matrimonio establece un precedente potencial en sus hijos de desarrollar matrimonios no sanos.

El pasar tiempo en ocasiones alejado de los hijos beneficia a ambos, a los hijos y al matrimonio. Los hijos experimentarán un ambiente nuevo y cierta libertad de mamá y papá. El tiempo que están solos los padres les permite relajarse y disfrutarse mutuamente sin la preocupación de los hijos. El llevar a los hijos a casa de la abuela a pasar la noche o el fin de semana es una situación ganadora o pueden turnarse con otras parejas confiables que sean cristianas para cuidar a los hijos por una noche o el fin de semana.

"¡Uuu! Ya están todos dormidos. Ahora tendremos tiempo para los dos".

Una importante palabra de precaución, los padres deben saber con quién dejan a sus hijos. Deben de asegurarse que tengan los mismos valores y que cumplan con las mismas normas que ustedes han establecido en su hogar. Desafortunadamente, ustedes no pueden hacer ninguna suposición sobre el comportamiento de otros, aunque sean cristianos. No quieren exponer a sus hijos a un ambiente inaceptable o quizá peligroso.

Trabajando juntos como equipo

El criar también demuestra las diferencias entre esposo y esposa. Con frecuencia, uno de los dos suele ser estricto y disciplinado mientras que el otro es más blando. Una pareja notará diferencias en muchas áreas y es importante que resuelvan sus diferencias antes de que situaciones surjan con los hijos. Los hijos se benefician cuando los padres tienen trasfondos y personalidades diferentes porque adquieren fortalezas de ambos padres. Esto no sucederá a menos que los dos se muevan hacia la misma dirección y trabajen juntos.

La unidad en la pareja es importante en la crianza de hijos sanos. El esposo y esposa que no se apoyan mutuamente debilitan la influencia que tienen sobre sus hijos. Este no es el tiempo para que uno de los dos exija salirse con la suya y diga, "funcionó en mi familia" o "soy la cabeza del hogar, yo decidiré qué hacer." El compromiso no sólo funciona sino que también produce el mejor resultado en la crianza de sus hijos. Los hijos cosechan lo mejor de ambos padres, la sabiduría, el trasfondo y la personalidad.

Los padres nunca deben de contradecirse enfrente de los hijos. El demostrar resolución a un conflicto, por ejemplo decidiendo a qué restaurante ir o qué película ver ayudará a los hijos, pero el discutir sobre asuntos que involucran a los hijos no debe suceder enfrente ellos. Lleve la discusión a su dormitorio, afuera, o vaya a dar un paseo, pero no discuta enfrente de los hijos. Eso fomenta división, falta de respeto, e inseguridad. Algunas parejas se preguntan porqué sus hijos discuten tanto, cuando es esto el ejemplo que reciben del matrimonio.

El criar a los hijos es una responsabilidad mutua que requiere la participación de ambos padres. Ejemplos bíblicos son importantes para criar hijos sanos. El esposo debe ser como un líder-servidor, profeta, sacerdote, un rey sirviendo, guiando y protegiendo a su familia. La esposa debe ayudar, debe amar a su esposo e hijos, apoyar, animar y alimentar a su familia. Unidos, comparten el trabajo y la responsabilidad de ayudar a sus hijos a aprender a amar a Dios, a desarrollar límites sanos y a aprender la autodisciplina.

Criar con tu ejemplo

> ***Que no te preocupe que tus hijos nunca te escuchan; preocúpate de que en todo tiempo te están observando.***
> ***~ Robert Fulghum***

Los hijos aprenden más del ejemplo de sus padres que de sus palabras. Es importante que los padres modelen el comportamiento que desean de sus hijos. Es más probable que un hijo siga la fe de un padre que vive su fe cristiana en su vida diaria y nunca habla de ella, que de un padre que la predica diariamente y no la vive.

Las mentes jóvenes e influenciables necesitan ver que sus padres caminan con el Señor, rindiendo sus vidas a él y haciendo la Biblia la fuente de guianza y dirección en su vida diaria. Es importante que los padres muestren una vida fuerte en oración y los mismos valores en público que en privado.

Los hijos aprenden más sobre los ejemplos bíblicos en la casa observando a su madre y su padre que escuchando cien sermones del mismo tema. Una pareja que demuestra respeto, amor, honor, admiración, y aceptación mutua enseña a sus hijos esas cualidades. No hay manera de exagerar la importancia de un matrimonio sano y fortalecido en la vida de los hijos. Los hijos aprenden de lo que ven y cuando ven a los padres vivir un matrimonio sano, les proporciona lecciones muy valiosas.

> ***El matrimonio es la institución más a favor de los hijos en nuestra sociedad. Si quieres que los hijos vayan bien, entonces el matrimonio tiene que ir bien. ~ David Blankenhorn***

Para conversar como pareja

1. ¿Cómo ha cambiado la relación en tu matrimonio a causa de tus hijos? (Si no tienen hijos, ¿cómo anticipan el cambio cuando lleguen los hijos?)

2. ¿Cuál es tu responsabilidad como padre/madre?

3. ¿Por qué es importante que el matrimonio sea primero? ¿Cómo demuestran esto en su familia?

4. ¿Trabajan tú y tu cónyuge como equipo? ¿Cómo pueden unirse más cuando están frente a los hijos?

5. ¿Qué tipo de ejemplo le dan a sus hijos? ¿Ven que vives tu fe cristiana? ¿Cómo?

Cuestionario del trasfondo de tu crianza

Piensa en cómo tus padres te criaron a ti y a tus hermanos. Contesta las siguientes preguntas honestamente e individualmente y después comparte tus respuestas con tu cónyuge cuando estén a solas.

1. ¿Tus padres trabajaron juntos como equipo? ¿Cómo lo veías? ______________________________

____

____

2. ¿Eran tus padres muy estrictos? ¿Poco severos? ¿Cómo te afectó esto? ______________________

____

____

3. ¿Había abuso físico o sexual en tu hogar? ¿Trataron con él? ¿Cómo? ______________________

____

____

4. ¿Se demostraban amor tus padres? ¿Cómo? ____________________________________

____

____

5. ¿Tus padres peleaban frente a sus hijos? ¿Cómo se peleaban (discutían, gritaban o físicamente)?

____

____

6. ¿Cómo demostraban tus padres fe en Dios? ____________________________________

____

____

7. ¿Eran tus padres los mismos en público como en la casa? ____________________________

____

____

8. ¿Cómo disciplinaban tus padres a sus hijos? ___________________________________

____

____

continúa en la próxima página

Cuestionario del trasfondo de tu crianza (la continuación)

9. ¿Jugaban o hacían actividades como familia? ____________________

10. ¿Se involucraban tus padres en tu escuela o en actividades extracurriculares? ¿Cómo? ____________________

11. ¿Eras prioridad en la vida de tus padres? ¿Cómo lo veías? ____________________

12. ¿Te sentías amado por tus padres? ¿Por qué sí o por qué no? ____________________

13. ¿Cómo educaron tus padres a sus hijos? ¿Había educación formal? ¿Hablaban de asuntos de la vida? ¿Cuándo? ¿Cómo? ____________________

14. ¿Cuánto control tenían tus padres sobre tu vida como adolescente? ¿Tenías mucha libertad?

15. ¿Qué responsabilidades tenías en casa como adolescente? ____________________

Comentarios adicionales de cómo te criaron tus padres: ____________________

El ser padres

Estudio 37

La meta de ser padres

> *¡Pero tengan cuidado! Presten atención y no olviden las cosas que han visto sus ojos, ni las aparten de su corazón mientras vivan. Cuéntenselas a sus hijos y a sus nietos.*
> *~ Deuteronomio 4:9*

La importancia de ser padre

El ser padres es una vocación importante. Más que cualquier otro factor, los padres determinan si el hijo va a ser una influencia positiva o negativa en la sociedad cuando llegue a la edad adulta. Adultos sanos y productivos no son producto de las iglesias, escuelas, gobierno o sociedad, sino de los padres. Los padres son seres humanos imperfectos y van a fallar en muchas maneras, sin embargo, conscientemente intentan amar y guiar a sus hijos de la mejor manera. El problema es que los padres no han aprendido cómo criar a los hijos adecuadamente, y sin conocimiento es difícil desempeñar el papel como padres.

La mayoría de parejas simplemente entran a la paternidad. No están capacitados, ni tienen las herramientas necesarias para enfrentar la responsabilidad con el bebé que viene a sus vidas. Muy poca gente se da la oportunidad de aprender sobre la crianza de los hijos antes de que lleguen. Aún cuando no están preparados, tienen los nueve meses del embarazo para empezar a conocer acerca de la paternidad.

Nunca es tarde para comenzar a aprender los principios de Dios en la crianza de los hijos. Tus padres pueden ser divorciados, o que vengas de un hogar de madre o padre soltero, puede que te hayan criado tus abuelos, o tu hogar cuando crecías pudo haber sido disfuncional o hiriente. Quizá ahora seas el padre que no querías ser; justo igual que tus padres. No importa lo mala que haya sido tu niñez, o que tan malo seas como padre ahora, Dios puede cambiar ese legado que dejarás a tus hijos. Tus hijos pueden convertirse en adultos balanceados, sanos y piadosos.

> *No será por la fuerza ni por ningún poder, sino por mi Espíritu dice el Señor Todopoderoso.*
> *~ Zechariah 4:6*

Los padres son la fuente de vida y los proveedores del amor, crecimiento, alimentación, entrenamiento y educación para sus hijos. El criar no es una tarea fácil. Los hijos entran al mundo en un estado en blanco y están propensos al pecado. Es la responsabilidad de los padres darles a sus hijos las herramientas necesarias para funcionar bien en la vida y para tomar buenas decisiones que les ayudarán a madurar y ser productivos. Los padres necesitan ayuda, primero por medio del poder de Dios y de su espíritu y después con entrenamiento, educación y apoyo. El sistema escolar puede ayudar con la educación y el entrenamiento, y la iglesia puede ayudar con el aspecto espiritual, pero los padres deben también estar dispuestos a aprender y a crecer para poder cubrir las necesidades de sus hijos.

La responsabilidad de los padres

Los puntos de vista en cuanto a las responsabilidades de los padres y las metas de crianza pueden variar dependiendo de cómo fueron criados. Algunos padres viven día con día para sobrevivir y esperan el día en el cual los hijos son suficientemente grandes para irse de la casa y puedan tomar responsabilidad de sus propias vidas. Quizás no tengan metas y decidan simplemente ser amigos de sus hijos y llevársela bien. Otros detesten la niñez que tuvieron y quieren hacer todo lo posible para que la niñez de sus hijos sea diferente. Sus padres pudieron haber sido muy estrictos, y ahora tú recompensas eso siendo indulgente con tus propios hijos. Otros son tan estrictos y piensan que pueden asegurar que sus hijos no se vayan a extraviar del buen camino. Es importante que los padres encuentren un balance y críen a sus hijos de acuerdo a los principios bíblicos en vez de sus propias ideas sobre la crianza.

> ***...Porque busca descendencia dada por Dios.***
> ***~ Malaquías 2:15***

La Biblia dice que Dios une a un hombre y una mujer porque busca retoños piadosos. Estos son hijos que aman al Señor y desean servirle. Ellos vivirán de acuerdo al Espíritu en vez de la carne o el mundo. Criar hijos que sean adultos piadosos es más difícil de lo que parece y requiere mucho trabajo.

El Dr. Henry Cloud y el Dr. John Townsend dicen que un carácter maduro es la verdadera meta de la crianza.[1] Es la responsabilidad de los padres preparar a sus hijos para su futuro y de guiarlos en el desarrollo de los atributos necesarios para ayudarles a ser adultos responsables. Carácter en una persona significa que tiene cualidades morales, integridad y que toma responsabilidad por su vida. Puede ser definido como la suma de habilidades que una persona tiene para enfrentar la vida tal como lo diseñó Dios.[2] Los padres necesitan ayudar a sus hijos a convertirse en adultos sanos y funcionales.

Atributos del carácter

Investigaciones, estudios y la experiencia de la vida revelan tres características importantes para cultivar un carácter maduro en un niño.

- Amor a Dios
- Límites sanos
- Autodisciplina

Los padres deben infundir un amor por Dios en sus corazones por medio de palabras y ejemplos. No pueden obligar a sus hijos a amar a Dios, pero deben de guiar a sus hijos para que entiendan su amor y la necesidad que tienen de él. Los padres ayudan a los hijos a madurar, al punto en que ellos solos buscan a Dios y su guianza.

La relación de un hijo con Dios con el tiempo se convertirá personal, conforme los padres demuestren el amor de Dios y su confianza en él. Los hijos que desarrollan un camino firme con el Señor desarrollan también su propia conciencia, un sentido interno de lo bueno y lo malo que les ayudará a edificar el carácter en sus vidas.

Los límites sanos les dan la habilidad de tomar decisiones apropiadas en la vida, desarrollar relaciones sanas y tomar responsabilidad de sus acciones. Los hijos con límites sanos se enfrentan mejor a los problemas en sus vidas y toman decisiones que les ayudarán a evitar muchas pruebas y tribulaciones.

El desarrollar autodisciplina es importante, pero no siempre agradable, para los padres o para los hijos. No está en la naturaleza de un niño esperar en obtener lo que quieren y con frecuencia no comprenden porqué tienen que esperar la recompensa. La sociedad, y con frecuencia los padres, con sus ejemplos enseñan a sus hijos a conseguir la recompensa inmediatamente. Sin embargo, el Señor frecuentemente les pide a sus hijos que esperen. Los padres necesitan ayudar a sus hijos a perseverar y a trabajar hacia las metas en sus vidas. Una autodisciplina sana ayuda a los hijos a ser más competentes en habilidades que les ayudarán en su carrera, pero también les ayudan a cumplir con sus responsabilidades y a mantenerse en su camino con el Señor.

El cultivar estos atributos en los hijos edificará el carácter que ayudará a un adolescente a enfrentar un mundo hostil hacia todo lo que es bueno y correcto. Les ayudará a convertirse en la gente piadosa que Dios desea que sean. No les garantizará no caer en el pecado, ni tampoco el continuar en el camino con el Señor, pero ciertamente les ayudará.

Límites con los hijos

Los límites son extremadamente importantes en la vida de un hijo, para protegerlos del mal y para ayudarles a tomar buenas decisiones. Los hijos no nacen con la habilidad de establecer límites sanos. Aprenden de sus padres, conforme sus padres establecen límites para ellos, después ellos aprenden a establecer los propios. Esto comienza a una edad muy temprana cuando los hijos empiezan a aceptar un "no" cuando están en peligro o durante un comportamiento inapropiado. El desarrollar límites sanos requiere que los hijos sean respetados en los límites apropiados para su edad. El forzar a los hijos a demostrar afecto cuando no quieren viola sus límites y establece un potencial de abuso en algún momento dado en sus vidas.

Los padres deben modelar límites sanos en sus vidas para poder ayudar a sus hijos a desarrollarlos. El padre que no le puede decir "no" a su hijo, no le está haciendo ningún favor. Los hijos consentidos no aprenden límites fácilmente después en la vida. Los padres que establecen límites sanos ayudan a sus hijos a ser responsables y a tomar mejores decisiones conforme van creciendo. Aprenden a vivir con libertad y con responsabilidad en sus vidas.

Control de los padres

Los hijos nacen completamente dependiendo de los padres. Los padres proveen comida, amor, cuidado, seguridad y dirección, todo lo que un hijo necesita para la vida. También toman todas las decisiones por el hijo, cuándo se van a dormir, a despertar, cuándo pueden comer, qué o a quién van a ver. Esencialmente, al principio de la vida de un hijo, los padres controlan la vida de ellos completamente. Los padres vacían sus vidas en los primeros meses de la vida de su hijo, demostrando amor y ayudándoles a aprender sobre el mundo al cual acaban de entrar. Es una enorme responsabilidad el tener la vida de un ser humano dependiendo de ti, pero también puede ser un gozo maravilloso.

Los padres son mayordomos de los hijos que Dios les ha dado, por un cierto período de tiempo. Los hijos no pertenecen a los padres, le pertenecen a Dios. Pudo haber involucrado a los padres en la creación del hijo, pero la vida es un regalo de Dios. El Señor creó sus entrañas y lo formó en el vientre de su madre (Salmo 139:13). Los padres tienen la responsabilidad de cuidar a los hijos, prepararlos para la vida de acuerdo a los principios de Dios, enseñarles a vivir solos y ayudarlos a servir a su Creador.

Cediendo el control de los padres

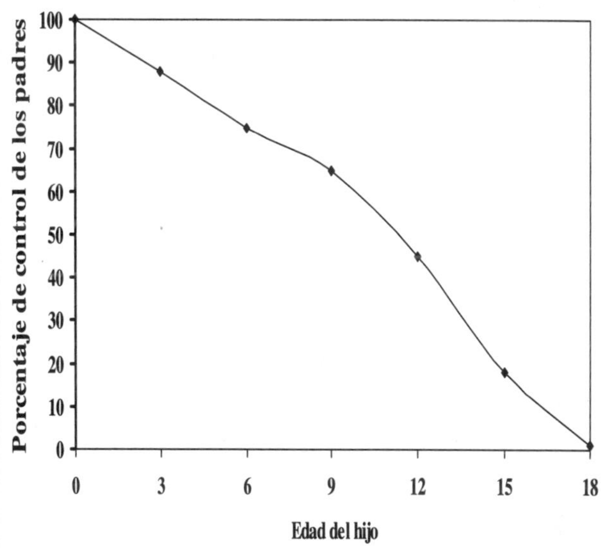

Los padres deben de ceder el control gradualmente en la vida de su hijo. Están complacidos cuando su hijo puede comer solo y puede ir al baño sin mamá o papá. Los padres también deben permitir que su hijo empiece a tomar sus propias decisiones y establezca sus propios límites. La gráfica arriba no es científica, pero es para darles un punto de conversación a los padres. Los padres gradualmente deben de dar el control y la responsabilidad a sus hijos, conforme crezcan y demuestren su responsabilidad. Diferentes hijos en la misma familia no recibirán la misma libertad a la misma edad. Todos son diferentes. El orden de nacimiento, personalidad y factores biológicos afectan cómo se ajustan a la responsabilidad.

Refugiar a los hijos de los problemas del mundo no los prepara para que finalmente vivan solos en éste. Renunciar al control de los hijos puede traer heridas físicas y emocionales. Necesitan tener libertad en fracasar, para que aprendan de sus errores y maduren. El ceder el control gradualmente ayuda a reducir las heridas mientras les permite a los hijos aprender.

Dios les da a sus hijos la libertad de tomar sus propias decisiones, y los padres gradualmente deben hacer lo mismo, conforme los hijos son capaces de tomar sus propias decisiones. Los hijos crecen y finalmente deben de asumir la suma responsabilidad de sus vidas. Ningún padre es perfecto, y todos los hijos sufrirán dolor cuando crezcan. Los padres deben usar cada oportunidad posible para ayudarles a aprender a tomar buenas decisiones en la vida.

Para conversar como pareja

1. ¿Cuál es tu meta principal en la crianza? ¿Por qué dices esto?

2. ¿Cuál es tu responsabilidad como padre?

3. ¿Cómo puedes cultivar los tres atributos de carácter en la vida de tus hijos?

4. ¿Por qué son importantes los límites en la vida de tu hijo?

5. ¿Qué piensas sobre el control de los padres? ¿Cómo sabes cuándo debes darle a tu hijo más control?

El ser padres

Estudio 38

Guiando a tus hijos

Instruye al niño en el camino correcto, y aun en su vejez no lo abandonará. ~ Proverbios 22:6

Se requiere de dos

El criar requiere a ambos, esposo y esposa, trabajando juntos. Muchos hombres creen que su trabajo es solo de proveer económicamente para sus familias y dejan la crianza a la esposa. El esposo pasa poco o a veces nada de tiempo con los hijos, trabajando muchas horas y afirmando que lo hace para su familia. Las responsabilidades del esposo hacia la familia, de acuerdo a la Biblia, son suplir las necesidades físicas, emocionales y espirituales, pero él no las puede proveer si no está presente en sus vidas. Las responsabilidades de la esposa de acuerdo a la Biblia son de ayudar a su esposo, de amar y alimentar a su familia. Ellas tampoco lo pueden lograr cuando no están presentes. Muchas mujeres lo quieren todo una carrera, la maternidad y mejorar su persona. Han caído en el sueño de la sociedad de un mundo perfecto y de dejar a los hijos para que alguien más los críe. El guiar a los hijos a un carácter maduro requiere la activa participación de ambos padres.

Hoy en día, muchos hijos no tienen un contacto cercano con sus padres de manera diaria. ¿Será por eso que muchos van en busca de drogas, alcohol, sexo y de pandillas para sentirse realizados? Es suficientemente grave cuando el padre no está disponible y ahora en el nombre de la igualdad, los hijos no tienen a ninguno de los dos. El criar es una responsabilidad muy grande; es más de lo que una sola persona puede manejar. Es difícil que un hijo logre madurar su carácter sin la participación de ambos padres. Ambos padres deben trabajar juntos como equipo para proporcionar un ambiente sano y balanceado, lo cual es requerido para que los hijos lleguen a ser los retoños piadosos que Dios desea.

Dios usa las diferencias de la pareja para proporcionar el balance necesario para criar a los hijos a la manera de Dios. Los hijos obtienen la ventaja de una disciplina sana y balanceada, amor, alimentación, entrenamiento y educación en sus vidas por medio de las diferencias de los padres. Es muy difícil que solamente un padre proporcione el balance necesario. Las estadísticas revelan que en un 80% de los embarazos fuera del matrimonio, el padre está ausente ya sea emocional o físicamente en la vida de la joven.[1] La gente se sorprende de que la homosexualidad está aumentando y por qué los hombres no son los esposos piadosos que deben ser, sin embargo generaciones de hombres se han criado sin la participación de un modelo de hombre en sus vidas. Es difícil que una mujer enseñe a su hijo a ser hombre y el personal de cuidado infantil no proporcionan el mismo cuidado y la misma influencia positiva que los padres.

Es asombroso como los niños pequeños pueden enseñar a los padres que todavía les falta mucho por aprender.

Reconociendo el verdadero potencial de un hijo

Ningún padre quiere pensar que su hijo es malvado, pero a causa del pecado de Adán, todos los hijos tienen potencial de cometer cualquier tipo de pecado. No tienen un potencial innato para ser piadosos y justos. Los humanos no nacen neutrales; nacen pecadores. Los hijos no se hacen malvados por algo que los padres hicieron; el pecado de los hijos se manifiesta por lo que los padres no hacen. A los hijos no se les debe enseñar a ser egoístas y egocéntricos; es algo natural para ellos. Es responsabilidad de los padres el guiar a sus hijos hacia Dios y a la justicia que solo viene de conocer a Jesucristo.

> ***Así está escrito: "No hay un solo justo, ni siquiera uno; no hay nadie que entienda, nadie que busque a Dios."***
> ***~ Romanos 3:10-11***

Armados con el conocimiento de que cada hijo tiene el potencial de ser un asesino terrible, los padres deben empezar a trabajar en moldear a su hijo en una persona que exitosamente se convierta en una parte productiva de la sociedad y, más importante, en alguien que sirva a Dios. Los hijos son ingenuos e inexpertos, pero tienen los genes de sus padres y una inclinación hacia el pecado.

Muchas familias aparentemente normales y aun hasta familias de pastores producen hijos que aparentan no tener moral y demuestran un mal comportamiento. La tolerancia y la pasividad suelen definir el método de la sociedad para criar hijos hoy en día. Los padres (papá y mamá) frecuentemente están ausentes del círculo de influencia moral de sus hijos, o simplemente no corrigen el mal comportamiento de éstos. La disciplina es vista como castigo en vez de una oportunidad de enseñaza para sus hijos. Los padres no deben darles la espalda y permitirles que determinen su propia dirección en el mundo de hoy. Deben de participar en la vida de sus hijos, y esto requiere de tiempo.

El aislar a los hijos del mundo no los mantendrá alejados del pecado. La disciplina estricta y el control total sobre cada aspecto de sus vidas no asegura mantenerlos en el camino correcto. El renunciar al control sobre los hijos cuando maduran no quiere decir que los padres no se pueden involucrar en sus vidas. Los padres deben de estar involucrados en sus vidas aun cuando ellos lleguen a la adolescencia y estén listos para aventurarse en el mundo por sí mismos. El saber qué está pasando en la vida de sus hijos y el usar cada oportunidad para enseñarles no significa controlarlos. El propósito de que los padres se involucren es de dejar un legado para sus hijos. Los padres no deben de transigir o comprometer lo que permiten en su hogar y deben de mantenerse firmes en las verdades de la Biblia. Deben de amar, guiar y dirigir consistentemete a sus hijos de acuerdo a los principios de Dios.

Cualquiera que hayan sido los problemas que los padres tuvieron criando a sus hijos, nunca es tarde para empezar a corregirlos. Los padres deben pintar su raya y decir desde este día en adelante, "Yo y mi casa serviremos al Señor." Los hijos más grandes quizás rechazen este nuevo compromiso, pero conforme los padres empiecen a demostrar el amor de Dios y sus vidas cambiadas, con el poder de la oración, sus hijos notarán el cambio y se acercarán a Cristo.

La verdad sobre la disciplina

La disciplina no es un tema muy popular en la sociedad de hoy. La gente suele rechazar la disciplina basándose solamente en las cosas extremas que han visto o escuchado. Sin embargo, la disciplina es exaltada a través de la Biblia y el dominio propio es considerado como un fruto del espíritu (vea Gálatas 5:22-23). La disciplina es la clave para preparar a sus hijos para la edad adulta y ayudarles a desarrollar el carácter. Ayudar a los hijos a desarrollar autodisciplina es una de las responsabilidades principales de los padres. Los hijos por sí solos no aprenderán autodisciplina.

> ***Corrige a tu hijo mientras aún hay esperanza; no te hagas cómplice de su muerte.***
> ***~ Proverbios 19:18***

La disciplina es definida como, "entrenamiento por medio de instrucción y control. El concepto bíblico de la disciplina tiene un lado positivo (instrucción, conocimiento y entrenamiento) y un aspecto negativo (corrección, castigo y reprensión)".[2] No es el ser duros y rígidos, es el ser consistente, amoroso, y firme. El Señor advierte a los padres para que no se exasperen y amarguen a sus hijos (Efesios 6:4 y Colosenses 3:21). La disciplina con ira lastima y desanima a los hijos. Cuando se disciplina con amor, los hijos son edificados y animados aun cundo traten con comportamiento inapropiado o inaceptable.

Antes de disciplinar se deben establecer límites y expectativas razonables. Es imposible definir cada situación que surge, pero es posible establecer las normas que los padres esperan de cada hijo de acuerdo a su edad. Escribir las normas puede ser apropiado para los hijos más grandes. Esto previene los malos entendidos y malas interpretaciones. Paciencia y trabajar con los hijos más chicos les ayudará a aprender lo que se espera de ellos.

La disciplina debe ser justa, con amor y consistente. Los hijos deben ser responsables de cumplir las normas que se les han dado. Permitir infracciones repetidamente porque no quieres tomar el tiempo para disciplinarlos no les ayuda. Con frecuencia, los padres permiten que los hijos insistan e insistan hasta que reaccionan con impaciencia o enojo y no ocurre una disciplina efectiva. Consecuencias apropiadas deben ser establecidas y ejecutadas cuando los hijos se comportan mal. Los hijos deben saber que ciertos comportamientos siempre traerán consecuencias. Los padres no pueden evadir esta responsabilidad porque están muy ocupados o porque ocurre en un momento inapropiado. La seguridad que se adquiere al conocer los límites en el hogar le ayudará al hijo a saber que es amado y protegido.

Recuerde que los niños son niños. Los hijos no son por naturaleza responsables y disciplinados. A ellos se les olvida hacer los quehaceres e inconscientemente hacen cosas tontas. Es importante diferenciar entre la irresponsabilidad inocente y el desafío intencional. El desafío debe ser confrontado, de nuevo, no con enojo, sino con amor y firmeza. Los hijos deben saber que son amados y aceptados sin importar la situación. Los padres deben de hablar de su comportamiento y abstenerse de derrumbar el carácter de sus hijos o de usar declaraciones como "tú siempre" o "tú nunca."

> ***A los jóvenes, exhórtalos a ser sensatos. Con tus buenas obras, dales tú mismo el ejemplo en todo. Cuando enseñes, hazlo con integridad y seriedad, y con un mensaje sano e intachable. Así se avergonzará cualquiera que se oponga, pues no podrá decir nada malo de nosotros. ~ Tito 2:6-8***

Entrenando a los hijos

No existe una fórmula para desarrollar un carácter maduro en los hijos. Requiere de mucho trabajo y creatividad. Cada hijo es diferente; aprenden y reaccionan de diferente manera a la disciplina. El entrenar a los hijos para la vida en este mundo incluye muchos factores. Pablo le dice a Tito que anime a los jóvenes a tener dominio propio. Los límites sanos y la autodisciplina son dos aspectos en la madurez del carácter. Empieza con el buen ejemplo de los padres. La vida de los padres es el maestro más importante para sus hijos. Los hijos se convierten en lo que tú eres más que en lo que les enseñas.

El entrenar a los hijos involucra más que ser un buen ejemplo. Los padres deben proponerse a enseñar a sus hijos. Puede haber ocasiones de enseñanza formal, pero con frecuencia, los padres aprovecharán ciertos momentos indicados para enseñar a sus hijos. Las situaciones de la vida frecuentemente proporcionan oportunidades para que los padres aclaren o expliquen algunos principios bíblicos a sus hijos. Impartir sabiduría y conocimiento a sus hijos no sucede en una sola sesión, requiere tiempo y es importante que los padres usen los dieciocho años que tienen con sus hijos para edificar un fundamento que les ayudará a entrar a la adultez con herramientas y recursos necesarios para ayudarles en su camino con Dios y a enfrentar los retos de la vida.

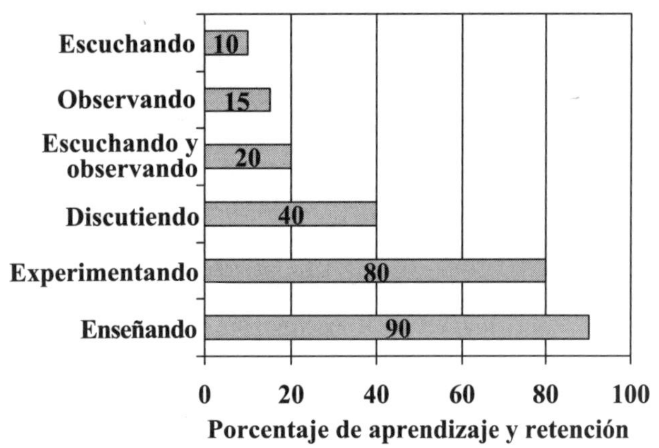

Cómo aprende la gente

El aprender requiere de mucho más que un sermón sobre la importancia de los principios de la vida. Las personas aprenden más cuando se involucran en el proceso. Los hijos podrán entender los principios de la vida cuando los experimenten. Es un proceso que empieza poco después del nacimiento y las oportunidades continúan conforme los padres tienen y comparten información con ellos a lo largo de sus vidas. Idealmente, los hijos empiezan a aprender sobre los diferentes aspectos de la vida a una temprana edad. Los hijos se involucran más cuando van creciendo y además en algún punto empiezan a enseñar algunos de estos principios a los niños más pequeños.

Enseñar a los hijos respecto a relacionarse con otras personas es un aspecto importante de la crianza. Los padres enseñan a sus hijos cómo convivir y jugar con otros niños, pero ¿les enseñan sobre como desarrollar amistades y sobre las herramientas de comunicación necesarias para resolver conflictos? Los hijos deben de aprender como manejar sus emociones efectivamente y con el tiempo, deben aprender sobre relaciones con el sexo opuesto. También deben de comprender los aspectos físicos relacionados con el sexo, para cuando llegan a la adolescencia y empiezan a pensar en el sexo opuesto. Hay material excelente y apropiado disponible para cada edad para ayudarles a los padres en esta área; vea las notas al final del estudio.

Es importante que los hijos aprendan principios bíblicos sobre las finanzas a una temprana edad. Desafortunadamente, muchos padres no enseñan a sus hijos sobre los aspectos financieros de la vida. Los hijos entran a ser adultos pensando que las tarjetas de crédito les dan fondos extras o que acarrear deuda es aceptable en la vida. Necesitan aprender sobre todos los aspectos financieros: ingresos, presupuestos, ahorros, deuda y donaciones. Los padres deben de modelar la cuestión financiera de acuerdo a la Biblia y ayudar a sus hijos a experimentar los diferentes aspectos de las finanzas.

El ganar un salario pequeño o recibir dinero periódicamente de los padres, le ayudará a su hijo a aprender cómo manejar sus finanzas de acuerdo a los principios de Dios. Los padres pueden guiar a sus hijos en hacer un presupuesto de sus ingresos a fin de lograr las cosas que quieren hacer o ahorrar para las cosas que quieren comprar. Los hijos deben aprender que existe un costo al pedir dinero prestado y que es difícil salir de deudas. También necesitan aprender los principios de dar para la obra de Dios y a ayudar a otros. La responsabilidad con el dinero puede incrementarse conforme van creciendo y los padres pueden darles a los hijos la oportunidad de cuidar las finanzas de la casa (¡con mucha supervisión claro!) por un período de tiempo para que vean lo que cuesta vivir en el mundo real.

¡Los hijos son la única cosa que te puedes llevar al cielo! La fe y confianza en Cristo Jesús es lo más importante que los padres pueden enseñar a los hijos. No una fe superficial y religiosa, sino una relación personal con el Dios viviente. Los hijos necesitan a Jesucristo en sus vidas y necesitan ver su amor por medio de los padres.

Los padres deben de ser decididos al transmitir su fe a sus hijos. Leerles historias de la Biblia a sus hijos les ayuda a aprender de Dios. Compartir lo que Dios está haciendo en tu vida y demostrar tu cercanía con Cristo convertirá el Dios de las historias en un Dios real. Orar por y con sus hijos y el alabar a Dios juntos les ayudará a entender lo que significa ser cristiano. Una de las bendiciones más significativas es de guiar a sus hijos en oración para aceptar a Jesús en su vida y así empezar una larga relación con Él.

Cuando se dejan por sí solos a los hijos, no se irán por la dirección correcta. Los padres de hoy no están desamparados en el esfuerzo de criar a sus hijos. El ritmo rápido de la vida y la tecnología que siempre cambia están aquí para quedarse, pero esto no significa que los padres no tienen algo que ofrecerles a los hijos. Los hijos necesitan el amor de los padres, guianza y dirección para enfrentar los retos del mundo de hoy. Sé un padre que se involucra y ayúdales a tus hijos a prepararse para la vida que Dios tiene para ellos.

> ***Grábate en el corazón estas palabras que hoy te mando. Incúlcaselas continuamente a tus hijos. Háblales de ellas cuando estés en tu casa y cuando vayas por el camino, cuando te acuestes y cuando te levantes. Átalas a tus manos como un signo; llévalas en tu frente como una marca; escríbelas en los postes de tu casa y en los portones de tus ciudades.***
> ***~ Deuteronomio 6:6-9***

Para conversar como pareja

1. ¿Por qué se requieren dos padres para criar efectiva mente a los hijos? ¿Cómo están tú y tu cónyuge trabajando juntos para guiar a sus hijos?

2. ¿Cómo el saber que todos los niños tienen una naturaleza pecaminosa te da propósito y dirección al criarlos?

3. ¿Qué conceptos equivocados tienes acerca de la disciplina? ¿Cómo puedes usar la disciplina para guiar a tus hijos?

4. ¿Cuál es la importancia de la disciplina en la vida de tus hijos? ¿Cómo administrarías la disciplina (lo harías)?

5. ¿Cómo entrenarías a tus hijos para que desarrollen su carácter y confianza en Dios?

Inventario de aceptación

Encierra con un círculo el número que mejor describa tu interacción con tu hijo en cada área mencionada.

	Casi nunca	Raramente	A menudo	Casi Siempre
1. Les digo a mis hijos que estoy orgulloso de ellos.	1	2	3	4
2. Abrazo a mis hijos.	1	2	3	4
3. Les digo a mis hijos que los amo.	1	2	3	4
4. Presto interés en lo que hacen mis hijos.	1	2	3	4
5. Hablo con cada hijo individualmente.	1	2	3	4
6. Trato de animar a mis hijos.	1	2	3	4
7. Animo a mis hijos a expresar su punto de vista.	1	2	3	4
8. Les doy a mis hijos mi atención completa cuando hablan.	1	2	3	4
9. Juego con mis hijos.	1	2	3	4
10. Les muestro afecto a mis hijos.	1	2	3	4
11. Disciplino a mis hijos cuando estoy enojado.	4	3	2	1
12. Les digo a mis hijos que se comporten al nivel de su edad.	4	3	2	1
13. Demuestro impaciencia con mis hijos.	4	3	2	1
14. Fastidio a mis hijos para que hagan su trabajo.	4	3	2	1
15. Les grito a mis hijos.	4	3	2	1
16. Castigo a mis hijos sin darles explicación.	4	3	2	1
17. Amenazo a mis hijos.	4	3	2	1
18. Me pongo emocional para convencerlos de hacer lo que quiero.	4	3	2	1
19. Demuestro mi desilusión a mis hijos.	4	3	2	1
20. No permito que mis hijos hablen cuando los estoy disciplinando.	4	3	2	1

Puntuación total: _______

Una puntuación de 65-80 indica que aceptas muy bien a tus hijos; continúa el trabajo en involucrarte con tus hijos. Si tu puntuación es de 50-64, tú los estás aceptando, pero puedes usar este inventario para incrementar tu nivel de aceptación. Menos de 50: por favor evalúa como estás tratando a tus hijos. Es muy posible que seas muy duro y no demuestras aceptación a tus hijos. La aceptación de los padres es muy importante para el desarrollo sano de los hijos. Si ellos no tienen tu aceptación, buscarán la aceptación en otra parte.

El ser padres

Estudio 39

Amando a tus hijos tal y como son

El amor es paciente, es bondadoso. El amor no es envidioso ni jactancioso ni orgulloso. No se comporta con rudeza, no es egoísta, no se enoja fácilmente, no guarda rencor. El amor no se deleita en la maldad sino que se regocija con la verdad. Todo lo disculpa, todo lo cree, todo lo espera, todo lo soporta.
~ 1 Corintios 13:4-7

La importancia del amor

El desarrollo del carácter, disciplina, entrenamiento y guianza son aspectos muy importantes en la crianza. Pero si tus hijos no saben que son amados, el trabajo de criar no tiene sentido. El criar a los hijos en un hogar cristiano no garantiza retoños piadosos. Existen hijos que rechazan la fe de sus padres y viven vidas destructivas que rompen el corazón de cualquiera. Estos hijos no se desviaron por falta de posesiones materiales o disciplina, sino porque no sabían que eran amados.

¿Qué tan importante es el amor? Los cristianos sirven a un Dios de amor; Él amó de tal manera al mundo que mandó a su único Hijo a morir en la cruz para que la gente pudiera ser reconciliada con Él. La Biblia constantemente habla de amar a Dios y amar a otros, y pone a los hijos en una posición primordial. Es necesario que los padres constantemente demuestren amor incondicional a sus hijos. ¿Significa que los padres no disciplinen a sus hijos? ¡Claro que no! Dios disciplina a los que ama (Hebreos 12:6) y los padres deben disciplinar a los hijos en amor. Amor incondicional y aceptación son muy importantes para criar hijos sanos. Los padres deben separar el concepto de quiénes son los hijos del mal comportamiento. Corrige el mal comportamiento, pero hazlo de tal manera que tu hijo esté absolutamente seguro de tu amor por él.

Un hijo necesita amor cuando menos lo merece. ~ Anónimo

Los padres con frecuencia exasperan o amargan a sus hijos a través de sus expectativas y exigiendo demasiado de ellos. Los hijos usualmente son muy diferentes a los padres. Aun cuando tienen los mismos rasgos de personalidad, tienen las diferencias biológicas que recibieron del otro padre y son una generación nueva y diferente. El no comprender que sus hijos son creados diferentes y quiénes son como persona puede causar que ambos padres e hijos se frustren. Entender la personalidad de sus hijos y sus necesidades es una parte muy importante del proceso de la crianza. Puedes amarlos mejor cuando los aceptas por quienes son, no por quien crees que deben ser.

Padres, no exasperen a sus hijos, no sea que se desanimen.
~ Colosenses 3:21

Los padres deben guiar a sus hijos a un carácter maduro. Esta guianza debe ser dentro del marco de quienes son como persona. Es importante que los padres ayuden a sus hijos a entender sus fuerzas y debilidades dependiendo del tipo de personalidad que tengan. Los hijos deben de descubrir el plan único que Dios tiene para ellos y si los padres los guían efectivamente, tiene que ser de acuerdo a la personalidad única de cada hijo.

Usa la gráfica para que te ayude a determinar la personalidad de cada uno de tus hijos.[1]

Labrador o bebé pacífico	*Castor o bebé perfecto*	*Nutria o bebé popular*	*León o bebé poderoso*
Tranquilo	Serio	Alegre y alerta	Aventurero
Comprensivo	Callado	Curioso	Energético
Contento	Le gusta un horario	Hace sonidos infantiles	Nació líder
Acoplable	Se ve triste	Quiere compañía	Voluntad firme
Relajado	Llora fácilmente	Presumido	Demandante
Tímido	Aferrado	Responde	Gritón
Indiferente		Grita para obtener atención	Avienta las cosas
		Saben que son bonitos	No duerme

Labrador o un niño pacífico	*Castor o niño perfecto*	*Nutria o niño popular*	*León o niño poderoso*
Observa a otros	Piensa profundamente	Atrevido y ansioso	Atrevido y ansioso
Se entretiene fácilmente	Talentoso	Inocente	Trabajador productivo
Da muy poco problema	Musical	Inventa	Enfocado en las metas
Es de confianza	Amigo verdadero	Imaginativo	Se mueve rápidamente
Adorable	Perfeccionista	Alegre	Auto-sufficiente
Agradable	Intenso	Entusiasta	Competitivo
Egoísta	Trabajador	Platica constantemente	Asertivo
Evita trabajar	Responsable	Se activa con la gente	Confiable
Temeroso	Malhumorado	No termina las cosas	Manipulador
Testarudo silenciosamente	Quejumbroso	Desorganizado	Rabietas de coraje
Flojo	Consciente	Distraído fácilmente	Constantemente moviéndose
Se retira al televisor	Extra sensible	Interés de poca duración	Le gustan las pruebas
	Escucha lo negativo	Emocionalmente sube y baja	Testarudo

Labrador o adolescente pacifico	*Castor o adolescente perfecto*	*Nutria o adolescente popular*	*León o adolescente poderoso*
Personalidad complaciente	Buen estudiante	Porrista	Agresivo
Ingenioso	Creativo-Le gusta investigar	Encanta a otros	Competente
Bueno para escuchar	Organizado	Atrevido	Buen organizador
Es mediador en problemas	Decidido	Se une a organizaciones	Asume liderazgo
Esconde emociones	Alto criterio	La vida de la fiesta	Resuelve problemas
Dirige cuando es presionado	Conscienzudo	Creativo	Seguro de sí mismo
Actúa casual	Puntual	Quiere complacer	Estimula a otros
Testarudo silenciosamente	Limpio y ordenado	Constantemente se disculpa	Supera las emergencias
Indeciso	Sensible a otros	Engañoso	Gran potencial
No es entusiasta	Ahorrativo	Excusas creativas	Muy mandón
Se compromete mucho	Deprimido	Fácilmente se descarría	Controla a los padres
No es motivado	Tímido	Ansía atención	Ve a otros inferiormente
Sarcástico	Complejo de ser inferior	Necesita aprobación	No es popular
No se involucra	Inflexible	Engañador	Puede convertirse en solitario
Aplaza decisiones	Crítico	No estudia	Enjuiciador
	Actitud negativa	Inmaduro	No se arrepiente

Qué necesita un niño labrador/un niño pacífico

Un niño labrador parece tener muy pocas necesidades o quizás ninguna. Sin embargo, ellos tienen necesidad de paz y calma, no reaccionan bien cuando son presionados. Un hijo Labrador busca evitar conflicto y puede que tome decisiones equivocadas (como mentir) en vez de enfrentar el problema. A ellos no se les puede motivar usando la confrontación y los padres deben de disciplinar a este hijo con un cuidado especial, con calma y razonamiento.

Los hijos labradores tienen una necesidad muy grande de ser importantes y de encontrar valor en sí mismos. Ellos necesitan sentir que son importantes y de saber que tienen un lugar en este mundo. Aparentan ser flojos y sin motivación a causa de su estilo tan calmado y por su ritmo tan despacio. Los padres deben de dar instrucciones específicas en cuanto a sus responsabilidades y al mismo tiempo, no deben de presionarlos mucho.

Qué necesita un castor/un niño perfecto

Los niños castor necesitan estabilidad y orden en sus vidas. Se les dificulta sobrellevar tiempos de caos y de actividad constante. Las rutinas y los horarios funcionan bien para los hijos castor. No les gustan las fiestas ruidosas y la casa llena de gente. El tiempo en silencio es muy importante y cuando sea posible los padres deben de apartar tiempo de las ocupaciones del día para dedicárselos.

El apoyo de los padres es muy importante para el castor, y necesitan sentir que éstos están de su lado. El lograr la excelencia edifica el autoestima en el hijo castor, especialmente cuando ellos saben que sus padres están orgullosos de ellos. A estos hijos les gustan las instrucciones específicas y con muchos detalles. Demuéstrales que son importantes pero no los empalagues.

Qué necesita una nutria/un niño popular

Un niño nutria necesita mucha actividad. Necesitan mantenerse ocupados o si no, se distraerán y se pueden descarriar. Ellos no son muy buenos con tanto detalle y no les gusta la rutina. Los hijos nutrias cumplirán con sus quehaceres y sus responsabilidades mejor cuando ellos pueden ser creativos y pueden divertirse cuando están trabajando. Cambiarle sus responsabilidades con frecuencia les ayuda a no aburrirse.

Los hijos nutrias florecen con atención. Ellos presentarán un espectaculo para todo el que esté dispuesto a observar. Necesitan la aprobación y el afecto de sus padres, y si no lo obtienen, lo buscarán en otra parte. Si constantemente son criticados y descubren que no pueden agradar a sus padres, ellos se darán por vencidos y dejarán de luchar. La estructura suele reprimir la creatividad de un niño nutria, ellos necesitan disciplina y de una guía con un toque suave. Cuando sea posible, hagan actividades divertidas y de aventura para estos niños.

Qué necesita un león/un niño poderoso

Los hijos con una voluntad firme con frecuencia tienen personalidad de león, y ciertamente mantienen a sus padres ocupados. Todos lo hijos probarán a sus padres, pero el término "terribles dos" probablemente fue hecho para un hijo león. Muchos padres serán tentados a darles por su lado. Cada aspecto de la vida parece ser una batalla con este tipo de hijo, pero el padre que pueda dirigir la energía de su hijo y pueda mantenerlo desafiado mantendrá el control.

Los hijos león necesitan ser apreciados, estar activos y tener algo que puedan controlar. Los padres deben mantenerlos ocupados y guiados. Permítales la oportunidad de ejercer liderazgo y control en alguna área de sus vidas. Sus propias mascotas pueden ser una buena oportunidad para que ellos ejerzan control mientras aprenden responsabilidad. Demuéstrenles apreciación genuina por sus logros y manténganlos involucrados y activos.

Cada hijo es un individuo único

No existen dos hijos igual y la crianza se debe de adaptar a cada hijo dependiendo de su tipo de personalidad específica, de sus fortalezas y sus debilidades. Los hijos no entran en una personalidad específica y los padres deben de aprender de cada hijo. Cada hijo aprenderá a interactuar con la gente y a responder a la disciplina de una manera distinta. Es importante guiarlos por el camino que deben de ir, no tratar de ajustarlos al camino que los padres piensan es para ellos.

Los hijos son motivados de distintas maneras. Lo que le funciona a un hijo puede que no motive a otro. Disciplinar un hijo nutria haciéndolo sentarse solo en silencio en su recámara realmente captará su atención. Sin embargo, un castor o un labrador disfrutarán el estar en su recámara solos; esto ayudará muy poco para que el niño sé de cuenta de que su mal comportamiento no es aceptable. Los padres deben encontrar qué es lo que motiva a cada hijo para poder lograr su gran potencial, y qué es lo que anima a cada hijo a no portarse mal.

El comparar a los hijos no logrará nada bueno. Cada hijo es único y diferente. El decir, "¿por qué no puedes ser como tu hermano?" no motiva a tu hijo a comportarse mejor, esto les demuestra que ellos no son aceptados tal y como son. Los padres deben tratar con cada hijo individualmente, sin compararlos.

Debe haber ciertas normas en el hogar para todos los hijos, pero habrá ocasiones cuando cada hijo tendrá normas específicas. Requerirá de menos esfuerzo que un hijo castor tenga su recámara limpia, que un hijo nutria. Al mismo tiempo, será menos probable que un hijo labrador se porte mal en un restaurante que un hijo león. Los padres deben desarrollar un sistema de recompensa y de castigo que reconozca las diferencias en cada hijo. Cuando los padres guían a sus hijos en la dirección que deben de acuerdo a su personalidad, los hijos se sentirán más amados y más cuidados por los padres.

"Vaya, Rubén, me da mucho gusto que tú seas el que es motivado por el dinero. Papá va a estar muy enojado y necesito mi dinero de la semana para comprar esa bicicleta que quiero."

Lenguaje de amor de los niños

El amor es el fundamento para un hijo seguro que se convertirá en un adulto responsable. Las personalidades diferentes de cada hijo afectan cómo los padres interactúan con ellos, y también ellos tienen distintos lenguajes de amor. Ellos reciben el amor diferente que sus hermanos y hermanas y posiblemente que sus padres. Cuando un hijo se siente amado, es más fácil disciplinarlo y entrenarlo que cuando no se siente amado.

El amor incondicional que los padres les dan a sus hijos les ayuda a sentir la seguridad y la protección que ellos necesitan. Palabras y acciones son dos requisitos para demostrar el amor a los hijos. Los hijos necesitan que les hablen con amor por medio de todos los lenguajes del amor, pero como los adultos, tendrán un lenguaje de amor principal, uno que demuestre amor más fuerte que otros. Es importante descubrir el lenguaje de amor principal de sus hijos para que sus necesidades de amor sean cumplidas efectivamente.

Hablar el lenguaje de amor de cada hijo no garantiza que se comporten y que sean los hijos perfectos. Los problemas van a surgir a través de su adolescencia, pero el hijo que no duda del amor de sus padres podrá navegar a través de los problemas de la vida mejor que un hijo que no tiene esa seguridad.

Descubriendo el lenguaje de amor principal de tu hijo

Requiere de tiempo y algo de trabajo para determinar el lenguaje de amor principal de tus hijos. Ellos pueden darte pistas o quizás no; si no, sigue buscando hasta que su lenguaje de amor sea más claro. De acuerdo al Dr. Gary Chapman, los lenguajes de amor son:[2]

- Toque
- Palabras de afirmación
- Tiempo de calidad
- Regalos
- Hechos de servicio

Empieza por observar a tu hijo y cómo él te expresa su amor. ¿Es susceptible o recibe gozo en hacer casas para ti? ¿Te dice, "te amo" mucho o le gusta pasar tiempo contigo? ¿Le gusta darte regalitos? Puedes darte cuenta observando a tus hijos cuando interactúan contigo, con tu cónyuge y con otros. Obsérvalo a distancia cuando juega con sus amiguitos y nota cómo se expresa con ellos. ¿Qué requiere de ti tu hijo? ¿Tu tiempo, atención, o cosas? Observa cómo reacciona con regalos, las cosas que haces para él, el tiempo que pasas con él, cuando lo tocas, o con palabras de afirmación.

También le puedes dar a tu hijo dos opciones. Las opciones dependerán de la edad y el interés de tu hijo. Las opciones deben de compararse con dos de los lenguajes de amor por ejemplo, "¿Te gustaría que armemos un rompecabezas?" (tiempo de calidad) o, "¿Te gustaría que te arregle tu bicicleta?" (hechos de servicio). Existen muchas maneras para poner a prueba la recepción de amor de tu hijo. Una vez que determines el lenguaje de amor de éste y empiezas a expresarlo diariamente, él se sentirá amado.

¡Los adolescentes también necesitan amor!

Nunca es demasiado tarde para empezar a demostrar amor a tus hijos. Ellos responderán, aunque requiere de tiempo, especialmente si han sentido negativismo, falta de amor o amor inapropiado. Podría requerir pedir perdón, lo cual demuestra humildad y una buena disposición de admitir nuestros errores. La relación de padre e hijo puede cambiar drásticamente cuando el padre reconoce que estaba equivocado y que actuó mal. Esto es una señal de fortaleza y humildad en vez de ser una debilidad.

Los años de adolescencia son frecuentemente los más difíciles para los padres y los hijos. Existe un cierto estrés entre los padres e hijos cuando éstos intentan liberarse para independizarse. Los cambios rápidos en la cultura de hoy en día se enfocan en el sexo, violencia, drogas y alcohol, y presentan un reto difícil para muchos adolescentes y padres. La confusión, la tolerancia y ausencia absoluta de moral en la sociedad de hoy, crean un ambiente externo que desgarra la tela moral del cristianismo. Guiar a los hijos hacia la adultez es una tarea muy difícil para los padres de hoy.

Los adolescentes necesitan el amor y la guianza que solo los padres pueden dar. Necesitan que los padres estén involucrados en sus vidas para establecer límites, para cuidarlos y amarlos. El amor es el fundamento de la relación del padre e hijo. Los padres que han cuidado y ayudado a sus hijos a caminar en la dirección correcta con frecuencia se convierten en enemigos peleando en cada aspecto de la vida durante los años de adolescencia.

Las probabilidades que existen son que si las necesidades emocionales de un adolescente son cumplidas, él saldrá bien en los tiempos difíciles, y se convertirá en un joven saludable. Los adolescentes buscan independencia e identidad. Los padres necesitan balance entre el permitir la independencia y el permanecer involucrados en las vidas de sus adolescentes. El demostrar amor conociendo la personalidad de tus hijos, y el hablar su lenguaje de amor será muy importante para que él se sienta aceptado, amado y valorizado.

> ***Recuerde, un hijo abandonado se irá al camino equivocado.***

Es primordial que los padres conozcan a sus hijos y que los amen tal y como son, no como deberían o podrían ser. Tú puedes tener una relación de padre-adolescente positiva. Cuando los adolescentes están seguros del amor de sus padres, ellos tendrán la seguridad que necesitan para enfrentar las influencias negativas en la cultura que los detendrá de ser adultos productivos y maduros. Es más probable que los adolescentes sucumban a la influencia maligna de las drogas, sexo pervertido y violencia si no tienen el amor piadoso de los padres. Ellos se sentirán amados cuando estén conectados, aceptados y cuidados por sus padres. Los padres gradualmente deben de darles libertad a sus hijos para que aprendan por sí solos, aún cuando atraviesen por dolor. El amor y la aceptación de los padres les dan a los hijos un lugar suave donde pueden caer cuando toman una decisión equivocada o cuando son lastimados.

La personalidad de los hijos y cómo reciben amor profundamente afecta sus vidas. La manera como aprenden y cómo los padres los disciplinan y motivan es determinada, en parte, por su personalidad y por su lenguaje de amor principal. Prometerle un regalo a un hijo para motivarlo a sacar buenas calificaciones, cuando a ese hijo los regalos le hablan de amor, es más eficaz que prometérselo a un hijo que su lenguaje de amor son palabras de afirmación. Es importante entender a cada uno de tus hijos, de conocerlos y amarlos tal como son.

¿Oras por tus hijos diariamente?

¿Oras sobre ellos regularmente?

Para conversar como pareja

1. ¿Estás decidido a enseñarles amor a tus hijos? ¿Cómo les demuestras amor? ¿Qué puedes hacer para que tus hijos sientan más amor?

2. ¿Por qué es importante entender las personalidades de tus hijos? ¿Cómo puedes saber cuál es su personalidad?

3. ¿Cómo afecta a la crianza de tus hijos tu tipo de personalidad? ¿Tu tipo de personalidad crea conflicto con la de tus hijos?

4. ¿Estás de acuerdo que es importante tratar con cada hijo de distinta manera de acuerdo a su personalidad? ¿Por qué sí o por qué no?

5. ¿Cuál es el lenguaje de amor principal de tus hijos? ¿Cómo puedes usar su lenguaje de amor en su crianza?

El ser padres

Estudio 40

Hijos con necesidades especiales

Jesús dijo: "Dejen que los niños vengan a mí, y no se lo impidan, porque el reino de los cielos es de quienes son como ellos." ~ Mateo 19:14

Un llamado especial

Los hijos son una bendición y un gozo de Dios. El nacimiento de un hijo puede ser muy emocionante para ambos padres; verlo crecer, aprender y desarrollarse es un gozo constante. Los padres sienten una maravillosa sensación de orgullo cuando su hijo demuestra sus características y desarrolla su personalidad. Así es como debe de ser, pero en ocasiones el nacimiento de una nueva vida no funciona de esta manera. Muchos padres conocen el dolor del nacimiento de un hijo discapacitado. Su hijo puede experimentar uno de muchos síndromes, incluyendo el síndrome de down, o sufrir en sus sentidos como impedimentos en la visión o el oído, experimentan enfermedades terminales como el cáncer u otras, o puede que tengan serios problemas físicos tales como parálisis cerebral, problemas con el corazón, o deformidades físicas. Desafíos en el desarrollo, autismo o el trastorno por déficit de la atención son descubiertos usualmente hasta que el niño empieza a desarrollarse. Algunos desafíos pueden ser corregidos y superados, y algunos afectan a los hijos y a la familia de por vida.

Criar a los hijos sin necesidades especiales es un desafío; los hijos con necesidades especiales presentan un desafío mayor para los padres. "Cuando los padres descubren que su hijo tiene una discapacidad o una enfermedad crónica, empieza una jornada de la vida de constantes emociones fuertes, decisiones difíciles, interacción con muchos profesionales y especialistas, y una necesidad constante de información y servicios."[1] El impacto inicial y el rechazo, después enfrentarse con los sueños destrozados, pueden ser agotante emocionalmente. Sin embargo, las emociones no paran cuando descubres las necesidades especiales de tu hijo. Enojo, vergüenza, culpa, desilusión y aun depresión pueden afectar a los padres de una manera profunda. El vivir día a día puede ser abrumador para padres que cuidan a los hijos con necesidades especiales. No es extraño que un padre desee la muerte de su hijo. Después enfrentan la culpa de tener esos pensamientos. Los padres deben de perdonar a Dios, a ellos mismos y a sus hijos por el desafío que enfrentan con un hijo discapacitado.

"Si de Dios sabemos recibir lo bueno, ¿no sabremos también recibir lo malo?" ~ Job 2:10

Los padres de hijos discapacitados frecuentemente están enojados con Dios. "¿Cómo puede un Dios de misericordia hacerle esto a mi hijo? ¿A la familia? " "¿Por qué un Dios que todo lo sabe y es todopoderoso crea un hijo así?" Perspectiva y enfoque son importantes, especialmente cuando te preguntas "¿Por qué, Señor?" Job perdió a sus hijos, posesiones y salud, sin embargo no culpó a Dios. El mantuvo la perspectiva de que Dios estaba en control, y permaneció enfocado en Dios más que en sus circunstancias. El Señor quizás no cambie la situación y haga a tu hijo completo, pero él te dará a ti y a tu hijo el poder para resistir y lograr la victoria a pesar de la situación. Criar un hijo con necesidades especiales es un llamado especial que muchos no pueden manejar. Para navegar con éxito en esta vida, los padres deben de dar su ira a Dios y permitirle que les dé la fortaleza para poder cumplir con los desafíos que les esperan.

Protegiendo tu matrimonio

> ***Dios es nuestro amparo y nuestra fortaleza, nuestra ayuda segura en momentos de angustia.***
> ***~ Salmos 46:1***

La mayoría de las parejas no están preparadas para el desafío de un hijo con necesidades especiales. El estrés de cuidar a un hijo con necesidades especiales suele separar a una pareja. Deben trabajar juntos especialmente en mantenerse unidos en equipo para enfrentar los desafíos y el agotamiento emocional que van a atravesar. Desafortunadamente, el número de divorcios de parejas con hijos especiales asciende dramáticamente sobre el número de divorcios de la población en general. Las parejas con hijos discapacitados deben comprometerse a proteger su matrimonio, a educarse sobre las necesidades especiales de su hijo y a cómo hacer frente a esto lo más pronto posible.

Cada hijo presenta desafíos distintos a los padres. Un niño con necesidades especiales puede tener un problema pequeño en su aprendizaje, o puede tener necesidades severas que requieran cuidado constante. Las necesidades severas requieren una participación mayor, pero cada hijo discapacitado necesita los dos padres trabajando como equipo para ayudarle a enfrentar los desafíos. Cada padre del niño discapacitado experimenta un área extensa de emociones. Las emociones son normales y saludables siempre y cuando la pareja las atraviesen juntos. La consejería puede ser requerida para sobrevivir y mantener el matrimonio junto, mientras ayudan a su hijo a atravesar las dificultades.

> ***En el día de mi angustia te invoco, porque tú me respondes.***
> ***~ Salmos 86:7***

Las incapacidades a largo plazo o permanente demandan que esposo y esposa se esfuercen más allá de lo natural para ayudarse uno al otro con los desafíos que van a enfrentar. Ambos padres deben ayudarse y apoyarse en todos los aspectos del cuidado del hijo. Uno o quizás ambos padres se desilusionarán y se les hará difícil continuar sin el apoyo necesario.

Un equipo fuerte de esposo y esposa que se mantienen juntos enfrentando los desafíos que atraviesan en su camino suele recibir más apoyo de profesionales y educadores. Una pareja unida es más segura de sí misma y es más capaz de presentar sus peticiones y necesidades a las personas que pueden ayudar a su hijo. Cuando una pareja está dividida y en conflicto, no es capaz de presentar sus peticiones en unidad para recibir la ayuda, información o recursos que necesitan.

Algunos padres encuentran fortaleza extraordinaria para enfrentar los desafíos de un hijo con necesidades especiales. Otros reaccionan muy diferentes y querrán huir de los desafíos. Amor, ánimo y esfuerzo para cumplir con sus necesidades mutuas ayudarán a ambos padres a enfrentar los problemas diarios. Los padres deben de asignar tiempo para dedicarse uno al otro. Grupos de apoyo, miembros de la familia y agencias de apoyo proveen de ayuda para que los padres puedan tomar un descanso y pasar tiempo juntos. Habrá momentos cuando parezca que todo el mundo está en contra de ellos y que nadie les ayudará y les dará apoyo. El mantenerse juntos ayudará a la pareja a atravesar esos momentos y continuar la lucha por su hijo. También las parejas pueden ayudarse mutuamente y permanecer enfocados en Dios y en sus promesas. El permite a los padres enfrentar la situación cuando sienten que no pueden continuar.

Los niños con necesidades especiales necesitan padres saludables y amorosos. Las parejas deben de apoyarse, pero también deben de cuidarse individualmente. Programas de apoyo ayudan a la salud física, emocional, y espiritual de los padres, aliviando la carga de la pareja cuidando a su hijo discapacitado. Utilicen esos servicios o busquen ayuda de su iglesia o de grupos de apoyo para que puedan tener tiempo como pareja y como individuos para poder refrescarse y fortalecerse.

Alabado sea el Dios y Padre de nuestro Señor Jesucristo, Padre misericordioso y Dios de toda consolación, quien nos consuela en todas nuestras tribulaciones para que con el mismo consuelo que de Dios hemos recibido, también nosotros podamos consolar a todos los que sufren. Pues así como participamos abundantemente en los sufrimientos de Cristo, así también por medio de él tenemos abundante consuelo. Si sufrimos, es para que ustedes tengan consuelo y salvación; y si somos consolados, es para que ustedes tengan el consuelo que los ayude a soportar con paciencia los mismos sufrimientos que nosotros padecemos. Firme es la esperanza que tenemos en cuanto a ustedes, porque sabemos que así como participan de nuestros sufrimientos, así también participan de nuestro consuelo.
~ 2 Corintios 1:3-7

Apoyo de la familia

Los niños con necesidades especiales afectan profundamente a cada persona de la familia. Es muy fácil que los padres se enfoquen mucho en el hijo con necesidades especiales y sean negligentes con otros hijos en la familia. Inconscientemente les exigen o les permiten a sus hijos "normales" cuidarse solos. Se les olvida que los otros hijos tienen necesidades, sentimientos y sus propias emociones respecto a la incapacidad de su hermano o hermana. Los padres deben ayudar a los hijos a procesar sus sentimientos y a tratar con las cuestiones de tener un hermano o hermana necesidades especiales.

Los padres ayudarán mucho a sus hijos sin necesidades especiales si les ayudan a expresar sus sentimientos honestamente y respetuosamente. Cuando a los hijos no se les permite expresar sus sentimientos o sus sentimientos son invalidados, ellos mantendrán sus sentimientos internamente, y pueden lastimar su salud emocional y llevarlos a la depresión. No es fácil ser hermano de un niño necesidades especiales. Ellos perderán tiempo con sus padres y enfrentarán la reacción negativa de sus compañeros. Con frecuencia, pierden mucho de su niñez cuando tienen que ayudar a cuidar a su hermano con necesidades especiales. El amor y la aceptación son necesarios aun cuando el hijo expresa sentimientos negativos hacia su hermano.

Educar a sus hijos normales acerca de las necesidades especiales de su hermano les ayudará a aceptarlo. Es importante darles información apropiada a la edad, acerca de la discapacidad de su hermano, en cuanto los niños puedan entender. Las juntas de familia son una manera excelente de proporcionarles información y de permitir a sus hijos expresar sus preocupaciones y sus temores. La comunicación abierta les ayudará a los padres asistir a su hijo con necesidades especiales cuando les permitan a sus hijos normales proporcionar información y observaciones desde sus punto de vista.

Es importante que los padres logren un balance trabajando con todos sus hijos. El apoyo de los hijos normales les ayuda a los padres con los desafíos de su hijo con necesidades especiales, pero los hijos normales también necesitan apoyo. Ellos necesitan el tiempo, la atención, el amor y participación de los padres. Los padres constantemente enfrentan al desafío de tener tiempo para todos. No es fácil, pero es posible cuando se comprometen a cumplir con las necesidades de todos los hijos y luego luchan por cumplir esos compromisos.

La familia cercana puede ser una fuente de apoyo o de tensión. "La aflicción de los abuelos es usualmente más absorbente que la de los padres porque sienten tristeza por el hijo y por el nieto."[2] Ellos también tienen que enfrentar sueños perdidos y expectativas sin cumplir. Los padres de un hijo con necesidades especiales deben de educar a sus padres y a los miembros de la familia más cercana a descartar cualquier prejuicio e información equivocada que puedan tener y ayudarles a adaptarse a la participación de un niño necesidades especiales en las funciones de la familia.

Tu hijo con necesidades especiales

Todos los niños crecen a su propio paso, y los niños necesidades especiales crecen a un paso más lento. Las actividades o eventos que pasan en la vida de un hijo normal frecuentemente a los hijos con necesidades especiales les toma mucho más tiempo. Algunos eventos y actividades nunca suceden en la vida de un hijo con necesidades especiales, dependiendo de la severidad de la incapacidad. Paciencia y amor son vitales para el crecimiento de un niño necesidades con especiales. Puede ser difícil amar a un hijo que no puede corresponder al amor o expresa su amor de maneras limitadas o fuera de lo tradicional. Cualquier hijo responde a un amor incondicional, aun cuando no puede demostrarlo. La gente tiene una capacidad limitada de amar, pero en Cristo, todas las cosas son posibles, aun amar lo indeseable.

> *"Entre más se ame a un hijo, más amoroso será."*
> *~ Robert Naseef*

Es de vital importancia para tu relación, el comprender a tu hijo con necesidades especiales para poder ayudarlo en su desarrollo. Los padres deben aprender lo más que puedan sobre la incapacidad de su hijo. Una cantidad increíble de información está lista y accesible para ayudarles a entender casi cada aspecto de su incapacidad. El Internet, bibliotecas y varias agencias proveen de información necesaria. Los padres pueden utilizar esta información para estar bien preparados y poder ayudar a su hijo a relacionarse efectivamente con ellos y con cualquier persona que cuide de él.

De alguna manera u otra, los niños necesidades especiales tocan a cada persona con la que tienen contacto. Desafortunadamente, existe mucho prejuicio en cuanto a la gente con discapacidades. La mayoría de las personas simplemente no quiere enfrentar las discapacidades. Otros se burlan de la gente discapacitada. La ignorancia genera este tipo de actitudes. Cuando sea posible, los padres deben de informar y educar a este tipo de gente. Aquellos que se toman el tiempo para aprender de un niño con necesidades especiales usualmente son bendecidos por su interacción.

Los padres deben de hacer todo lo que puedan para proteger a su hijo necesidades especiales y deben de ayudarle a crecer y aprender a realizar todo su potencial. Desafortunadamente, muchas personas discapacitadas sufren abuso mental, físico o sexual de parte de la misma gente que es responsable de su cuidado. Los niños con necesidades especiales frecuentemente aprenden a no cuestionar a la gente que los cuida o a otros en autoridad. Los padres deben ayudar a sus hijos a aprender sobre límites saludables lo más pronto posible y a reconocer situaciones potenciales de abuso. La gente que tenga habilidad para cuidar a tu hijo debe ser entrevistada y ser considerada en oración antes de que tu hijo quede a su cuidado.

La terapia para los niños con necesidades especiales debe empezar lo más pronto posible. Existen muchos tipos de terapia disponibles para mejorar el proceso auditivo, atención, habilidades para comprender, regulación de conducta, movimiento físico y del habla. Empezar la terapia lo más pronto posible les ayuda en el desarrollo y el niño se moverá en la dirección correcta. Investiguen posibles terapeutas, háblales de tu hijo, y obtén recomendaciones. Manténganse en contacto con los terapeutas para que se mantengan informados y alertas acerca del progreso y de la terapia de tu hijo.

"Tiempo en el piso" es importante para los niños con necesidades especiales. Este es un tiempo no estructurado cuando los padres hacen lo que el hijo quiere hacer y lo que a él le interesa. Se le permite al hijo dirigir las actividades que hacen juntos. Los padres realmente se bajarán al piso a jugar con los niños. Un tiempo no estructurado con los hijos más grandes puede involucrar juegos, estar sentados, caminar o cualquier actividad que el hijo escoja. El tiempo en el piso edifica la habilidad de relacionarse y la relación entre padre e hijo. Deben hacerlo regularmente.

"¿Cuándo agregamos un payaso a nuestro equipo de cuidado?"

Construyendo un equipo

Criar eficazmente a un hijo con necesidades especiales es casi imposible sin ayuda. Es importante que los padres construyan un equipo que les asista en el cuidado, la educación y el crecimiento de su hijo. Este equipo debe incluir a un médico, educadores, terapeutas, especialistas, consejeros, administradores de programas y personas en el sistema de apoyo de los padres. El equipo puede variar y cambiar dependiendo de las necesidades del niño, de los padres y de la familia. Los padres deben de ser los líderes del equipo y permanecer a cargo del cuidado del hijo. Los padres deben decidir lo mejor para el niño, para ellos mismos y para la familia, no los administradores o educadores.

> ***Dichoso el que piensa en el débil; el Señor lo librará en el día de la desgracia.***
> ***~ Salmos 41:1***

Los padres deben de ser los defensores de sus hijos con el sistema de cuidado. Ellos pasan la mayoría del tiempo con sus hijos y los aman como nadie más lo hará. Ellos deben de conocer las discapacidades lo suficiente como para discutirlas con los miembros del equipo de cuidado. El tratar con profesionales, educadores o médicos puede ser intimidante. Existen algunos profesionales que intentarán intimidarlos. Los padres deben ser educados, respetuosos, firmes y deben de permanecer en control del cuidado de su hijo. Quizás no tengan título de universidad, pero conocen a su hijo mejor que nadie.

El costo para el cuidado de un hijo con necesidades especiales puede ser abrumador. Padres de hijos necesidades especiales pueden calificar para ayuda financiera, aunque tengan buenos ingresos. Es importante que los padres se informen sobre estos programas. Administradores de programas y grupos de apoyo pueden asistir con información sobre la ayuda financiera disponible. Los padres deben de ser persistentes en conseguir ayuda. Sigue buscando hasta conseguir la ayuda necesaria.

Los padres deben de establecer metas y hacer planes para el desarrollo de su hijo. Será de mucha ayuda el incluir al equipo de cuidado en el proceso de establecer las metas. Recuerda, las metas y los planes deben ser flexibles. Cuando las metas se convierten en la misión o los planes se hacen rígidos, la gente con frecuencia experimenta frustración y enojo. Establece cuál es la imagen de tu hijo y qué quieres que logre. No te estanques en los detalles del cuidado diario y te olvides de la dirección en la cual te diriges. Utilizar las fortalezas de ambos padres es esencial. Uno puede enfrentarse a los detalles muy bien, mientras el otro tiene la capacidad de ver la visión. Si ambos padres tienen las mismas fortalezas y debilidades, busquen un miembro del equipo para que les ayude en las áreas que les falte.

Un grupo de apoyo es importante para el equipo. Ellos pueden ser una fuente excelente de información y les ayudarán a enfrentar los retos que tendrán con los niños con las necesidades especiales. Los grupos de apoyo necesitan ser un lugar seguro donde pueden discutir sentimientos y problemas sin el miedo de ser criticados. Una vez que las relaciones han sido establecidas, el grupo de apoyo puede ser una buena fuente para un tiempo de respiro, cuando los padres se pongan de acuerdo y alguien más cuide a los hijos y así provean de tiempo para estar solos.

Los padres deben participar en cada decisión que se toma respecto a su hijo. La participación en la educación, terapia y atención médica les ayudará a los padres a permanecer informados. Necesitan estar bien enterados y tener precaución sobre los medicamentos que se le darán a su hijo.

Escoger la escuela para tu hijo es importante y requiere de una investigación cuidadosa. Los padres deben visitar el salón y observar al maestro así como también la interacción de tu hijo. ¿Son los maestros capaces de interactuar efectivamente con el niño? ¿Los niños pueden trabajar a su propio paso? ¿La escuela provee de opciones variadas para ayudarle a los niños? El encontrar la escuela apropiada para tu hijo requiere de tiempo y esfuerzo, pero esto ayudará al desarrollo de él.

Dios tiene un plan, aun cuando no lo ves en la vida de tu hijo con necesidades especiales. Regocíjate con tu hijo en cada victoria y éxito. Busca lo bueno de tu hijo y de la situación y continúa trabajando en tu relación con el Señor y con tu cónyuge. El criar a un hijo con necesidades especiales puede ser muy demandante, desafiante y estresante. No permitas que este desafío destroze tu matrimonio y tu familia. Trabajen juntos para enfrentar este desafío y ¡no te olvides de trabajar en tu matrimonio! Que el Señor te bendiga conforme perseveras con tu llamado especial.

> ***Porque yo sé muy bien los planes que tengo para ustedes afirma el Señor, planes de bienestar y no de calamidad, a fin de darles un futuro y una esperanza.***
> ***~ Jeremías 29:11***

Para conversar como pareja

1. ¿Sientes que el criar a un hijo con necesidades especiales es un llamado especial? ¿Por qué sí o por qué no?

____

____

____

____

2. ¿Qué emociones experimentaste cuando pasabas por el proceso de aprender y aceptar la discapacidad de tu hijo?

____

____

____

____

3. ¿Cómo puedes proteger tu matrimonio y asegurarte que los desafíos de criar a un hijo discapacitado no terminarán con el?

____

____

____

____

4. ¿Cómo puedes asegurar que todos tus hijos tendrán el tiempo que necesitan?

____

____

____

____

5. ¿Tienes un equipo de cuidado? ¿Por qué es esto importante? ¿Qué puedes hacer para establecer un equipo de cuidado?

____

____

____

____

Sección especial: Educando a tus hijos

Los padres son responsables de la educación de sus hijos. Pueden utilizar el sistema de escuelas públicas o escuelas privadas para ayudarse a educar a sus hijos, o pueden enseñar a los hijos en casa. Cualquier opción que los padres escojan, ellos deben de permanecer participando en la educación de sus hijos.

Los hijos requieren una educación completa para que interactúen eficazmente como adultos en el mundo. Su educación debe de incluir entrenamiento académico, vocacional, relacional, social, cultural, familiar y espiritual. Los padres proveen la mayoría de esta educación a través de las experiencias de la vida y con entrenamiento formal e informal. Una parte natural de la crianza es empezar a enseñar a los hijos el abecedario, cómo contar y las habilidades elementales de la escritura. Enseñar más que habilidades educacionales básicas, habilidades avanzadas o especializadas requiere más tiempo de lo que muchos padres pueden ofrecer. Esto es cuando los padres pueden conseguir la ayuda de las escuelas para la educación de los hijos.

Escogiendo una escuela

Los padres tienen alternativas hoy en día para la educación de los hijos. Algunos factores pueden limitar estas alternativas, pero existen muchos recursos disponibles para ayudarles a proveer la educación que desean para sus hijos. Las escuelas públicas o escuelas privadas costosas no son las únicas opciones disponibles. Escuela en casa, escuelas semi-privadas, escuelas privadas de bajo costo y escuelas públicas presentan varias opciones para que los padres las consideren, y no solo tengan la opción de mandarlos a la escuela pública local.

Muchos padres están desilusionados con el sistema de las escuelas públicas. Decadencia moral y educativa, violencia y una perdida de enfoque han llevado a muchos padres a buscar una alternativa en la educación de sus hijos. Los padres preocupados pueden encontrar alternativas, pero, ¿serán estas alternativas lo mejor para sus hijos? Los padres deben analizar su situación honestamente y orar por la guía de Dios antes de tomar una decisión respecto a una escuela para sus hijos.

"Mamá, err, quiero decir, maestra. Siento que Rocco no entiende esta lección de matemáticas."

Las escuelas públicas usualmente tienen más oportunidades y una variedad más grande de programas disponibles para los estudiantes. Muchos niños se acoplan muy bien en el sistema de escuelas públicas y salen bien educados y preparados para la universidad o entrenamiento para una carrera corta. Las escuelas públicas proveen de entrenamiento vocacional permitiéndole al estudiante seguir directamente de la escuela a la carrera que desea. El ambiente de la escuela pública puede que no sea la primera opción para los padres, pero con la guía de los padres, los hijos sobrellevaran todos los aspectos negativos de las escuelas públicas. Los padres deben decidir entre el costo, la disponibilidad de programas y el ambiente educacional para sus hijos.

Las escuelas privadas frecuentemente proveen un ambiente que los padres desean, pero probablemente no proveen la educación general o programas específicos para las necesidades de sus hijos. Los padres tienen que tener cuidado al investigar las escuelas privadas; un ambiente moral pobre puede existir aun en las escuelas "cristianas". Las escuelas privadas están más enfocadas y dedicadas a la educación de los estudiantes y frecuentemente tienen pocos estudiantes para un maestro. También les permite a los padres escoger el plan de estudios (como entrenamiento de la Biblia o espiritual) para sus hijos, que no está disponible en las escuelas públicas. El costo con frecuencia es la desventaja de las escuelas privadas. Los padres que desean esta alternativa pueden buscar fuentes de ayuda financiera.

La escuela en casa ofrece un control mayor de los padres, pero también requiere de la gran participación de su tiempo, energía y disciplina. Asociaciones de escuela en casa proveen socialización para los hijos y pueden ofrecer una variedad más amplia de programas disponibles. Padres enseñan el plan de estudios exacto que quieren para sus hijos y pueden modificar los estudios para alcanzar las necesidades e intereses de cada niño. Padres deben poder enseñar una variedad de temas a los hijos de diferentes edades a la misma vez. Es una tarea difícil, pero no imposible con algo de entrenamiento y apoyo de otros participando en este programa.

Tomar una decisión sobre la educación de sus hijos no siempre es fácil. Existen ventajas y desventajas para cada opción. No asuman que cada escuela pública es mala o que cada escuela cristiana provee una educación excelente. Los padres deben de investigar las alternativas y determinar lo que es mejor para cada hijo. Cada niño reacciona diferente a cada alternativa educacional. Ambos padres deben de participar en la decisión de cómo educar a sus hijos. Deben analizar todas las alternativas y el costo que tiene cada una. Hablen con otros padres, escuelas, administradores y maestros sobre las opciones disponibles. Tomen una decisión basada en la dirección de Dios, las necesidades de sus hijos y los recursos familiares.

Participación de los padres

Los padres que enseñan a sus hijos en casa obviamente están más involucrados en la educación de los hijos. Estos padres deben recordar que requiere de ambos padres el enseñar efectivamente a los hijos en casa. Es un compromiso muy grande y mientras papá está trabajando para sostener a la familia, también debe ayudar a mamá a enseñar a los hijos. Mamá se cansará muy pronto si tiene que ser maestra y mamá todo el día, todos los días de la semana. Los padres deben buscar maneras de ser creativos para asegurar que ambos están participando en el proceso.

Es fácil dejar la educación de los hijos a los profesionales en escuelas privadas o públicas. Los padres deben resistir esta tentación y permanecer participando en la educación de sus hijos. Reúnete con los maestros y administradores en cuanto sea posible. Investiga qué está aprendiendo tu hijo, cuestionándolo sobre las prácticas educacionales y el plan de estudios. Examina libros y planes de estudio e investiga cualquier cosa que te parezca cuestionable. No tienes que ser el padre que trata de cambiar el sistema educacional, pero puedes trabajar con el sistema para obtener la mejor educación posible para tus hijos dentro del marco de tus creencias y valores.

Los padres pueden hacer responsable a las escuelas por su parte en la educación de sus hijos. Trabajen con administradores y maestros para asegurarse que sus hijos reciben la mejor educación posible. Busquen las alternativas disponibles para sus hijos. Si su hijo está batallando, investiguen por qué. Hablen con los maestros y trabajen con sus hijos para ayudarles a progresar y lograr sus metas y objetivos en su educación.

Educar a sus hijos no es una tarea imposible. Requiere de compromiso y trabajo, pero su hijo puede entrar a la edad adulta preparado para lograr todo lo que el Señor quiere para él.

Matrimonios fortalecidos
Capítulo 9 referencias

Estudio 36: *Cuando niños llegan*

1. Harville Hendrix, Ph.D.; "Good Marriages Make Happy Children"

Lecturas sugeridas:
- Familia desde una perspectiva bíblica por Les Thompson
- Respuestas confiables por Dr. James Dobson
- Diez secretos para desarrollar una familia fuerte por Dennis & Barbara Rainey

Para mayor información:
- Ministerios Antes del Fin: enlaroca.com/familiaindex.html

Estudio 37: *La meta de ser padres*

1. Dr. Henry Cloud & Dr. John Townsend; Raising Great Kids (Grand Rapids, MI; Zondervan Publishing House, 1999) p 29
2. Ibid

Lecturas sugeridas:
- Límites para los Nuestros Hijos por Dr. Henry Cloud & Dr. John Townsend
- Poner Límites a Tus Hijos por Tania Zagury

Estudio 38: *Guiando a tus hijos*

1. Nina Easton, The Invisible Dad, Los Angeles Times Magazine, June 14, 1992
2. Nelson's Illustrated Bible Dictionary; Copyright 1986, Thomas Nelsons Publishers

Lecturas sugeridas:
- Cómo criar a un niño de voluntad firme por Dr. James Dobson
- Cómo ser padres cristianos exitosos por John MacArthur
- Cómo preparar a su hijo decir no a las presiones sexuales por Josh McDowell
- Enseñando a sus hijos sobre el sexo por Leonor Buth
- Obtenga Lo Mejor De Sus Hijos, Antes Que Acaben Con Usted por Kevin Leman
- Guía para el crecimiento espiritual de sus hijos by John Trent, Rick Osborne & Kurt Bruner

Para mayor información:
- Mi pediatra: www.mipediatra.com.mx
- Recursos educación en español: www.ed.gov/espanol/bienvenidos/es/index.html
- iParenting Español: iparentingespanol.com
- El Tiempo.com; informacion de los padres: eltiempo.terra.com.co/educ/notieducacion/ARTICULO-WEB-_NOTA_INTERIOR-1935791.html

Estudio 39: *Amando a tus hijos tal y como son*

1. Donna Partow, A Woman's Guide to Personality Types (Bloomington, MN; Bethany House Publishers, 2002) pp 189—190
2. Gary Chapman; The Five Love Languages, How to Express Heartfelt Commitment to Your Mate (Chicago, IL; Northfield Publishing, 1992)

Lecturas sugeridas:
- Si amas a tu hijo por Ross Campell, M.D.
- Enriquezca su Personalidad para Padres por Florence Littauer
- Los cinco lenguajes del amor para los ninos/jovenes por Gary Chapman
- Hijos diferentes, necesidades diferentes por Charles Boyd
- Las Palabras de Los Padres y Su Asombroso Poder por H. Norman Wright

Estudio 40: *Hijos con necesidades especiales*

1. Joyce Brennfleck Shannon, editor; Mental Retardation Sourcebook (Detroit, MI; Omnigraphics, Inc, 1999) p 289
2. Becky Pruitt, quoted in Special Kids Need Special Parents (NY, NY; Berkley Publishing, 2001) p 32

Lecturas sugeridas:
- Fortaleciendo Relaciones : Cuando Nuestros Ninos Tienen Necesidades Especiales por Nicholas R M Martin
- Paso a paso : juegos y actividades para ayudar a tu bebe con necesidades especiales por Sarah Newman
- Ninõs hiperactivos: como comprender y atender sus necesidades especiales por Russell Barkley
- Los Trastornos del Espectro de Autismo de la A a la Z por Barbara T. Doyle; Emily D. Iland
- La Familia de Niños con Necesidades Especiales por Marisol Muñoz.Kiehne
- Cómo ayudar a los niños con ADD y ADHD por Laura J. Stevens

Para mayor información:
- Los niños en su Casa; www.losninosensucasa.org/index.php
- Ayudar a niños con necesidades especiales: www.cyberpadres.com/serpadre/nino_especial/home_discap.htm
- Nuestros niños: www.nuestrosninos.com/guias_necesidades.html
- Zona pediatrica; www.zonapediatrica.com
- Family Voices en español; www.familyvoices.org/espanol.htm
- Federación para Niños con Necesidades Especiales; www.fcsn.org/espanol/home.html
- Paso-a-Paso; www.pasoapaso.com.ve/home_aem.htm
- March of Dimes en español - luchamos por tu bebe; www.nacersano.org
- Inclusión Internacional; www.inclusion-international.org/sp/index.html
- Autism Society of America-Informacion general sobre el autismo; www.autism-society.org/site/PageServer?pagename=autismo
- The National Down Syndrome Society-información general acerca del síndrome Down; www.ndss.org/content.cfm?fuseaction=InfoRes.Hechos
- American Foundation for the Blind-español; www.afb.org/Section.asp?SectionID=59

Sección especial: Educando a tus hijos

Para mayor información:

- El Consejo Mexicano de Investigación Educativa - una asociación civil que agrupa a los investigadores del campo de la educación; www.comie.org.mx
- Escuela En La Casa: hcentralsa.org/casa.html

Capítulo 10
Padres con hijos adultos

Estudio 41

Ausente, pero presente

¡Pero tengan cuidado! Presten atención y no olviden las cosas que han visto sus ojos, ni las aparten de su corazón mientras vivan. Cuéntenselas a sus hijos y a sus nietos.
~ Deuteronomio 4:9

Ustedes siguen siendo padres

Los hijos usualmente no más crecen, se van de la casa y se vuelven personas totalmente independientes, sino que Dios creó a las personas con necesidad de tener relaciones y los hijos siguen necesitando a sus padres aun después que ellos se van y hacen su propia vida. La familia siempre tiene que ser un recurso de apoyo y de ayuda, y un lugar seguro para refugiarse en tiempos difíciles. Es responsabilidad de los padres criar hijos que sean adultos responsables, pero ¿esto significa que una vez que ellos se vuelven adultos, las responsabilidades de los padres terminan? ¿Qué tanta responsabilidad tienen los padres sobre sus hijos adultos? ¿Los apoyan financieramente? ¿Les dan instrucciones? ¿Les dan consejos? ¿Están los padres disponibles sólo para amar y apoyar? Hay tantas respuestas a estas preguntas como hay padres con hijos adultos, y los hijos en una misma familia son diferentes, por lo tanto se necesitará con frecuencia responder con respuestas diferentes.

En el pasado el punto de vista en la sociedad acerca de la participación de los padres era muy diferente. En el Antiguo Testamento la familia era regida por un patriarca. Los hijos de Jacob y sus familias lo siguieron a Egipto, aunque él era un hombre de edad avanzada, tomó la decisión por su familia. Sus hijos en edad adulta seguían sus órdenes y su juicio, aunque ellos fueran cabeza de familia en sus propios hogares. La sociedad Romana, en el tiempo de Jesús, también se regía por patriarcas. El esposo y padre era la autoridad absoluta en el hogar. El tenía que dar la aprobación a un recién nacido, antes que le fuera permitido vivir. Su poder continuaba hasta alcanzar sus hijos la edad adulta, y él ejercía control sobre muchos aspectos en sus vidas.

La Biblia no enseña una autoridad absoluta del padre, pero sí enseña que los padres tienen una responsabilidad en continuo desarrollo hacia las generaciones futuras.

Hoy la independencia es la regla en la sociedad. El consejo de los padres es visto como una intromisión en la vida de los hijos adultos. Los hijos en edad adulta que permanecen cercanos a sus padres se les ve con frecuencia como personas diferentes. Cada vez más, los padres son dejados totalmente fuera de las vidas de sus hijos adultos. De hecho muchos escritores (aun cristianos) aseveran que los padres pueden hacer lo mejor por sus hijos hasta los 18 años y el resto lo confían en Dios. Ellos dicen que los padres han completado su trabajo, pero ¿en verdad el trabajo de los padres termina algún día? De acuerdo a las Escrituras, los padres están para enseñar la palabra de Dios y sus caminos no sólo a sus hijos, sino también a los hijos de sus hijos. La sociedad occidental no aprueba el patriarcado tanto como la cultura del oriente o las sociedades antiguas, pero la Biblia enseña que los viejos tienen que enseñar a los jóvenes. Es importante que los padres cristianos balanceen cuidadosamente la verdad y la gracia al mismo tiempo que respeten la independencia de sus hijos adultos.

Las funciones cambian

> ***Las responsabilidades de los padres hacia sus hijos adultos no son fácilmente definidas.***

El papel de los padres cambia drásticamente al entrar los hijos a la edad adulta, pero no es el fin de su compromiso como padres. Los padres siempre significarán para sus hijos mucho más que simple amigos, consejeros o animadores. Ellos son mamá y papá, y ni la distancia ni la negligencia pueden romper los lazos que amarran a los hijos con sus padres. Las obligaciones para los hijos cambian drásticamente al entrar ellos en la edad adulta, y el estado de su relación dependerá mucho de la relación que los padres tuvieron con sus hijos cuando estaban en sus años de adolescencia.

El control que los padres ejercen en la vida de sus hijos disminuye a medida que sus hijos van creciendo y hay un punto en que los niveles de control deben cambiar drásticamente. Esto puede ser en un tiempo específico, como cuando un hijo se va de la casa de sus padres, o puede ser gradualmente al ser el hijo cada vez más y más independiente. Muchos dicen que la intervención de los padres debe terminar una vez que el hijo se vuelve adulto, que ahora el hijo tiene que determinar dónde y cuándo el amor, la sabiduría y las habilidades de los padres son necesitadas. Los padres tienen que ser sensibles a la independencia de sus hijos adultos, pero hay un tiempo cuando las circunstancias necesitan intervención verbal ya sea que sus hijos la quieran oír o no. Los padres siguen teniendo un poco de responsabilidad por sus hijos.

> ***Ese día llevaré a cabo todo lo que he anunciado en contra de Elí y su familia. Ya le dije que por la maldad de sus hijos he condenado a su familia para siempre; él sabía que estaban blasfemando contra Dios y, sin embargo, no los refrenó. ~ 1 Samuel 3:12-13***

Elí, como sacerdote de Dios, juzgó a Israel por cuarenta años. Los sacerdotes en el Antiguo Testamento eran mediadores entre Dios y el hombre, pero Elí no escuchaba mucho a Dios, en gran parte porque no controló a sus hijos de abusar de sus posiciones sacerdotales para enriquecerse ellos mismos. Él honró a sus hijos más que a Dios y Dios lo juzgó a él y a su familia por ese motivo.

El Señor espera que los padres permanezcan involucrados en la vida de sus hijos adultos. Una vez que son padres, siempre serán padres, como dice el dicho. La vida como padre o madre de un hijo adulto puede ser tan interesante y estimulante como fue al criar a los hijos por los primeros 18 años. Los padres de los hijos adultos tienen la oportunidad de edificar relaciones nuevas y diferentes con sus hijos ahora que ellos son adultos. El trabajo ahora como padres, es encontrar el balance entre mantener una relación y proveer de información valiosa a la vez que permiten a sus hijos adultos la libertad de vivir sus propias vidas. Nunca es demasiado tarde para ser un buen padre. Los padres pueden mantener o revivir una relación con un hijo adulto que enriquecerá ambas vidas.

La comunicación cambia

Muchos padres piensan que cuando sus hijos se van del hogar, pueden dejar de aprender y de desarrollar sus habilidades como padres; nada está más lejos de la verdad. El Señor espera que los padres sigan enseñando Sus principios a sus hijos y a sus nietos. La clave para ser padres de un hijo adulto es aprender cómo interactuar con ellos como adultos en vez de como niños. Los padres ya no pueden determinar el camino de la vida de sus hijos y tampoco pueden tomar decisiones por ellos. Sin embargo es importante permanecer en una relación con los hijos cuando son adultos y comunicarse efectivamente.

Los padres no se pueden comunicar con hijos adultos como si fueran niños pequeños que todavía viven en casa. Frecuentemente, las relaciones entre padres e hijos son tensas o están rotas por la forma en como los padres se comunican con sus hijos adultos. Ellos deben tratar a sus hijos con respeto y como adultos. Demandando y exigiendo ciertos comportamientos o acciones de sus hijos adultos, usualmente no cambiarán el comportamiento de los hijos. Cuando los padres tratan a sus hijos adultos como personas que están en su mismo nivel más que como niños, ellos son capaces de comunicarse más efectivamente con sus hijos.

"Es un correo electrónico de Manuel. Dice que no ha encontrado un trabajo todavía y pregunta si le podemos prestar el carro porque tiene una cita con su novia en la noche."

¡Ellos son diferentes!

Con frecuencia hay muchas semejanzas en una familia, pero también hay muchas diferencias. Más que nunca, los padres deben tratar a sus hijos adultos como individuos. Lo que es bueno para un hijo, no necesariamente será bueno pare el otro. Quizá un hijo permanezca cerca físicamente y emocionalmente, mientras que otro vaya de estado a estado en todo el país y no hable en meses. Los padres se deben de adaptar a los cambios que ocurren al comenzar los hijos a vivir sus propias vidas.

Los hijos pertenecen a una generación diferente y para ellos y a su vez para sus hijos la vida es muy diferente de lo que fue para sus padres. Ellos no viven en el mismo mundo que sus padres vivieron cuando ellos eran niños o jóvenes. Ellos tienen que interactuar con el mundo a su manera y de acuerdo a su relación con el Señor. Los hijos resentirán los intentos de los padres de ser el Espíritu Santo y querer cambiar su comportamiento. Ellos tienen que tomar sus propias decisiones en la vida.

Los padres tienen que hablarle a sus hijos cuando ellos se pierden o toman un rumbo equivocado, pero los principios de los límites enseñan que los padres no pueden cambiar a sus hijos. Habrá tiempos en que los padres se tendrán que hacer a un lado y les permitan a sus hijos ser enseñados de la manera difícil. Será difícil y muy frustrante, pero ellos son adultos y tienen el derecho de tomar sus propias decisiones, aun cuando éstas sean decisiones equivocadas.

Permanece conectado

Frecuentemente los padres permiten que la distancia crezca entre ellos y sus hijos. Uno no puede cambiar la distancia física, pero sí puede mantener la distancia emocional fuera de su relación. El ser adulto en sus primeras etapas es un tiempo en el cual se está muy ocupado en la vida: edificando carreras, familia, ministerio y adaptándose a la vida como adulto. Es la responsabilidad de los padres mantenerse conectados a ellos y estar en disposición hacia sus hijos adultos y encontrar un balance es su relación. Los padres necesitan procurar a sus hijos siempre, aun cuando sus hijos no los procuran a ellos.

Es posible permanecer conectados a los hijos adultos. Requiere de esfuerzo y creatividad, pero definitivamente relaciones significativas pueden ser edificadas con hijos adultos. Crear tradiciones alrededor de eventos y de días festivos es de mucha ayuda para mantener a la familia unida. Los padres deben recordar que los hijos adultos tienen el derecho de no participar y no necesitan explicar la razón. Usando la culpabilidad y la manipulación para animar a participar no edificará la relación. La participación obligatoria causará amargura y resentimiento y con frecuencia llegará a romper la relación entre padre e hijo. Usa la siguiente lista para que comiences a pensar en maneras de juntar a tu familia y después investiga qué es lo que tu familia está de acuerdo en hacer.

- Ocasiones especiales: Quizá ir a comer pizza después del partido de fútbol o compartir un postre después de recitales o cualquier otro evento especial.
- Días festivos: Cumpleaños - Cualquier otro o quizá todos los días festivos. Estén juntos tanto como sea posible.
- Día de trabajo de la familia: Juntarse una vez al mes, o un mes sí y otro no y denle rotación al día de trabajo familiar para que sea cada día en un hogar diferente. Los anfitriones de cada

casa proveen el almuerzo y cada uno ayuda a limpiar, pintar o cual quier cosa que se necesite hacer en la casa.

- Estira tus recursos para proveer de cosas en la Navidad a una familia en necesidad. Esto podría ser una tradición en el día de Acción de Gracias o cualquier otro día. Es un gran ministerio hacer algo para otras personas como familia.

Evalúa las reuniones de tu familia y asegúrate de que funcionen para todos. Si no están funcionando, cámbialas o haz algo diferente.

¿Qué pueden hacer los padres?

Los padres de hijos adultos están en una nueva era de sus vidas. Habrá muchos cambios y los padres necesitan aprender a adaptarse a los cambios que ellos ven en sus hijos. Busca la voluntad de Dios y Su poder y tú puedes seguir siendo una influencia positiva en la vida de tus hijos. En resumen, los padres necesitan:

- Orar por sus hijos.
- Adaptarse a sus nuevos papeles como padres.
- Comunicarse con sus hijos adultos como adultos, no como niños.
- Entender y respetar sus diferencias.
- Buscar formas de permanecer conectado con sus hijos.

Para conversar como pareja

1. ¿Estás de acuerdo o en desacuerdo con la frase "Una vez que eres padre, siempre serás padre?" ¿Por qué sí o por qué no?

2. ¿Cómo ves tu papel como padre que está cambiando al volverse tus hijos adultos?

3. ¿Por qué debes de tomar en cuenta las diferencias de tus hijos? ¿Cómo afecta esto la relación con ellos?

4. ¿Por qué es importante comunicarte con tus hijos adultos en una forma diferente a la manera como cuando ellos estaban chiquitos?

5. ¿Cómo puedes permanecer conectado a tus hijos adultos?

Padres con hijos adultos

Estudio 42

Amor y apoyo, no control

Padres, no exasperen a sus hijos, no sea que se desanimen.
~ Colosenses 3:21

Es posible darle a los hijos adultos consejos y el beneficio de la experiencia sin inmiscuirse en sus vidas.

Un cambio en la relación

Las familias saludables son un recurso de apoyo y aceptación que beneficia a todos los miembros de la familia. Los padres tienen que encontrar el balance entre controlar las vidas de sus hijos adultos y permitirles vivir vidas disfuncionales. Hay límites tanto para su autoridad como para su responsabilidad la cual legalmente termina cuando los hijos oficialmente son adultos. Encontrar un balance entre responsabilidad y autoridad puede ser difícil cuando la vida y sus necesidades cambian. Algunas situaciones quizá necesiten más participación por parte de los padres que otras. Hay un punto donde los padres están disponibles para ser un apoyo, para animar y aconsejar y al mismo tiempo permitirles a sus hijos vivir vidas independientes.

Aceptar el cambio en la relación con sus hijos es difícil para los padres. Ellos quieren ayudar y guiar a sus hijos con su gran experiencia y sabiduría. Ellos conocen las soluciones para muchos de los problemas que surgen en la vida de sus hijos y frecuentemente ellos ven la dirección a la cual sus hijos deben ir o ven las decisiones más convenientes para ellos. Los padres usualmente saben más que los hijos, pero esto no les da el derecho de interponer su consejo cuando ellos piensan que se necesita. Los padres necesitan aprender a detenerse y pensar acerca de lo que ellos van a decir a sus hijos adultos. Usar palabras como "debes", "tienes" y "te dije" lleva la relación padre e hijo a términos de la infancia y dañará la relación con sus hijos adultos.

Algunos padres de una manera consciente o inconsciente animan a sus hijos a que dependan de ellos. Ellos cuidan a sus hijos e intentan cubrirlos de las crueldades del mundo. Un hijo que depende de los padres hace que los padres se sientan necesitados, pero esta relación no ayuda a que los hijos se vuelvan adultos maduros e independientes. Los padres no vivirán para siempre y los hijos dependientes, tarde o temprano, tendrán que tomar responsabilidad de sus propias vidas. Los adultos que permanecen emocionalmente o financieramente dependientes de sus padres pocas veces están equipados para vivir la vida solos cuando ellos finalmente tienen que aceptar la responsabilidad por sus vidas. Quizá sea doloroso permitir que los hijos sufran las consecuencias de sus malas decisiones, pero el crecimiento que ellos reciben los ayudará a manejar las situaciones de la vida cuando sus padres ya no estén.

"La otra noche estuviste fuera hasta las 10:00, ayer en el almuerzo no tomaste leche y esta mañana no te lavaste los dientes. Tu padre y yo tenemos miedo que te estés dirigiendo en la dirección equivocada."

Es posible darles consejos a los hijos adultos y el beneficio de las experiencias de la vida sin entrometerse en sus vidas o hacerlos a ellos depender de los padres. Los padres necesitan recordar que como adultos ahora sus hijos son como ellos en muchas formas. Quizá ellos sean más jóvenes y tengan menos experiencia, pero los hijos adultos tienen que vivir sus propias vidas a su modo. Comunicarte con tu hijo adulto como si fuera un niño viviendo en casa distanciará a los hijos en vez de edificar la relación.

Tiempo de hablar

Hay tiempos cuando los padres necesitan hablar y enfrentar a sus hijos. No pueden ser como Elí del Antiguo Testamento y quedarse sin hacer nada mientras sus hijos rechazan a Dios y persiguen el pecado o actividades injuriosas. Los Cristianos tienen la tarea de hablar cuando alguien se desvía de la fe, pero los padres deben recordar que ellos tienen que tratar a sus hijos como adultos, no como niños.

> ***Hermanos, si alguien es sorprendido en pecado, ustedes que son espirituales deben restaurarlo con una actitud humilde. Pero cuídese cada uno, porque también puede ser tentado. ~ Gálatas 6:1***

La Biblia dice que aquellos que se encuentran en pecado deben ser restaurados suavemente, no severamente. Los padres necesitan mantener esto en mente cuando ellos enfrentan a hijos adultos. ¿Es cuestión del pecado o es un problema que tiene que ser enfrentado? Atacar, exigir o criticar a los hijos no traerá el arrepentimiento tanto como hablar en amor y mostrar preocupación por su propio bienestar y éxito en la vida. O, ¿es simplemente que hay una diferencia de opiniones? Quizá no te guste lo que tu hijo está haciendo, pero eso no lo hace un problema que tiene que ser enfrentado. Los padres que hablan con sus hijos acerca de cualquier cosa en desacuerdo, usualmente se darán cuenta que sus hijos se irán retirando poco a poco de ellos.

Los padres necesitan hablar con sus hijos como le hablarían a un amigo o a alguien de su misma edad. Ellos pueden dar consejo o decir lo que piensan sobre algo, pero después tienen que dejar que su hijo tome su propia decisión. Cuando se considera si se debe o no hablar sobre alguna inquietud, puedes preguntarte a ti mismo, "¿es esta cuestión lo suficientemente importante como para presentársela a un amigo?" A menos que la situación te afecte directamente a ti o a la relación con tu hijo, probablemente tú no mencionarías nada que no le mencionarías a un amigo.

Soltarlos

El soltarlos significa que los padres permitan a sus hijos tomar sus propias decisiones en la vida, y esto debe de comenzar poco tiempo después de su nacimiento cuando los padres lentamente abandonan el control de la vida de sus hijos. Los padres son responsables de preparar a sus hijos para cuando sean adultos, y esa preparación involucra aumentar el nivel de responsabilidad de un niño y permitirle que tome más decisiones por sí mismo. Este proceso continúa a través de su niñez con la guía de los padres hasta que el niño se convierta en un adulto y tenga el control total de su vida. Este es el punto donde un padre tiene que soltarlo, y entregar a su hijo al Señor.

Puede ser difícil para los padres soltarlo finalmente a un hijo adulto. Entender los siguientes cuatro pasos ayudará a los padres a buscar una relación balanceada con sus hijos adultos.

- Entender que la separación es inevitable y necesaria.
- Permitir un tiempo de aflicción al ajustarse a su nuevo papel en la vida de su hijo.
- Buscar activamente volver a definir su papel como padres.
- No controlar más la vida de su hijo.

El aceptar la separación de hijos mayores permite que los padres expresen y expandan su propia individualidad. Ellos ahora pueden pensar más en sí mismos y hacer las cosas que ellos quieren hacer. Ahora su energía puede ser dirigida hacia intereses que ellos desean lograr ahora que ellos no tienen la responsabilidad diaria de ser padres. Ellos se pueden enfocar en quehaceres personales, mientras mantienen un balance en las relaciones familiares.

El trabajo nunca está completo como padre, pero la experiencia de criar hijos día a día ha terminado.

Límites

Criar hijos adultos es un ejercicio que radica en edificar y mantener límites saludables. Los padres tienen que tomar la responsabilidad de lo que ellos pueden controlar, mientras que permitan que sus hijos adultos tengan responsabilidad y control de sus propias vidas. Tomar las responsabilidades de sus hijos no les permitirá a ellos crecer y madurar. Intentar controlar sus vidas causará enemistad y posiblemente un rompimiento en la relación. Criar hijos adultos es un acto balanceado que requiere oración, meditación y trabajar juntos como pareja para tener la mezcla correcta para proveer ayuda y permitir crecimiento.

> ***Es difícil encontrar el balance entre ayudar hijos adultos y permitir comportamientos inapropiados.***

Ocasionalmente los padres dan información con buena intención y es recibida como si ellos intentaran controlar. Algunas veces requerirá que los padres no intervengan y le permitan a su hijo adulto que tome su propia decisión, aunque signifique tomar la decisión incorrecta. Una vez que el hijo se dé cuenta que puede tomar sus propias decisiones sin comentarios, criticas o juicios de los padres, el hijo permitirá que sus padres regresen al proceso de tomar decisiones de nuevo con él. Los padres se tienen que dar cuenta que si sus hijos adultos piensan que ellos no están respetando sus límites, esto quiere decir que no los están respectando. La clave es la percepción y la percepción del hijo quizá venga de un control riguroso de los padres hacia él en sus años de adolescencia. Quizá parezca injusto, pero los hijos adultos con frecuencia recibirán los comentarios bien intencionados de los padres como criticas o control.

Hijos casados

Cuando tu hijo adulto se casa, todo lo que has hecho para establecer relaciones saludables que funcionan cambiará. El yerno o la nuera trae a tu relación variables nuevas. Sus padres, familia, trasfondo, cultura, valores, y personalidad afectarán tu relación con tu hijo. Para bien o para mal, tu hijo ha decidido comprometer su vida con esta persona. Tu rechazo usualmente alejará a tu hijo, en vez de inducirlo a que elija lo correcto. Es importante que los padres hagan el esfuerzo de conocer a su nuera o yerno y hacerlo sentir aceptado en la familia.

La vida de la familia se vuelve más complicada cuando los hijos se casan y tiene sus propios hijos. Ahora otra familia está involucrada y tiene sus propias tradiciones y forma de hacer sus cosas. Los padres tienen que compartir su hijo con la otra familia. La pareja, que apenas empieza, tiene que edificar su propia vida junta, la cual alejará al hijo de los padres algunas veces. Los padres tienen que resistir el impulso de poner expectativas o exigencias en sus hijos casados. Ayuda a tus hijos a encontrar el balance del tiempo para sus propias familias, a la vez que también tengan tiempo para cada una de las familias políticas.

¿Cuánto es demasiado?

¿Qué tanto se deben de involucrar los padres en las vidas de sus hijos adultos? La respuesta es variada de familia a familia y hasta de hijo a hijo dentro de la misma familia. Un hijo adulto quizá tenga un contacto diario con sus padres, mientras que otro ni siquiera llame, dejándolo a los padres que inicien el contacto. Los padres no deben de saber todo lo que está pasando en la vida de sus hijos adultos, y especialmente no tienen que intervenir en las dificultades entre el esposo y la esposa, a menos que sean invitados a ser mediadores y a trabajar con ambos. Habrá tiempo en la vida de ambos padres e hijos adultos cuando la comunicación se vuelva difícil, aun a través de esos tiempos, los padres se deben asegurar que el contacto permanezca en una manera consistente. De nuevo, se trata de encontrar un balance entre estar disponibles y conectados en contra de adherirse o de controlar la vida de tus hijos.

La pregunta sobre el dinero

Proveer una asistencia financiera para los hijos adultos puede ser un problema. La sociedad inestable de hoy en día frecuentemente pone a la gente en circunstancias difíciles financieramente. Muchos adultos son irresponsables y se causan sus propias dificultades, pero problemas inesperados y pruebas surgen, y los padres deben de ayudar a los hijos tanto como puedan. Es también muy importante que los padres no protejan de más a sus hijos, al detenerlos y no permitirles que aprendan de sus errores. La experiencia frecuentemente es el mejor maestro en esta área, y si los padres con frecuencia rescatan a los hijos de sus irresponsabilidades financieras, ellos no podrán aprender bien a manejar sus finanzas. Es también muy importante que los padres de hijos adultos aborden los problemas financieros con sus hijos como un equipo, y ellos tienen que estar de acuerdo en si se va a ayudar, y cuánto y cuándo ellos ayudarán a sus hijos adultos financieramente.

Es la responsabilidad de los padres aprender principios relacionales Bíblicos y trabajar con sus hijos para desarrollar relaciones balanceadas y saludables. De nuevo, quizá no parezca justo, pero recuerden ¡ustedes son los padres! Sus hijos continuarán aprendiendo de ustedes sobre la vida mientras ustedes vivan. Ustedes tienen la oportunidad de demostrar madurez y desarrollar relaciones saludables entre padres e hijos. Una relación de por vida que crece con sus hijos es un legado grandioso para hijos y nietos.

Para conversar como pareja

1. ¿Cómo puedes saber cuándo hablar a tu hijo adulto y cuándo permanecer callado?

___

___

___

___

2. ¿Has soltado el control sobre la vida de tus hijos adultos? ¿Por qué es importante atravesar este proceso?

___

___

___

___

3. ¿Cómo has sobrepasado los límites de tus hijos adultos? ¿Qué puedes hacer para apoyar sus límites?

___

___

___

___

4. ¿De qué áreas tienes que estar consciente cuando tus hijos estén casados?

___

___

___

___

5. ¿Cuándo ayudarías a tus hijos adultos financieramente? ¿Cuándo dirías que no?

___

___

___

___

Padres con hijos adultos

Estudio 43

Hijos adultos viviendo en casa

Así que emprendió el viaje y se fue a su padre. "Todavía estaba lejos cuando su padre lo vio y se compadeció de él; salió corriendo a su encuentro, lo abrazó y lo besó. El joven le dijo: 'Papá, he pecado contra el cielo y contra ti. Ya no merezco que se me llame tu hijo.' Pero el padre ordenó a sus siervos: '¡Pronto! Traigan la mejor ropa para vestirlo. Pónganle también un anillo en el dedo y sandalias en los pies. Traigan el ternero más gordo y mátenlo para celebrar un banquete. Porque este hijo mío estaba muerto, pero ahora ha vuelto a la vida; se había perdido, pero ya lo hemos encontrado.' Así que empezaron a hacer fiesta. ~ Lucas 15:20-24

El temor del Señor es un baluarte seguro que sirve de refugio a los hijos. ~ Proverbs 14:26

Los hijos adultos que regresan a casa

La idea de hijos adultos que regresan a casa es un concepto interesante en la sociedad de hoy en día. Tiempo atrás en la historia, los hijos no dejaban el hogar. Los hombres permanecían en el hogar de sus padres, traían a las esposas a la familia y las esposas se cambiaban a los hogares de los esposos. Generaciones de familiares permanecieron juntas; los viejos cuidando a los jóvenes hasta que los jóvenes pudieran cuidar a los viejos en sus años de decadencia. La revolución industrial cambió a la familia dramáticamente, al moverse las familias de áreas rurales a las ciudades y al trabajar en fábricas o en industrias de servicio. Los jóvenes se cambiaban debido en gran parte a limitaciones de espacio en los hogares de sus padres. Ha sido solo en un par de generaciones pasadas que ha habido expectativas de que los hijos se cambien de casa y vivan independientes de sus padres.

La historia del hijo prodigo ilustra las diferencias que pueden suceder en una familia. Un hijo exigió su herencia y se fue de la casa, mientras que el otro se quedó en casa con sus padres. La cultura en ese tiempo influenció esta diferencia en parte porque el hijo mayor heredaría la tierra de la familia y los hijos menores frecuentemente heredarían nada o muy poco, entonces ellos se cambiarían de casa para hacer un futuro para ellos mismos. El hijo prodigo no edificó su futuro y despilfarró su herencia. Esto es similar a algunos hijos adultos de hoy en día; él hizo un desastre con su vida y después regresó a casa en un intento de ponerse de pie otra vez. A muchos jóvenes adultos hoy en día se les hace difícil vivir solos. Ellos regresan a casa o muchos se quedan en casa y nunca se van.

Hay varias razones por las cuales los hijos adultos regresan a casa: la economía, rotura del matrimonio, disponibilidad limitada en el mercado de trabajo, irresponsabilidad o falta de madurez. Puede ser difícil para los jóvenes adultos obtener un trabajo estable y el éxito financiero. Las compañías cierran y disminuyen su número de empleados con poco o nada de aviso y esto no es inusual, y la persona se encuentra sin trabajo y con pocas opciones disponibles. El rompimiento marital puede llevar a los mismos resultados, dejando a un hijo adulto sin un lugar donde vivir. Hay tiempos también cuando los hijos adultos se sienten más cómodos en el hogar. Hacen el intento de vivir solos, pero no tienen los recursos para tener éxito. La seguridad del hogar de mamá y papá puede ser muy tentadora.

Otro fenómeno interesante en la sociedad de hoy en día es la independencia feroz de jóvenes adultos, aun cuando ellos viven en casa con sus padres. Muchos hijos adultos ven cualquier cuestión sobre su estilo de vida como una intrusión sin embargo, no tienen ningún problema viviendo en casa sin pagar sus propios gastos. Algunos padres tienen hijos de edad media viviendo en casa, con ningún interés aparentemente de cambiarse. Ellos quieren su libertad y no intrusiones, pero ellos no están haciendo ningún movimiento hacia la independencia.

Papeles confusos

Las funciones de padres e hijos son más confusas cuando un hijo adulto vive en casa. Los padres son dueños de la casa y pagan las utilidades, pero el hijo es un adulto y técnicamente responsable de su propia vida. ¿Qué expectativas pueden tener los padres sobre su hijo? ¿Qué responsabilidades debe de tener él en el hogar? ¿Tienen los padres el derecho de decirle al hijo que vive en casa lo que sea? Éstas son preguntas para pensarse, al intentar los padres de dar las respuestas en medio del conflicto en casa.

Bíblicamente, los padres tienen la responsabilidad de cuidar sus hijos cuando están pequeños. Hay ciertas responsabilidades para los hijos adultos, pero los padres no son financieramente responsables por su hijo adulto que tiene la habilidad de salir adelante en la vida. Las parejas deben de trabajar juntas para decidir los parámetros de cuándo permitirán que un hijo adulto viva en casa. También tienen que decidir bajo qué condiciones él puede continuar viviendo en casa. Estas condiciones puden ser negociadas, al final, Los padres decidiran lo que esperan de su hijo mientras este viviendo en case.

Ciertamente, hay momentos cuando los padres tienen que estar disponibles para sus hijos; cuando ellos han sido responsables y sin embargo algo fuera de su control pasa, y los pone en una posición donde ellos necesitan asistencia. Pero ¿Qué al respecto del hijo adulto que ha sido irresponsable y ha hecho malas elecciones? No hay un grupo de reglas que objetivamente decidan qué constituye necesidades válidas y que no. También, no hay una lista que le dice a los padres cuándo califican como un apoyo amoroso para su hijo adulto y cuándo ellos tontamente están apoyando un adulto irresponsable sin motivación que no tiene ninguna intención de mantenerse él mismo.

Los límites saludables son absolutamente necesarios para hacer que un hijo adulto que está en casa con los padres se vuelva una persona productiva que hace el esfuerzo. Los padres deben buscar la guía de Dios y Su sabiduría, el consejo de amigos cercanos y una comunicación abierta el uno con el otro. Ellos necesitan observar cada una de las situaciones tan objetivamente y justamente como sea posible y tomar la mejor decisión que puedan. Los hijos son diferentes y los padres tienen que tomar sus decisiones basadas en lo que sienten que el Señor quiere que hagan por cada uno de los hijos, aun cuando los otros hijos no estén de acuerdo.

Nosotros somos los únicos animales que les permiten a los hijos regresar a casa.~ Bill Cosby

Antes que ellos regresen a casa

Aun cuando un hijo llega a la puerta de la casa en la noche diciendo; "Mamá, papá, no tengo donde vivir," hay algunas cosas que los padres tienen que hacer antes que les permitan a sus hijos adultos regresar a casa. Si ellos han tenido problemas con irresponsabilidad, los padres tienen que tener una plática como pareja antes que el hijo esté parado en la puerta una noche, entonces como esposo y esposa saben qué decir si el hijo llega a la casa. Algunas cosas para considerar antes de permitirle a un hijo adulto regresar a casa son:

1. ¿Por qué está regresando a casa?
2. ¿Cuál es su propósito al regresar a casa?
3. ¿Por cuánto tiempo estará en la casa?
4. ¿Cuáles son los planes para alcanzar su propósito para cambiarse de la casa?

Los padres tienen el derecho de que todas sus preguntas sean contestadas si un hijo va a regresar a casa. Ellos tienen que hablar con su hijo y pedirle que sea honesto en sus respuestas sobre su deseo de vivir con ellos. El tiempo en casa tiene que ser por un tiempo específico con planes hechos de cómo y cuándo él se cambiará de casa de nuevo. Es muy importante que los padres oren juntos acerca de la situación antes de contestar la petición de su hijo de volver a casa.

Juntos hagan una lista de las expectativas que el hijo adulto tiene que llenar mientras que viva en casa. Esto debe de estar por escrito y debe de incluir:

- El comportamiento: como el fumar, tomar, y amigos del sexo opuesto en la casa.
- Financiera: renta, comida, utilidades.
- Comunicación: información acerca de su horario de trabajo y a qué hora se espera que todos estén en casa.
- Las tareas del hogar: ¿Qué es lo que se espera de un hijo adulto?
- Privacidad: Tratar de tener tiempo solos para ambos padres y para el hijo.
- Hora de dormir: respetar el horario de cada uno.
- Tiempo de conversación: apartar un tiempo para discutir sobre cuestiones que surgen.
- Determinar tiempo: ¿Qué tanto tiempo él va a estar en casa?
- Responsabilidad: ¿Cómo los padres pueden hacer a su hijo responsable de un plan para alcanzar su propósito en casa?

La meta es hacer que la vida juntos sea una experiencia tranquila y positiva para todos. El esposo y la esposa tienen que estar de acuerdo con las condiciones puestas al hijo que regresa a casa y el hijo tiene que estar de acuerdo en permanecer bajo esas condiciones de lo contrario no puede regresar a casa. Las condiciones tienen que ser por escrito y aunque parece duro, es una buena idea hacer firmar al hijo adulto. Esas condiciones pueden ser revisadas y cambiadas de un tiempo a otro, pero ambas partes deben entender las condiciones antes que haya malos entendidos. Cualquiera que sea la razón por la que el hijo regresa a casa, el establecer expectativas claras previamente al regreso del hijo ahorrarán muchos problemas.

Un acuerdo también ayudará a no permitirle al hijo estabableserse permanente en la casa de sus padres. Un propósito, un plan y la responsabilidad ayudarán a mantenerlo en el camino y a progresar en alcanzar el propósito por el cual regresó a casa.

Mientras que ellos están en casa

Un hijo adulto viviendo en la casa puede ser una experiencia grandiosa. Le permite a los padres y al hijo la oportunidad de crecer juntos en un modo totalmente distinto. Pueden hacer cosas juntos, cultivar la relación y divertirse juntos. Jueguen juegos o busquen intereses comunes que puedan hacer juntos. Es una oportunidad para reconectar el uno con el otro y también una oportunidad para los padres de influenciar a su hijo adulto en un ambiente nuevo. Los padres tienen menos responsabilidad directa por sus hijos adultos y pueden edificar una nueva relación sin las tensiones que ellos tenían cuando ellos eran pequeños.

Hagan tiempo ustedes dos para estar juntos esposo y esposa - solos.

Recuerden que como esposos, su primera prioridad es mantener una relación fuerte entre los dos. No permitan que la intrusión de un hijo adulto que vive en casa se entrometa entre ustedes dos. El tiempo juntos como pareja es importante, especialmente si el hijo regresa a casa después de un tiempo sin hijos en el hogar. Hagan citas ocasionales de noche o hasta de fines de semana para ustedes dos. La relación matrimonial no se puede detener por un hijo adulto que vive con ustedes.

Es importante resolver rápidamente problemas que surgen. Los conflictos sin resolver con tu hijo adulto pueden arruinar la experiencia y dañar la relación. Si las cosas no van bien, siéntense y hablen al respecto. El hijo adulto tiene que vivir dentro de las expectativas con las cuales quedó de acuerdo. Si el problema se vuelve un punto mayor de argumento que no puede ser resuelto, él tiene que hacer la elección de vivir en otro lado. Es necesario algo de flexibilidad, pero es tu hogar y no tienes que comprometer tus valores por tu hijo. Saca lo mejor de la experiencia, y una relación diferente y más fuerte podrá ser edificada con tu hijo.

Para conversar como pareja

1. ¿Cuáles son tus opiniones acerca del hecho de que a lo largo de la historia los hijos no se mudaban de la casa de sus padres? ¿Es factible el día de hoy un hogar multigeneracional?

2. ¿Por qué piensas que los papeles o funciones podrían ser confusos con un hijo adulto viviendo en casa? ¿Qué podrías hacer para definir las funciones?

3. ¿Qué harías si abrieras la puerta de tu casa una noche y vieras parado ahí a tu hijo adulto pidiéndote regresar a casa?

4. ¿Por qué es importante hablar con tu cónyuge y estar de acuerdo acerca de que tu hijo adulto esté viviendo en casa?

5. ¿Estás de acuerdo que es importante tener expectativas escritas para tu hijo adulto, mientras el vive contigo? ¿Por qué sí o por qué no?

Inventario de aceptación – Tu hijo adulto

Circula el número que mejor describe tu interacción con tus hijos adultos en cada área:

	Casi nunca	Raramente	A menudo	Casi Siempre
1. Les digo a mis hijos que estoy orgulloso de ellos.	1	2	3	4
2. Abrazo a mis hijos.	1	2	3	4
3. Les digo a mis hijos que los amo.	1	2	3	4
4. Tengo interés en lo que mis hijos hacen.	1	2	3	4
5. Muestro interés acerca de lo que mis hijos hablan.	1	2	3	4
6. Trato de animar a mis hijos.	1	2	3	4
7. Escucho el punto de vista de mis hijos sin juzgarlos.	1	2	3	4
8. Les doy a mis hijos mi atención total cuando ellos hablan.	1	2	3	4
9. Paso tiempo con mis hijos haciendo lo que a ellos les gusta hacer.	1	2	3	4
10. Les muestro afecto a mis hijos.	1	2	3	4
11. Les hago saber a mis hijos cuando no estoy de acuerdo con sus elecciones.	4	3	2	1
12. Les recuerdo a mis hijos que ellos deben de actuar como adultos.	4	3	2	1
13. Demuestro impaciencia con mis hijos.	4	3	2	1
14. Animo a mis hijos para que hagan cosas mejores en la vida.	4	3	2	1
15. Les grito a mis hijos.	4	3	2	1
16. No les llamaría a mis hijos a propósito para hacer una observación.	4	3	2	1
17. Uso el dinero para tener la atención de mis hijos.	4	3	2	1
18. Me pongo emocional para convencerlos de hacer lo que quiero.	4	3	2	1
19. Demuestro mi desilusión a mis hijos.	4	3	2	1
20. No permito que mis hijos hablen cuando los estoy disciplinando.	4	3	2	1

Escribe tu total aquí: _______

Una puntuación de 65-80 indica que eres un padre que acepta a sus hijos – continúa trabajando en la relación con tus hijos. Si tu puntuación es de 50-64; estás aceptando, pero puedes usar éste inventario para ayudar a aumentar tu nivel de aceptación. Debajo de 50: Por favor evalúa como estás tratando a tus hijos. Lo más probable es que tú eres estricto o no te involucras y no muestras aceptación hacia tus hijos. Una aceptación de los padres es extremadamente importante para relaciones saludables con hijos adultos. Si ellos no tienen tu aceptación, ellos buscarán aceptación en otros lugares.

Padres con hijos adultos

Estudio 44

Ser abuelos

> *La corona del anciano son sus nietos; el orgullo de los hijos son sus padres. ~ Proverbios 17:6*

> *Un hijo necesita a un abuelo.*

El gozo de ser abuelos

> *El amor perfecto a veces no viene hasta que llegue el primer nieto. ~ Proverbio Galés*

Ser abuelos puede ser el gozo más grande de la vida, pero también puede ser frustrante y desalentador. Los abuelos tienen la oportunidad de ayudar a sus hijos y comunicar con sabiduría desde un punto de vista totalmente diferente. También tienen la oportunidad de vaciar su amor en los nietos e influenciar positivamente a una nueva generación. La frustración puede surgir a través de una mala comunicación o expectativas relacionadas con el rol de los abuelos y los nietos. Es importante que haya una comunicación abierta y honesta con respecto a las funciones de los abuelos en la vida de sus nietos. Para lograr papeles y relaciones positivas de parte de los abuelos, se requerirá un poco de trabajo.

Los abuelos tienen una función nueva y muy diferente a la que ellos tuvieron como padres. Usualmente, los abuelos están en una posición de darle más tiempo a sus nietos sin tener que preocuparse de los problemas diarios de la vida. Ellos se pueden divertir con sus nietos mientras que tengan presente que es su hijo adulto el padre de sus nietos. El amor por los nietos debe estar fundado en el apoyo a sus padres. Ciertamente, los abuelos saben más acerca de ser padres que sus hijos adultos porque ellos ya han criado hijos. Pero el conocimiento no es el asunto - la responsabilidad, la libertad, los límites y el control son la cuestión. Los padres ya han criado a sus hijos, es el turno de sus hijos de criar a sus hijos y los abuelos deben de respetar este tiempo de crianza o bien no ver muy seguido a sus nietos. Los abuelos están para dar amor a sus nietos y para apoyar a sus hijos adultos.

Estar involucrado

La participación en las actividades de los nietos es muy importante aunque no siempre sea posible ir a todos los eventos. Apartar tiempo para ir a conciertos, juegos, bailes, a muchas otras actividades, significará muchísimo para ambos, los nietos y los hijos adultos. Los abuelos tienen la oportunidad de ser parte de sus vidas y sería una pérdida no ser parte de ellas. Tal vez tú faltaste a muchas de las actividades de tus hijos y te sientes mal al respecto. Quizá sea apropiado disculparte y pedir perdón a tus hijos adultos, pero no permitas que errores del pasado te detengan de tu participación ahora.

La distancia representa un reto para estar involucrados con los nietos. Un poco de creatividad permite a los abuelos estar involucrados aun cuando no viven cerca de sus hijos. El enviar tarjetas de ánimo antes de cualquier evento y llamadas telefónicas inmediatamente después de los eventos ayudará mucho a mantener a los abuelos involucrados en las vidas de sus nietos. Las cámaras de video pueden hacer sentir a los abuelos involucrados; si tus hijos no tienen una cámara de video considera comprarles una. A menos que el viajar sea imposible, los abuelos tienen que hacer un viaje en ocasiones para ver a sus hijos y nietos. La inconveniencia es una mala excusa para no pasar tiempo con la familia.

Abuelo, no padre

Sí, tú sabes más acerca de criar niños que tu hijo adulto. Muchos abuelos les dicen a sus hijos adultos lo que necesitan hacer con sus nietos y se origina una confrontación, y después los abuelos se preguntan por qué no ven a sus nietos por mucho tiempo. Los padres del niño quizá tengan diferentes ideas de cómo criar a los hijos. Cuando los abuelos ofrecen sus sugerencias acerca de cómo criar a los hijos, los padres quizá se ofendan y resistan la intrusión en la familia. Los abuelos tienen que darse cuenta que lo diferente no necesariamente está mal, que tus hijos quizá críen a tus nietos muy diferente a como tú criaste a tus hijos no es malo.

Es importante que los abuelos y los padres platiquen sobre los papeles de los abuelos en la vida de los nietos. No asumas cuál será tu rol y trabaja con tus hijos; platica sobre algunas diferencias que tengan. Los abuelos tienen siempre que respetar la autoridad de los padres sobre los nietos y no usurpar la autoridad al preguntarles a los nietos acerca de hacer cosas divertidas antes de preguntarles a sus padres. Demostrar respeto hacia los padres edificará la relación y beneficiará a las tres generaciones. Los padres de los nietos necesitan saber que ellos tienen el apoyo y amor de sus padres sin control e interferencia en sus vidas. Cuando interactúas con tus hijos, y con sus hijos, hay algunos puntos que tienes que tener en mente.

- Apoya a tu hijo y a su cónyuge en el papel de padres.
- Sigue las reglas puestas por los padres.
- Ama a tus nietos, no competas por su amor.
- No te pongas en una posición entres tus nietos y sus padres.
- No critiques a tus hijos adultos, especialmente enfrente de los nietos.

Ayudando a los hijos adultos a criar

Es posible que se les dé a los hijos adultos consejos aunque ellos no los pidan. Los padres tienen que recordar que ellos no pueden controlar o forzar a sus hijos adultos a hacer lo que ellos piensan que es lo mejor. Cuando tu hijo menciona un problema, pregúntale si le puedes dar un consejo. Si dice "no", mantén la información para ti mismo, pero si dice "sí", da un consejo específicamente para esa situación. No tomes la oportunidad para dar una lección de una hora acerca de los puntos más finos acerca de cómo criar a los hijos. También los padres tienen que estar alerta para esos "momentos de enseñanza" cuando pueden usar su experiencia en la vida para dar un consejo sobre la crianza.

Lo mejor que los padres pueden hacer por sus hijos adultos es estar disponibles. Demostrar disponibilidad edificará la relación de padre e hijo y fomentará una cercanía que le dará al padre la oportunidad de interponer un consejo aparte de apoyar. Los padres que están disponibles para ayudar con el cuidado de los niños, cuando hay mandados que hacer, cuando son anfitriones de alguna fiesta y otro tipo de actividades, serán las personas a los que los hijos acudirán cuando los problemas surjan.

Ayudar a los hijos adultos a mantener la perspectiva posiblemente es el aspecto más importante de la disponibilidad de un padre. Los padres que han criado hijos saben muy bien la tremenda tarea que sus hijos adultos tienen al criar a sus propios hijos, edificar una carrera, trabajar en su matrimonio y servirle al Señor. Señalándoles el camino hacía el Señor y proveerles ánimo y apoyo continuo puede ayudar a los hijos adultos a mantener la perspectiva aun cuando hay problemas.

"Estaremos en casa a la medianoche papá. Ahora no permitas que Jorge fume, tome, o use drogas. No le permitas que se involucre con el tipo equivocado de muchachas y no le permitas ser parte de una pandilla."

Problemas potenciales

Hay tiempos cuando el sobre control de los abuelos no es un problema – la falta de control del hijo adulto es el problema. Algunas personas aunque sean adultos no están listas para criar niños. Los abuelos pueden llegar a ser los que dan el cuidado a los nietos. Los límites pueden ser un problema mayor cuando el hijo adulto no toma responsabilidad de sus hijos. Mientras que es importante que los padres no demeriten la autoridad de sus hijos como padres, también es importante que ellos no deslinden a sus hijos de la responsabilidad que tienen como padres, tomando ellos esa responsabilidad como propia. Los abuelos generalmente son los mejores para cuidar a los niños, pero también se puede tomar ventaja de ellos si sus hijos nada más dejan a los niños para que ellos jueguen con ellos todo el tiempo y así los padres evitan su responsabilidad de ser padres.

Volverse abuelo cuando una hija que no está casada se embaraza puede ser un problema muy grande en la casa. Es importante que los padres no reaccionen de una manera exagerada al pecado de su hija. Sí, es un problema serio, pero el correr a su hija de la casa o desheredarla no es la respuesta. Este es un problema con consecuencias para toda la vida, pero no tiene que destruir la familia. Recuerda, todos los niños son preciosos a los ojos de Dios, aun aquellos que son concebidos en pecado, y ¡no es la culpa de los nietos! La pareja debe trabajar junta amando y guiando a su hija a través de este tiempo.

Se requerirá de intervención en ciertos casos, como en caso de abuso físico, sexual o en el abuso serio de sustancias químicas, quizá hasta remover el nieto de la casa de sus padres sea necesario. Este debe ser el problema más fuerte al que se tenga que enfrentar uno como abuelo, y tiene que ser encarado con mucha oración y con un buen sistema de apoyo. El abuelo en esta situación con frecuencia será difamado como un traidor y como un padre muy malo por haber traicionado a su hijo. Sin embargo, Dios puede usar esta situación para transformar la vida de los hijos adultos. Los abuelos tienen que ser abiertos y honestos con sus nietos acerca de los problemas sin criticar el carácter del padre o de los padres. Ellos tienen que confrontar honestamente el problema del hijo en amor.

Es imperativo que el esposo y esposa estén juntos a través de todos los problemas que experimentan con sus hijos y nietos. Una comunicación fuerte es esencial, y los padres deben de frenarse de culparse el uno al otro por los problemas y al mismo tiempo aceptar responsabilidad donde ellos tienen responsabilidad. Los desacuerdos más grandes en el amor pueden ser por problemas con los hijos. La pareja que depende del Señor permanece enfocada en Él y atraviesa las pruebas junta; puede crecer en la relación de su matrimonio a través de cualquier problema que surja.

> ***El hombre de bien deja herencia a sus nietos ~ Proverbios 13:22***

La herencia que es dejada a los nietos quizá involucre algo de dinero, pero primordialmente el legado es lo que los abuelos dejan. ¿Cómo los abuelos han bendecido y fortalecido la vida de sus nietos? Es una bendición darle a los nietos regalos, pero los regalos materiales nunca se compararán a los regalos de amor, de tiempo, de ánimo y de estar disponible. Dejarles historia, fe, y amor, ayudará a edificar a los nietos y a prepararlos para cuando sean adultos. Al contrario de las creencias de algunos, no es el trabajo de los abuelos consentir a los nietos. Su trabajo es amar a sus nietos tanto que ellos siempre sabrán que el amor y la aceptación están siempre esperando en la casa de sus abuelos. Ésta sería una herencia mucho más valiosa que cualquier herencia monetaria.

Los padres están ocupados en la vida al criar ellos a sus hijos. Los abuelos tienen la oportunidad de tranquilizarse y tomar tiempo para sus nietos. Ellos no están en la batalla diariamente y frecuentemente pueden edificar una relación con sus nietos que los padres nunca podrían tener. Los abuelos tienen que esforzarse para edificar estas relaciones. Ellos tienen que estar más al tanto de involucrarse en la vida de sus nietos que en su propia conveniencia. Sí, el trabajo nunca termina, pero las bendiciones de Dios tampoco nunca terminan, porque los nietos son una bendición del Señor.

> *Los nietos son la forma de compensación de Dios, al hacernos viejos. ~ Mary H. Waldrip*

Divirtiéndose con los nietos

Los nietos presentan la oportunidad a los abuelos de gozar más los beneficios de los niños sin muchas de las responsabilidades. Los padres por lo regular están ocupados edificando su hogar, su carrera, familia, ministerio y los abuelos pueden ser el respiro en la tormenta. La relación que ellos tienen con sus abuelos puede afectar a los nietos por el resto de sus vidas en una manera positiva.

Los abuelos tienen que aprender sobre sus nietos. Es importante entender sus personalidades y sus lenguajes de amor para amarlos como ellos son. Esto quizá tome más tiempo cuando los nietos no viven con ellos, pero un fin de semana o dos les deben de dar una buena idea a los abuelos de cómo demostrar el amor para cada uno de los nietos.

Permanecer en contacto con los nietos no es difícil de hacer aunque estén separados por grandes distancias. Los abuelos pueden mandar tarjetas, cartas o regalos pequeños para estar en contacto. Pueden mandar videos de sí mismos, haciendo un video divertido acerca de cuanto extrañan a sus nietos o hasta haciendo cosas chistosas que sólo los nietos apreciarán. La era electrónica lo hace aun más fácil, estar en contacto con el correo electrónico y la facilidad de enviar fotografías o videos instantáneamente por medio de la computadora. Comprar una cámara de video o una cámara de fotografía digital para tus hijos puede ser una inversión para ayudar a permanecer conectados con tus nietos.

Hay más cosas que los abuelos pueden hacer para permanecer cerca de sus nietos que horas en el día. ¡Diviértete con tus nietos! Usa la lista de abajo como punto de comienzo de ideas y después agrega las tuyas, para que puedas afectar la vida de tus nietos con el amor que solo los abuelos pueden dar.

Cosas que puedes hacer con tus nietos[1]

- ☆ Pasa tiempo con ellos sin que estén los padres.
- ☆ Léeles historias, asigna un librero en tu casa solo para los nietos.
- ☆ Llévalos a lugares históricos y a museos.
- ☆ Llévalos de vacaciones con ustedes.
- ☆ Juega con ellos juegos de mesa, entre más, mejor.
- ☆ Haz cosas diferentes y creativas, pinten, dibujen, hagan figuras con plastilina o con madera.
- ☆ Vayan de pesca juntos.
- ☆ Colecciones insectos en un frasco.
- ☆ Cuéntales historias de sus padres cuando ellos eran niños.
- ☆ Enséñales sobre sus ancestros.
- ☆ Construyan castillos afuera con bloques o tarjetas.
- ☆ Cuéntales todas las historias importantes de la Biblia.
- ☆ Juega a las escondidas con ellos.
- ☆ Llévalos al parque y juega con ellos.
- ☆ Interésate en lo que a ellos les interesa. Pregúntales acerca de qué es lo que ellos hacen y qué les gusta y qué es lo que escuchan.
- ☆ Construye una casa de juego para ellos.
- ☆ Colecciona piedras.
- ☆ Llévalos a un paseo educativo, a que conozcan la estación de bomberos, el aeropuerto u otros lugares.
- ☆ Enséñalos a cocinar.
- ☆ Llévalos a acampar.
- ☆ Vayan al zoológico.
- ☆ Déjalos que ellos escojan las actividades en

ciertos días indicados.
- ☆ Arma rompecabezas.
- ☆ Tomen alguna clase juntos de artes manuales, de música o cualquier otro tipo.

Hay muchas más actividades que estas, pero con estas te das la idea. Sé parte de la vida de tus nietos y demuestra el amor maravilloso de Dios a ellos.

> ***¡Que ganga son los nietos! Les doy mi cambio, y ellos me dan placeres con el valor de un millón de dólares. ~ Gene Perret***

Para conversar como pareja

1. ¿Crees que el ser abuelos es más o menos importante hoy en día que en el pasado? ¿Por qué sí o por qué no?

____
____
____
____

2. ¿Qué cosas puedes hacer para apoyar a tus hijos adultos al criar ellos a sus hijos?

____
____
____
____

3. ¿Cómo manejarías la situación si tu nieto de dijera que hay abuso físico en su casa? ¿Abuso de sustancias?

____
____
____
____

4. ¿Cuál es la herencia que puedes dejarle a tus nietos?

____
____
____
____

5. ¿Qué cosas divertidas te comprometes a hacer con tus nietos?

____
____
____
____
____

Matrimonios fortalecidos
Capítulo 10 referencias

Estudio 44: ***Ser abuelos***

1. Adaptavo de libro; 41 Things Grandparents Can Do With Grandchildren por Susan Alexander Yates

Lecturas sugeridas:
- Abuelos y nietos. abuelo favorito, abuelo útil por Celeste Rico Sapena; E. Serra Desfilis; Paz Viguer
- Qué es lo mejor de ser abuelos? por Silvia Adela Kohan
- 150 actividades para vuestros nietos por Veronique Chabrol

Capítulo 11
Retos en el matrimonio

Estudio 45

Resistiendo los ataques en tu matrimonio

Practiquen el dominio propio y manténganse alerta. Su enemigo el diablo ronda como león rugiente, buscando a quién devorar. Resístanlo, manteniéndose firmes en la fe, sabiendo que sus hermanos en todo el mundo están soportando la misma clase de sufrimientos. Y después de que ustedes hayan sufrido un poco de tiempo, Dios mismo, el Dios de toda gracia que los llamó a su gloria eterna en Cristo, los restaurará y los hará fuertes, firmes y estables. A él sea el poder por los siglos de los siglos. Amén
~ 1 Pedro 5:8-11

Cada matrimonio experimentará ataques, problemas, contratiempos o crisis y desafortunadamente muchos no sobreviven las dificultades serias. Tu matrimonio puede sobrevivir y hasta crecer a través de cualquier problema que experimente. Los problemas en el matrimonio no son nada nuevo; han estado ahí desde la creación del primer hombre y el primer matrimonio. Ya sea por el pecado o por los efectos de un mundo caído, las parejas tienen que prepararse para las dificultades de la vida.

El matrimonio representa la relación entre Dios y su pueblo, y Satanás desea su destrucción. Él con frecuencia ataca a los matrimonios a través de la tentación de pecar y alejarse de Dios. El comportamiento egoísta y egocéntrico de la pareja también puede destruir el matrimonio si ellos lo permiten. El Señor provee la fuerza para vencer cualquier tentación o ataque cuando la pareja vive su vida de acuerdo a los principios bíblicos y a su poder.

> ***"Amar es ser vulnerable. Ama algo, y tu corazón ciertamente será estrujado y posiblemente será roto. Si te quieres asegurar de mantenerlo intacto, no tienes que darle tu corazón a nadie, ni siquiera a un animal. Envuélvelo cuidadosamente con pasatiempos y con pocos lujos, evita todos los líos; enciérralo en el cajón de tu egoísmo. Pero en ese cajón seguro, oscuro, sin emociones, sin aire – tu corazón cambiará. No será roto, será irrompible, impenetrable, irreparable... El único lugar aparte del cielo donde puedes estar perfectamente a salvo de todos los peligros y perturbaciones del amor es en el infierno."[1]***

Hay maldad en el mundo

Así que tengan cuidado de su manera de vivir. No vivan como necios sino como sabios, aprovechando al máximo cada momento oportuno, porque los días son malos. ~ Efesios 5:15-16

Uno no tiene que mirar muy lejos para descubrir que hay maldad en el mundo. Abusos horribles a los niños, genocidio, esclavitud, asesinatos, violaciones y el desorden general de la humanidad revelan la maldad en el mundo. Cada vez que la ley y el orden son removidos de alguna área, la depravación de la naturaleza humana toma el control. Esto es evidente cuando hay inundaciones, desastres naturales o disturbios, cuando las fuerzas policiacas son aplastadas hasta que el refuerzo llega y el orden es restaurado.

El pecado trajo la maldad al mundo y afecta a todas las personas de un modo u otro. El pecado de un cónyuge, de hijos o de otros puede causar sufrimiento y dolor. Nadie está exento, ni el fiel ni el malvado. Los contagios, enfermedades y los desastres naturales también afectan a muchas familias y matrimonios por todos lados. El mundo está lleno de problemas y las parejas tienen que ser cuidadosas, viviendo sabiamente con Jesucristo en el centro de su matrimonio. Sólo hasta entonces ellos, al obedecer al Señor, podrán ser capaces de aprovechar lo más que se pueda de cada oportunidad.

Los problemas vendrán

Jesús les dijo a sus discípulos que ellos tendrían problemas en este mundo. La persecución vendría por causa de su fe, pero también por los problemas de un mundo caído. Los cristianos no están exentos de los problemas del mundo. No parece justo o correcto que personas maravillosas y dadivosas deban de sufrir y morir en manos de hombres malvados, pero sucede... muy seguido. El hecho de que vengan pruebas no debería sorprender a nadie. Las parejas casadas deben de estar listas para enfrentar las pruebas y los problemas que ellos experimentarán en sus vidas.

> ***En este mundo afrontarán aflicciones.***
> ***~ Juan 16:33***

El dolor físico puede venir a través de una lastimadura o enfermedad. Un accidente, o un momento en el que no pusiste atención, pueden cambiar vidas para siempre. La brutalidad del pecado es vista donde sea, desde el abuso sufrido en casa, al crimen en las calles y la guerra alrededor del mundo. El cáncer afecta a millones de personas cada año y es difícil mirar a un ser amado atravesar el dolor y sufrimiento.

El dolor emocional puede ser tan difícil como el dolor físico; a veces puede ser más difícil de soportar. El abuso emocional puede dejar cicatrices tan profundas como cualquier cicatriz física. Parece que los seres humanos tienen una capacidad increíble de lastimar a otros. El dolor de la depresión puede ser una experiencia devastadora que afecta a la familia entera. La pérdida financiera causada por pérdida de trabajo, robo o por malas inversiones puede afectar a una pareja profundamente. Cualquiera de estas heridas emocionales afectará a un matrimonio.

> ***Queridos hermanos, no se extrañen del fuego de la prueba que están soportando, como si fuera algo insólito.***
> ***~ 1 Pedro 4:12***

Un problema que crece es la necesidad de cuidar a padres ancianos. El Dr. Terry Hargrave dice que éste será uno de los problemas más grandes que las parejas enfrentarán en los años venideros, a la vez que la medicina mantiene viviendo a las personas por más tiempo y no necesariamente aumenta su calidad de vida. Cuidar a alguien por mucho tiempo puede agotar a una pareja y dañar la relación matrimonial.

El mundo está lleno de tentaciones y la mayoría de la gente está más cercana a caer en el pecado que a ser creyente. Todos los matrimonios y las familias experimentan los efectos del pecado. El abuso físico o sexual en el hogar o por alguien fuera de éste, el adulterio, las adicciones, los hijos rebeldes o los embarazos de adolescentes afectarán cualquier matrimonio grandemente.

Las malas noticias son que tu matrimonio ha soportado o experimentará algunos de estos problemas durante su tiempo juntos. La vida en este mundo caído significa que cada persona está sujeta a la posibilidad de algún tipo de dolor y de pérdida. Habrá desastres naturales, enfermedades, lastimaduras, dolores y pecado. El Señor no les prometió a sus hijos que no tendrían problemas, pero sí que él estaría con ellos a través de todos esos tiempos.

Las parejas tienen que darse cuenta que el amor por sí solo no los ayudará a superar las pruebas que ellos enfrentarán. El noventa por ciento de las parejas que han perdido un hijo se divorcian, y las parejas que enfrentan otros tipos de pruebas también son propensas a una alta probabilidad de divorcio más que la población en general. Muchos esposos o esposas desafortunadamente se alejan de sus cónyuges que están heridos en vez de tratar de mantener el matrimonio y la familia juntos a través de las crisis. Es importante que la pareja dependa del Señor cuando experimentan pruebas y problemas en la vida. Su fuerza les ayudará a soportar aun cuando el amor de su cónyuge no es suficiente.

El amor no puede proteger a un matrimonio de ser dañado, y el amor por sí solo, no es suficiente para sostener hasta la pareja más amorosa. ~ Drs. Les & Leslie Parrott

Perseverando a través de la tormenta

El compromiso es importante para un matrimonio y ayudará a una pareja a través de las tormentas de la vida, pero el compromiso por sí solo no las atravesará. Las parejas tienen que sujetarse al Señor y buscarlo en cada prueba que ellos enfrentan. Dios sella el compromiso y fortalece a la pareja en las pruebas que enfrentarán. El matrimonio edificado en el fundamento de la roca, en Jesucristo, pueden superar cualquier tormenta.

Dios es nuestro amparo y nuestra fortaleza, nuestra ayuda segura en momentos de angustia. ~ Salmos 46:1

Satanás no ocasiona todos los problemas que una pareja experimenta, pero él ciertamente intentará usar cualquier problema para causar división en un matrimonio. Él es el león que merodea buscando a alguien a quien devorar. Las parejas tienen que enfrentarlo, recordando que sus batallas no son en contra de algo que ellos pueden ver, sino en contra de las fuerzas espirituales que quieren destruir sus vidas, su matrimonio y su familia. Estando juntos y confiando totalmente en Dios le da a una pareja la fuerza que no podrían tener por sí solos. El cordón de tres hilos no es fácil de romper (Eclesiastés 4:12) y la pareja que se engancha de la roca que es Jesucristo no será fácilmente arrastrada.

Porque nuestra lucha no es contra seres humanos, sino contra poderes, contra autoridades, contra potestades que dominan este mundo de tinieblas, contra fuerzas espirituales malignas en las regiones celestiales. ~ Efesios 6:12

Algunas veces hay razones por las cuales las parejas experimentan problemas, pero en otras ocasiones no hay una respuesta clara del porqué del problema. El pecado trae consecuencias aun cuando hay arrepentimiento, perdón y restauración. El adulterio de alguno de los cónyuges definitivamente traerá problemas al hogar. El cáncer, accidentes o algún acto de violencia sin sentido no tienen respuestas fáciles o posiblemente ni siquiera las tengan. La tendencia humana intenta encontrar respuestas por todos los sufrimientos. A causa de buscar respuestas, las parejas pierden mucho tiempo y energía y esto suele alejar a las parejas de aferrarse a Cristo y de perseverar a través del problema. ¿Acaso a personas buenas les pasan cosas malas? Sí. ¿Es Dios Todopoderoso y él todo lo sabe? Ciertamente. ¿Dios ama a la humanidad con un amor eterno? Por supuesto. Recuerda, éste es un mundo caído gimiendo debajo del peso del pecado y de la depravación (Romanos 8:22). Toda la creación espera el regreso del Rey de reyes y Señor de señores. Dios está en control aunque el mundo parezca estar sin ello.

La paz les dejo; mi paz les doy. Yo no se la doy a ustedes como la da el mundo. No se angustien ni se acobarden. ~ Juan 14:27

Una pareja soportando el sufrimiento a través de una prueba tiene que recibir apoyo y ayuda. Una persona por sí sola no puede cuidar a un cónyuge lastimado día tras día, y cuando ambos esposo y esposa pasan a través de una prueba, serán retados a animarse el uno al otro. Se puede involucrar a la familia, los amigos y la iglesia para que ayuden con responsabilidades y también para que sean un apoyo emocional. Si la prueba es el pecado, es necesario enfrentarlo y tratar con él. Las parejas no pueden permitir que los pecados del uno y del otro, de los hijos o de otros en contra de la familia sean olvidados sin ser tratados. Las víctimas del abuso, usualmente ellas pueden tratar con ese abuso, pero la falta de protección y de cuidado hiere a la persona profundamente que ya está sufriendo a causa de un acto pecaminoso. Consigue la ayuda que necesitas, ya sea apoyo, consejería o hasta protección a través de agencias gubernamentales.

> ***...Así que nos regocijamos en la esperanza de alcanzar la gloria de Dios. Y no sólo en esto, sino también en nuestros sufrimientos, porque sabemos que el sufrimiento produce perseverancia; la perseverancia, entereza de carácter; la entereza de carácter, esperanza. Y esta esperanza no nos defrauda, porque Dios ha derramado su amor en nuestro corazón por el Espíritu Santo que nos ha dado.***
> ***~ Romanos 5:2-5***

Las parejas deben de enfrentar juntas cada prueba como una experiencia de "ambos." Un esposo quizá no sienta el dolor físico que su esposa siente al luchar contra el cáncer, pero al caminar con ella a través de la prueba, crecerán juntos y experimentarán intimidad. Tantas veces como sea posible ellos necesitan animarse y fortalecerse el uno al otro para perseverar a través de la prueba. Cuando ambos no tienen las fuerzas para estar disponibles el uno para el otro, ellos necesitan buscar ayuda de afuera.

La esperanza es el aspecto de la fe cristiana que cambia las pruebas y sufrimientos de los cristianos. A través de la historia de la Cristiandad, los cristianos han sufrido por su fe, y a través de terremotos, inundaciones, plagas, guerras y todo lo demás que el mundo sufre. Y si eso no sea nada, la gente de Dios está señalada para la destrucción, ya que Satanás busca destruir sus vidas, matrimonios y familias. La esperanza es una expectativa confiable que Dios hará lo que Él ha prometido hacer. Esto mantiene a los cristianos a través de las peores circunstancias cuando se enfocan en el Señor y se aferran a Él.

No es de ayuda culpar a Dios, a un cónyuge o a otros por las pruebas. El culpar puede separar a las parejas porque se enfocan ellos en la culpabilidad en vez de en el Señor. Sí, el pecado tiene que ser enfrentado y tratado, pero la adicción de una persona de culpar a alguien más por sus problemas y sufrimientos no muestra gracia o que se está dependiendo del Señor. La víctima también pone el enfoque en el lugar equivocado al enfocarse en sí misma en vez de en el Señor. Ser una victima no ayuda a la persona a manejar el sufrimiento y hasta puede empeorar la situación.

> ***¿Quién nos apartará del amor de Cristo? ¿La tribulación, o la angustia, la persecución, el hambre, la indigencia, el peligro, o la violencia? Así está escrito: "Por tu causa nos vemos amenazados de muerte todo el día; nos tratan como a ovejas destinadas al matadero." Sin embargo, en todo esto somos más que vencedores por medio de aquel que nos amó. Pues estoy convencido de que ni la muerte ni la vida, ni los ángeles ni los demonios, ni lo presente ni lo por venir, ni los poderes, ni lo alto ni lo profundo, ni cosa alguna en toda la creación, podrá apartarnos del amor que Dios nos ha manifestado en Cristo Jesús nuestro Señor.***
> ***~ Romanos 8:35-39***

La perspectiva es importante y puede ser la diferencia entre crecer a través de una prueba y solamente sobrevivir un día más. Aquellos que sufren con la perspectiva de Dios, no ven hacia el interior sino hacia el Señor por fortaleza para perseverar a través de la prueba. Pedro caminó sobre el agua mientras que su enfoque era Jesús. Cuando él quitó la vista del que lo sostenía y miró sus circunstancias, rápidamente empezó a hundirse (Mateo 14:28-32). Aquellos que están atravesando pruebas también deben de enfocarse en el Señor.

La humanidad no entiende los caminos de Dios y el sufrimiento parece injusto, a veces arbitrario. Dios no contestó las quejas de Job y su deseo de justicia. El simplemente declaró quien es él. Dios no rescató a Jesús de la cruz, pero permitió que él sufriera para que su relación con la humanidad pudiera ser restaurada. A causa del pecado, todas las personas merecen la muerte y la separación eterna de Dios. Su gracia y su misericordia salva a aquellos quienes claman su nombre, y el sufrimiento que ellos tendrán que soportar es muy pequeño al compararse a la eternidad prometida en el cielo. Las cicatrices hechas por el dolor y el sufrimiento identifican al cristiano con su salvador.

> *Las cicatrices son evidencia de que fuiste lastimado y son evidencia de que el Señor te sanó. ~ Dave Roever*

Prepárate ahora

Las tormentas, pruebas y tribulaciones vendrán en la vida. Las parejas se deben de preparar antes que éstas vengan. Prepararse significa que ellos edifiquen un fundamento para un matrimonio fuerte y sólido. Esa fundamento tiene que ser Jesucristo. La relación matrimonial que no está fundada en Jesucristo se marchitará y se secará; después será arrancada por la primer prueba grande que venga. No permitas que tu matrimonio llegue a ese punto. Continúa trabajando para edificar esa relación, primero con el Señor y después con tu cónyuge. Desarrolla intimidad y una cercanía para que cuando las tormentas vengan, puedan ser capaces de afrontarlas juntos y permanecer enfocados en el Dios que los ama y que estará siempre disponible a ustedes.

> *Ustedes, queridos hijos, son de Dios y han vencido a esos falsos profetas, porque el que está en ustedes es más poderoso que el que está en el mundo. ~ 1 Juan 4:4*

Para conversar como pareja

1. ¿Crees que Satanás quiere destruir tu matrimonio? ¿Cómo intentaría hacerlo?

____
____
____
____

2. ¿Por qué es importante depender de Dios en vez del amor y el compromiso cuando atraviesas pruebas?

____
____
____
____

3. ¿Qué significa para tu esposo y para ti estar juntos a través de las pruebas?

____
____
____
____

4. ¿Por qué tiene que ser enfrentado el pecado cuando ataca a tu matrimonio o a tu familia? ¿Cómo lo enfrentas?

____
____
____
____

5. ¿Cómo te estás preparando para las pruebas que vendrán en tu relación matrimonial?

____
____
____
____
____

Pruebas y tribulaciones

Las pruebas son adversidades que evalúan la fe de un individuo. Las tribulaciones son adversidades y angustias mayores; una opresión intensa o persecución.[2] Contesta las siguientes preguntas honesta y abiertamente. El propósito de este ejercicio no es abrir cicatrices viejas, es para ayudarles a trabajar juntos como pareja en pruebas futuras. Cuando conversen acerca de sus respuestas, no juzgues o ataques a tu cónyuge. Acepta las respuestas y agradécele por su disposición de compartir esas respuestas contigo.

1. ¿Cuál fue tu prueba o tribulación más grande antes de casarte? ¿Cómo la superaste?

2. ¿Cuál ha sido la prueba más difícil que han experimentado juntos? ¿Se mantuvieron de pie juntos a través de esta prueba? ¿Qué pudiste haber hecho mejor?

3. ¿Cómo reaccionas a las crisis y tensiones en tu vida? ¿Qué podrías hacer para responder mejor?

4. ¿Cómo reacciona a las crisis y tensiones en la vida tu cónyuge? ¿A través de esa acción, cómo fuiste lastimado?

5. ¿Cómo afectó a tu matrimonio tu pecado? ¿Cómo tú y tu cónyuge lo han superado?

6. ¿Cómo ha afectado a tu matrimonio el pecado de tu cónyuge? ¿Cómo has podido superarlo?

Retos en el matrimonio

Estudio 46

Cuando los hijos se pierden

Hay caminos que al hombre le parecen rectos, pero que acaban por ser caminos de muerte.
~ Proverbios 14:12

Los hijos que van por el camino de la perdición traen tensiones enormes al matrimonio. Los padres suelen culparse a sí mismos o el uno al otro y frecuentemente pasan mucho tiempo peleando uno con el otro del mismo modo que lo hace con sus hijos. Es difícil para todos los padres que los hijos escojan el camino equivocado. Los padres quieren que sus hijos hagan elecciones correctas y retengan valores buenos, pero la realidad es que muchos escogerán su propio camino. Los padres quizá sean capaces de ver que su hijo se está yendo hacia los problemas, pero no lo pueden forzar a tomar buenas decisiones. Deben de continuar trabajando con el hijo tanto como sea posible, siempre recordando que tienen que mantener su relación matrimonial como prioridad.

No hay padres perfectos y no importa lo bien que una pareja haya criado a sus hijos, los hijos pueden y sí toman decisiones equivocadas. Algunos padres pueden ser muy abusivos, otros muy complacientes o hacen muy poco por ayudar a sus hijos a crecer y madurar. Los padres quizá tengan que arrepentirse de cosas que hayan hecho en el pasado y quizá pedirle perdón a sus hijos, pero las elecciones equivocadas de los hijos son sus decisiones. Los padres deben de tomar las responsabilidades en las áreas que están bajo su control, no en las malas decisiones de sus hijos.

Los padres de hijos que se han descarriado frecuentemente quedan dolidos y confundidos acerca de lo que pasó y qué pudo haber causado el mal comportamiento en los hijos. Ellos pueden ser como los sobrevivientes de una tragedia, preguntándose por qué les sucedió esto a ellos. ¿A quién hay que echarle la culpa, o cuál es el propósito de todo esto? La tendencia de la sociedad es de culpar a otros, pero poner la culpa en alguien más no le ayuda a los padres a manejar la situación adecuadamente. Los hijos rebeldes frecuentemente culparán a los padres por sus problemas, pero al aceptar la culpa de las consecuencias por el mal comportamiento de los hijos no ayuda a éstos.

Un hombre tenía dos hijos --continuó Jesús- El menor de ellos le dijo a su padre: 'Papá, dame lo que me toca de la herencia.' Así que el padre repartió sus bienes entre los dos. Poco después el hijo menor juntó todo lo que tenía y se fue a un país lejano; allí vivió desenfrenadamente y derrochó su herencia.
~ Lucas 15:11-14

Cuando tu hijo adolescente toma decisiones equivocadas

Cuando los niños se vuelven adolescentes, los padres frecuentemente se preguntan qué pasó con el hijo contento, alegre y cooperativo. De algún modo, su hijo fue reemplazado por un hijo adolescente antipático, enojado que no coopera y que no quiere tener nada que ver con sus padres. Quizá no lo muestren, pero los adolescentes necesitan a sus padres más que nunca. Sus hormonas quizá estén alocadas o tal vez están desesperadamente buscando su lugar en el mundo, pero el amor, apoyo y ánimo de los padres son necesitados más que nunca.

Con mucha frecuencia los padres y los adolescentes se vuelven adversarios, peleando por cada aspecto de la vida en el hogar. Es una parte natural del orden de Dios que los adolescentes se liberen de los lazos de sus padres. No tiene que ser un tiempo de contiendas y problemas, pero en muchas familias eso es exactamente en lo que se convierte. Hasta con un adolescente en rebeldía abierta, no es demasiado tarde para edificar una relación positiva y dar amor incondicional.

Los padres necesitan trabajar juntos para establecer diferentes niveles de límites para sus adolescentes. Los adolescentes deben de estar tomando muchas de sus decisiones. Los padres necesitan decidir hasta dónde será el tope de esos límites y después hacérselo saber a sus adolescentes. Niveles en los límites son necesarios porque los adolescentes necesitan saber qué es lo absoluto, qué es negociable y qué será dejado a su discreción. Las drogas, el alcohol y el sexo en el hogar no deben de ser negociables. Los padres tienen el derecho de decidir qué es lo que pasa en casa. El andar de novio, manejar, la hora que se debe de llegar a casa, etc., pueden ser negociables con el adolescente. Elegir su música, ropa y el estilo del cabello (todo dentro de límites definidos) pueden ser dejados a la discreción del adolescente. El esposo y la esposa deben de establecer los límites juntos y después trabajar con su adolescente para implementarlos.

Los padres tienen que enfrentar los problemas que vienen como si fueran uno con sus adolescentes. Padres divididos tendrán dificultad para afectar a sus adolescentes positivamente y para hacer realidad un cambio en su comportamiento. Trabajar juntos y presentar un frente unido a un adolescente es vital para ayudar al hijo a encarrilarse e irse en la dirección correcta. Cuando tu adolescente no está dispuesto a amoldarse y se está yendo en la dirección equivocada, quizá sea necesario involucrar a la iglesia, amigos, un consejero o hasta a las autoridades. Este no es el tiempo de darte por vencido; quizá estés peleando por el alma de tu hijo. El competir quién grita más, usar sobrenombres o tener enfrentamientos en ira con tu hijo adolescente no es productivo y no resolverá los problemas. Háblale a tu adolescente en amor, adhiérete a límites saludables e intenta obtener su punto de vista en resolver los problemas que enfrentan.

Un hijo necesita más de amor cuando menos lo merece. ~ Anónimo

Es importante que los padres no reaccionen de manera exagerada cuando los problemas surgen. Notas malas en la boleta de la escuela no necesariamente significan que tu hijo va a ser un fracaso en la vida o el consumir alcohol una vez no significa que el se volverá en un adicto. Al exagerar en lo que dices enviará a tus hijos a los extremos en vez de acercarlos de nuevo. Al mostrar respeto y una disposición para negociar en las cosas negociables ayudará a que el adolescente se acerque en vez de que se aleje.

"Recuerda papá, la Biblia dice, 'no peques en tu ira.'"

Cuando los niños escojen otro camino

Los padres deben de poner en la balanza la seriedad de un problema con sus hijos. Los hijos quizá elijan no perseguir el sueño que ellos tenían cuando crecían. Quizá ellos se han dado cuenta que el trabajar en trabajos comunes es satisfactorio para ellos y elijan no ir a la universidad. Los padres deben de resistir a la tentación de empujar a su hijo para que logre lo que ellos piensan que el debe de lograr. ¿Lo que eligieron es "malo" o es diferente a lo que tú quieres para ellos? Los padres deben de examinar sus propios motivos antes de enfrentar las decisiones hechas por sus hijos mayores.

Las elecciones potencialmente dañinas hechas por un hijo adolescente requieren de confrontación de parte de los padres. Un hijo quizá se esté involucrando con amigos equivocados, hábitos malos de gastar o un estilo de vida pecaminosa. Los padres pueden expresar sus temores, hacer recomendaciones positivas y establecer límites saludables, pero ellos no pueden forzar a sus hijos a hacer elecciones correctas. El rescatar constantemente a sus hijos de las consecuencias de sus malas elecciones no es bueno porque no aprenden. Es importante que los padres definan las consecuencias que vienen al romper las reglas y después les den seguimiento.

Los problemas extremos no tienen soluciones fáciles. Hay muchos padres que se preguntan dónde su hijo dormirá en la noche, o en qué tipo de problema él estará ahora. Quizá haya abuso a un hijo o un cónyuge, negligencia, abuso sexual o uso severo de alcohol o droga. Involucrarse nunca es fácil y frecuentemente es muy doloroso, pero los padres no pueden simplemente quedarse viendo que uno de sus hijos tire su vida a la calle. Necesitan orar fervientemente, trabajar juntos como equipo y de nuevo involucrar a otros cristianos maduros cuando atraviesen problemas serios con los adolescentes o hijos adultos.

Los padres no pueden controlar a sus hijos adultos, no importa que tan malas sean las elecciones que ellos hacen.

Es difícil saber cuándo involucrarse y cuándo hacerse a un lado y dejar que los hijos aprendan de las consecuencias de sus malas elecciones. Ningún padre quiere ver a su hijo sufrir las consecuencias de sus acciones, pero hay veces cuando ésta es la única forma que el hijo aprenderá. Sufrir las consecuencias usualmente le enseñará a un hijo más que cualquier discurso que un padre pueda dar; de hecho, los padres evitan que su hijo aprenda al intervenir y al atenuar las consecuencias de las malas decisiones.

Soltando a los hijos adultos

Hay tiempos cuando los padres se tienen que hacer a un lado y darle los hijos adultos al Señor y confiar en Él. Hay personas que simplemente aprenden de experiencias difíciles. Es difícil para los padres permitir que sus hijos tomen sus propias decisiones, pero así como Dios no viola el derecho de elegir del ser humano, los padres también tienen que renunciar el control sobre sus hijos. Los padres que intentan coaccionar o manipular a sus hijos para que tomen buenas decisiones usurpan la autoridad de Dios. Con frecuencia los intentos de los padres para que sus hijos tomen las decisiones correctas alejan más a los hijos y endurecen sus corazones. El padre del hijo pródigo no correteó a su hijo para que tomara decisiones mejores, él simplemente lo soltó.

El soltar significa que ellos le dejan a sus hijos al Señor y le permiten a Él que trabaje en sus vidas. Ellos viven la realidad cuando aceptan el hecho de que ellos ya no pueden detener, entrenar o proteger a sus hijos. Los padres deben de orar diligentemente por sus hijos, soltar su control e intentar guiarlos. Ellos sueltan el sueño que tenían para su hijo y le permiten al Señor que trabaje en su vida, pero no deben de soltar su fe, esperanza y amor.

El padre con el corazón quebrantado

El soltar no les quita a los padres el dolor cuando los hijos van por mal camino. El rechazo de un hijo puede ser la experiencia más dolorosa que un padre puede soportar. Este no es el momento de culpar o atacar el uno al otro por los fracasos de un hijo. Hay dolor suficiente para que todavía se le agregue más con acusaciones y daños viniendo de un cónyuge. Los esposos y las esposas manejarán el dolor en formas diferentes, y ellos tienen que ser sensibles el uno con el otro al atravesar la prueba. Dentro de la relación matrimonial tiene que encontrarse el consuelo.

Olvida los pecados y transgresiones que cometí en mi juventud. Acuérdate de mí según tu gran amor, porque tú, Señor, eres bueno. ~ Salmos 25:7

Los padres han experimentado dolor de cabeza a causa del comportamiento de sus hijos desde los principios de los tiempos. Adán y Eva sufrieron la pérdida de dos hijos, uno asesinado y el otro exiliado por el asesinato de su hermano. El hogar del rey David experimentó rebeldía, asesinato y un abuso terrible. El hijo del rey Ezequías, Manasés, llevó a Judá a un pecado horrendo. Los evangelistas Billy Sunday y Billy Graham, los dos experimentaron con hijos rebeldes. El quebrantamiento de corazón de los hijos que se desvían por malos caminos afecta a la mayoría de las familias de una forma u otra.

Es importante para los padres no permitir a sus hijos incorregibles que afecten negativamente la relación matrimonial. El dolor y el sufrimiento que los padres experimentan no pueden ser minimizados, pero la pregunta es, ¿la pareja se acercará más al Señor o se alejará de él al experimentar las pruebas? ¿Se aferrarán uno del otro o permitirán que sus tribulaciones los aparten? Los padres tienen que aferrarse al Señor y el uno al otro al soportar las pruebas y tribulaciones con sus hijos.

> ***El amor debe ser sincero. Aborrezcan el mal; aférrense al bien. Ámense los unos a los otros con amor fraternal, respetándose y honrándose mutuamente. Nunca dejen de ser diligentes; antes bien, sirvan al Señor con el fervor que da el Espíritu. Alégrense en la esperanza, muestren paciencia en el sufrimiento, perseveren en la oración. ~ Romanos 12:9-12***

Estableciendo límites

Los padres con límites saludables no permitirán que sus hijos arruinen su matrimonio y su familia o aplasten su espíritu. Los padres no deben de permitir que hijos rebeldes dañen una vida de familia normal. Tienen que continuar dando a los otros hijos la atención que ellos necesitan y proteger a la familia tanto como sea posible de los problemas causados por un hijo incorregible. No se les debe de decir a los hermanos todos los detalles del problema del hijo incorregible. Ellos ya saben que hay problemas en los cuales se tiene que trabajar y necesitan saber que sus padres están comprometidos a resolver esos problemas. Los hermanos tienen que estar seguros del amor que sus padres les tienen así como el amor entre ellos.

> ***Nos vemos atribulados en todo, pero no abatidos; perplejos, pero no desesperados; perseguidos, pero no abandonados; derribados, pero no destruidos. ~ 2 Corintios 4:8-9***

Los matrimonios que están bajo este tipo de tensión se volverán más fuertes o más débiles; no permanecerán igual. Los padres tienen que trabajar aun más duro para mantener su matrimonio unido. Lo ideal es que las cuestiones de sentirse culpable y de buscar a un culpable no serán un problema; si lo son, se tiene que trabajar en eso. Quizá sea necesario para los padres empezar el día diciéndose el uno al otro, "tú no eres mi enemigo." Un sistema de apoyo es importante para ayudar a los padres a arreglárselas a través de esos tiempos.

Los padres tienen que decidir juntos qué es lo que permitirán y lo que no permitirán en su hogar y cuándo ellos apoyarán a sus hijos. Los hijos adolescentes que no están dispuestos a obedecer hasta las reglas más básicas en el hogar son extremadamente difíciles de manejar. ¿Cuándo los padres se dan por vencidos? ¿Cuándo rechazan comprometer sus valores? ¿Cuándo involucran a las autoridades? Estas son preguntas difíciles y los padres tienen que tomar estas decisiones juntos. Los hijos adultos pueden presentar igualmente problemas difíciles. ¿Qué haces cuando tus nietos tienen hambre porque su padre gasta todo en alcohol, en drogas o en juegos de azar? ¿Qué deben de hacer los padres cuando su hija trae a casa a su novio que no tiene ninguna fuente de manutención y aparentemente sin deseo de tener alguna? No hay respuestas fáciles para estas preguntas y para otras tantas que pueden hacerse, pero juntos con la ayuda de Dios y su dirección, los padres pueden soportar y ver a su familia salir de las pruebas más fuertes.

Aceptación

¿Qué si tu hijo nunca se convierte en un adulto que teme a Dios, que tiene moral y no tiene una fuente de manutención? ¿Lo puedes amar de todos modos? Algunos dicen que los padres deben de amar y aceptar a los hijos exactamente como ellos son, pero en verdad, no lo hacen. Los padres tienen la elección, pero si ellos fracasan en amar y aceptar a sus hijos, ¿qué pasará? A los hijos se les hará difícil permanecer conectados cuando ellos saben que sus padres no los aprueban. El exhibir el amor de Dios significa que los padres amen y acepten a sus hijos a pesar de todo.

¿Esto significa que los padres deben de aceptar comportamientos pecaminosos y malas decisiones en la vida? No, los padres no deben de apoyar o condenar un comportamiento malo o pecaminoso. Ellos pueden, sin duda, amar a sus hijos a pesar de su comportamiento. Ellos pueden expresar las verdades de Dios y sus puntos de vista acerca del amor y después pueden darle sus hijos al Señor y permitir que él trabaje en sus vidas. Ellos pueden establecer y comunicar límites saludables que los protegerán, a su hogar y a los otros hijos y después trabajar con su hijo incorregible dentro de esos límites para edificar lo más que puedan una relación.

Los padres tienen que incluirlos tanto como sea posible. No tienen que permitir que el pecado de su hijo entre a casa pero ellos pueden alcanzarlos y a su pareja escogida (no importa que tan impía o que tan falta de santidad sea) en el amor de Dios. Tal vez sea difícil, pero un padre quizá puede encontrar algo en común para edificar una relación, aunque sea una relación superficial al principio. Las personas son ganadas más a Jesucristo a través del amor de Dios que a través de la condenación. Juntos una pareja puede encontrar el balance y desarrollar una relación de vida cambiante con sus hijos.

Orando día tras día, llegará el día cuando el hijo incorregible se arrepentirá y regresará a casa. Entonces los padres podrán regocijarse y celebrar la grandeza de su Dios.

Así que emprendió el viaje y se fue a su padre. Todavía estaba lejos cuando su padre lo vio y se compadeció de él; salió corriendo a su encuentro, lo abrazó y lo besó. ~ Lucas 15:20

Para conversar como pareja

1. ¿Cómo ha afectado a tu hogar un hijo incorregible (o cómo piensas que un hijo así podría afectar tu hogar)?

____
____
____
____

2. ¿Qué harías si tu hijo adolescente llegara a casa y te dijera que ya no tiene que obedecer tus reglas en el hogar?

____
____
____
____

3. ¿Qué significa soltar a tu hijo incorregible? ¿Cómo puedes hacer esto?

____
____
____
____

4. ¿Por qué es importante tener límites saludables cuando se trata con un hijo incorregible?

____
____
____
____

5. ¿Cómo puedes aceptar a tu hijo sin aceptar su pecado o sus malas decisiones?

____
____
____
____
____

¿Dónde está Dios en tu sufrimiento y aflicción? Allí contigo....

Salmos 23; una Salmo de David.

El Señor es mi pastor, nada me falta;
en verdes pastos me hace descansar.
Junto a tranquilas aguas me conduce;
me infunde nuevas fuerzas.
Me guía por sendas de justicia por amor a su nombre.

Aun si voy por valles tenebrosos,
no temo peligro alguno porque tú estás a mi lado;
tu vara de pastor me reconforta.

Dispones ante mí un banquete en presencia de mis enemigos.
Has ungido con perfume mi cabeza; has llenado mi copa a rebosar.
La bondad y el amor me seguirán todos los días de mi vida;
y en la casa del Señor habitaré para siempre.

Retos en el matrimonio

Estudio 47

Por qué el divorcio no es una opción

A los casados les doy la siguiente orden (no yo sino el Señor): que la mujer no se separe de su esposo. Sin embargo, si se separa, que no se vuelva a casar; de lo contrario, que se reconcilie con su esposo. Así mismo, que el hombre no se divorcie de su esposa.
~ 1 Corintios 7:10-11

Divorciarte porque el amor ha muerto, es como vender tu carro por que se le ha acabado la gasolina. ~ Diane Sollee

Demasiadas parejas ven el divorcio como una opción

El divorcio hace añicos, rechaza e invalida una de las experiencias espirituales más profundas en la vida de una persona.

Las parejas no entran a una relación matrimonial esperando divorciarse, pero desafortunadamente, demasiadas parejas ven el divorcio como una opción desde el principio del matrimonio. Sienten que si las cosas no van bien, siempre hay una salida. Cuando los tiempos difíciles vienen (y siempre vienen) las parejas se separan en vez de solucionar los problemas que enfrentan.

También las parejas casadas enfrentan el día de hoy a una sociedad que va a una velocidad rápida que hace difícil concentrarse y trabajar en su relación matrimonial. Ya sea que tome uno o varios años, tarde que temprano, el sentimiento de amor se desvanecerá, y las parejas tendrán cada vez menos en común. Con frecuencia, la pareja se divorcia en vez de revivir la relación y de pasar tiempo conociéndose de nuevo el uno al otro.

El divorcio hoy en día es fácil, aceptable y percibido como que no es gran cosa. La sociedad y la iglesia cristiana frecuentemente no muestran firmeza en contra del divorcio. Sin embargo, la Biblia sí se muestra firme en contra del divorcio. El libro de Malaquías dice que Dios odia el divorcio y en 1 Corintios capítulo 7, Dios ordena a los cristianos a no divorciarse. También a los cristianos se les ordena que amen a otros, incluyendo a su cónyuge. La sociedad quizá no vea el divorcio como un problema, pero Dios sí lo ve.

¿Acaso no hizo el Señor un solo ser, que es cuerpo y espíritu? Y ¿por qué es uno solo? Porque busca descendencia dada por Dios. Así que cuídense ustedes en su propio espíritu, y no traicionen a la esposa de su juventud. Yo aborrezco el divorcio dice el Señor, Dios de Israel, y al que cubre de violencia sus vestiduras», dice el Señor Todopoderoso. Así que cuídense en su espíritu, y no sean traicioneros.~ Malaquías 2:15-16

Las parejas se divorcian porque ya no sienten amor. Su concepto de amor es que es un sentimiento y si el sentimiento se va, no hay otra opción más que irse y buscar a otra persona por la cual sienta amor. Sin embargo, bíblicamente, el divorcio es una forma violenta de romper una relación y una familia. Dios dice que el divorcio es romper la fe con el cónyuge de uno. Malaquías resalta que el Señor ve el divorcio de un hombre con su esposa como si se cubriera a sí mismo con violencia tal como él se pone su prenda de vestir. Ésta debería de ser una buena razón para estar juntos, sin embargo las parejas cristianas continúan dejando sus matrimonios.

Las parejas usualmente no ven dentro de las realidades del divorcio. No piensan en queé hará el divorcio a sus hijos, padres, a la familia extendida, los amigos de sus hijos y aun hasta a las generaciones que están por venir. Ellos dejan el matrimonio y frecuentemente no se preocupan del daño que después resultará. Las personas que están atravesando un divorcio usualmente sólo están reaccionando y no están pensando claramente.

Hay muchas razones dadas por el rompimiento de un matrimonio que resulta en divorcio. Algunos dicen que la cuestión financiera es la causa de los problemas más grandes; otros dicen que la comunicación, el sexo o la falta de unidad. Pero Santiago, capítulo 4 lo dice todo. ¡Las personas son egoístas! Ellas tienen una naturaleza pecadora y están en el corazón del egoísmo y del egocentrismo. Frecuentemente las personas quieren que sus necesidades sean satisfechas y no están dispuestas a satisfacer las necesidades de su cónyuge. Están demasiado consumidos en el sentirse bien y en el cuidarse a ellos mismos.

> ***¿De dónde surgen las guerras y los conflictos entre ustedes? ¿No es precisamente de las pasiones que luchan dentro de ustedes mismos? Desean algo y no lo consiguen. Matan y sienten envidia, y no pueden obtener lo que quieren. Riñen y se hacen la guerra. No tienen, porque no piden. Y cuando piden, no reciben porque piden con malas intenciones, para satisfacer sus propias pasiones. ~ Santiago 4:1-3***

El egoísmo y egocentrismo con el tiempo llevarán al divorcio y a las consecuencias que resultan de esto. Mucha gente no está pensando racionalmente y dejan el matrimonio por cualquier causa sin considerar la devastación y los efectos a largo plazo que el divorcio deja en las vidas.

El costo del divorcio

En su libro Linda Waite y Maggie Gallagher, *El Caso del Matrimonio*, argumentan que las personas casadas son más felices, saludables y están mejor financieramente. El matrimonio es una institución importante y si se debilita o se destruye, la sociedad entera sufrirá. La destrucción de la familia es costosa para toda la sociedad en el incremento del crimen, en la asistencia social, en la educación y en los gastos para el cuidado médico[1]

Judith Wallerstein condujo un estudio a fondo por 25 años de los hijos del divorcio y se dio cuenta que el costo es muy caro. Su libro, *El legado inesperado del divorcio*, detalla las vidas de varios de los niños en su estudio. Ella argumenta que el daño causado por el divorcio es más profundo y dura más de lo que alguien jamás pensó. Para los adultos, el divorcio es una conclusión, pero para los niños es el principio de incertidumbre y temor. Los niños usualmente no se adaptan bien a la nueva situación, y frecuentemente ellos son dejados atrás al intentar los padres construir sus vidas de nuevo. La mayoría tiene problemas con las relaciones hasta llegar a ser adultos y a veces a través de toda la vida.[2]

> ***La idea de que una pareja puede separarse amigablemente y hasta ser mejores amigos que cuando estaban viviendo juntos, es un mito para la mayoría de las parejas.***

Hasta el más amigable de los divorcios ocasiona angustia para los niños. Las personas piensan que si no pelean y se la llevan bien por el bien de los niños, todos saldrán bien del divorcio sin muchos problemas. A través de las investigaciones del Dr. Wallerstein, se encontró esto como no verdadero. En las mejores circunstancias, los niños siguen estando divididos entre los padres, hermanos, abuelos y amigos. Ellos tienen que escoger y no deberían tener que hacerlo porque son niños y se pierden muchos aspectos de su niñez.

En otro estudio sobre el divorcio E. Mavis Hetherington declara en los libros *En Buenos Y En Malos Tiempos; y El Divorcio Reconsiderado*, que 75% - 80% de los niños del divorcio funcionan bien, con daño a corto tiempo. Su estudio encontró que el 25% de los niños de familias divorciadas tienen serios problemas sociales, emocionales o psicológicos, en oposición al 10% de niños de familias intactas.[3] El Dr. Hetherington dice que este número es razonable y aceptable. Pero, piensa al respecto por un momento. Hay aproximadamente un millón de niños que entran al divorcio cada año. Eso es, a través de la propia admisión del Dr. Hetherington, hay 150,000 niños adicionales cada año que están entrando a serios problemas sociales, emocionales o psicológicos cada año a causa del divorcio. ¡Este es un costo tremendo!

Un número grande de hombres se desconectan de la vida familiar después del divorcio. Una vez divorciados los hombres raramente se mantienen involucrados con sus hijos. Los crímenes por adolescentes, abuso de drogas, alcohol y el embarazo en adolescentes aumenta demasiado a causa de la ausencia del padre. Un millón de niños más cada año se van a la cama sin su padre en casa.[4]

¿Debe una pareja permanecer en un matrimonio miserable? ¿Debe una mujer aguantar el abuso para que sus hijos no experimenten estos problemas? ¿Es el divorcio permitido en ciertos casos? La respuesta rápida es "no" a las tres preguntas. Las parejas no tienen que permanecer en un matrimonio miserable, ellos pueden darle la vuelta y con el poder de Dios hacer su matrimonio bueno. Ninguna mujer tiene que aguantar abuso, pero eso no significa que tiene que divorciarse de su esposo. Dios odia el divorcio y los Cristianos tienen que hacer todo lo posible para salvar el matrimonio. Quizá necesiten buscar consejería y establecer límites para protegerse ellas mismas, pero deben de buscar reconciliación y restauración en la relación matrimonial. Dios puede restaurar cualquier matrimonio si se le da la oportunidad.

¿Qué al respecto del adulterio en el matrimonio? Sí, Mateo capítulo 19 dice que le divorcio es permitido en el caso de infidelidad matrimonial. Sin embargo, muchos matrimonios salen a la superficie y se vuelven en un testimonio maravilloso del trabajo de Dios, aun a través de la infidelidad matrimonial. Donde hay arrepentimiento y compromiso, ¡Todo es posible con Dios!

detente
y haz la cosa correcta

Quizá tú tengas el derecho de divorciarte de tu cónyuge, pero ¿ es eso lo correcto?

Algunos fariseos se le acercaron y, para ponerlo a prueba, le preguntaron: --¿Está permitido que un hombre se divorcie de su esposa por cualquier motivo? --¿No han leído que en el principio el Creador 'los hizo hombre y mujer y dijo: 'Por eso dejará el hombre a su padre y a su madre, y se unirá a su esposa, y los dos llegarán a ser un solo cuerpo'? Así que ya no son dos, sino uno solo. Por tanto, lo que Dios ha unido, que no lo separe el hombre. Le replicaron: --¿Por qué, entonces, mandó Moisés que un hombre le diera a su esposa un certificado de divorcio y la despidiera? --Moisés les permitió divorciarse de su esposa por lo obstinados que son --respondió Jesús--. Pero no fue así desde el principio. Les digo que, excepto en caso de infidelidad conyugal, el que se divorcia de su esposa, y se casa con otra, comete adulterio. ~ Mateo 19:3-9

Salvando el matrimonio

Dios quiere no sólo que los matrimonios sobrevivan, sino que crezcan y prosperen. No es un proceso fácil y las parejas tienen que vencer su ignorancia, sus conceptos erróneos, egoísmos y los malos hábitos desarrollados a través de los años. Tienen que estar dispuestos a cambiar y vivir a la manera de Dios y no a su manera.

Las parejas tienen que entender quiénes son como personas si ellos desean tener un matrimonio productivo y fuerte. Una vez que una pareja aprende quiénes son individualmente y se aprecian el uno al otro, ellos pueden discernir mejor la voluntad de Dios para sus vidas y su matrimonio. Después, pueden empezar a entender los límites, la comunicación y las necesidades. Los cimientos deben de ser colocados primero antes que se pueda edificar el hogar.

Las parejas necesitan estar dispuestas a arrepentirse y a pedir perdón cuando sea necesario y a ofrecer el perdón cuando se les pida. Ellos tendrán que trabajar a través de los problemas en su matrimonio y permanecer comprometidos en completar el trabajo para darle un giro positivo a su matrimonio. Un mentor o un consejero quizá sean necesarios para atravesar algunos problemas. No es una tarea fácil trabajar a través de años de dolor. Sin embargo, la bendición increíble de un matrimonio y una familia restaurados afectará positivamente a la familia inmediata y a las generaciones venideras. Bendice al corazón de Dios ver a un esposo y a una esposa salir del egoísmo del divorcio y decidir que con la fuerza de Dios y el compromiso de obederlo, ellos reedificarán su relación y continuarán en el compromiso de su matrimonio.

Casi todos los matrimonios, aun los felices, son errores: en el sentido que casi ciertamente (en un mundo más perfecto, o aun con un poco más de cuidado en este mundo imperfecto) ambos cónyuges pudieron haber encontrado parejas más apropiadas. Pero tu alma gemela verdadera es con la cual tú estas casado.
~ J.R.R. Tolkien

Pero el amor del Señor es eterno y siempre está con los que le temen; su justicia está con los hijos de sus hijos, con los que cumplen su pacto y se acuerdan de sus preceptos para ponerlos por obra. ~ Salmos 103:17-18

Para conversar como pareja

1. ¿Es el divorcio una opción para ti en tu matrimonio? ¿Por qué sí o por qué no? ¿Qué piensas que puedes hacer para asegurar que esto no es una opción para tu matrmonio?

2. ¿Estás de acuerdo que el divorcio es algo muy importante para Dios? ¿Cuáles son tus pensamientos al respecto?

3. ¿Qué piensas sobre el costo del divorcio? ¿Cuál sería el costo del divorcio para ti y tu familia?

4. Dos maneras diferentes acerca de qué tan bien los niños toman el divorcio han sido presentadas. ¿Estás de acuerdo que permanecer juntos por los niños vale la pena? ¿Por qué sí o por qué no?

5. ¿Crees que Dios puede darle la vuelta a cualquier matrimonio, sin importar qué tan mal esté? ¿Cómo podría esto suceder?

Retos en el matrimonio

Estudio 48

La familia "mezclada"

¿No es acaso el hijo del carpintero? ¿No se llama su madre María; y no son sus hermanos Jacobo, José, Simón y Judas? ¿No están con nosotros todas sus hermanas?
~ Mateo 13:55-56

¡Aprendan a hacer el bien! ¡Busquen la justicia y reprendan al opresor! ¡Aboguen por el huérfano y defiendan a la viuda!
~ Isaías 1:17

Familias mezcladas

"Bien, estoy revuelto entre dos grupos de padres y tengo un hermano, un medio hermano, un hermanastro y una hermanastra. Tengo un perro y un conejillo de Indias adoptado, cuatro abuelitas y tres abuelitos. Las navidades pueden ser en cualquiera de las seis casas; nunca lo sé hasta un par de días antes del evento. Pero de veras mi vida está bien. Creo que tengo todo bien claro."

Una "familia mezclada" puede ser definida como una familia creada por el matrimonio de una pareja donde uno o ambos tienen niños de relaciones previas. Las familias mezcladas han sido parte de la sociedad por miles de años. En cierto sentido, algunas de las dinámicas de éstas pueden ser vistas en las familias de Abrahám, Jacob y David. Aunque el divorcio no era parte de la ecuación, había rivalidades y argumentos entre los hijos de las diferentes esposas hasta llegar al punto del asesinato. Jesús experimentó una familia mezclada al ser su padre distinto al padre de sus hermanos y hermanas. Los Evangelios revelan algunas de las tensiones que tuvieron que haber sufrido dentro de la que es llamada la "Familia Santa." (Véanse Lucas 2:48-49, Mateo 12:46-50 y Juan 7:3-9)

La diferencia hoy en día es el número de familias experimentando las tensiones de la "mezcla." Algo del drama se puede ver en los aeropuertos o en las terminales de autobuses al ser los niños literalmente arrancados de los brazos de sus padres para ser puestos en un avión o en un autobús y enviarlos hacia donde está el otro padre. El costo del divorcio es devastador y el corazón se estruja al ver los efectos que tiene en muchos niños, pero el hecho es que el divorcio pasa muy frecuente en la sociedad y es triste decir, que hasta en la iglesia.

Cualquiera que sea la razón por la cual la pareja tiene una "familia mezclada", a través del divorcio y al volverse a casar o a través de la muerte de un cónyuge y casarse de nuevo, es un hecho que la crianza de los hijos será más complicada. El padre nuevo ahora tiene que aprender acerca de los niños que ya han sido moldeados hasta un punto y quizá también tengan que tratar con la influencia de los otros padres. La influencia se sentirá aun si el padre ha muerto o nunca ha interactuado con sus hijos. Los factores biológicos y el sentimiento que los niños tienen por el padre ausente afectarán a los niños y la crianza de la pareja.

Sin importar la razón de volverse a casar, uno tiene que comprometerse a conducir su matrimonio en la manera de Dios. El ciclo del divorcio y el volverse a casar tiene que parar ahora. Requerirá de un compromiso mayor y de un esfuerzo más grande para hacer que este matrimonio funcione, pero por la gracia y ayuda de Dios, tú puedes hacerlo y hacerlo bien. Las familias mezcladas enfrentan todas las tensiones que las familias "tradicionales" enfrentan, y aun más. Si están involucrados los excónyuges, es importante estar abierto a las opiniones de tu presente cónyuge acerca de la interacción con tu "ex." Con frecuencia, las parejas desarrollan malos hábitos de comunicación que continúan aun después del divorcio. Si te das por vencido "para quitártelos de encima," gritas en tu comunicación o le das el "tratamiento del silencio", significa que necesitas trabajar en los límites y practicar buenos principios de comunicación. Tu cónyuge actual quizá será la persona que te ayudará a desarrollar estas áreas. La clave es trabajar juntos para mejorar tu comunicación y para establecer límites saludables.

Es importante tratar a tu excónyuge con respeto. Quizá nunca le faltas el respeto a tu "ex" delante de tus hijos, pero ellos saben si tú abrigas enemistad hacia él. Esto también aplica al ex de tu cónyuge. Humillando el carácter y "aporreando" al "otro" padre, nunca lleva a nada positivo. No tienes que decirle a tus hijos qué tan malo su "otro" padre es. Si son "malos", los niños se darán cuenta. Usando los niños para vengarte de tu "ex" o manipularlos para que hagan lo que tú quieres que hagan (aunque sea la cosa correcta) está mal. Tú sólo puedes controlar lo que tú puedes controlar y tu excónyuge definitivamente está fuera de tu área de control.

Trabaja en tu matrimonio

Edificar una relación fuerte con tu cónyuge es vital para tener una "familia mezclada" saludable. Entraste en la relación matrimonial con una familia ya formada, y el tiempo a solas es extremadamente importante ya que no hubo tiempo de desarrollar la relación con tu cónyuge antes que los niños llegaran a la familia. Las técnicas de comunicación, funciones y responsabilidades, límites y empezar a conocer a tu cónyuge, tienen que ser todas hechas bajo el fuego. Frecuentemente, los padres en familias mezcladas, se sentirán culpables por no darle tiempo suficiente a sus hijos y serán negligentes en su relación matrimonial. La relación matrimonial no puede sobrevivir si se descuida, y otro divorcio será mucho más traumático para los niños, que el haber perdido algo de tiempo con su padre.

"Mami, yo sé que José es tu esposo, pero ¿en verdad tienes que pasar tiempo con él? ¿No podrías verlo un fin de semana sí y uno no, como nosotros vemos a mi papá?"

Para "mezclar" a una familia requiere de tiempo

Cuando una persona elige casarse con otra que tiene hijos, los niños son parte del paquete. El está, de hecho, aceptando responsabilidad paternal por esos niños. Frecuentemente un hombre y una mujer que se involucran con alguien con hijos no toman en cuenta a los niños para nada. Los niños no se van, y ellos no son "tuyos" y "míos", ellos son de "ambos." Es importante que el padrastro o madrastra acepte la responsabilidad de ser el padre de sus hijos nuevos. Al mismo tiempo, si no se le permite ser padre al padrastro o madrastra, no se desarrollarán las relaciones con los niños.

Edificando un sentido de identidad y de historia juntos requiere de tiempo y le toma a una familias mezclada varios años para integrarse totalmente. Las relaciones individuales del hijastro y del padrastro o madrastra se desarrollan diferentemente. Niños pequeños (de 5 años para abajo) frecuentemente se adaptan al padrastro o a la madrastra muy rápido. La relación del padrastro o de la madrastra con niños más grandes y con adolescentes requiere de años para desarrollarse. De hecho, adolescentes más grandes quizá nunca encajen con su padrastro o madrastra, ellos nada más mantendrán una conexión "de un miembro de familia distante". Es importante para los padres y para los padrastros y madrastras recordar que la cercanía de la relación con los hijastros no es un indicativo de éxito como una familia adoptiva. Un niño le permitirá al padrastro o a la madrastra entrar en su vida al pasar el tiempo según se desarrolla la confianza. Los padrastros y madrastras necesitan aprender a llevársela bien con los niños y permitirles que ellos decidan a qué velocidad la relación se desarrollará.

El padrastro o madrastra deben de recordar que no son el reemplazo por la ausencia del padre biológico, aunque ese padre esté muerto, ahora ellos son los padres en su hogar. Frecuentemente los padres retirarán su papel como padres e intentarán ser amigos de sus hijos que viven en otro hogar. Dejándose llevar por una competencia de "quién puede ser el mejor amigo del niño" es una propuesta de perder a perder. Cuando el padrastro o madrastra ama a su hijastro como si fuera su propio hijo y le demuestra ese amor, aunque él discipline y corrija al hijastro, se desarrollará una relación saludable de padre-hijo.

El padrastro o madrastra deben de empezar a criar basados en una autoridad prestada del padre biológico (como lo hace una niñera) y gradualmente se toma autoridad al crecer la relación con cada uno de los niños. Al cambiarse a la casa y decir "ahora yo soy el padre o madre de esta casa" o "¡las cosas van a cambiar aquí de ahora en adelante!" sólo servirá para ganarse la antipatía de los hijos y del nuevo cónyuge. Las relaciones necesitan ser edificadas antes que los padrastros o madrastras puedan disciplinar a los niños efectivamente.

El nuevo padre en el hogar está en desventaja, porque él no conoce las dinámicas de las relaciones y las interacciones que ya existen entre los miembros de la familia. También los niños que llegan con los padrastros o madrastras necesitan aprender las normas de la casa nueva y puede ser una experiencia temerosa para todos los que estén involucrados. Los niños quizá sientan que a ellos nada más los aventaron ahí en vez de combinar. Aprender sobre las personalidades, los lenguajes de amor y talentos de cada niño requiere de trabajo y de tiempo.

La participación activa es importante

El involucrarte en las actividades de tus hijos es extremadamente importante para ambos, los hijos biológicos y para los hijastros. No siempre será cómodo si el "otro" padre de tu hijastro también va a los eventos del niño, pero es importante que tú vayas, y seas respetuoso con el otro padre. Ir a los eventos de tus propios hijos quizá no sea conveniente, pero es importante que vayas a los eventos de tus hijos siempre que te sea posible. Involucrarte en la vida de tus hijos y en sus intereses es una forma de unión que ayudará a hacer fuerte tu relación.

Es muy probable que el padrastro o madrastra tenga intereses y talentos que el hijastro no ha experimentado. Compartirlos con los hijos y permitirles que se involucren tanto como ellos lo deseen también edificará la relación. Jugar, involucrarse en proyectos de servicio y servirle al Señor como familia integrará a ésta.

Actividades familiares divertidas reducen la ansiedad que los niños quizá experimenten al estar involucrados con un "padrastro o madrastra". Los niños necesitan tener tiempo para sentirse cómodos con el padrastro o madrastra. Frecuentemente los niños sienten que traicionan al padre ausente al entrar en una relación con el padrastro o madrastra. Siempre que sea posible los padres tienen que asegurarles repetidamente a los niños que ambos padres permanecerán en sus vidas y el padrastro o madrastra es otra persona que los va a cuidar, no un reemplazo.

Los niños que vienen al hogar de visita necesitan ser incluidos como parte de la familia, no como intrusos que entran en la familia ocasionalmente. Tampoco les hagas sentir como que están de vacaciones. Son parte de la familia y ellos deben de participar en los quehaceres y papeles que se necesitan hacer en el hogar. Ayudar al niño que te visita a hacerse amigos y a encajar en el vecindario, le ayudará a sentirse parte de la familia también.

> ***Confía en el Señor de todo corazón, y no en tu propia inteligencia. Reconócelo en todos tus caminos, y él allanará tus sendas. ~ Proverbios 3:5-6***

Mantén el curso

Entrar en una relación matrimonial siempre es una transición muy grande, pero el mezclar a una familia puede ser abrumador. Las parejas en esta situación necesitan ayuda y contar con el Señor para guiarlos a través del campo minado al que han entrado; hay muchas trampas en las relaciones mezcladas, pero también hay muchas bendiciones. Las parejas deben de ser rápidas para buscar consejería cuando los problemas surgen para que éstos no se vayan fuera de control.

Trabajar juntamente como pareja es fundamental en la familia mezclada. Hay tantas tensiones en la familia mezclada que una pareja puede ser separada rápidamente. Los niños quizá experimenten diferentes reglas y valores en su "otra" casa. El padre ausente quizá hasta instigue problemas en la familia a través de su niño. Las parejas no se deben de involucrar en competencias con los otros padres y tienen que resistir estar en disputa con ellos tanto como sea posible. Los límites saludables y reacciones maduras acercarán a tu familia y serán testigos para otros.

Es importante que los padres apliquen principios bíblicos y permanezcan en ellos. Los niños quizá se rebelen o amenacen con ir a la casa del "otro" padre, pero sí es posible criar a los hijos exitosamente en una familia mezclada. Aférrate al Señor y comunícate con tu cónyuge. Ten reuniones con tu cónyuge y con tus hijos para conversar acerca de situaciones de la familia y sobre todo para mejorar la vida familiar.

Los límites saludables y mostrar amor consistentemente a todos tus hijos traerán unidad y sostendrá unida a tu familia. El esposo y la esposa tienen que mantener el curso y perseverar a través de los tiempos difíciles, aunque ellos quizá no vean el fruto de sus esfuerzos por muchos años.

Para conversar como pareja

1. ¿Cuáles son algunos de los problemas que "las familias mezcladas" enfrentan, y que las familias tradicionales no? ¿Qué es necesario para vencer esos problemas?

2. ¿Cómo puedes balancear una actitud respetuosa hacia tu excónyuge y al mismo tiempo no permitir que cause problemas en tu presente matrimonio y en tu familia?

3. ¿Por qué es muy importante trabajar en tu matrimonio y tener tiempo sólo para ustedes dos? ¿Qué puedes hacer para asegurar que esto suceda?

4. ¿Estás de acuerdo que "mezclar" a una familia requiere de tiempo? ¿Por qué sí o por qué no? ¿Qué necesitas hacer para que esa mezcla se realice?

5. ¿Qué significa "mantener el curso?" ¿Qué puedes hacer para permanecer en el curso?

Matrimonios fortalecidos
Capítulo 11 referencias

Estudio 45: *Resistiendo los ataques en tu matrimonio*

1. C.S. Lewis; quoted by Steven Tracy; Mending the Soul (Zondervan, 2005) p 115
2. Nelson's Illustrated Bible Dictionary, Copyright © 1986, Thomas Nelson Publishers

Lecturas sugeridas:
- Veinte enemigos del matrimonio por Rodolfo Loyola
- ?Donde Esta Dios Cuando Sucede Algo Malo? por Luis Palau
- Dios Lo Hara por Dr. Henry Cloud & Dr. John Townsend
- Dios es mas que suficiente por Tony Evans
- Cuando lo que Dios hace no tiene sentido por James Dobson
- El Amor deber ser Firme by por James Dobson
- Cuando La Vida Duele: Donde Esta Dios Cuando Sufrimos por Philip Yancey
- Problems de familia por Moises Ramos
- Matrimonio a Prueba de Presion por Dennis Rainey

Estudio 46: *Cuando los hijos se pierden*

Lecturas sugeridas:
- Hay esperanza para los padres que sufren por Margie Lewis
- Cómo orar por los hijos prodigos por Quinn Sherrer y RuthAnne Garlock
- Su Hijo Prodigo por Dr D James Kennedy

Estudio 47: *Por qué el divorcio no es una opción*

1. Linda J. Waite & Maggie Gallagher; The Case for Marriage (NY, NY; Doubleday, 2000)
2. Walter Kirn, Should You Stay Together For The Kids?; Time Magazine, September 25, 2000.
3. Richard Corliss, Does Divorce Hurt Kids?, Time Magazine, January 28, 2002
4. Nina Easton, The Invisible Dad, Los Angeles Times Magazine, June 14, 1992

Lecturas sugeridas:
- El Divorcio No Es La Solución por Salvador Negrin
- Padres e Hijos Despues del Divorcio por Judith Wallerstein y Sandra Blakeslee
- Olvídese del divorcio por Michele Weiner-Davis y Adriana Hassan
- Tú puedes endulzar tu amargo matrimonio por Jay Adams

Estudio 48: *La familia "mezclada"*

Lecturas sugeridas:
- Cómo ser buenos padrastros por David & Bonnie Juroe
- Los Mios, Los Tuyos Los Nuestros por Sylvia Gomez, Miriam Lozano

Matrimonios Fortalecidos

Capítulo 12

Casados por toda la vida

Estudio 49

Madurando

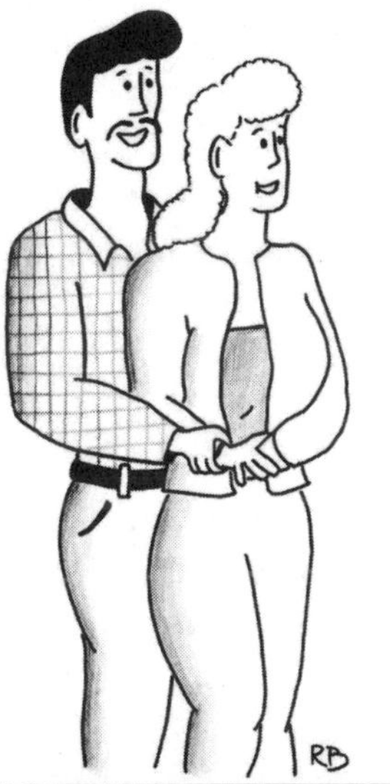

> *Hermanos, no pienso que yo mismo lo haya logrado ya. Más bien, una cosa hago: olvidando lo que queda atrás y esforzándome por alcanzar lo que está delante, sigo avanzando hacia la meta para ganar el premio que Dios ofrece mediante su llamamiento celestial en Cristo Jesús. Así que, ¡escuchen los perfectos! Todos debemos tener este modo de pensar. Y si en algo piensan de forma diferente, Dios les hará ver esto también.*
> *~ Filipenses 3:13-15*

Muchas personas entran al matrimonio antes de estar preparadas, antes de ser verdaderamente adultos, saludables e independientes. Ellos no entienden quiénes son y hacia dónde van en la vida. Muchos son inmaduros, egoístas y egocéntricos. El problema se agrava cuando las parejas empiezan a tener hijos antes de que ellos estén listos para dar sus vidas sin egoísmos, para guiar a los pequeños a un carácter maduro. Su matrimonio no es lo suficientemente fuerte como para soportar las tensiones y las presiones del diario vivir, del matrimonio y de los niños. Ellos buscan satisfacer sus necesidades y cuando éstas no son satisfechas en la relación matrimonial, entonces buscan por otro lado. Las personas desean un matrimonio pleno y duradero, pero frecuentemente lo dejan cuando los sentimientos de amor parecen que han desaparecido o todo se vuelve muy difícil.

Frecuentemente las personas primero toman su propio camino, después invitan a Dios a que los acompañe y luego están consternados cuando la vida no funciona de acuerdo a sus planes. En vez de buscar la dirección de Dios, ellos persiguen su propia visión para su vida. Similar a la sociedad consumista y despilfarradora en la que viven, son miopes y faltos de perseverancia. Las parejas con frecuencia persiguen sus propias metas y objetivos sin tomar en cuenta al Señor o a su cónyuge.

La madurez en la vida del creyente

La madurez se define como "alcanzar un crecimiento o desarrollo total".[1] Nadie obtiene una madurez completa en esta vida, pero debe haber una diferencia en la vida del cristiano al avanzar en años. Los cristianos maduran dentro de lo que ellos son en Cristo. Es asunto de traer tu vida diaria en alineación con lo que posicionalmente eres debido a lo que Cristo hizo por ti. Los cristianos maduros ven adelante lo que Dios les ha llamado a hacer, más que enfocarse en los fracasos pasados y en los problemas de sus vidas.

> *Su divino poder, al darnos el conocimiento de aquel que nos llamó por su propia gloria y potencia, nos ha concedido todas las cosas que necesitamos para vivir como Dios manda. Así Dios nos ha entregado sus preciosas y magníficas promesas para que ustedes, luego de escapar de la corrupción que hay en el mundo debido a los malos deseos, lleguen a tener parte en la naturaleza divina.* ~ 2 Pedro 1:3-4

Dios le da al creyente todo lo que él necesita para la vida y para ser piadoso. El poder está disponible, pero depende del creyente el apropiarse del mismo para caminar cerca al Señor. Es el poder de Dios trabajando en el creyente que confía en Él. Este poder capacita al creyente para crecer en madurez y en su camino con el Señor. Un cristiano madura y crece en su relación con el Señor empezando con la fe, y después agregando bondad, conocimiento, dominio propio, perseverancia, piedad, hermandad, amabilidad y amor. Uno tiene que confiar en el Señor y al caminar en fe y obediencia, la madurez vendrá.

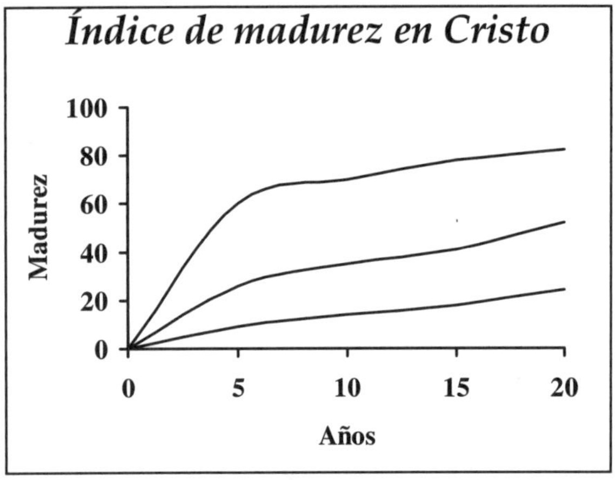

Las personas maduran en niveles diferentes. El diagrama de arriba muestra una generalización de los niveles de crecimiento en Cristo. Suele haber tres niveles generales de madurez. Algunas personas se vuelven cristianas, le dan su vida totalmente a Dios y empiezan a crecer rápidamente. Otros maduran a una velocidad lenta pero segura; les toma muchos años alcanzar niveles más altos de madurez. Finalmente, hay cristianos que maduran a una velocidad muy lenta. Ellos quizá no puedan sobreponerse a la herida emocional del pasado o tal vez se les haga difícil dejar la atracción del mundo. Su crecimiento es lento y frecuentemente parecen tener problemas en sus vidas. Todos experimentarán retrasos en su caminar con el Señor, pero debe haber una evidencia de progreso continuo al paso del tiempo.

Las características de la madurez

Varias características son evidentes en la vida de un cristiano maduro. Cada persona es diferente, pero mientras cada uno madure, habrá cambios en estas áreas.

- Sumisión
- Amor sacrificado
- Dominio propio
- Perseverancia
- Caminando en el Espíritu

Sumisión

La naturaleza humana tiene un espíritu rebelde. A las personas no les gusta someterse a la autoridad y suelen revelarse en contra de los padres, el gobierno, la iglesia y de Dios. Señálale sus faltas a tu cónyuge, a tu amigo, o a un miembro de tu familia y lo más probable es que se pondrá a la defensiva, o te dirá 'que no te metas en lo que no te importa.' La rebeldía no se tiene que enseñar a los niños; es evidente en sus vidas desde una edad temprana. A los padres quizá no les guste la rebeldía de sus hijos, pero frecuentemente la refuerzan al demostrar su propio espíritu rebelde en la vida diaria.

En cambio, el alimento sólido es para los adultos, para los que tienen la capacidad de distinguir entre lo bueno y lo malo, pues han ejercitado su facultad de percepción espiritual. ~ Hebreos 5:14

Los cristianos maduros se someten al Señor, lo obedecen y buscan amoldar sus vidas a su voluntad. Ellos no tratan de explicar su mal comportamiento o claman a la gracia del Señor y después continúan en su pecado (Véase Romanos, capítulo 6.) La sumisión puede ser explicada como ir en la misma dirección. Cuando un cristiano se mueve en la dirección de Dios y no en la suya, él puede estar confiado en su sumisión al Señor. Todo está en darle todas las áreas de nuestra vida a Dios y seguir su guía y dirección. La sumisión a la voluntad de Dios es una característica de un cristiano maduro.

Amor sacrificado

Jesucristo mostró un amor sacrificado para que el mundo pudiera ver. Él llevó el pecado del mundo y murió de forma horrible para que la humanidad fuera reconciliada con Dios. A ningún humano se le pedirá que haga semejante sacrificio jamás, sin embargo la Biblia les dice a los cristianos que amen a otros como Jesús los ama.

Por tanto, imiten a Dios, como hijos muy amados, y lleven una vida de amor, así como Cristo nos amó y se entregó por nosotros como ofrenda y sacrificio fragante para Dios. ~ Efesios 5:1-2

La primera carta del apóstol Juan señala que los cristianos son conocidos por su amor; no sólo por palabras de amor, sino por los hechos que demuestran amor (Véanse 1 Juan 3:16-18 y 4:19-21). Los cristianos maduros ponen a un lado lo que quieren y desean, y hasta sus necesidades para demostrar amor hacia otros. Al decir "sí" a todo lo que pide una persona no se están estableciendo límites saludables. Habrá tiempos cuando uno tenga que decir "no," pero hay una diferencia entre el cristiano que vive una vida de amor sacrificado y del cristiano que suele vivir para él mismo.

Dominio propio

El dominio propio es un fruto del espíritu y significa que el cristiano está gobernado por Dios, no por sí mismo o por la carne. Él niega los deseos que lo alejarán de la voluntad de Dios para su vida y somete su voluntad al Señor. El cristiano maduro encuentra el balance entre confiar en Dios, hacerlo él mismo y no hacer nada. Nadie puede hacerse presentable ante Dios en sus propios esfuerzos. Sin embargo, el cristiano maduro busca ser transformado al renovar su mente (Romanos 12:2). Renovar la mente viene a través de una relación cercana y creciente con el Señor e involucra la oración, adoración, meditación en su palabra, y el compañerismo con otros creyentes.

> ***Si alguien se cree religioso pero no le pone freno a su lengua, se engaña a sí mismo, y su religión no sirve para nada. ~ Santiago 1:26***

Los cristianos deben de controlar sus lenguas y no permitir pláticas hirientes en sus vidas. Frecuentemente los esposos y las esposas se lastiman el uno al otro, a sus hijos, a su familia, o a sus amigos con sus palabras. Los cristianos maduros dicen la verdad en amor, y buscan edificar a otros de acuerdo a sus necesidades (Efesios 4:29). Ellos animan a otros en sus caminos con el Señor y siempre buscan comunicar el amor de Dios para todos.

> ***Y la constancia debe llevar a feliz término la obra, para que sean perfectos e íntegros, sin que les falte nada. ~ Santiago 1:4***

Perseverancia

La perseverancia se define como soportar pacientemente o esperar. La sociedad hoy en día suele exigir la satisfacción inmediata de cada deseo, pero muchos aspectos de la vida involucran el esperar. Los problemas financieros frecuentemente resultan a causa de que las personas no están dispuestas a esperar y a ahorrar para las cosas que ellos quieren. Cuando las personas esperan en el Señor y le permiten trabajar en situaciones, Él los bendecirá y la madurez será desarrollada en el proceso. Los cristianos maduros permanecen enfocados en el Señor y esperan que Él trabaje en sus vidas, provea para sus deseos y los lleve a través de las pruebas y problemas. Ellos buscan al Señor y su voluntad para sus vidas.

Pocos niños tienen la paciencia para esperar un regalo o una recompensa. Ellos lo quieren inmediatamente y quizá hagan berrinche si tienen que esperar. ¿Cuántos adultos son como ese niño impaciente? Muchos cristianos se le adelantan al Señor sin esperar su dirección, y después se preguntan por qué sus planes fracasaron. Muchas veces las respuestas de Dios a la oración es "espera," pero frecuentemente las personas no están dispuestas a esperar. Ellos compran a crédito y después tratan con las consecuencias. Los cristianos maduros experimentarán menos problemas porque ellos son pacientes y están dispuestos a esperar en el Señor.

Caminando en el Espíritu

> ***Así que les digo: Vivan por el Espíritu, y no seguirán los deseos de la naturaleza pecaminosa. ~ Gálatas 5:16***

El caminar cristiano (la forma como él conduce su vida[2]) refleja su relación con Dios. Una relación con el Señor no es edificada por esfuerzo humano. Es imposible agradar a Dios sin fe en Jesucristo (Hebreos 11:6) y una relación con Él es edificada en fe y confiando en Él. Sin embargo, es importante que los cristianos maduren en su relación con el Señor. Dios ama a sus hijos tal y como son, pero quiere verlos crecer en su salvación (1 Pedro 2:2).

Para vivir la vida que Dios desea requiere de fe, confianza y enfocarse en Él. Se trata de confiar y contar con Él en cada aspecto de la vida. El apóstol Pedro caminó sobre las aguas mientras se mantuvo enfocado en Jesús (Mateo 14:28-31). Cuando quitó la vista del Señor se sumergió como una roca. Los cristianos maduros se enfocan en el Señor y se rinden a Él diariamente, y algunas veces momento tras momento al confiar en la dirección y guía de Dios. Ellos practican la disciplina espiritual de la oración, adoración, estudio de la Biblia y el compañerismo diariamente, no sólo el domingo en los servicios de adoración.

El matrimonio maduro

> ***El matrimonio es nuestra última, y mejor oportunidad de crecer.***
> ***~ Joseph Barth***

Las parejas crecerán, madurarán y se volverán más como Cristo al enfrentar ambos el gozo, las pruebas y los problemas de la vida juntos. "Un matrimonio necesita hacer más que aguantar, necesita crecer y madurar. El tiempo por sí solo no fortalecerá un matrimonio."[3] Trabajar juntos como equipo para vencer los retos de la vida acerca y moldea sus vidas individualmente y como pareja. Estos retos son usados por Dios para edificar a la pareja en madurez al ellos perseverar y confiar en Él.

Una evidencia de un matrimonio maduro está en conocer las debilidades y luchas del uno y del otro y enfocarse en las fortalezas de cada uno en vez de en sus debilidades. La pareja madura usa sus diferencias para edificar su relación y servir a Dios en vez de usarlos como puntos de discusión y de razones para atacarse el uno al otro. Ellos usan sus fortalezas como individuos y como pareja para crecer en su relación con Dios y de pareja; ellos se convierten en mejores cónyuges y padres.

La conexión con Dios y la del uno con el otro es necesaria para que una madurez individual y como pareja sea desarrollada. Es importante que una pareja ore, adore y estudie la Biblia junta para edificar su relación con el Señor y su relación de pareja. Muchas persona quizá crezcan y maduren en el Señor sin su cónyuge, pero a la relación matrimonial le faltará la intimidad espiritual si ellos no están creciendo juntos.

La salud de la relación matrimonial está directamente atada a la cercanía de una pareja con Dios. Las parejas que están batallando en su relación matrimonial frecuentemente también están batallando en su vida espiritual. Usualmente ellos niegan esto en las sesiones de consejería, pero con frecuencia es verdad; uno o ambos cónyuges tienen una relación negligente con el Señor y poco profunda. Las tres conexiones entre esposo, esposa y Dios necesitan estar fuertes para mantener un matrimonio saludable.

Un matrimonio productivo y fortalecido requiere diligencia y cuidado. Esposo y esposa necesitan ser fieles en las cosas pequeñas diariamente. Quizá no siempre sea conveniente tener una conexión espiritual, orar juntos, compartir pensamientos internos espirituales y mantener un compañerismo con otros cristianos, pero al perseverar la pareja en estas disciplinas, ellos verán el trabajo de Dios en sus vidas y matrimonio.

Los principios de la parábola de los talentos en Mateo, capítulo 25 aplican a la relación matrimonial. Dios da dones y habilidades a personas individualmente y como pareja. La pareja que es fiel para servir a Dios con lo que se le ha dado, florecerá y progresará en su relación con Dios y de pareja. Aquellos que entierran sus dones y no los usan, no suelen estar preparados para las tribulaciones que vendrán en la vida. También se perderán de oportunidades de ser usados por Dios para afectar las vidas de las personas alrededor de ellos.

Dios usará la madurez del matrimonio en las vidas de la familia, amigos y otros. Se construye madurez en tu vida y matrimonio siguiendo a Dios, caminando en el Espíritu, practicando las disciplinas espirituales, ejercitando tu fe y confiando en el Señor.

> ***Por eso, dejando a un lado las enseñanzas elementales acerca de Cristo, avancemos hacia la madurez. No volvamos a poner los fundamentos, tales como el arrepentimiento de las obras que conducen a la muerte, la fe en Dios.***
> ***~ Hebreos 6:1***

Para conversar como pareja

1. ¿Te consideras a ti mismo como un cristiano maduro? ¿Cómo se ve eso en tu vida?

2. ¿En cuáles características de madurez necesitas crecer?

3. ¿Cómo puedes caminar en el Espíritu como pareja?

4. ¿Cómo definirías a un matrimonio maduro? ¿Es maduro tu matrimonio? ¿Por qué sí o por qué no?

5. ¿Cómo ha usado Dios a tu matrimonio en la vida de otros? Si Él no lo ha hecho, ¿cómo te podrías preparar tú mismo para que Él te use?

Casados por toda la vida

Estudio 50

La santidad del matrimonio

Por eso dejará el hombre a su padre y a su madre, y se unirá a su esposa, y los dos llegarán a ser un solo cuerpo." Esto es un misterio profundo; yo me refiero a Cristo y a la iglesia.
~ Efesios 5:31-32

La relación de Dios con la humanidad

Ambos el Antiguo y el Nuevo Testamento se refieren a la relación de Dios con la humanidad como un matrimonio. Dios llama a su pueblo "su novia" y la reprende por su adulterio cuando ella se va tras otros dioses. Jesús se refiere a sí mismo en los evangelios como el novio que viene por su novia. La relación que Jesús tiene con la iglesia habla de la relación cercana e íntima que la pareja debe de tener el uno con el otro y con Dios. El mundo debe de ver el amor sacrificado y dadivoso de Dios exhibido en la relación del matrimonio cristiano. Tristemente son pocos los matrimonios cristianos que demuestran este tipo de amor.

Frecuentemente los matrimonios cristianos no son mejores que los matrimonios en el mundo. No debería de existir abuso físico, sexual, verbal y emocional en el matrimonio cristiano, sin embargo, ocurre con demasiada frecuencia. Seguramente el corazón de Dios se rompe cuando un matrimonio se deteriora y se convierte en campo de batalla. Dios creó a la humanidad para su gloria (Isaías 43:7), sin embargo, las personas han rechazado a Dios y a su plan para sus vidas. La institución que debe de reflejar su relación con la humanidad frecuentemente no muestra la gracia, misericordia o amor que Dios tiene para su pueblo.

Dios ve el matrimonio seriamente aunque la humanidad con frecuencia no lo haga. Con mucha frecuencia las personas tratan a sus cónyuges horriblemente tomando todo sin dar nada a cambio. Ellas dan poco o nada de ellas al matrimonio y se preguntan por qué tienen una relación distante y vacía con su cónyuge. Ellos destruyen gratuitamente vidas y generaciones al zambullirse en el abismo del adulterio y la depravación sexual intentando satisfacer sus necesidades. Después se preguntan por qué tienen una vida sin sentido, sin esperanza, desprovista de amor y apreciación. Gálatas 6:7 dice *"No se dejen engañar: Dios no puede ser burlado. El hombre cosecha lo que siembra."*

Yo te haré mi esposa para siempre, y te daré como dote el derecho y la justicia, el amor y la compasión.
~ Oseas 2:19

Dios, el creador del cielo, de la tierra y de toda la vida, toma a su pueblo como su novia. Él establece el estándar para la relación matrimonial y un matrimonio eterno. Él sostiene a su novia en rectitud, justicia, amor y compasión. Este es un estándar muy alto a alcanzar. Nadie puede lograr esto en su propio esfuerzo; requiere el trabajo del Señor en la vida y en el matrimonio de una pareja. El pacto de Dios con su novia es sellado con la sangre de Jesucristo quien pagó el precio de la infidelidad de su propia novia e hizo posible una relación permanente para todas las personas que lo acepten como su Señor y Salvador.

Dios diseñó el matrimonio para hacerte santo más que para hacerte feliz. ~ Gary Thomas

Llamados a la santidad

> ***Por eso, dispónganse para actuar con inteligencia; tengan dominio propio; pongan su esperanza completamente en la gracia que se les dará cuando se revele Jesucristo. Como hijos obedientes, no se amolden a los malos deseos que tenían antes, cuando vivían en la ignorancia. Más bien, sean ustedes santos en todo lo que hagan, como también es santo quien los llamó; pues está escrito: "Sean santos, porque yo soy santo." ~ 1 Pedro 1:13-16***

Dios desea que su pueblo viva vidas santas, apartados del mundo para su propósito. Los cristianos están para amar a Dios, servirle y ser un testimonio de su amor para el mundo. Las personas no fueron creadas solo para existir, vivir para ellos mismos o estar satisfechos o felices. Los cristianos están para ser amoldados a la imagen de Jesucristo. El Señor le da poder a su pueblo para vivir esta vida santa, a la cual Él los ha llamado. Nadie puede vivir esta vida por sí solo, pero con Cristo, todas las cosas son posibles.

> ***Dios no nos llamó a la impureza sino a la santidad. ~ 1 Tesalonicenses 4:7***

El sacrificio de Jesús en la cruz reconcilió a la humanidad con Dios y santificó (o hizo santo) a su pueblo ante Dios. La santificación es el proceso de una persona siendo transformada en quién Jesús la hizo que fuera. Un cristiano maduro es verdaderamente un cristiano santificado viviendo una vida caminando en el Espíritu de Dios. Él vive una vida más cercana al Señor y más lejos del pecado. Quizá él no esté sin pecado, pero peca menos.

> ***Así que nosotros, que estamos recibiendo un reino inconmovible, seamos agradecidos. Inspirados por esta gratitud, adoremos a Dios como a él le agrada, con temor reverente, porque nuestro "Dios es un fuego consumidor" ~ Hebreos 12:28-29***

La santidad de Dios

Las personas de hoy en día frecuentemente no tienen un temor saludable hacia Dios. Ellos no le dan reverencia ni lo ven como el creador del universo, el creador y el que sustenta la vida, y el Dios grandioso y asombroso. Parece que algunas personas ven a Dios como su amigo en el cielo, en vez de un Dios santo, fuego consumidor y el todopoderoso de Israel. Nadie puede estar frente a la santidad y majestuosidad de tal asombroso Dios (Vea Isaías 6) y seguir siendo el mismo. La reverencia y el respeto viene cuando uno ve la gloria increíble de Dios.

> ***"Grandes y maravillosas son tus obras, Señor, Dios Todopoderoso. Justos y verdaderos son tus caminos, Rey de las naciones. ¿Quién no te temerá, oh Señor? ¿Quién no glorificará tu nombre? Sólo tú eres santo. Todas las naciones vendrán y te adorarán, porque han salido a la luz las obras de tu justicia." ~ Apocalipsis 15:3-4***

Jesucristo fue el sacrificio que reconcilió a la humanidad con Dios. Las personas no tienen que temer a Dios como le temerían a un juez que va a dictar sentencia, pero es correcto darle al Señor el respeto que Él merece. Él es digno de adoración por quien Él es y por lo que Él ha hecho por su pueblo. Nadie más en la tierra o en el cielo merece la adoración y alabanza que Dios merece. Reverencia, asombro y respeto por la santidad de Dios es el principio del entendimiento (Proverbios 9:10) y las parejas necesitan entender que Dios es un Dios santo.

La santidad y la relación matrimonial

El matrimonio es un pacto entre un hombre y una mujer, pero también es mucho más que eso. Es un lugar donde las personas son retadas a crecer, a madurar y a moldearse a la imagen de Jesucristo. Dios usa la relación matrimonial para entrenar a la gente, aumentar su entendimiento de qué significa ser un seguidor de Cristo y para santificarlos.

> ***El hierro se afila con el hierro, y el hombre en el trato con el hombre. ~ Proverbios 27:17***

Un hombre y una mujer en una relación matrimonial están tan cercanos el uno del otro de lo que pudieran acercarse a otro ser humano. Ellos se conocen el uno el otro más de lo que nadie los conocerá. Deben de trabajar juntos en sus diferencias para traer un balance en la relación y en sus vidas. Quizá salgan chispas al usar Dios al esposo y esposa en la vida de cada cual. Perfeccionarse y crecer al mismo tiempo no se logra sin dolor. Experimentar ambos el gozo y las pruebas de una vida juntos, les ayudará a ser más como Jesucristo y a madurar en su caminar con Él.

> ***El matrimonio no se supone que tiene que hacerte feliz y satisfacerte. Es tu trabajo hacer tu matrimonio feliz y satisfactorio.***
> *~ Diane Sollee*

Las personas hoy en día suelen tener una fijación que se supone el matrimonio tienen que hacerlos felices. Cuando su cónyuge y su relación pierden su atracción, buscan otra relación que los haga felices. Ellos desean satisfacción y llenura que se traducen a que ellos deben de ser satisfechos y llenos, y no intentan ser usados por Dios para ayudar a su cónyuge a sentirse satisfecho y pleno.

Las parejas deben estar abiertas al trabajo de Dios en sus vidas y matrimonios, y necesitan estar dispuestas a escuchar lo que su cónyuge tiene que decirles. ¿Quién es mejor para hacer una diferencia en la vida de una persona que su cónyuge? En vez de ponerse a la defensiva y rechazar lo que tu cónyuge tiene que decir, las personas necesitan escuchar, pensar al respecto, y buscar la confirmación de Dios de la verdad acerca de lo que se ha dicho. Esto requiere de humildad y una disposición para tomar responsabilidad de las acciones de uno.

Edificando el carácter

El carácter identifica a una persona. Es el patrón del comportamiento, o la suma de cualidades, o las características que marcan a una persona.[1] Quizá él tenga un carácter moral fuerte, o un carácter al cual le faltan valores morales. Hombres y mujeres de buenos carácteres hacen las cosas correctas ya sea que los estén viendo o no. Ellos lo hacen no porque ellos tengan que hacerlo, sino porque quieren complacer a Dios; se ha vuelto en un estilo de vida. La persona con carácter ha rendido su vida y le ha permitido a Jesucristo vivir a través de él.

> ***Preocúpate más por tu carácter que por tu reputación. El carácter es lo que tú eres, la reputación es solamente lo que otros piensan acerca de ti.***
> *~ John Wooden*

El matrimonio provee una oportunidad excelente para desarrollar carácter como esposo y esposa que viven la vida juntos. El Señor usará la vida de un cónyuge para señalar esas áreas en la vida que necesitan cambiar. Algunos lo han comparado como tener un espejo y ver todo lo feo que uno tiene en su vida. Después, la persona elige si hace algo al respecto y le permite a Dios transformarlo más a la imagen de Cristo, o puede ignorarlo y continuar viviendo a su propia manera.

La fe en Dios y la obediencia a su palabra edifican carácter y santidad en la vida del cristiano. Sin fe es imposible agradar a Dios (Hebreos 11:6). Una vida santa es edificada en fe. La obediencia también es una parte importante de la vida cristiana. Él no puede vivir una vida de santidad por sí solo, pero al obedecer al Señor y al contar con Dios para que le dé poder, el carácter cristiano crecerá. Tiene que haber un balance; las obras no salvarán a una persona, sólo la fe, pero como dice Santiago 2:18, las obras demuestran la fe que una persona tiene.

La mayoría de las personas no tiene muchos problemas al discernir la voluntad de Dios para sus vidas, pero sí los tiene al realizar su voluntad. Frecuentemente, las personas dicen que no pueden hacer algo, cuando de hecho no lo harán. La Biblia dice que todas las cosas son posibles en Cristo (Filipenses 4:13). Dios le dará el poder a las personas para que hagan las cosas correctas si ellas tienen el deseo de hacerlas. Frecuentemente, las personas harán promesas o sacrificios a Dios, pero Él prefiere tener su obediencia (1 Samuel 15:22).

> *La voluntad de Dios es que sean santificados; que se aparten de la inmoralidad sexual; que cada uno aprenda a controlar su propio cuerpo de una manera santa y honrosa, sin dejarse llevar por los malos deseos como hacen los paganos, que no conocen a Dios.*
> *~ 1 Tesalonicenses 4:3-5*

Dios algunas veces es claro en su voluntad y en otras ocasiones puede no serlo tanto, pero la Biblia provee la guía de cómo los cristianos deben de vivir. No es bueno darle homenaje a la Biblia y reconocerla como la Palabra de Dios sin permitirle que cambie tu vida. Jesús dijo, "Si me amas, obedecerás mis mandamientos" (Juan 14:15). Significa establecer límites y decir, "Yo y mi casa serviremos a Jehová." Dios honrará a la persona que decide seguirlo a Él.

Glorificando a Dios

El misterio del matrimonio es que es representativo de la relación de Jesucristo y la iglesia. La familia es el ingrediente primario de la iglesia. Las parejas deben de edificar su relación con el Señor diariamente, no nada más los domingos mientras están en la iglesia. La iglesia de Jesucristo está hecha de gente, no de edificios u organizaciones. Jesús comisionó a su iglesia, su pueblo, a acercar gente a Él y a edificarlos en Él. El matrimonio centrado en Cristo debe también acercar gente a Cristo, empezando con la familia inmediata.

Una persona glorifica a Dios al adorarlo y al honrar sus mandamientos. Jesús glorificó a Dios a través de su obediencia perfecta y de su sacrificio y muerte por la humanidad (Juan capítulo 17).[2] De nuevo, no es obedecer las reglas de una forma legalista, la obediencia cristiana viene de amar a Dios y lo que Él ha hecho por su pueblo. Los cristianos están para ser moldeados a la imagen de Jesucristo y un matrimonio cristiano debe de representarlo. Jesús vino a servir, no ha ser servido. Él hizo la voluntad de Dios aun hasta el punto de morir en la cruz. Esposos y esposas están para servir, no para ser servidos. Ellos están para buscar satisfacer las necesidades de sus cónyuges y ayudar a otros, no para desperdiciar la vida buscando que sus propias necesidades sean satisfechas.

> *Sé que es mucho más importante ser el tipo de persona correcta que casarte con la persona correcta. En otras palabras, sea que te hayas casado con la persona correcta o incorrecta, eso depende primordialmente de ti. ~ Zig Ziglar*

La pareja que trabaja junta para servir a Dios y vive de acuerdo a sus preceptos lo glorificará a en su matrimonio. Ellos están empeñados en servir a Dios en vez de servirse a ellos mismos. Ellos no deberían estar peleando por control en el matrimonio, sino que deberían de estar trabajando juntos para satisfacer los retos de la vida diaria. Los esposos y esposas que toman en cuenta las sugerencias de cada uno tendrán más unidad en sus matrimonios que los que no lo hacen. Aquellos que están dispuestos a aprender, cambiar y crecer glorificarán a Dios en sus vidas y matrimonios.

Un matrimonio que es un testimonio

El matrimonio que glorifica a Dios será un testimonio del amor de Dios y de su fidelidad. Sería un cumplido que otra pareja se acercara a ti y a tu cónyuge y te dijeran, "los hemos estado observando a ustedes y su matrimonio; es una inspiración para nosotros." Es un hecho que la gente te observa y se hace un juicio acerca de ti, de tu matrimonio y del Dios que tú proclamas por la manera que ustedes se tratan. La unidad de un matrimonio fuerte y que crece glorificará a Dios.

¿Quieres cambiar el mundo? Vive una vida para Dios, sírvele y ama a tu cónyuge y a tus hijos como Dios te ama a ti. Tu matrimonio fortalecido que permanece fuerte afectará generaciones al perseverar y crecer a través de las pruebas y problemas que vendrán en contra de tu matrimonio. El mundo de hoy necesita desesperadamente parejas que no sólo perseverarán juntos, sino que también serán ese ejemplo, esa luz que atraerá gente a Dios.

Charles Spurgeon dijo, "¿Cuál es el valor de la gracia que nosotros profesamos haber recibido, la cual nos deja exactamente siendo el mismo tipo de persona que éramos antes de haberla recibido? Una vida sin santidad es evidencia de un corazón que no ha cambiado y un corazón que no ha cambiado es evidencia de un alma que no ha sido salva." Palabras fuertes por cierto, pero son palabras que necesitaban ser oídas. Los cristianos no pueden ser luz cuando su matrimonio no es diferente a los demás. Dios te dará el poder para vivir una vida santa y para tener un matrimonio que hará la diferencia cuando tú rindas tu vida a Él.

> ***"Ustedes son la luz del mundo. Una ciudad en lo alto de una colina no puede esconderse. Ni se enciende una lámpara para cubrirla con un cajón. Por el contrario, se pone en la repisa para que alumbre a todos los que están en la casa. Hagan brillar su luz delante de todos, para que ellos puedan ver las buenas obras de ustedes y alaben al Padre que está en el cielo. ~ Mateo 5:14-16***

Para conversar como pareja

1. ¿Crees tú que has sido llamado a santidad? ¿Cómo debería esto afectar tu matrimonio?

____
____
____
____

2. ¿Cómo puede Dios usar tu matrimonio para hacerte más santo?

____
____
____
____

3. ¿Por qué es importante para la relación matrimonial un carácter moral fuerte?

____
____
____
____

4. ¿Cómo puedes glorificar a Dios a través de tu matrimonio?

____
____
____
____

5. ¿Es tu matrimonio un testimonio del amor y la fidelidad de Dios? ¿Por qué sí o por qué no?

____
____
____
____
____

Las verdades profundas del matrimonio

Contesta las siguientes preguntas y comparte tus respuestas con tu cónyuge. Piensa un poco sobre las preguntas y contesta honestamente. Tu matrimonio madurará cuando tú escarbes más profundo hacia las verdades Bíblicas y des más de ti.

---

1. ¿Por qué estás casado? ______________________________

2. ¿Qué complacería hoy a Dios en tu matrimonio? ______________________________

3. ¿Qué es algo que tú puedes hacer diariamente que bendecirá a tu cónyuge? ______________________________

4. ¿Qué quiere Dios para tu matrimonio? ______________________________

5. ¿Qué se requiere para tener un matrimonio maduro? ______________________________

6. ¿Cómo es tu matrimonio similar a la relación de la iglesia con Jesucristo? ______________________________

7. ¿Cuáles son tus planes para hacer que tu matrimonio dure para siempre? ______________________________

Casados por toda la vida

Estudio 51

Protegiendo tu matrimonio

... *Así que cuídense ustedes en su propio espíritu, y no traicionen a la esposa de su juventud.*
~ *Malaquías 2:15*

El matrimonio bajo ataque

Hay una guerra el día de hoy en la sociedad y el matrimonio está bajo ataque. La institución del matrimonio es la representación terrenal de la relación de Dios con el hombre, y ambos el diablo y las personas impías desean verlo destruido. También considera que cuando un matrimonio fracasa, una familia y generaciones venideras sufrirán grandemente. La sociedad ha creído la mentira que el divorcio y el casarse de nuevo no es tan importante. Creen que los niños son resistentes y que lo superarán. Los estudios comprueban que esto no es verdad. Mientras que los padres tratan de poner sus vidas en orden, los niños con frecuencia son dejados sin un cuidado apropiado de parte de los padres y sin su guía. Algunos aprenden a arreglárselas; otros entran en un espiral cuesta abajo, que continúa a través de sus vidas.

Manténganse alerta; permanezcan firmes en la fe; sean valientes y fuertes. Hagan todo con amor.
~ *1 Corintios 16:13-14*

Hay un gran peligro en la complacencia. Las parejas suelen bajar la guardia cuando las cosas van bien en el matrimonio. Como ellos están enamorados no ven por qué tienen que trabajar en sus matrimonios; piensan que no se tienen que preparar para las tormentas que vendrán en su camino. No invierten dinero o tiempo en su relación matrimonial. Con frecuencia, las parejas que no gastan dinero en un seminario de matrimonios terminan con serios problemas maritales o hasta se divorcian al paso de varios años. Las parejas no deben permitirse ellas mismas volverse complacientes. Deben de proteger activamente su matrimonio o quizá no sobreviva a los retos que verán en la vida de su relación.

Se requiere compromiso

El matrimonio requiere un compromiso fuerte de ambos cónyuges. Comprométete a amar a tu cónyuge como él es y permanece con él en su crecimiento hacia la madurez y hacia la persona que el Señor quiere que sea. La sociedad suele estar fascinada con los llamados lobos, aquellos que ven para ellos mismos y juegan en el campo, pero la realidad es que Dios creó al lobo como uno que está comprometido con una compañera para toda la vida y con su manada. Un lobo defenderá ferozmente el territorio de la manada y el compromiso de una pareja en su matrimonio requiere algo de la misma ferocidad y vigilancia para protegerlo de los demonios que quieren verlo destruido.

"Leí en algún lugar que los lobos se aparean de por vida. Eso me sorprendió porque solía tener un sentimiento persistente que era mi lado de lobo aventurero que quería mantener mis opciones abiertas; mi lado más pasivo, más sumiso ansiaba la cercanía y seguridad de estar con sólo una mujer. Ahora pienso que es lo opuesto. Servirle a la manada quizá sea una ocupación placentera, pero no requiere de gran distinción en carácter; cualquier cabra de segunda clase lo puede hacer. Es el compromiso el que llama a la ferocidad y vigilancia y todas las otras cualidades que nos hacen pensar de lobo como noble."[1]

Las parejas deben considerar el matrimonio como un compromiso para toda la vida, no como un compromiso que puede ser roto por cualquiera y por todas las razones. El compromiso de una pareja tiene que ser más que un conocimiento casual del concepto. El compromiso es una obligación o un juramento para cumplir, una promesa o responsabilidad. Debe de haber acción en satisfacer el compromiso en una pareja del uno para con el otro y su relación matrimonial. Demostrar compromiso involucra incluir a tu cónyuge en tu vida y hacerlo sentir a él parte de cada aspecto de ésta. Las parejas quizá tengan intereses separados y sin embargo mantienen un matrimonio saludable, pero cuando la conexión es la excepción en vez de la regla, uno se pregunta si están comprometidos el uno con el otro o con sus propias actividades.

Las demandas de la vida diaria

> ***Cuando una muchacha se casa, ella cambia las atenciones de muchos hombres por la falta de atención de uno.~ Helen Rowland***

Las personas hoy en día suelen estar extremadamente involucradas en sus vidas diarias y son negligentes en mantener la relación matrimonial. El ritmo increíble de la vida en la sociedad puede fácilmente arrastrar a alguien en la trampa de sólo tratar de mantenerse. Las demandas de la carrera, los hijos, actividades, iglesia, ministerio, mantener el hogar y los vehículos pueden consumir a las personas. Ellos se sobrepasan de compromisos con un sin número de actividades y no cuidan del compromiso más importante de sus vidas.

> ***No es lo suficientemente bueno que hagamos lo mejor; algunas veces tenemos que hacer lo que es requerido. ~ Sir Winston Churchill***

La relación matrimonial tiene que ser una prioridad. El compromiso es demostrado cuando uno pone a su cónyuge primero que todas las otras personas y que todos los quehaceres. Es un reto vivir ocupados, tener vidas plenas y mantener las prioridades correctas. La tiranía de lo urgente no tiene que gobernar sus vidas, pero ellos tienen que tomar la decisión de hacer lo que se requiera y no sólo su mejor esfuerzo. Ellos tienen que aprender a decir "no" en ocasiones y hacer lo que es necesario para proteger y edificar su relación matrimonial.

Marta no está muy segura acerca de los nuevos esfuerzos de José para proteger su matrimonio.

Fortaleciendo tu matrimonio

Las parejas que buscan fortalecer, asegurar, reforzar, vigorizar y enriquecer su matrimonio cosecharán beneficios y bendiciones. Su vida junta será más productiva y satisfactoria, y también tendrá un efecto positivo en sus hijos y en las generaciones después de ellos. Nada en la tierra debe de tener prioridad sobre la relación matrimonial, ni la carrera, ni amigos, ni familia, ni pasatiempos, ni siquiera el servicio en la iglesia. Con mucha frecuencia, las personas son negligentes con sus cónyuges y con su familia al "servir a Dios" cuando en realidad, ellos se están sirviendo a ellos mismos, o a otros. Uno sirve a Dios al cuidar a su familia y después ayudar en otros lados si se está disponible.

La relación matrimonial puede ser un campo de batalla o una fortaleza de bendiciones y del trabajo de Dios. Las parejas hacen la elección si van a pelear en contra del uno y del otro o van a pelear juntos para proteger su matrimonio y su familia. La pareja que pelea en contra del uno y del otro crea una casa dividida que caerá. Su casa está edificada en arena que se desvanecerá cuando las tormentas vengan. Las parejas deben de permanecer juntas y edificar una fortaleza que será una luz para el mundo y un refugio para aquellos que necesitan ayuda.

> ***Pelea la buena batalla de la fe. ~ 1 Timoteo 6:12***

La Biblia dice que la batalla no es en contra de carne y sangre, sino en contra de fuerzas espirituales malignas en las regiones celestiales (Efesios 6:12). La batalla para proteger tu matrimonio es una batalla espiritual, y la victoria sólo viene a través de Jesucristo. La batalla no es ganada a través de esfuerzo humano, sino de rendirte al Señor y caminar en el espíritu. Es importante que la pareja busque al Señor y que permanezca unida al enfrentar problemas y tribulaciones diariamente.

Límites, arbustos y fosos protegen un área o territorio. Éstas son las defensas de afuera para mantener a los atacantes lejos de las fortalezas principales. De igual manera, las parejas necesitan establecer defensas para su matrimonio. Muchos cristianos piensan sobre las defensas de manera legalista, radical, o hasta ridículas, pero la relación matrimonial tiene que estar protegida tan ferozmente como los lobos protegen su territorio. Es mejor que se piense que es legalista o ridículo, que experimentar las consecuencias del pecado y del divorcio.

> ***Por sobre todas las cosas cuida tu corazón, porque de él mana la vida.***
> ***~ Proverbios 4:23***

Los esposos y las esposas necesitan saber y reconocer sus propias debilidades. Tienen que estar de acuerdo en contar con cada cual y trabajar juntos para evitar caer en tentación. Las esposas necesitan ayudar a sus esposos a evitar los peligros de la pornografía y la tentación visual que ellos enfrentan, tienen que hablar cuando ellas detecten que algo está mal. Los esposos también necesitan ayudar a sus esposas a evitar las trampas emocionales en las que ellas pueden caer con otros hombres siendo un lugar emocional y seguro para sus esposas. Cualquiera que sea la tentación que ellos enfrenten, los cónyuges tienen que protegerse el uno al otro de éstas. Establezcan una protección para su matrimonio. Usen la siguiente lista para darte algunas ideas.

- No se comprromenten en lo que ves, dices o escuchas.
- No tengan secretos de tu cónyuge.
- No tengan amistades separadas con el sexo opuesto.
- No tengan actividades que te alejarán del Señor.
- No estén sin hacer nada por mucho; tiempo eso pudiera invitar a la tentación.
- No permanezcas en lo negativo de tu cónyuge.
- Reserven frecuentemente tiempo de conexión con tu cónyuge.
- Mantengan una honestidad total y abierta.
- Edifiquen responsabilidad el uno con el otro y con otros cristianos en sus vidas.
- Asistan regularmente a actividades para mejorar tu matrimonio, como retiros, clases o seminarios.
- Oren diariamente, individualmente y como pareja.
- Pasen tiempo con el Señor en su palabra diariamente.
- Reconcíliense y perdónense el uno al otro de buena gana.
- Sirvan a Dios.
- Hagan tiempo para relajarse, individualmente y como pareja; diviértanse juntos.
- Apóyense, anímense y respétense el uno al otro.
- Corran de la tentación.

Los cristianos dicen que la fe y la familia son importantes, pero a menudo, sus vidas no lo muestran. Su fe solo se ve los domingos por la mañana y no buscan a Dios y su plan para su matrimonio y familia. Solo un porcentaje pequeño de los parejas oran juntos, y a menudo las parejas solo se comunican por más de unos minutos al día. El fortalecer y proteger un matrimonio requiere la fe expresada en la obediencia a la voluntad de Dios.

> ***Así que, hermanos, sigan firmes y manténganse fieles a las enseñanzas que, oralmente o por carta, les hemos transmitido. ~ 2 Tesalonicenses 2:15***

Mantente firme

Mantenerse firmes es un tema que se repite en toda la Biblia. También puede ser traducido como fiel y significa firme en compromiso. Las parejas necesitan mantenerse firmes para estar determinadas en su compromiso con su relación. Tienen que estar determinadas a hacer que su matrimonio perdure para siempre. Tristemente, muchas parejas están juntas para toda la vida frecuentemente porque no conocen otro camino. Un matrimonio maduro que crece, que puede ser usado por Dios, requiere de trabajo y tiene que ser cuidado. Es primordial que las parejas se mantengan firmes para edificar ese tipo de matrimonio.

Cuando Dios le dice a su pueblo que se mantenga firme, Él les dice que se mantengan firmes en Él. Con fe, con confianza en el Señor y resueltos aferrándose a Él, todo esto permite que uno resista la tentación y enfrente los problemas de la vida. En ocasiones la gente tiene alguna victoria sobre la tentación y empieza a pensar que puede estar firme por sí sola. Nadie es inmune al pecado y en este mundo caído, la tentación correcta al tiempo correcto puede hacer caer a cualquier cristiano. Esto no significa que las parejas deben de cavar fosas o zanjas y permanezcan escondidos tras las paredes. Servir a Dios y vivir la vida crea algo de exposición hacia la sociedad y hacia la tentación. Las parejas necesitan aprender a protegerse a sí mismas para que puedan ser usadas más efectivamente por el reino de Dios.

Valora a tu cónyuge

La Biblia les dice a ambos, al esposo y a la esposa, que se respeten el uno al otro (1 Pedro 3:7, Efesios 5:33). La relación matrimonial debe de ser un lugar de seguridad donde las parejas saben que van a ser respetadas y valoradas. Valorar significa atribuir valor, utilidad o importancia.[2] Las personas casadas quizá se complementen, se cuiden, y trabajen la una con la otra sin embargo, muy seguido ellos no demuestran que su cónyuge es valioso para ellos. La falta de contentamiento y la complacencia llegare al matrimonio y su cónyuge sólo escucha las quejas y las críticas.

Las parejas tienen que hacer una decisión consiente de valorarse el uno al otro y tratarse el uno al otro como la persona más valiosa en el mundo.

La historia cuenta que un hombre en el Pacífico Sur pagó la increíble suma de ocho vacas por su esposa, cuando de acuerdo con la cultura, su insignificante joven esposa, sin ninguna impresión, habría valido quizá dos vacas. Su esposa floreció en una mujer joven, preciosa, con confianza en sí misma al paso del tiempo y el escritor se preguntaba cómo alguien podría ser tan diferente. "¿Alguna vez pensaste," el joven preguntó, "¿qué significaría para una mujer saber que su esposo ha decidido pagar el precio más bajo por el cual ella puede ser comprada? En su pueblo, mi esposa creía que ella no valía nada. Ahora ella sabe que ella vale más que cualquier otra mujer en la isla".[3] Este joven puso un valor muy alto en su esposa; esto cambió su vida y la forma como ella se veía.

Hay poder en la demostración de amor a través de darle valor a un cónyuge. El esposo o la esposa que sabe que él o ella tiene un valor alto con su cónyuge no tiene que buscar por otra parte para sentirse afirmado o valorado. Él sabe que él es importante para su cónyuge y que tiene una parte en su vida. La relación matrimonial está protegida al demostrar respeto y amor el uno por el otro.

Para demostrar a tu cónyuge valor requiere:

- Valorar su opinión.
- Valorar sus esfuerzos para satisfacer su función.
- Valorar sus dones.
- Enfocarse en los puntos buenos.
- Respetarlo.
- Valorarlo aun cuando tú no lo sientes.
- Tratarlo como alguien muy valioso.

Esas acciones construirán tu relación y los traerá a un acercamiento. Ambos querrán pasar tiempo juntos no separados.

Deja que la esposa haga sentir a su esposo contento cuando llega a casa, y deja que el esposo haga que la mujer se sienta triste al verlo partir. ~ Martin Luther

Por lo tanto, mis queridos hermanos, manténganse firmes e inconmovibles, progresando siempre en la obra del Señor, conscientes de que su trabajo en el Señor no es en vano. ~ 1 Corintios 15:58

Dios honra la vigilancia

Dios protegerá tu matrimonio de los ataques del mundo y de Satanás, pero no de tus decisiones equivocadas. Las parejas que no establecen límites o toman los pasos para estar en guardia en su matrimonio, usualmente verán fracasos y problemas en éste. Hay muchas tentaciones potenciales en el mundo de hoy. Aquellos que no están preparados simplemente no pueden navegar a través de las tentaciones que ellos encontrarán al paso de la vida. Dios está siempre contigo y te guiará cuando tú lo busques a Él para que te guíe.

La Palabra de Dios es la luz para el camino a través de la vida. Las parejas que usan esa luz con más facilidad atraviesan los periodos difíciles de la vida que ellos enfrentarán. Las bendiciones de un matrimonio fuerte, fortalecido y protegido son increíbles. La confianza que tú alcanzarás te hará capaz de servirle a Dios y a tu cónyuge y le permitirás a Él usar tu matrimonio para tocar otras vidas.

Para conversar como pareja

1. ¿Está seguro tu matrimonio? ¿Puedes decir que nunca fracasará? ¿Por qué sí o por qué no?

____

____

____

____

2. ¿Por qué el compromiso es importante para proteger tu matrimonio?

____

____

____

____

3. ¿Cómo las actividades de la vida diaria pueden dejar a tu matrimonio desprotegido?

____

____

____

____

4. ¿Qué puedes hacer para fortalecer y proteger tu matrimonio?

____

____

____

____

5. ¿Qué puedes hacer para demostrar que tú valoras a tu cónyuge?

____

____

____

____

____

Sé cuidadoso

Dios les dice a las personas que sean cuidadosas a través de toda la Biblia, queriendo decir que necesitan poner atención a algo, ser consientes o estar alertas. Las parejas necesitan cuidar sus corazones, mentes y matrimonios. Necesitan vigilar cuidadosamente su matrimonio y protegerlo del peligro del pecado, del egoísmo y de los ataques del mundo. Lee los siguientes versículos de la Biblia y considera como éstos aplican a tu matrimonio.

Cumplan con todo lo que les he ordenado. ~ Éxodo 23:13

Sino que pondrán en práctica mis preceptos y observarán atentamente mis leyes. ~ Levítico 18:4

¡Pero tengan cuidado! Presten atención y no olviden las cosas que han visto sus ojos, ni las aparten de su corazón mientras vivan. ~ Deuteronomio 4:9

Cuídate de no olvidarte del Señor. ~ Deuteronomio 6:12

Cuídate de no dejarte seducir por las riquezas; no te dejes desviar por el soborno. ~ Job 36:18

Cuídense de no hacer sus obras de justicia delante de la gente para llamar la atención. ~ Mateo 6:1

Tengan cuidado, no sea que se les endurezca el corazón por el vicio, la embriaguez y las preocupaciones de esta vida. De otra manera, aquel día caerá de improviso sobre ustedes. ~ Lucas 21:34

No paguen a nadie mal por mal. Procuren hacer lo bueno delante de todos. ~ Romanos 12:17

Sin embargo, tengan cuidado de que su libertad no se convierta en motivo de tropiezo para los débiles. ~ 1 Corintios 8:9

¡Tenga cuidado de no caer! ~ 1 Corintios 10:12

Así que tengan cuidado de su manera de vivir. No vivan como necios sino como sabios, aprovechando al máximo cada momento oportuno, porque los días son malos. ~ Efesios 5:15-16

Casados por toda la vida

Estudio 52

Continuando el trabajo

Sin embargo, considero que mi vida carece de valor para mí mismo, con tal de que termine mi carrera y lleve a cabo el servicio que me ha encomendado el Señor Jesús, que es el de dar testimonio del evangelio de la gracia de Dios.
~ Hechos 20:24

El matrimonio es importante

Mucha gente hoy en día dice que el matrimonio es una institución muerta. Ellos rechazan el compromiso y los valores del matrimonio sin darse cuenta que el matrimonio es la base de la sociedad y que sin la institución del matrimonio, la sociedad está en problemas. El matrimonio sostiene la fábrica de la sociedad. Fuera del matrimonio los hombres suelen ser más violentos y anti-sociales y menos probables de ser influencias positivas y estables en la sociedad. Los niños que son criados con sus padres biológicos en una relación matrimonial comprometida tienen mayor oportunidad de volverse adultos independientes y productivos que los niños criados en hogares sin ambos padres. La importancia del matrimonio para los niños y la sociedad no es sólo un punto de vista cristiano, sino también el resultado de una investigación en escuelas seculares.[1]

Un matrimonio simplemente no dura a causa del amor de una pareja. Dura porque han hecho un compromiso y pacto el uno con el otro, y trabajan para mantener una relación matrimonial fuerte que crece. Ellos nutren y cuidan su matrimonio como lo harían con un jardín hermoso y lo fortalecen en contra de los ataques que enfrentan en la vida. Las relaciones matrimoniales duran porque las parejas protegen sus matrimonios y trabajan juntos como equipo para satisfacer los retos de la vida juntos. El matrimonio edificado en la Roca, en Jesucristo, no se desmoronará y caerá cuando las tormentas vengan en contra de el. Es un faro que alumbra el amor de Dios al mundo.

"Alguien que ha estado casado más de cinco minutos se da cuenta que se requiere mucho más de lo que antes se nos dijo. Más que amor. Más que sinceridad. Más que compatibilidad, más que tener buenas habilidades para comunicarse, o más que un gran esfuerzo. Más que confianza en sí mismo o una buena educación. Más que naturaleza romántica, que disponibilidad para escuchar, o más que dosis tremendas de 'tiempo de calidad.' Esto por sí solo eventualmente probará lo inadecuado de enlazar a una persona imperfecta a la otra para siempre."[2]

La vida en la creación de Dios es una aventura increíble. Compartir la aventura con un cónyuge hace la aventura que valga la pena y más amena. Madurando hacia la unidad que sólo se encuentra en una relación comprometida de matrimonio es una aventura por sí sola. Cada etapa nueva de la vida trae algo nuevo y fresco al matrimonio. Una vez que una pareja comienza a usar sus diferencias para fortalecer su matrimonio y para servir a Dios, ellos experimentarán intimidad, cercanía y bendiciones. La pareja que permanece unida de por vida tiene la bendición de mirar hacia atrás a su matrimonio y ver lo que Dios ha hecho en sus vidas; cargándolos a través de los tiempos difíciles y bendiciéndolos en los tiempos buenos. Con frecuencia, las personas se pierden la aventura de toda una vida de una relación comprometida y creciente a causa de que ellos están enfocados en su propia felicidad y satisfacción.

¡Requiere de trabajo!

Un matrimonio maravilloso y una vida tremenda no llegan sin trabajo, así como darle filo al hierro no llega sin forjarlo y sin sacar chispas. El dolor y los problemas de la vida ayudan a moldear y a madurar a la gente. Soportando las pruebas, perseverando a través de los problemas y permaneciendo comprometidos con Dios y con tu cónyuge edifican un carácter que positivamente afectará vidas y generaciones al dejar como pareja un legado piadoso. La gracia de Dios, el amor y la fortaleza ayudan a una pareja a través de los problemas a edificar un matrimonio fuerte y maduro. Ellos trabajan en el, pero no son ellos, es la gracia de Dios trabajando a través de ellos que hace vidas y matrimonios exitosos y productivos.

> ***Pero por la gracia de Dios soy lo que soy, y la gracia que él me concedió no fue infructuosa. Al contrario, he trabajado con más tesón que todos ellos, aunque no yo sino la gracia de Dios que está conmigo.***
> ***~ 1 Corintios 15:10***

Permaneciendo cerca del Señor y nutriendo diariamente una relación con Él es necesario para tener una relación matrimonial madura. Orar juntos conecta a una pareja con Dios y al uno con el otro. Las parejas necesitan continuar desarrollando habilidades de comunicación que animarán a tener una comunicación abierta y mantendrán a la pareja conectada. Es importante tomar el tiempo para trabajar en tu relación, con Dios y el uno con el otro. La intimidad no se encuentra y se mantiene de por vida; tiene que ser cultivada continuamente y nutrida. Los esposos tienen que hacer su relación con el Señor y el uno con el otro una prioridad.

> ***Nunca, nunca, nunca te des por vencido.***
> ***~ Sir Winston Churchill***

Las parejas no pueden jamás darse por vencidas con el Señor o entre ellos. Habrá tiempos cuando tú piensas que no tienes las fuerzas para continuar un día más. Quizá parezca que tu cónyuge, hijo o tus circunstancias nunca cambiarán. ¡No te des por vencido! Dios nunca se da por vencido contigo. Estadísticamente la mayoría de las parejas que están en un matrimonio infeliz se dan cuenta que cuando ellos permanecen en el matrimonio, son muchos más felices cinco años después. El Señor te sostendrá y te ayudará a atravesar los tiempos difíciles y a ver bendiciones maravillosas una vez que superas los problemas.

Las parejas no logran un matrimonio satisfactorio para toda la vida basado en el trabajo de sólo un cónyuge. Requiere de dos para edificar un matrimonio fuerte. Lograr sus funciones Bíblicas traerá armonía y fortaleza hacia el matrimonio y los hará capaces de enfrentar mejor los retos de la vida. La pareja que aprende a trabajar como un equipo maneja las crisis y los problemas mejor y puede alcanzar mucho más que la pareja que trabaja uno en contra del otro.

Para llegar a algún lado se requiere de trabajo en equipo y algunas veces un poco de trabajo extra.

Planea para tener un buen matrimonio

> ***Si tú no sabes a dónde vas en tu matrimonio, tú terminarás yendo a algún otro lugar.***
> ***~ Scott Morgan***

Un matrimonio productivo y saludable requiere más que trabajo; toma planeación. Las parejas necesitan tener un propósito y una visión para sus vidas y matrimonios. Necesitan ir en la dirección que Dios quiere que vayan y hacia una meta. Metas y objetivos ayudan a una pareja a lograr la misión que Dios tiene para sus vidas. Es muy fácil terminar donde tú no quieres sin un plan.

Cuando las vidas de una pareja y su matrimonio están sometidas a Dios, Él puede guiarlos y dirigirlos hacia dónde Él quiere que vayan. Recuerda, la sumisión es ir hacia la misma dirección que el Señor. Una pareja con propósito y dirección en su vida trabajará mejor unida para lograr lo que Dios quiere que haga, y sus hijos tendrán más estabilidad y seguridad en sus vidas. Las parejas necesitan tomar un tiempo para oración, examinar su misión, metas, objetivos y planes para asegurarse qué es lo que Dios quiere que ellos logren.

Con sabiduría se construye la casa; con inteligencia se echan los cimientos. Con buen juicio se llenan sus cuartos de bellos y extraordinarios tesoros. ~ Proverbios 24:3-4

Los planes de una pareja deben incluir planes para su matrimonio. Planes para proteger su matrimonio con límites y protección alrededor de el. También necesitan planes para aprender y continuar creciendo, madurar y permanecer conectados. Seminarios, retiros y estudios necesitan ser incluidos dentro del plan del matrimonio. Nadie jamás sabe todo sobre la vida, relaciones, crianza o matrimonio. La vida cambia continuamente, y las parejas necesitan continuar trabajando y creciendo en fe, en conocimiento de Dios y conocimiento del uno y el otro.

El pasto es más verde del otro lado del cerco sólo cuando tú lo ves a través del vidrio del descontento.

Jerry Jenkins, en su libro "Vallas Protectoras del Matrimonio", dice que él desea hacer el pasto de su matrimonio tan verde, que al comparar el pasto del otro lado del cerco éste siempre se vea café. Requiere trabajo y planeación para satisfacer las necesidades de tu cónyuge, edificar una relación íntima, y permanecer contento en tu matrimonio. Buscar en otro lado la felicidad y el contentamiento sólo traerá dolor y desesperación. Las parejas deben buscar continuamente mantener su amor fuerte; esta es una decisión que ellos toman cada día.

El poder de la esperanza

La esperanza mantiene a las personas en acción y a veces las mantiene vivas. Los prisioneros en campos de concentración con esperanza sobrevivirán mientras que otros, a veces con mejor salud y recursos, no sobrevivirán. La diferencia está en lo que ellos esperan. Un cristiano tiene la esperanza de la salvación y una vida eterna en el cielo con Dios. Él sabe que su vida no está sin propósito, y él puede esperar confiadamente en lo que todavía no puede ver. Cuando no hay una esperanza, la gente suele retirarse y pierde todo deseo de seguir hacia delante.

El amor no se deleita en la maldad sino que se regocija con la verdad. Todo lo disculpa, todo lo cree, todo lo espera, todo lo soporta. ~ 1 Corintios 13:6-7

La esperanza es muy importante en la relación matrimonial. La Biblia dice que el amor siempre espera; que siempre está viendo hacia el futuro y no se estanca en el pasado. El amor busca lo mejor en otros y con el perdón no retiene fallas pasadas en contra de ellos. Las parejas pueden tener esperanza a causa de la fe en Dios. Ellos ven un futuro juntos aun cuando pasan a través de los tiempos más difíciles. Las parejas tienen que creer el uno en el ortro y en que Dios les llevará a través de cualquier problema que éstas enfrenten.

Mucha gente abandona su matrimonio cuando su cónyuge fracasa. El reto es seguir en el matrimonio y confiar en Dios para un futuro juntos aun cuando hay fracaso de parte de un cónyuge. El pecado puede ser muy destructivo y causar gran dolor. El adulterio es un pecado en particular muy difícil de perdonar. Una mujer cometió adulterio, se embarazó y dió a luz a un niño que era de raza diferente y no se parecía a ella, a su esposo o a sus otros hijos. Sin embargo, el esposo perdonó a su esposa y aceptó al niño, hasta el punto de darle a él su nombre. ¿Fue fácil superar este pecado tan terrible? Ciertamente no, pero por la gracia y el poder de Dios, esta pareja tiene un testimonio tremendo del amor, de la fidelidad y del poder de Dios. Cuando la pareja trabaja a través de sus problemas pone su esperanza en Cristo, y continúa trabajando en su matrimonio, Dios le dará el poder y la bendecirá.

Manteniendo un balance

Para tener una relación con Jesucristo y con tu cónyuge se necesita un balance. Sin embargo, requiere trabajo y poner algo de tu parte, pero tú no lo puedes hacer con tu propio esfuerzo. Un cónyuge quizá haga todo lo que tenga que hacer para complacer y hacer sentir a su esposa feliz, sólo para que ella un día deje el matrimonio. Hacer a un cónyuge feliz no es la clave para un buen matrimonio. Es importante satisfacer sus necesidades, no necesariamente lo que quiere y desea. Los límites saludables y la verdad de la palabra de Dios tienen que estar balanceados con amor y gracia.

- Las relaciones de verdad sin gracia se secan.
- Las relaciones de gracia sin verdad explotan.
- Las relaciones de verdad y gracia crecen..[3]

> *Goza de la vida con la mujer amada*
> *~ Eclesiastés 9:9*

El matrimonio debe consistir en más que sólo criar niños, una carrera y el enfrentar los retos de la vida. Las parejas tienen que tomar tiempo para relajarse, divertirse, y gozar el uno del otro. Es crucial que las parejas hagan tiempo para ellas sin tener que preocuparse por las responsabilidades de la vida. Habrá oportunidades para salir de vacaciones a algún lugar juntos, pero no deben esperar por unas vacaciones soñadas juntos, necesitan pasar tiempo juntos regularmente. Ir a caminar al parque o ir de tiendas son dos de muchas ideas no costosas y relajadas para las parejas.

También es vital que la gente trabaje en su relación con el Señor. La gracia de Dios y el amor restauró su relación con la humanidad. Las personas aceptan la gracia de Dios y por fe buscan caminar en una relación con Él. No es sólo aceptar la misericordia de Dios y después vivir la vida a tu propio modo. El Señor espera obediencia y crecimiento, y hay un balance entre la gracia de Dios y los actos de una persona. El libro de Santiago dice "Te mostraré mi fe por lo que hago." Es importante obedecer, pero la obediencia no sucede sin el poder y fortaleza de Dios.

Siendo usado por Dios

> *No nos cansemos de hacer el bien, porque a su debido tiempo cosecharemos si no nos damos por vencidos.*
> *~ Gálatas 6:9*

El propósito de edificar un matrimonio fuerte es para que una pareja pueda ser usada por el Señor para ayudar a otros y darles esperanza. Muchas parejas crían a sus hijos, construyen una vida cómoda y después se relajan y la gozan. Ciertamente puede ser tentador relajarse al envejecer la pareja y tener menos responsabilidades, pero será mejor descubrir formas en las que una pareja madura puede ser usada por Dios.

Jesús dijo que al que se le ha dado mucho, mucho se le demandará (Lucas 12:48). Dios espera que su pueblo use los dones, habilidades y recursos que Él le ha dado para ayudar a otros. Existe una gran necesidad que los hombres y las mujeres que están disponibles para ser usados por el Señor maduren en su camino con Él. Hay muchas áreas en las cuales una pareja puede servir individualmente o como pareja. Quizá quieran ayudar a los niños o a los adultos, a los solteros o a las parejas casadas. Una pareja debe buscar la guía del Señor e involucrarse en ministrar a otros.

La pareja que ha edificado un matrimonio fuerte y fortalecido será un ejemplo que seguir por otros. Habrá un testimonio para sus niños, amigos y para aquellos con los cuales están en contacto. Muchos matrimonios están sufriendo y necesitan ayuda y una pareja con un matrimonio fuerte tiene la oportunidad de ayudar a otras a que logren estabilidad y productividad en sus matrimonios y vidas. Ellos pueden ser mentores para una pareja más joven y ayudarle solamente al ser parte de sus vidas. Quizá con entrenamiento puedan aconsejar y ayudar a parejas que experimentan problemas, al estar caminando junto a ellas, compartiendo sus vidas y señalando el camino hacia Jesucristo.

La mayoría de la gente no se siente calificada para un ministerio. Dios no busca gente calificada tanto como gente disponible. Dios guiará y dirigirá a aquellos que desean servirle a Él. Si el ministerio de una pareja es hacia otras parejas, el Señor traerá parejas a ellos pidiendo ayuda. Entrenamiento y educación para cualquier ministerio que Dios te ha llamado será de ayuda, pero tu disponibilidad hacia el llamado de Dios es más importante.

Terminando bien

Jesucristo soportó mucho para pagar el precio del pecado de la humanidad. Él continúo fiel hacia su meta señalada sin flaquear. Las parejas lo pueden tomar de corazón y permanecer fuertes en su compromiso y continuar en su camino con el Señor, por lo que Cristo ha hecho por ellos. Jesús no prometió que sería fácil y de hecho, Él dijo a sus discípulos que el camino sería difícil. No es suficiente nada más el sobrevivir hasta el final. Hay un gran testimonio del amor y del poder de Dios cuando una pareja vive su vida victoriosamente para Él. Sería maravilloso estar parados frente al Señor Jesucristo y oírlo decir, "bien hecho, siervo bueno y fiel."

> ***Así, pues, consideren a aquel que perseveró frente a tanta oposición por parte de los pecadores, para que no se cansen ni pierdan el ánimo. ~ Hebreos 12:3***

> ***Haré que seas para este pueblo como invencible muro de bronce; pelearán contra ti, pero no te podrán vencer, porque yo estoy contigo para salvarte y librarte afirma el Señor. ~ Jeremías 15:20***

Las parejas que terminan fuerte, que permanecen fieles a Dios y el uno al otro, dejan un legado y testimonio que vivirá por mucho tiempo después que ellos se hayan ido. Ellos permanecen firmes en su fe y no caen en las tentaciones de la carne o del mundo. No son perfectos, pero ellos luchan para crecer y madurar en lo que Dios quiere que ellos sean. Dios les da poder para estar firmes contra las tormentas que vienen en su contra y en contra de su matrimonio. Dios los rescató y los usa para ayudar a otros a crecer en su relación con el Señor.

> ***La gente se muere de la manera como ha vivido. La muerte se vuelve la expresión de todo lo que eres, y a la muerte puedes llevar sólo lo que has traído a tu vida.[4]***

Piensa en tu vida como un libro abierto. ¿Qué es lo que la gente lee acerca del amor y poder de Dios en tu vida? ¿Ven un compromiso, amor, perdón y esperanza? ¿Ven un matrimonio que glorifica a Dios y a cónyuges que trabajan juntos para el propósito de Dios? Corre con perseverancia la carrera que Dios a puesto delante de ti y vive una vida digna de la gracia que has recibido. Ama a tu cónyuge como Dios te ama a ti y espera el día cuando el Dios grandioso del universo te de la bienvenida al Cielo.

> ***¡No soy el hombre que sería, o el hombre que debo de ser, pero gracias al Dios Todopoderoso, tampoco soy el hombre que una vez fui! ~ Dr. Martin Luther King***

José y Marta hoy en día

¿Te acuerdas de José y Marta de la introducción? ¿La pareja que estaba al filo del divorcio? Sus vidas han cambiado dramáticamente. Ahora ellos entienden quiénes son en Cristo y cómo Dios los ha creado. Esto por sí solo les ha dado más confianza en Dios y en ellos, y son capaces de trabajar juntos en vez de pelear acerca de las diferencias. También tienen un propósito y una visión para sus vidas y su matrimonio y luchan para trabajar hacia esas metas.

Aplicando los límites y los principios de comunicación les ha ayudado a comunicarse mejor y a trabajar a través de los problemas en su matrimonio. Ellos recibieron consejería para ayudarse a resolver problemas que enfrentan y se incorporaron a un estudio de Biblia para parejas, el cual les ha ayudado a aplicar los principios que han aprendido.

La aplicación de estos principios les ha ayudado a crecer, a madurar y manejar las presiones de la vida diaria mejor de lo que antes lo hacían. Ahora sus vidas y su matrimonio son mucho más significativos, tienen más propósito y son plenos. No siempre hacen todo correcto, pero ellos tienen una paz que aunque pudieran necesitar ayuda, estarán capacitados para atravesar cualquier problema que enfrenten juntos. El divorcio ya no es parte de su vocabulario. Ha sido reemplazado por los principios del *perdón, amor, paciencia, trabajo de equipo, madurez, crecimiento* y mucho más importante por Dios.

José y Marta ahora tienen un Matrimonio Fortalecido.

> ***Que nuestro Señor Jesucristo mismo y Dios nuestro Padre, que nos amó y por su gracia nos dio consuelo eterno y una buena esperanza, los anime y les fortalezca el corazón, para que tanto en palabra como en obra hagan todo lo que sea bueno.***
> ***~ 2 Tesalonicenses 2:16-17***

Para conversar como pareja

1. ¿Cómo son una aventura tu matrimonio y tu vida? Si no lo son, ¿qué puedes hacer para hacerlos una aventura?

____
____
____
____

2. ¿Qué puedes planear para tener un matrimonio fuerte y eterno? ¿Qué incluirás en esos planes?

____
____
____
____

3. ¿Cómo puedes mantener la esperanza y permanecer enfocado en el Señor a pesar de las circunstancias?

____
____
____
____

4. ¿Por qué es importante mantener un balance en tu vida y en tu matrimonio? ¿Cómo puedes mantener un balance?

____
____
____
____

5. ¿Estás siendo usado por Dios? Si no, ¿cómo puedes involucrarte en un ministerio y ser usado por Dios?

____
____
____
____

Matrimonios fortalecidos
Capítulo 12 referencias

Estudio 49: *Madurando*

1. Collier's Dictionary; William D. Halsey, Editorial Director (NY, NY; Macmillan Educational Company, 1986)
2. Nelson's Illustrated Bible Dictionary, Copyright © 1986, Thomas Nelson Publishers

Lecturas sugeridas:

- Avanzando hacia la madurez spiritual por Neil Anderson
- ¿Cómo crecemos? por Dr. Henry Cloud y Dr. John Townsend
- Siete claves para tener un matrimonio feliz: Principios para restaurar, fortalecer y madurar su relación por Rafael Ayala

Estudio 50: *La santidad del matrimonio*

1. Collier's Dictionary; William D. Halsey, Editorial Director (NY, NY; Macmillan Educational Company, 1986)
2. Nelson's Illustrated Bible Dictionary, Copyright (c)1986, Thomas Nelson Publishers

Lecturas sugeridas:

- El matrimonio sagrado por Gary Thomas
- Santidad personal en momentos de tentacion por Bruce Wilkinson
- Corazón para Dios por Luis Palau

Estudio 51: *Protegiendo tu matrimonio*

1. Laurence Shames, Esquire, quoted by Art Carey, In Defense of Marriage (USA, Walker Publishing Company, 1984) p 103
2. Collier's Dictionary; William D. Halsey, Editorial Director (NY, NY; Macmillan Educational Company, 1986)
3. Patricia McGerr, Johnny Lingo's Eight-Cow Wife, Reader's Digest: February 1988

Lecturas sugeridas:

- Vallas protectoras del matrimonio por Jerry B. Jenkins
- Matrimonio a prueba de divorcio por Gary & Barbara Rosberg

Estudio 52: *Continuando el trabajo*

1. Linda J. Waite & Maggie Gallagher; The Case for Marriage (NY, NY; Doubleday, 2000)
2. Dr. Ronn Elmore, An Outrageous Commitment (NY, NY, Harper Collins Publishers, 2003) pg XIII
3. Jimmy Evans, & Secrets of Successful Families (Amarillo, TX, Marriage and Family Today, 2001, pg 18
4. Michael Roener, citado por Philip Yancey, Where is God When it Hurts (Grand Rapids, MI, Zondervan, 1997)

Lecturas sugeridas:

- Secretos de un matrimonio perdurable por H. Norman Wright
- Cómo preservar su matrimonio por James Dobson

Recursos para el matrimonio

Las páginas siguientes listan algunos de los varios libros que se pueden ayudar crecer en su matrimonio.

5 necesidades de amor de hombres y mujeres
por Gary y Barbara Rosberg
Amigos amantes: El matrimonio como Dios lo diseñó por Sam y Geri Laing
Amistad e intimidad por Victor y Gloria Ricardo
Amor y Respeto por Dr. Emerson Eggerichs
Avanzando hacia la madurez spiritual
por Neil Anderson
Caminemos juntos: Como construir un Matrimonio duradero e intimo en medio de un mundo complejo por Jack Heald
Cautivante : Revelando el misterio del alma de una mujer por John y Stasi Eldredge
Cuando la vida duele: donde esta Dios cuando sufrimos por Philip Yancey
Cuando lo que Dios hace no tiene sentido
por James Dobson
Cómo ayudar a los niños con ADD y ADHD
por Laura J. Stevens
Cómo cambiar a su cónyuge
por H. Norman Wright
Cómo criar a un niño de voluntad firme
por Dr. James Dobson
Cómo hallar sus dones espirituales
por C. Peter Wagner
Cómo manejar su dinero; por Larry Burkett
Cómo preparar a su hijo decir no a las presiones sexuales por Josh McDowell
Cómo preservar su matrimonio por James Dobson
¿Cómo salgo de mis deudas? por Andrés Panasiuk
Cómo ser buenos padrastros
por David & Bonnie Juroe
Cómo ser padres cristianos exitosos
por John MacArthur
Cómo tener Exito en el Matrimonio
por Lee Rankin
Comunicacion: La clave para su matrimonio
por H. Norman Wright
Conversaciones íntimas para parejas
por Drs. Les y Leslie Parrott
Corazón para Dios por Luis Palau
Cosas malas en matrimonios buenos
por Les and Leslie Parrott

Descubra sus dones y talentos
por Kenneth Cain Kinghorn
Diez secretos para desarrollar una familia fuerte
por Dennis & Barbara Rainey
Dios es mas que suficiente por Tony Evans
Dios lo hara
por Dr. Henry Cloud & Dr. John Townsend
Diseñada para la intimidad por Jane Hansen
?Donde esta Dios cuando sucede algo malo?
por Luis Palau
Dones del Espíritu por Yiye Avila.
Dos corazones orando como uno
por Dennis y Barbara Rainey
El amor deber ser firme by por James Dobson
El amor es una decisión
por Gary Smalley y John Trent
El edificador matrimonial por Larry Crabb
El divorcio no es la solución por Sal Negrin
El hombre frente al espejo por Patrick Morely
El mapa para alcanzar el exito
por John C. Maxwell
El matrimonio cristocentrico
por Neil T. Anderson & Charles Mylander
El matrimonio: pacto y compromiso
por Gary Chapman
El matrimonio sagrado por Gary Thomas
El plan de Dios para su dinero por Derek Prince
El romance en el matrimonio
por H. Norman Wright
Enriquezca su personalidad para padres
por Florence Littauer
Enriquezca su personalidad por Florence Littauer
Enseñando a sus hijos sobre el sexo
por Leonor Buth
Esposa conforme al corazon de Dios
por Elizabeth George
Etapas del matrimonio por Frank Minirth
Familia desde una perspectiva bíblica
por Les Thompson
Finanzas familiares; por Andrés Panasiuk
Finanzas personales por Larry Burkett
Guía para el crecimiento espiritual de sus hijos
por John Trent, Rick Osborne & Kurt Bruner

Hay esperanza para los padres que sufren
por Margie Lewis
Hijos diferentes, necesidades diferentes
por Charles Boyd
Hombres y mujeres: iguales, pero diferentes
por Alexander Strauch
Intimidad sexual en el matrimonio
por William Cutrer y Sandra Glahn
La familia de niños con Necesidades Especiales
por Marisol Muñoz.Kiehne
La libertad y el poder del perdon
por John MacArthur
La plenitud sexual en el matrimonio
por Herbert J. Miles
Las dos caras del amor
por Gary Smalley and John Trent
Las palabras de los padres y su asombroso poder
por H. Norman Wright
Liderazgo con amor: Función del hombre en el hogar por Dean Merrill
Límites por Dr. Henry Cloud and Dr. John Townsend
Límites para los nuestros hijos
por Dr. Henry Cloud & Dr. John Townsend
Lo que las esposas desean que los maridos sepan
por Dr. James Dobson
Los cinco lenguajes del amor
por Gary Chapman
Los cinco lenguajes del amor para los ninos/ jovenes por Gary Chapman
Los hombres son de Marte las mujeres de Venus
por John Gray, Ph.D.
Los mios, los tuyos los nuestros
por Sylvia Gomez, Miriam Lozano
Los trastornos del espectro de autismo de la A a la Z por Barbara T. Doyle; Emily D. Iland
Matrimonio a prueba de divorcio
por Gary & Barbara Rosberg
Matrimonio a prueba de presion
por Dennis Rainey
Matrimonio: Intimidad, romance
por David y Carole Hocking
Matrimonio sobre la roca: El diseno de Dios para su matrimonio de ensueno por Jimmy Evans
Obtenga lo mejor de sus hijos, antes que acaben con usted por Kevin Leman
Olvídese del divorcio
por Michele Weiner-Davis y Adriana Hassan

Paso a paso : juegos y actividades para ayudar a tu bebe con necesidades especiales
por Sarah Newman
Perdon total por R. T. Kendall
Perdone y ame otra vez
por John Neider y Thomas Thompson
Poner límites a tus hijos por Tania Zagury
Problems de familia por Moises Ramos
Qué es lo mejor de ser abuelos?
por Silvia Adela Kohan
¿Quién aprieta tus botones? Cómo manejar la gente difícil en tu vida por Dr. John Townsend
Recuperemos la Intimidad por Heather Jamison
Regalo de amor por Gary Chapman
Relaciones que funcionan (y las que no)
por H. Norman Wright
Respuestas confiables por Dr. James Dobson
Restableciendo el romance en su matrimonio
por Ed Wheat
Sanando las heridas del alma: El verdadero concepto del perdon para alcanzar libertad Y paz interior por Rafael Ayala
Sanidad en las finanzas por Bernardo Stamateas
Secretos de un matrimonio perdurable
por H. Norman Wright
Sexualidad con propósito por David Hormachea
Si amas a tu hijo por Ross Campell, M.D.
Siete claves para tener un matrimonio feliz: principios para restaurar, fortalecer y madurar su relación por Rafael Ayala
Siete reglas de oro para vivir en pareja por John M. Gottman and Nan Silver
Solo para mujeres por Shaunti Feldhahn
Su dinero: ¿frustración o libertad?
por Howard Dayton
Su hijo prodigo por Dr D James Kennedy
Te amo, pero, por qué somos tan diferentes?
por Tim LaHaye
Tesoros de intimidad por David Hormachea
Un esposo conforme al corazon de Dios
por Jim George
Una mirada bíblica a la familia
por Luis Palau y James Dobson
Una vida con propósito por Rick Warren
Usando su dinero sabiamente; por Larry Burkett
Vallas protectoras del matrimonio
por Jerry B. Jenkins
Victoria sobre la oscuridad por Neil T. Anderson

Organizaciones de recursos para matrimonios y familias

Familias Efectivas: Nuestro sueño es tocar los corazones de las familias con un mensaje de esperanza basado en la Palabra de Dios para edificar familias felices, exitosas y efectivas. www.familiasefectivas.com

VidaFamiliar Latina/Familia Impacto: Somos una organización sin fines de lucro con una causa dada por Dios: facilitarle a las personas el aprender principios bíblicos que le ayudarán a construir la clase de familia que ahnelan tener. www.familylife.com/hispanic

Enfoque a la Familia: Se dedica a ayudar a la familia hispana por medio de consejos de expertos sobre temas como: finanzas, el matrimonio, la crianza de hijos, sexualidad, educación, gobierno, política pública, adicciones, la santidad de la vida humana, la fe en Dios, sanidad emocional y espiritual, apologética y mucho más. www.enfoquealafamilia.org

El Ministerio a la Familia: Servir como un recurso para la iglesia local para que pueda ministrar a la familia. Motivar y equipar a parejas e individuos para que puedan desarrollar un ministerio familiar y ayudar así a cumplir la Gran Comisión de nuestro Señor Jesucristo, dejando un legado de vidas cambiadas a la siguiente generación. www.ministerioalafamilia.org

Conceptos Financieros Crown: Equipar a las personas alrededor del mundo para aprender, aplicar y enseñar los principios financieros de Dios para que puedan conocer más íntimamente a Jesucristo, sean libres para servirle y ayuden económicamente con el cumplimiento de la Gran Comisión. www.conceptosfinancieros.org

Recursos en casos de crisis

Hay ayuda inmediata para aquellos que la necesitan. Tu familia, amigos cristianos cercanos, tu pastor o un consejero cristiano muy a menudo pueden ayudar durante una crisis; o por lo menos estás en la dirección correcta. Cuando no tienes a nadie a quién llamar, la lista siguiente puede ser de ayuda cuando atravieses una crisis. Esta lista es general y solo tiene números disponibles en la nación de Estados Unidos. Muchas de las páginas de Internet que están escritas abajo tienen recursos internacionales, revisa los sitios de Internet que aplican a tu situación si es necesario. También hay muchos ministerios locales o agencias que también pueden ayudar, pero estos son demasiados como para escribirlos.

Si tú estás en una situación peligrosa o en peligro de muerte, llama al número de emergencias en tu área (911 en los Estados Unidos).

Muchos estados ahora tienen el número 211 de servicio para proveer información y recursos para la gente que tiene necesidad. Visita la página www.211.org para más información o consulta tu directorio local para información acerca de tu comunidad y para referencias. Ahí hay información para necesidades básicas humanas, recursos de salud físicos y mentales, apoyos de empleo, apoyo para personas mayores o deshabilitadas y apoyo para niños y familias.

Abuso de alcohol	***El Instituto Nacional sobre el Abuso de Alcohol y Alcoholismo (National Institute on Alcohol Abuse and Alcoholism [NIAAA])*** para información: www.niaaa.nih.gov/FAQs/General-Spanish/default.htm ***Alcohólicos Anónimos:*** www.alcoholics-anonymous.org/sp_information_aa.cfm ***Al-Anon y Alateen:*** www.al-anon.alateen.org/spanish/index.html
Abuso de niños	***Recursos en Español para Prevención de Violencia Juvenil:*** www.safeyouth.org/scripts/espanol/index.asp ***Child Welfare Information Gateway en Español***: www.childwelfare.gov/espanol.
Niño descapacitados	***Centro Nacional de Diseminación de Información para Niños con Discapacidades:*** www.nichcy.org/spanish.htm
Embarazo en crisis	***Centros del embarazo:*** estasembarazada.com
Abuso de drogas	***Información sobre las Drogas de Abuso más Comunes y Temas Relacionados:*** www.nida.nih.gov/NIDAEspanol.html
Violencia familiar	***La Línea Nacional sobre Violencia Doméstica:*** www.ndvh.org/espanol/help/index.html ***Agencias violencia doméstica América Central y Sudamérica*** ***www.hotpeachpages.net/camerica/camerica1.html*** www.hotpeachpages.net/samerica/samerica1.html
Disastres naturales	***Cruz Roja Americana:*** www.cruzrojaamericana.org

Alivio para proveedores de cuidado *Nacional Familia Caregiver Apoyar Programa:* www.aoa.gov/prof/aoaprog/caregiver/overview/overview_caregiver.asp - español

Jóvenes en problemas *Covenant House Nineline es un nùmero de telefóno de emergencia sin cargo:* información de los niños. se llama 1-800-999-9999 www.nineline.org/kid_tk_esp.html en Los Estados Unidos,

Prevención de suicidio: *Asociación Argentina de prevención del suicido:* www.suicidologia.org.ar

Befrienders Worldwide: www.befrienders.org/int/spanish/index
Este sitio web está destinado para personas que se sientan tristes, deprimidas, que contemplan el suicidio, o que están preocupadas por un amigo o familiar. Contiene información directa que confiamos resulte útil.

Números telefónicos gratuitos sobre las crisis en Los Estados Unidos

Maltrato de menores/abuso infantil Childhelp®: Teléfono: 800.4.A.CHILD (800.422.4453)
A quiénes ayudan: Víctimas de maltrato de menores, padres, individuos preocupados

Abuso sexual de menores Stop It Now! Teléfono: 888.PREVENT (888.773.8368)
A quiénes ayudan: Víctimas del abuso sexual, padres, infractores, individuos preocupados

Violencia en la familia National Domestic Violence Hotline: Teléfono: 800.799.SAFE (800.799.7233)
A quiénes ayudan: Niños, padres, amigos, infractores o delincuentes

Niños desaparecidos/secuestrados Child Quest International Sighting Line: Teléfono: 888.818.4673
A quiénes ayudan: Individuos con emergencias de niños perdidos /o información sobre si se han visto a los niños perdidos o secuestrados; víctimas de secuestro

National Center for Missing and Exploited Children: Teléfono: 800.THE.LOST (800.843.5678)
A quiénes ayudan: Familias y profesionales (servicios sociales, agencias policiales)

Violación/incesto Rape and Incest National Network: Teléfono: 800.656.4673; Ext. 1
A quiénes ayudan: Víctimas de violación y incesto, los medios de comunicación, personas encargadas de formular la política de un comité o partido, individuos preocupados

Jóvenes con problemas/o que se fueron de la casa National Runaway Switchboard
Teléfono: 800.786.2929 (800.RUNAWAY)
A quiénes ayudan: Niños que se fueron de la casa y jóvenes sin hogar, familias

Víctimas de crimen National Center for Victims of Crime: Teléfono: 800.FYI.CALL (800.394.2255)
A quiénes ayudan: Familias, comunidades, y individuos que fueron afectados por algún crimen.

Matrimonios Fortalecidos

Facilitando clases de Matrimonios Fortalecidos en grupos pequeños/ clase de matrimonio

No es difícil facilitar o ser el líder de una clase de Matrimonios Fortalecidos. La información a continuación te ayudará a comenzar a dirigir una clase para parejas. Contacta Ministerios Matrimonios Fortalecidos si necesitas más información.

Pregunta: ¿Cuáles son las cualidades necesarias para el líder?
Respuesta: Disponibilidad, compromiso, un espíritu disponible y un deseo de ser usado por Dios en las vidas de parejas. Ambos esposo y esposa deben de estar comprometidos a dirigir la clase.

Pregunta: ¿Necesito el don de enseñanza o un gran conocimiento de la Biblia?
Respuesta: No, el líder guía la conversación de las preguntas al final de cada estudio. Toda la información que necesitas está en el estudio y la aplicación de la información saldrá en la conversación.

Pregunta: ¿Necesita ser perfecto nuestro matrimonio?
Respuesta: Ningún matrimonio es o será perfecto. Es importante que tu matrimonio esté creciendo y madurando y que ustedes oren juntos como pareja. Tu sinceridad, honestidad y transparencia acerca de tu relación matrimonial le ayudará a las otras parejas a abrirse y a ser honestas acerca de sus relaciones.

Pregunta: ¿Qué se necesita para comenzar?
Respuesta: Selecciona la hora y el lugar de tus reuniones y comienza a invitar a parejas (amigos, vecinos, o miembros de la iglesia) para que asistan. Anuncios en el boletín y volantes ayudarán, pero una invitación personal es importante para ayudar a familias a entender la necesidad de aprender principios Bíblicos para su matrimonio.

Pregunta: ¿Por cuánto tiempo la clase debe de continuar?
Respuesta: Hay 52 estudios en el libro de trabajo. Un grupo pequeño quizá quiera tomar un año para completar el libro de trabajo, mientras que la clase pueda completar el curso en seis meses por completar dos estudios por semana. Hemos descubierto que a las parejas les gusta continuar trabajando juntas una vez que ya hayan terminado el libro de trabajo. La sección de recursos al final del libro provee de muchos libros con los cuales se puede continuar el estudio en grupos pequeños.

Pregunta: ¿Tengo que comenzar al principio del libro de trabajo?
Respuesta: Es importante comenzar al principio y continuar a través del libro en orden. Hay una progresión en el libro y es importante construir el cimiento primero, antes de continuar con los objetivos siguientes.

continúa en la próxima página

Pregunta: ¿Cómo dirijo la conversación en el grupo o clase?
Respuesta: El sentarse formando un circulo provee un ambiente más favorable para conversar. Las siguientes son instrucciones generales para las reuniones.

- Comienza con oración.
- Pregunta si hay preguntas o comentarios acerca del estudio.
- Brevemente sobresalta los puntos principales del estudio.
- Haz las preguntas del estudio. Quizá quieras preguntar más al respecto cuando una respuesta no sea clara.
- Anima a todos a contribuir y no dejes que una persona se adueñe de la conversación.
- Enfatiza puntos importantes que los participantes hagan.
- No ridiculices o hagas de menos a alguien por sus respuestas.
- Termina la reunión en oración.

Pregunta: ¿Cuáles son las instrucciones para llevar la conversación?
Respuesta: Cubrir los siguientes puntos en tu primera reunión ayudará a las parejas a ajustarse al estilo de conversación del libro.

- Es importante que la pareja a converse sobre las preguntas antes de asistir la reunión.
- Se anima una participación activa, pero no es requerida.
- Evita dar y buscar un consejo o enjuiciar.
- Todas las conversaciones son confidenciales y tienen que permanecer dentro del grupo.
- Mira hacia dentro en lo que tienes que cambiar y no en lo que tiene que cambiar tu cónyuge.
- Mantente abierto al liderazgo de Dios al respecto de lo que tienes que cambiar en tu vida.
- Sé honesto con Dios, contigo mismo y con tu cónyuge al trabajar a través de este material.
- Ora por los miembros del grupo.

Pregunta: ¿Cómo puedo prepararme mejor para dirigir un grupo o clase?
Respuesta: Mientras no sea requerido, tu quizá quieras participar en un taller para dirigir un grupo pequeño o leer un libro acerca de cómo dirigir un grupo pequeño. Quizá quieras continuar tu educación y entrenamiento al ir leyendo algunos de los libros referidos a través del libro de Matrimonios Fortalecidos y asistir a congresos y seminarios de matrimonios cuando te sea posible.

Chris y Carmen Garner
Ministerios Matrimonios Fortalecidos
www.fortifiedmarriages.com
info@fortifiedmarriages.com
866-263-5638

Querido Lector,

Nuestra oración es que el Señor te haya bendecido abundantemente a través de este libro. Este es el fruto de muchos años de trabajo y es el deseo de nuestro corazón ver a individuos, parejas, familias y hasta iglesias y comunidades fortalecerse y edificarse en el Señor. Sabemos que el Señor puede usar esta información para transformar vidas, matrimonios y familias.

Nuestra pasión es ayudar a las parejas; hemos experimentado y conocemos el dolor de cabeza que causa un matrimonio disfuncional e improductivo y ahora experimentamos el gozo de un matrimonio que Dios usa en la vida de otros. Tú también puedes tener una relación matrimonial significativa al aplicar los principios Bíblicos en este libro a tu vida y a tu matrimonio.

Si Dios tocó y cambió tu vida y tu matrimonio como resultado de haber trabajado a través de este manual para el matrimonio, nos encantaría escucharlo.

También contáctanos para:

Conseguir manuales adicionales de Matrimonios Fortalecidos.
Talleres para matrimonios.
Entrenamiento para ser líderes de clases o estudios de matrimonios fortalecidos.

Aquí estamos para servir al Señor.

Que el Señor, Dios del Cielo, te bendiga a ti y a tu matrimonio.

Te amamos en Cristo,

Carmen Garner